KB063988

일본제국의회와 조선은행

일본제국의회와 조선은행

초판 1쇄 발행 2020년 9월 30일

편역자 김윤희
펴낸이 윤관백
펴낸곳 도서출판 선인

등록 제5-77호(1998.11.4)
주소 서울시 마포구 마포대로 4다길 4 곶마루빌딩 1층
전화 02)718-6252 / 6257
팩스 02)718-6253
E-mail sunin72@chol.com

정가 40,000원
ISBN 979-11-6068-046-1 93900

일본제국의회와 조선은행

김윤희 편역

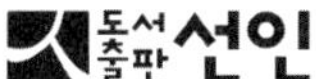

머리말

근대 이후 동아시아 사회는 일본의 제국주의화, 중국의 반식민화, 한국의 식민화라는 격렬한 갈등과 분쟁의 역사를 겪어 왔습니다. 제국과 식민지의 대립은 이들 사회의 격심한 사회적 변동과 함께 수많은 역사적 과제를 동아시아 구성원에게 남겼습니다. 특히 해방 이후 한국은 식민지 경험의 청산과 신국가 건설이라는 격동의 시기를 거쳐야 했습니다.

동아시아 사회는 국가 간 대립과 갈등을 극복하고 상호 소통을 통해 화해와 공존의 장으로 나아가야 하는 과제를 안고 있습니다. 하지만 제국과 식민지 경험이란 근대의 유산은 현대사회에도 여전히 영향을 미치고 있습니다. 따라서 근대 동아시아 국가 상호관계에 관한 역사적 성찰은 현재 동아시아 사회가 안고 있는 문제의 기원을 밝힐 수 있다는 점에서 현재적 의미가 있습니다.

가천대학교 아시아문화연구소에서는 이러한 문제의식 위에서 젊은 연구자들과 더불어 우리 현실을 고민해왔습니다. 2010년부터 2012년까지 한국연구재단 토대연구지원 사업을 통해 이러한 고민에 답을 찾기 위한 첫 걸음으로 일본 제국의회 속기록의 내용 중 조선관련 내용을 추출, 요약, 해제, 번역하여 책을 출판할 수 있는 기회를 가졌습니다. 식민지 지배정책의 이해에 중요한 자료적 가치를 가진 일본 제국의회 본회의와 각 위원회 속기록 자료의 수집, 정리, 국역화 작업을 통해 국제관계, 정치, 경제, 문화, 사회, 민족운동 등 모든 분야에 걸쳐 한국학 연구의 토대를 제공하고

자 했습니다. 나아가 제국의회 자료를 대상으로 한국 등 관련 피식민지 국가의 자료를 상호 교차 검토하고 주해와 교열 감수를 통해 식민지 사회 연구의 토대를 구축하고자 했습니다. 그리고 총 4권의 책을 가천대학교 아시아문화연구소 일본 제국의회 자료총서로 간행할 수 있었습니다.

총서 1권인 『일본 제국의회 관계 법령집(2011)』은 일본 제국의회 성립, 운영과 관련한 관계 법령을 찾아 번역하여 일본제국의회의 특성을 파악하는데 기초자료를 제공한 것이었습니다. 총서 2권인 『일본 제국의회 시정방침 연설집(2012)』은 1887~1947년 일본 내각총리대신이 제국의회에서 연설한 시정방침을 번역한 것입니다. 통상회, 특별회, 임시회의 시정방침 109건을 담았습니다. 이것은 일본 제국의 운영방침에서 조선 문제가 어떻게 논의되고 있었는지를 알 수 있는 기초자료라고 할 수 있습니다.

총서 3권인 『일본제국의회와 한국－만주정책과 조선인(2012)』은 1899~1917년 만주지역과 재만 조선인 관련 내용 중 현재까지도 분명하게 분석되지 못하고 있는 영사재판권에 관한 법률을 비롯하여 만주문제에 대한 일본 외부대신의 외교방침, 만주이민 장려정책관련 질문주의서 등을 번역한 것입니다. 총서 4권인 『일본제국의회와 한국－대한정책과 거류일본인(2012)』은 강제'병합' 이전 일본 제국의회에서 논의되었던 한국관련 외교문제와 재일조선인 관련 논의들 추출하여 번역한 것입니다. 총서 3권과 4권은 특정 주제와 관련 법률에 대한 논의, 질의서, 청원서, 보고서 등을 다루고 있습니다. 매우 구체적이고 상세하게 일본 제국과 한국의 관계를 이해하기 위한 기초정보를 담고 있습니다.

애석하게도 이 연구에 대한 지원이 3년 만에 중단되었고, 제국의회에서 논의된 한국 및 식민지 관련 내용을 비판적으로 검토하고, 그 안에 담긴 다양한 층위를 분석하려는 후속 연구에도 차질이 빚어졌습니다. 연구진이 흩어지면서 일본 제국의회 자료총서는 더 이상 발간되기 어려운 상황이 되었습니다.

이 연구에서 제가 맡았던 경제관련 내용의 추출 및 번역을 더 이상 진행할 수 없었습니다. 급하게 직역하여 가독성이 크게 떨어졌던 원고와 번역하지 못한 속기록 이미지파일이 하드디스크에 그대로 저장되어 있었습니다. 미완의 연구를 끝내지 못했다는 생각이 불쑥 불쑥 마음을 아프게 했지만, 이 작업을 다시 열어본다는 것이 엄두가 나지 않았습니다.

그러던 어느 날 시장성이 적음에도 불구하고 총서를 출판해 주셨던 선인출판사로부터 전화연락을 받게 되었고, 미완의 연구를 끝낼 수 있는 기회가 사라지지 않았음을 알려주었습니다. 이에 미완으로 남아 있었던 연구 중 조선은행관련 법안만을 다시 추리고, 미처 번역하지 못한 부분을 다시 번역했습니다. 그리고 이 과정에서 조선은행관련 법안이 1937년 이후에는 일본 제국 전체 금융관련 법안 논의의 일부분으로 다루어지고 있었다는 점을 확인할 수 있었습니다. 1937년 제71회 제국의회에서 조선은행은 산금법안과 함께 논의되었고, 1939년 제74회 제국의회에서는 '태환은행권이 보증발행한도를 임시 확장하는 것에 관한 것'에 대한 법률안과 함께, 1941년에는 외국환거래관리법 개정법률안과 함께 논의되었습니다. 그리고 일본이 패전이 이후인 1945년 12월에서는 제국통화체제의 붕괴 과정에서 파생된 해외송금문제와 재조일본인의 귀환 문제와 함께 논의되었습니다. 따라서 조선은행관련 법안의 의미를 충분히 분석하기 위해서는 일본 제국의 금융통화정책 전체를 시야에 넣어야 한다는 것을 다시 한 번 확인할 수 있었습니다. 그러나 이 책에서는 산금법, 외국환거래관리법 등에 대한 논의를 포함하지 못했습니다. 이 부분은 추후의 과제로 남겨두고자 합니다.

연구를 시작 한지 9년이 지나서야 이 연구를 일단락 짓게 될 수 있었던 데에는 많은 분들이 도움이 있었습니다. 문장이 매끄럽지 못한 선배의 원고를 수정하느라 고생한 후배 배영신 님에게 감사드립니다. 프로젝트가 끝난 이후에도 연구를 안정적으로 할 수 있도록 배려해 주신 가천대 아시아문화연구소 소장 박진수 선생님께 감사드립니다. 총서 출판을 선뜻 맡아주시고, 이후에도 그 책을 기다려 주신 선인출판사 윤관백 사장님과 편집부 선생님께 감사드립니다. 마지막으로 2010년부터 3년간 인내가 필요한 번역작업을 함께 했던 동료연구자들에게도 그리움과 감사를 표합니다.

2020년 9월

김윤희

차례

Ⅲ. 제49회 제국의회

Ⅳ. 제67회 제국의회

Ⅴ. 제71회 제국의회

Ⅵ. 제74회 제국의회

Ⅶ. 第76회 제국의회

Ⅷ. 第89회 제국의회

Ⅰ. 제27회 제국의회

1. 1911년 3월 10일 중의원 조선은행법안위원회 회의록 제1회

위원 성립

본 위원은 지난 9일 의장의 지명으로 다음과 같이 선출되었다.

가스야 기조(粕谷義三)[1)]

사카키다 세이베(榊田淸兵衛)[2)]

이나무라 다쓰지로(稲村辰次郎)

오가와 헤이키치(小川平吉)[3)]

노다 우타로(野田卯太郎)[4)]

오노 히사지(大野久次)

아키오카 기이치(秋岡義一)

나카누마 신이치로(中沼信一郎)

---

1) 가스야 기조(粕谷義三, 1866~1930) : 1886년 미국 미시간대학에 유학하여 1890년 법학사를 취급 후 귀국했다. 자유신문 주필을 거쳐 1892년 사이타마(埼玉)현회의원에 당선되었다. 1896년 제5회 중의원에 자유당후보로 당선되었고, 이후 헌정회, 입헌정우회 후보로 통산 10회 당선되었다. 1920년 중의원 부의장, 1923년 중의원 의장을 역임했다.

2) 사카키다 세이베(榊田淸兵衛, 1864~1929) : 입헌정우회 최고 고문으로 알려져 있다. 센보쿠(仙北)군회, 아키타(秋田)현회의원을 거쳐 중의원에 통산 7회 당선되었다. 1906년 아키타농공은행 초대 사장을 지냈다.

3) 오가와 헤이키치(小川平吉, 1870~1942) : 1892년 변호사가 되었고, 1901년 고노에 아쓰마로(近衛篤麿)를 따라 상하이 동아동문서원 창립에 참여했다. 1903년 중의원 선거에 당선된 이해 10회 당선되었다. 러일주전론의 선봉에 섰고, 1905년 전쟁 강화 반대 폭동(日比谷焼打事件) 주모자로 투옥되었으나 무죄로 풀려났다. 정우회에 들어가 간사장을 지냈다.

4) 노다 우타로(野田卯太郎, 1853~1927) : 자유민권운동에 참여하여 후쿠오카현회의원이 되었다. 1898년 중의원 선거에 당선된 이래 10회 당선되었다. 하라(原) 내각과 다카하시(高橋) 내각에서 채신대신을 지냈고, 가토다카아키(加藤高明) 내각에서 상공대신을 지냈다. 1924년 입헌정우회 부총재를 지냈다.

반도 간고로(坂東勘五郎)[5]

하야미 세이지(早速整爾)[6]

하마오카 고우테쓰(濱岡光哲)[7]

후쿠다 마타이치(福田又一)

다카야나기 가쿠타로(高柳覺太郎)

고데라 겐키치(小寺謙吉)[8]

도미타 고지로(富田幸次郎)[9]

아사바 시즈카(浅羽靖)[10]

스즈키 소우베(鈴木摠兵衛)[11]

---

5) 반도 간고로(坂東勘五郎, 1861~1918) : 교육계에서 정계로 진출하여 도쿠시마(德島)현의원을 거쳐 1894년 중의원에 당선되었다. 이후 10회 정우회 소속으로 당선되었다. 도쿠시마철도 사장을 지냈다.

6) 하야미 세이지(早速整爾, 1868~1926) : 히로시마출신으로 1889년 게이비니치니치(芸備日日)신문 사주의 양자가 되었다. 1896년 히로시마현의원을 거쳐 1902년 중의원에 당선되었다. 히로시마상공회의소 회두 및 유력기업의 중역을 거치면서 지방재계의 대변자였던 대정당(大政党) 소속으로 활동했다. 1915년 제2차 오쿠마(大隈)내각 때 중의원 부의장을 지냈다. 1924년 철도차관, 대장철무차관, 1925년 농림대신 대장대신을 지냈다.

7) 하마오카 고우테쓰(濱岡光哲, 1853~1936) : 1879년 『京都商事迅報』를 간행, 1881년 『京都新報』를 발간, 교토재계의 중심인물이 되었다. 1885년 교토상공회의소 회장을 지냈고, 이후 교토상공은행, 간사이철도, 교토호텔 설립에 관여했다. 1890년 제1회 중의원에 당선된 후 2회 중의원 의원에 당선되었다.

8) 고데라 겐키치(小寺謙吉, 1877~1949) : 구미대학에서 법률학, 정치학을 배웠다. 1908년 중의원 의원에 당선된 후 총 6회 당선되었다. 헌정회 총무를 지냈다. 1930년 고데라공업소를 설립했고, 1947년 고베시장이 되었다.

9) 도미타 고지로(富田幸次郎, 1872~1938) : 고치(高知)현 출신. 1887년 도요우신문(土陽新聞)기자가 되었다가 신문사 내분으로 퇴사, 1904년 고치신문의 주필이 되었다. 1908년 중의원에 당선된 후 제14회를 제외하고 매회 당선되어 불패의 당선기반을 구축했다. 당적은 헌정본당, 헌정구민당, 헌정동지회, 헌정회, 입헌민정당 등으로 옮겨갔다. 민정당 총무와 간사장을 지냈다.

10) 아사바 시즈카(浅羽靖, 1854~1914) : 오사카출신으로 1875년 대장성 관리가 된 후 홋카이도 이사관을 지냈다. 1887년 홋카이도영어학교 교장으로 취임했다. 1891년 홋카이도청 회계주무관을 끝으로 관직을 그만두었다. 1904년에서 1914년까지 입헌동지회 소속으로 중의원 의원을 지냈다.

11) 스즈키 소우베(鈴木摠兵衛, 1856~1925) : 가업을 재건하여 아이치(愛知)시계제조를

오카자키 운베(岡崎運兵衛)[12)]

1911년 3월 10일 오후 1시 30분

위원장과 이사를 호선하기 위해 각 위원이 모였다. 그 이름은 다음과 같다.

노다 우타로(野田卯太郎)

가스야 기조(粕谷義三)

사카키다 세이베(榊田清兵衛)

이나무라 다쓰지로(稲村辰次郎)

오가와 헤이키치(小川平吉)

아키오카 기이치(秋岡義一)

다카야나기 가쿠타로(高柳覺太郎)

도미타 고지로(富田幸次郎)

아사바 시즈카(浅羽靖)

스즈키 소우베(鈴木摠兵衛)

하야미 세이지(早速整爾)

하마오카 고우테쓰(濱岡光哲)

연장자인 하마오카(濱岡) 의원이 투표관리자가 되었다.

○ 투표관리자, 하마오카(濱岡)는 위원장과 이사의 호선을 실시한다는 취

설립했다. 나고야상업회의소 회도, 나고야주식취인소 이사장을 지냈다. 1898년 중의원에 당선된 후 중앙구락부 소속으로 총 5회 당선되었다. 귀족원 의원을 지냈다.

12) 오카자키 운베(岡崎運兵衛, 1850~1919) : 1882년『山陰新聞』, 1890년『松江日報』, 1901년『松陽新報』를 창간했다. 시마네(島根)현 농공은행을 창립했다. 1890년 헌정회 소속으로 중의원에 당선된 후 총 7회 당선되었다.

지를 선언했다.

○ 가스야 기조(粕谷義三) 의원은 투표하지 말자고 하면서 노다 우타로(野田卯太郎) 의원을 위원장으로 추천했다. 이사의 인원수는 세 명으로 하며 지명은 위원장에게 일임하겠다는 의견을 제출했다.

○ 투표관리자, 하마오카(濱岡)는 가스야(粕谷) 의원의 의견에 이의가 없음을 확인했고, 노다 우타로(野田卯太郎) 의원은 위원장으로 당선된 취지를 말했다.

○ 위원장(노다 우타로)은 가스야 기조(粕谷義三) 의원, 오가와 헤이키치(小川平吉) 의원, 도미타 고지로(富田幸次郎) 의원을 이사로 지명한다고 알렸고, 이어서 회의를 시작하겠다고 선언했다.

회의

출석정부위원은 다음과 같다.

조선총독부 탁지부장관 아라이 겐타로(荒井賢太郎)[13]

조선총독부 회계국장 백작 고다마 히데오(兒玉秀雄)[14]

오늘 회의에 상정된 의안은 다음과 같다.

조선은행법안

오후 1시 37분 개회

---

13) 아라이 겐타로(荒井賢太郎, 1863~1938) : 농상부대신, 추밀원 부의장 등을 역임했다. 1910~1917년 조선총독부 탁지부장관을 거쳐, 1917년에서 1926년까지 귀족원 칙선의원을 지냈다.

14) 고다마 히데오(兒玉秀雄, 1876~1947) : 귀족원 의원, 관료, 백작. 야마구치(山口) 출신으로, 러일전쟁 때 요동수비사령부, 만주군 총사령부를 지냈고, 조선총독부 총무부 회계과정, 비서관을 거쳐 조선총독부총독관방 회계국장 겸 비서관을 지냈다.

(이하 속기)

○ 위원장, 노다 우타로(野田卯太郎)

개회하겠습니다. 정부위원에게 전체적인 설명을 부탁드립니다.

○ 정부위원, 아라이 겐타로(荒井賢太郎)

조선은행법안은 한국은행조례라고도 하는데, 2년 전 11월에 한국은행을 설립할 때 구한국 정부가 발포한 것입니다. 이 조례에 기초하여 한국은행이 한국의 중앙은행으로서 금융 업무를 하고 있었습니다. 그런데 병합할 때 당분간은 제령(制令)에 의해 종전 구한국 정부에서 발포한 모든 법령은 효력을 갖는다고 했습니다. 따라서 한국은행조례도 제령으로서 효력을 유지하여 한국은행은 오늘까지 영업을 계속해왔습니다. 그러나 첫째, 한국은행이란 명칭은 현재 적당하지 않기 때문에 이 명칭을 개정해야 합니다.

다음으로 한국은행 설립 당시 태환권 보증준비의 액수를 2천만 엔으로 정한 것은 그 당시 경제상황을 고려한 것이었습니다. 당시 태환권의 발행고가 1천만 엔 내외였기 때문에 우선 2천만 엔 정도로 하는 것이 적당하다고 생각하여 보증준비액을 2천만 엔으로 정했습니다. 그러나 오늘날의 상황을 보면 태환권의 발행액이 매우 증가하여 작년 말에는 2천만 엔을 넘었습니다. 이후 경제상황에서는 종래의 제한액으로 금융을 조화롭게 실시하기가 곤란하게 되었습니다. 그래서 이번에 제한액을 3천만 엔으로 증가시키기 위해 개정을 하려면 이는 상법이나 은행조례와 관계가 있기 때문에 법률로서 모두 제정해 두어야 합니다. 따라서 이 법률안을 제출하게 되었습니다. 개정 조문이 많지만, 구한국은행조례와 비교하여 명칭의 변경, 태환권 보증준비액의 변경이 주요한 내용입니다. 그 이외는 글자를 다소 수정한 것입니다. 수정한 것이 많지만, 의미는 크게 변하지 않습니다.

○ 하마오카 고우테쓰(濱岡光哲)

방금 설명은 잘 알겠습니다. 하지만 조선은행은 합병 이전에 한국의 중앙은행으로서 존재했고, 중앙은행이란 명칭을 그대로 존치할 생각이신데, 여기에 대해 한 가지 질문을 드립니다.

현재 지방에서 유통되고 있는 곳이 여러 곳인 것 같은데, 다수 유통되는 곳이 조선은 물론이고 간도, 봉천(奉天) 등지에도 유통되는지. 만약 그렇다면 어느 정도가 유통되고 있는 상태인지. 혹 간도의 경우 약속한 곳에서 유통되는지. 요동반도의 경우 이러한 위치로 유통되는지. 대략적인 상황을 들었으면 합니다.

그리고 정말 이것을 중앙은행으로 존치시킬 생각이라면, 합병함으로써 현재 일본의 영토가 되었음에도 불구하고, 일본은행 이외에 특별히 지폐를 발행하고, 중앙은행이라는 것을 세워서 한국의 정부가 했던 것과 마찬가지로 하게 한다는 것인데, 이는 어떠한 생각으로 그렇게 하는 것입니까?

폐제(幣制)의 관점에서 보면, 무엇보다 지폐의 통일이 필요한 경우라고 생각합니다. 그렇지 않고 조선에서 상거래를 하기 위해서는 부산, 경성에서 화폐를 교환해야만 합니다. 특별히 별도로 지폐를 발행하도록 하는 것은 무언가 특별한 사정이 있을 것이라고 생각됩니다. 단지 문자를 변경하여 중앙은행을 그대로 두면, 이것은 조금도 해결되지 않습니다. 그리고 중앙은행이라면 일본은행을 중앙은행으로 삼아도 좋습니다. 환언하자면 대만의 대만은행과 조선의 조선은행과 같이 균형을 맞추는 것이라고도 생각되는데 자세한 설명을 바랍니다.

○ 정부위원, 아라이 겐타로(荒井賢太郎)

첫 번째 질문에 대하여 답변 드리겠습니다. 합병이 되었다고는 해도 역시 종전과 같은 방침으로 계속 업무를 하도록 할 예정입니다. '병합'으로 인해 다시 영업 방침을 변경하지 않을 것입니다.

둘째, 태환권의 유통구역, 이것은 물론 조선 전체에서 유통되고 있는데, 그 이외에 안동현(安東縣)에 출장소를 두었습니다. 그래서 안동현 부근에서 다소 유통이 되고 있습니다. 대략 4~50만 엔이 안동현 근방에서 유통되는 모양입니다.

셋째, 현재 병합한 상황에서 중앙은행으로서 특별한 은행을 둘 필요가 있는지? 에 대한 질문이신 것 같습니다. 이 일은 한국은행을 설립할 당시에도 논의가 있었습니다. 한국이 다른 나라라고 하더라도 그 당시에 재정은 일본의 감리에 귀속되어 있었고, 다이이치(第一)은행이 일본의 은행으로서 한국에서 일람불어음(一覽拂手形)을 발행하여 영업하고 있던 상태였기 때문에 그때 이미 지금과 같은 이야기가 있었습니다.

그러나 한국의 경제 상태는 일본과는 매우 다르다고 할 수 있습니다. 일본은 각종 금융기관을 구비하고 있습니다. 상업은행은 물론 동산은행(動産銀行), 부동산은행(不動産銀行)도 각각 기관을 갖추어 구비하고 있었습니다. 그렇기 때문에 일본의 중앙은행 즉, 일본은행은 이른바 은행의 은행으로서 존재하고 있습니다. 모든 상업은행이나 기타 은행이 하는 업무를 일본의 중앙은행이 하지 않습니다. 순전히 은행의 은행, 즉 중앙의 금융기관이란 체제를 유지하고 있습니다.

하지만 한국의 현재 경제 상황에서 이러한 체제의 시행은 도저히 적합하지 않습니다. 한국에는 종래 한국의 금융기관이라 할 만한 것이 정말 적습니다. 경성의 경우 조선인이 경영하는 보통 상업은행은 3개가 있습니다. 이것은 정부가 보조금을 지급하는 방법을 통해 설립된 것입니다. 그 이외에 일본 내지의 은행이 조선에 지점을 둔 것도 있습니다. 그러나 이것도 매우 적은 숫자로, 특히 경성, 인천, 부산과 같은 거류지, 아니면 개항장과 같이 일본인이 꽤나 살고 있는 곳, 상업이 번성하는 곳에 지점을 두고 있습니다. 그 이외로는 일본의 은행은 없습니다. 그런데 중앙은행이라는 일본식의 은행을 설립하여 은행의 은행으로 세우고, 보통 상업은행의 일 등 어떠한 것도 하지 않도록 했지만 도저히 보통 상업은행이 결여되어 있음을 보완할 수 없었습니다. 그래서 구래의 다이이치은행이 우선 중앙은행과 같은 업무를 하고, 역시 하는 김에 보통은행의 업무도 하고 있었습니다.

그래서 한국 정부에서는 항상 수지의 계산이 맞지 않는바, 일람불어음을 발행하는 특권만을 가지고 있었기 때문에 다이이치은행에게 명하여 지점을 내도록 하고 그 곳에 금융의 편리함을 부여하도록 했습니다. 이에 따라 이러한 한국은행을 설립했을 때에도 역시 이 은행은 중앙은행으로서 금융의 중추를 담당함과 동시에 보통은행의 업무도 하도록 했습니다. 물론 경성이나 인천과 달리 보통금융기관이 구비되지 않은 곳에서는 이 은행의 영업이 필요합니다. 어찌 되었든 이 점에 있어서 내지의 일본은행과 같은 조례로 하지 않습니다. 또한 일본은행이 앞으로 손을 뻗는다는 것, 즉 현재 일본은행의 영업방침에서 한국 금융에 손을 뻗는다는 것은 지금 말씀드린 것과 같은 사정이 아닙니다.

따라서 이 은행은 우선 중앙금융기관으로서 영업함과 동시에 보통은행이 하는 일도 다소 하도록 해야만 합니다. 여기에 대해서는 대만은행의 예를 주로 참작하여 조례를 제정하는 것이 좋겠다고 할 수 있습니다. 중앙은행이라고 말씀드린 것은 이 규칙이 대만은행과 어느 정도 유사하기 때문입니다. 이러한 이유로 특수한 은행을 염두에 두어야만 합니다. 그래서 특히 이 은행을 두려고 합니다.

또한 지금 태환권을 공통으로 해야 한다는 논의가 있습니다. 하지만 특수한 은행을 설치하면 자연히 그 특수한 은행에 태환권 발행의 특권을 부여할 필요도 생기게 됩니다. 그리고 일본은행은 일본 내지 금융기관의 중추이기 때문에 태환권의 기초를 어느 정도 공고하게 해야만 합니다. 태환권의 기초에 동요를 불러오는 것은 현재 일본은행이 항상 피해야만 할 방침입니다. 그런데 경제상황이 아직 결정되지 않아 항상 동요를 면치 못하고 있으며, 특히 조선에 대해 말씀드리면 국경이 있기 때문에 유사시에 늘

경제상태의 동요를 피할 수 없는 것이 있습니다. 이곳에 일본은행의 태환권을 유통시킨다면 아마도 일본은행 태환권의 기초가 동요될 수도 있다는 일본은행 측의 말에 입각하여 조선에는 특수한 은행을 설치하여 일본은행 태환권 이외의 태환권을 발행하도록 하는 조치가 대체적으로 안전할 것입니다. 일본 내지의 중앙기관 관점에서 보더라도 그렇습니다. 이러한 이유로 당시 특별히 한국은행을 설립하게 된 것입니다.

○ 아키오카 기이치(秋岡義一)

저는 두세 개의 질문을 하고자 합니다. 여기를 보면 조선총독이 조선은행의 업무를 감독한다고 되어 있습니다. 그런데 방금 정부위원이 말한 것처럼 현재 안동현에 그 출장소가 있고, 앞으로 이곳 이외의 장소에도 지점 혹은 출장소를 설치하게 될지도 모르겠습니다. 그러면 조선총독이 관할 이외의 장소에 있는 것까지 감독하게 되는데 저는 이것이 어느 정도는 불편하다는 생각이 듭니다. 혹 앞으로 내지 기타에 설치될 경우, 조선총독의 관할 이외의 장소에 출장소를 설치하는 경우에도 총독이 감독한다는 것인데 이것은 무슨 의미입니까? 그리고 한 가지 더 질문하고자 하는 것은 한국은행조례 40조에 따르면 한국은행에는 1백20만 원을 한도로 하여 무이자 대부를 한다고 되어 있습니다. 그런데 그러한 규정은 이번 조선은행법에는 없는 것 같은데, 이것은 일시적으로 채택한 것이었습니까? 이 규정을 채택하지 않고 조선은행이 이 일을 인계하는 것이라면, 이번 은행법에는 이것을 몇 년 내에 납부할 것인가란 규정이 필요 없다는 의견입니까? 이 두 가지 점에 대하여 질문을 드립니다.

○ 정부위원, 아라이 겐타로(荒井賢太郎)

조선총독의 감독이라고 한 것은 조선총독이 조선에서 제반의 정무를 총괄하고, 보통 내지의 선례에 따라서 주무대신이라던가 아니면 은행의 일이기에 대장대신이라고 써야 하는 것이기는 합니다. 하지만 조선총독은 조선의 정무를 총괄하는 직책이기 때문에 여기에서는 조선총독의 감독이라고 분명하게 한 것입니다. 조선총독 이외에 이 은행을 감독할 자는 없습니다. 그러므로 지점을 설치할 경우 조선총독의 관할구역 이외에 설치할 때는 어떻게 되겠느냐는 질문이었습니다. 안동현 등 다른 곳은 내지에서도 지점을 설치했습니다. 그러한 경우가 있을 수 있습니다. 그 경우 조선총독은 은행업 전체에 대해 감독을 합니다. 내지에 지점을 설치할 때에는 대장대신이든 누구든 전례를 들어 지점 설치에 대하여 다툴 필요가 있다면 그렇게 하겠습니다. 그러나 은행업 전반에 대해서 조선총독이 감독하기 때문에 그 외에 감독할 방법은 없습니다.

○ 아키오카 기이치(秋岡義一)

안동현의 출장소 이하는 감독하지 않고.

○ 정부위원, 아라이 겐타로(荒井賢太郎)

감독하고 있습니다. 영업보고를 제출하도록 해서 그에 따라 감독하고 있습니다. 예를 들어 조선은행이 내지에 지점을 내는 경우가 있습니다. 그 지점에 대해서는 한편으로 대장성이 감독을 하고 있습니다. 안동현의 경우 처음에는 설치하지 않을 예정이었는데 그곳에 있는 사람이 부디 설치해주었으면 한다고 청구해서 영업을 하고 있을 뿐입니다. 안동현의 영업보고는 본점으로 돌아옵니다. 본점이 총독부 산하에 있기 때문에 모두 총독부에서 훑어봅니다. 은행업은 본점과 지점의 자본이 독립되어 있어서는 안 됩니다. 그리고 자본이 모두 하나인 금융 관계로 인해 감독할 때 그 지점만을 불문에 부쳐둘 수 없으므로 이것 역시 감독하고 있다고 말씀드립니다.

○ 아키오카 기이치(秋岡義一)

40조에…

○ 정부위원, 아라이 겐타로(荒井賢太郎)

창립 당시 1백20만 엔을 무이자로 대부하였던 것은 은행에 그 대부 명령을 부여하여 대부한 것입니다. 지금은 그 명령에 따라 거치기한이 지났기 때문에 은행이 정부에 상환하는 절차를 밟고 있습니다. 이 조문은 창립 당시에 필요한 조문이었고, 현재 필요가 없기 때문에 삭제한 것입니다.

○ 아키오카 기이치(秋岡義一)

이어서 확인해 두고 싶은 것이 있습니다. 오늘 말씀에 은행은 하나이기 때문에 지점이 본점에 보고를 하고, 본점이 감독하는 것이라면 지점 혹은 출장소에 대하여 감독하는 것이 아니라 본점에 모두 모아서 감독하자는 것으로 이해하는 것이 좋겠네요.

○ 정부위원, 아라이 겐타로(荒井賢太郎)

본점으로서 안동현은 본점 영업의 일부가 되고, 기타의 지점 영업을 감독할 경우에는 총독부에서 감독합니다. 그러나 만약 안동현이 중국 지역이기 때문에 외국은행이 지점을 설치하는 경우 감독하는 것으로 결정되면 감독을 받는 것에는 차이가 없습니다. 그러나 이러한 규칙이 향후 엄격해질지 어떨지는 현재 생각할 수 없습니다. 하지만 만약 그런 것이 있다면 외국은행이 일본에 지점을 내는 경우 일본에서 외국은행을 감독하는 것과 마찬가지로 감독하는 것입니다. 그러나 안동현의 지점은 영업에 대해서도 확실히 영업보고 등이 나오고 있으며 조선총독은 감독권이 있기 때문에 그 점에서 감독한다는 점을 말씀드립니다.

○ **아키오카 기이치(秋岡義一)**

일본에 지점을 설치한 경우는…

○ **정부위원, 아라이 겐타로(荒井賢太郎)**

마찬가지입니다.

○ **아키오카 기이치(秋岡義一)**

내지에 지점을 설치한 경우에도 마찬가지라는 말씀이신데, 그렇다면 내지에 있는 지점은 대장대신이 감독을 하지 않고, 조선총독이 감독을 한다는 말이 됩니다. 또한 먼저 40조의 건에 대하여 이미 대부했다는 것은 설립 당시의 일이므로 지금은 갚았을 뿐이라고 말씀하셨습니다. 40조의 2항에 따르면 상환한다는 규정이 있지만 그 규정은 이미 현재 계약이 다 되었기 때문에 법률상 명문을 둘 필요가 없다는 말입니까?

○ **정부위원, 아라이 겐타로(荒井賢太郎)**

두 번째 질문은 말씀하신 대로입니다. 그러므로 첫 번째 은행감독은 일본에 지점을 설치한 경우에는 일본의 은행조례에 따라 대장대신이 그 지점을 감독하는 것은 당연합니다. 방금 안동현의 사례도 그대로입니다. 그러나 조선총독이 이들 지점에 대해서 어떤 권한이 있는가라고 하시다면, 이 은행의 영업보고 등은 조선총독에게 들어오기 때문에 발생하는 문제입니다. 따라서 정확하게는 대장대신이 은행조례에 따라 일본의 은행을 감독하는 것과 같습니다. 외국에서 일본이 은행 지점을 설치했을 때 그 은행은 그 나라의 감독을 받습니다.

○ **아키오카 기이치(秋岡義一)**

과연 외국의 경우 등은 그렇습니다만, 조선은 외국이 아니므로 이상하다고 생각합니다. 외국이라면 외국에서 감독할 터인데, 일본과 같은 지역이기 때문에 만약 이것을 조선총독이 감독한다면, 또 이러한 법률이 가능하다면, 대장대신이 어떤 지점을 감독해야 한다고 생각하는 것입니까?

○ 오가와 헤이키치(小川平吉)

즉, 안동현 근처에 있는 지점에 대해서는 영업보고에 따라 감독하기 때문에 직접적으로 영업을 감독할 수 없다는 말씀이 아니십니까? 아키오카(秋岡) 의원의 질문은—지점의 영업을 직접적으로 감독하는 것은 외국에서는 총독의 권한을 휘두를 수 없기 때문에 직접 감독이 불가능하지 않습니까?

○ 정부위원, 아라이 겐타로(荒井賢太郎)

저는 그것이 그렇게까지 한정되지 않는다고 생각합니다. 지점의 자본이 따로 있기 때문에 외국의 법률에 따라 설정하고 있는 경우라면 전혀 다르다고 할 수 있습니다. 그러나 은행이 같은 자본 아래에서 지점을 내어두고 단지 손만 뻗은 것에 불과하기 때문에, 단지 외국 지역에서 영업을 하고 있는 것입니다. 그러므로 어디까지나 외국의 법률규칙에 따른다는 것은 결코 그렇지 않은 이야기라고 생각합니다. 그러나 그 영업은 역시 본점에도 영향을 미치기 때문에 조선총독이 필요하다고 인정하는 경우에는 안동현에 있는 은행에 대해 내부 검사를 하는 것은 아무런 지장이 없다고 봅니다.

○ 다카야나기 가쿠타로(高柳覺太郎)

이 조선은행법이 성립하면 결국 한국은행조례는 전부 소멸하게 될 터인데, 그러므로 아까 있었던 40조의 120만 엔을 대부한다고 하면 그것은 일시적인 것이 될 것입니다. 제 2항과 같은 규정은 여전히 지금에도 존재하고 있다고 생각되는데, 한국은행조례가 전부 소멸하는 것입니까?

○ 정부위원, 아라이 겐타로(荒井賢太郎)

이 법률이 성립한다면 한국은행조례는 소멸하게 됩니다.

○ 하마오카 고우테쓰(濱岡光哲)

잠깐 질문을 드리겠습니다만, 제 생각으로는 합병이 된 이상 구별하지 않았으면 좋겠다는 취지입니다. 그러면 앞서 중앙은행과 중앙이란 글자를 빈번하게 말씀하셨는데, 본 원(本員) 등은 이것이 옳지 않다고 봅니다. 중앙은행이라고 하면 일본은행이 중앙은행입니다. 즉, 한국은행은 어느 정도 그 업무에서 다소의 차이가 있더라도 일람불어음을 발행하는 점에서 대만은행과는 조금도 취지를 달리하지 않는다고 생각합니다. 그렇다면 대만은행은 대장성에서 모두 감독하고 있음에도 불구하고, 한국은 합병 전과 동일하게 총독이 감독한다는 것은 다른 사정이 있는 것인지 여쭙고자 합니다.

○ 위원장, 노다 우타로(野田卯太郞)

하마오카(濱岡) 의원의 말은 근본론으로 훗날 대장대신이 나와서 잘 이야기할 터이니 그때 질문하시는 편이 명료하리라고 생각합니다.

○ 아키오카 기이치(秋岡義一)

안동현 출장소에 대한 감독은 조금 조치를 취해야 합니다. 만약 일본에서 조선은행이 지점 혹은 출장소를 설치하는 경우에 대장대신이 감독할 것인지, 조선총독이 할 것인지, 여기에 대한 법규조항을 보면 역시 조선총독이 감독하는 것은 맞지 않다고 생각합니다. 그것에 대하여 명확한 대답이 없었습니다.

○ 위원장, 노다 우타로(野田卯太郞)

감독에 관하여 말하는 것은 어쨌든 좋을 것이라고 생각하는데, 이 발행권은 준태환권과 같은 것인데, 내지에 출장소가 있다면 조선에서 발행한 것을 사용할지는 명확하지 않습니다.

○ **정부위원, 아라이 겐타로(荒井賢太郎)**

감독의 문제는 일정 정도 명료하게 답변하려고 합니다. 내지의 은행이 조선에 지점을 둔다면 총독이 감독하는 것과 같고, 조선은행이 내지에서 지점을 낸다면 대장대신이 감독하는 것이 당연하다고 생각합니다. 태환권은 조선 구역 내에서 유통하는 것이므로 조선 이외에서는 유통하지 않습니다.

○ **위원장, 노다 우타로(野田卯太郎)**

안동현은?

○ **정부위원, 아라이 겐타로(荒井賢太郎)**

신용으로서 유통하는 것은 별도의 문제입니다.

○ **다카야나기 가쿠타로(高柳覺太郎)**

한국은행은 융희(隆熙) 3년 법률 제22호로 설립된 것으로 알고 있습니다. 그렇다고 한다면 한국은행조례는 거기서 부수한 칙령적인 규정입니까? 즉, 한국은행조례는 통감부가 발포했던 것이라고 생각하는데, 이 은행조례의 성질은 역시 22호의 취지에 기초한 칙령적 규정입니까? 다만 한국은행조례라고 해도 이것은 역시 입법사항으로서의 규정인지, 단순히 통감 일 개인의 명령적 사항인지, 특히 병합 후에는 조례 등은 몹시 성가신 제령이 되었는데, 이 한국은행조례는 어디에 속합니까?

○ **정부위원, 아라이 겐타로(荒井賢太郎)**

한국은행은 융희 2년 구한국의 법률로 발포되었습니다. 그러나 병합과 함께 그대로 둔다면 그 법률이 소멸할 터이므로, 제령으로써 그 효력을 존속시켰습니다. 이러한 이유로 현재 제령으로써 그 조례가 효력을 가지고 있는 결과가 되었습니다.

○ 오가와 헤이키치(小川平吉)

오늘 배포한 표에 따르면 화폐유통액(貨幣流通高) 가운데 구 백동화가 1910년 말에는 없는데, 지금도 없는 것입니까?

○ 정부위원, 아라이 겐타로(荒井賢太郎)

구 백동화는 유통을 금지하고 있습니다.

○ 오가와 헤이키치(小川平吉)

은행권 2,016만 엔 가운데 정화준비는 어떻게 됩니까?

○ 정부위원, 아라이 겐타로(荒井賢太郎)

정화준비는 3분의 1을 내리기란 불가능합니다. 실제로는 3할 4분위 정화준비를 두고 있습니다.

○ 다카야나기 가쿠타로(高柳覺太郎)

한국은행은 조례에 따라 지배하도록 했기 때문에 물론 회사령 아래에 있을 것이라고 생각합니다. 하지만 회사령뿐만 아니라 일부는 모국의 상법 지배를 받고 있다고 생각하는데, 정부에서는 어떻게 보고 있습니까?

○ 정부위원, 아라이 겐타로(荒井賢太郎)

한국은행조례는 회사령의 지배를 받지 않을 터입니다. 조선은행조례의 제1조에 조선은행은 주식회사로 한다고 했습니다. 이 주식회사는 상법의 주식회사란 의미에서 규정하고 있는 것이므로 회사에 관해서는 상법의 지배를 받습니다. 그러나 조선의 회사령 지배는 받지 않는다는 생각입니다.

○ 다카야나기 가쿠타로(高柳覺太郎)

물론 회사령에 저촉되는 점은 받지 않겠지만, 저촉되지 않는 일반의 회사령 규정에 대해서는 지배를 받아야 한다고 생각하는데, 그렇지 않습니까?

○ 정부위원, 아라이 겐타로(荒井賢太郎)

제령은 특히 조선에서 시행하는 목적으로 제정한 법률에 대해서는 효력을 미치지 않는다는 생각입니다. 제령은 회사의 건에 대하여 특별히 규정하고 있습니다. 그런데 이 법률은 법률로써 회사로 한다고 규정했기 때문에 제령의 범위에는 속하지 않으며, 회사령의 영향은 받지 않는다는 견해입니다.

○ 아키오카 기이치(秋岡義一)

제일은행권 상각자금의 대부로 748만 엔의 자금이 있는데, 이것은 전부 제일은행권을 상각하기 위한 것이라고 생각하는데, 이것은 언제까지 그 상각을 끝낼지, 무언가 말할 조건이 있습니까?

○ 정부위원, 아라이 겐타로(荒井賢太郎)

이것은 제일은행으로부터 한국은행이 업무를 계속 이어올 때의 것으로 제일은행 은행권은 모두 한국은행이 상각할 의무를 담당한다고 계약되어 있습니다. 그 대부금입니다. 그것은 20년 부로 상각한다고 계약되어 있기 때문에 현재 상각의 잔액이 748만 6,000엔 남아 있습니다.

○ **오가와 헤이키치(小川平吉)**

제8장에서 벌칙을 규정하고 있는데, 예전 한국은행조례에는 1천 엔 이하의 과료에 처한다고 하고, 과료에 대한 하한을 제한한 것이 없었습니다. 이것은 형벌을 광범위하게 적용한 것이었다고 생각합니다. 이번에는 하한으로 100엔을 붙여서 100엔 이상 1천 엔 이하의 과료에 처한다고 고쳤습니다.

그런데 이렇게 처벌해야 할 범죄들을 조사해보면 그 중에는 충분히 가벼운 것도 포함된 것처럼 보입니다. 즉 무리하게 100엔 이상이라는 제한을 붙이지 않더라도 처리할 수 있는 경우는 많이 있습니다. 그런데 어째서 100엔 이상이라고 제한을 붙이게 된 것입니까? 특히 최근 형벌에 관한 입법 상 보통의 관례는 하한을 두지 않는 경우가 많이 있습니다. 따라서 오히려 100엔 이상이란 제한을 붙이지 않는 편이 좋다고 생각합니다. 어째서 구법을 고쳐서 신법에 100엔 이상을 붙인 것인지, 그 이유를 묻고 싶습니다.

다른 하나는 이 신법의 제40조에 "제10조의 규정을 위반했을 때에는 20엔 이상 200엔 이하의 과료에 처한다"는 내용이 있습니다. 제10조란 "총재와 이사가 다른 직무 또는 상업에 종사할 수 없다"는 것인데, 구법을 보면 구법은 그 외의 벌칙과 동일하게 "1천 엔 이하의 과료에 처한다"고 되어 있습니다.

즉, 어떤 경우에는 그 정황이 가벼워서 20엔 이하더라도 15엔의 과료면 좋겠다고 하는 것처럼 구법은 폭넓게 되어 있습니다. 또한 상한도 넓게 되어 있어서 정황이 무거운 경우에는 1천 엔에 달할 수 있다고 되어 있습니다. 신법은 하한에 대해서도 상한에 대해서도 충분히 많게 하는 것이 불가능합니다. 비유해서 말하자면 일본의 구형법과 같이 좁은 범위에 한정하는 주의를 취하는 것은 무엇 때문입니까? 총재와 이사의 경우도 정황의 경중이 꽤 있으리라 생각합니다. 즉, 그 외에 1백 엔 이상 1천 엔 이하의 과료에 처한다고 하는 경우를 보더라도 충분히 무거운 경우도, 가벼운 경우도 있으리라고 생각합니다. 특히 이 신 법안에서 개정한 이유는 무엇입니까? 그 이유를 듣고 싶습니다.

○ **정부위원, 아라이 겐타로(荒井賢太郎)**

여기에는 특별한 이유가 없습니다. 혹은 1천 엔 이하라고 하여 하한을 제한하지 않는 것이 좋을지 모릅니다. 그러나 일본에서 다른 특별한 종류의 은행이 모두 1백 엔 이상 1천 엔엔 이하로 벌칙을 규정하고 있습니다. 대만은행, 일본권업은행, 일본흥업은행, 홋카이도척식은행 모두가 그렇기 때문에 동일한 종류에 대해서 벌칙도 동일하게 규정하는 것이 좋을 것이라고 생각하여 이렇게 규정을 했습니다. 그러므로 20엔 이상 200엔 이하, 이것도 다른 은행의 처리와 마찬가지로 규정한데 불과하므로…

○ **오가와 헤이키치(小川平吉)**

상당한 이유가 없다는 답변이지만, 역시 상당한 이유가 없는 것처럼 보이는 답변에 의거하여 살펴보겠습니다. 상당한 이유가 없는 것처럼 보아서는 안 됩니다. 오히려 답변의 취지에 따라 대만은행 같은 기타의 예를 모방했다고 한다면 이것은 오히려 일본의 입법 역사에서 볼 때 퇴보한 것이 아닌가라고 생각됩니다. 즉, 형법이란 벌의 법률로 근본 법률인데, 이 형법이 이전의 오래된 시대에는 하한을 없애고, 상한을 없애 좁은 범위에서 벌을 정하였습니다. 그것은 다소간 이러한 식으로 아래에 제한을 단절한다는 것은 좋지 않습니다.

어떠한 사범에 대하여 경중의 차란 것이 무거운 정황의 경우도, 가벼운 정황의 경우도 있어서 천차만별이므로 이렇게 해야 할 제한을 철거하여 넓은 범위의 형벌을 제정하고, 그리하여 이것을 적용하는 사람에게 그 넓은 범위에서 경중의 구별에 따라 자유롭게 적용하도록 합니다. 그렇게 하여 가벼운 자에게는 어디까지나 가벼운 것을 가지고 가고, 무거운 자에게는 무거운 것을 가지고 가는 것이 좋겠다는 것입니다. 즉, 일본의 입법례는 형법을 근저로부터 개정하면서 모두 이것을 채용합니다. 그런데 대만은행법과 기타의 정부위원이 단지 이것을 모방했다고 한 모법인 법률이 나왔을 때에는 역시 이러한 구형법의 시대였습니다. 구형법의 시대란 곧 입법의 역사에서 말하자면 과거의 낡은 사상이 발휘되고 있던 경우에 나온 법률입니다. 그 법률에 따라 모처럼 이렇게 새롭게 한국의 조령(條令)이란 것이 진보한 법률사상을 채택해 가서 1천 엔 이하란 넓은 법률을 만들었던 것을 오래된 구 형법을 흉내 낸 법률로 바꾼다는 것은 일본의 역사에서 볼 때 퇴보했다고 하지 않을 수 없습니다.

이러한 점은 가급적 대만은행법을 본떴다고 한다면 옛이야기로 퇴보했음이 분명하니 만약 이 점을 수정한다고 하면 어떠하겠습니까? 혹독하게 고집할 정도로 강력한 결심입니까? 이것은 새로운 법률을 모방해서 하는 편이 좋으리라고 생각합니다. 은행은 은행으로서 유사합니다만 은행의 균형을 취하기보다도 오히려 진보한 형벌을 따르는 편이 좋으리라고 생각합니다. 개정한다고 하는 쪽이 일본 형벌법의 일반 사상에 비추어 보아 이것이 가장 적당하다고 생각합니다. 따라서 충분히 상당한 이유가 없다고 한다면, 만약 우리들이 수정할 때에는 동의를 바란다고 생각합니다만…

○ 정부위원, 아라이 겐타로(荒井賢太郎)

방금 말씀은 의견이기 때문에 그때 말씀드리는 것이 좋겠다고 봅니다.

○ 다카야나기 가쿠타로(高柳覺太郎)

저는 본 회에서도 조금 들었습니다만, 이 조선은행을 이 법률로 제정한다면 형편은 지극히 찬성할 터입니다. 그러나 뒤집어서 이러한 조선총독의 의지가 된다면 거의 조선총독 만능—무엇이든 조선총독이 전권을 가지고 조선을 통치하려 한다는 주의를 발휘하고 있습니다. 이 법률은 요컨대 설명과 같이 명칭의 변화, 보증의 준비가 중요한 점인데, 명칭을 한국은행에서 조선은행으로 개정한다는 것은 오직 형식상의 문제로 별것은 아닙니다. 또 보증준비의 변경 같은 것도 일부의 변경에 그치며, 조선총독의 지위에서 말하자면 역시 제령으로 한다면 처리가 됩니다.

일부러 법률안을 제출하여 협찬을 요구한다는 주의는 무엇보다 깊은 관계가 있습니다. 그래서 모국의 법률로 제정하는 것인데 법률로 제정한다는 취지는 가장 깊은 뜻이 있는 것은 아닙니까? 만약 그렇다면 상세한 설명을 바랍니다. 만약 깊은 취지가 없다고 한다면 조선총독의 제령으로 간이하게 이것을 처리한다는 말입니다. 한국은행을 조선은행으로 한다는 간편한 절차로 할 수 있을 것 같습니다. 특히 만능주의의 결과로 총독은 그 지위로서 가능하리라고 생각합니다. 또 그러한 것처럼 희망하고 있습니다. 그 점에 대하여 조선총독부의 의견은 어떠한지 듣고 싶습니다.

○ 정부위원, 아라이 겐타로(荒井賢太郎)

만약 이것을 제령으로 제정한다고 하면 제령은 조선총독의 관할 내에서 효력이 있기 때문에 이 은행이 조선총독 관할 이외에서 예를 들어 내지에서 은행의 주식회사로 인정되지 않는다는 우려가 있습니다. 그렇게 되면 이 은행은 조선 내에서만이 아니라 내지와의 사람들 사이에서 거래를 체결하는 것이 어느 정도는 있으리라고 생각합니다만, 그 경우에 내지에서 이 은행은 제령에 따라 성립하였기 때문에 회사로 인정되지 않습니다. 이러한 논의가 발생하면 정말 곤란합니다. 그러한 결과로서 법률로 제정하게 되었습니다.

○ 위원장, 노다 우타로(野田卯太郎)

하마오카(濱岡) 의원에게 잠시 말해 두겠습니다. 대장대신은 오늘 나오지 않는다고 합니다. 내일 조회하여 두겠습니다.

○ 다카야나기 가쿠타로(高柳覺太郎)

지금 답변으로 한국은행주식회사로 한다는 것은 한국은행의 제정에 있어서 일본국의 주식회사규칙을 준용한다고 규정해 두면 좋겠습니다. 모두 모국의 법률을 적용한다고 제령으로써 정해둔다면 좋습니다. 일본 모국의 주식회사란 것은 알고 있습니다. 또 만약 그 점에 의문이 있다고 한다면 칙령으로서도 그 점에 대해서는 주식회사라면 주식회사로서 일본 모국의 주식회사 규칙을 준용한다고 하더라도 좋을 것입니다. 그러므로 여기에 따라 이 제령을 상법의 주식회사 규칙에 준용한다고 하더라도 괜찮습니다. 특히 여기에 이 법률로써 제정한다는 것은 어떠한 의미인지, 방금 나온 이야기로는 조금 이해하기 어렵습니다.

○ 정부위원, 아라이 겐타로(荒井賢太郎)

법률론인 것 같습니다만, 한국은행조례에는 지금 효력을 가지고 있는 제령을 통해 그 효력을 갖는다는 말이 됩니다. 그럴 때 이 제령은 조선총독 관할구역 내에서만 효력을 갖기 때문에 제령으로 성립한 것은 관할 이외에서는 효력을 가질 수 없습니다. 이러한 법률론으로 귀속되기 때문에 여기에 법률을 제정하여 둔다면 논의의 지점에서 염려는 없으므로 법률로써 제정하게 되었습니다.

만약 조선에서 칙령이나 다른 무엇으로 시행하려고 한다면, 곧바로 상법을 적용하게 됩니다. 하지만 지금은 그러한 조문은 없었기 때문에 이것을 상법의 주식회사로 인정하려면 아무래도 법률이 아니면 안 됩니다. 그래서 법률로 하게 되었습니다

○ 위원장, 노다 우타로(野田卯太郎)

오늘은 여기서 마치겠습니다. 내일은 본 회가 있을 것 같으니 오전 10시부터 개최하겠습니다. 산회합니다.

오후 2시 45분 산회.

2. 1911년 3월 11일 중의원 조선은행법안위원회 회의록 제2회

메이지 44년 3월 11일 오전 11시 개의.

출석위원은 다음과 같다.
노다 우타로(野田卯太郎)
가스야 기조(粕谷義三)
사카키다 세이베(榊田淸兵衛)
이나무라 다쓰지로(稲村辰次郎),
오가와 헤이키치(小川平吉)
오노 하사지(大野久次),
아키오카 기이치(秋岡義一)
다카야나기 가쿠타로(高柳覺太郎),
도미타 고지로(富田幸次郎)
아사바 시즈카(浅羽靖),
오카자키 운베(岡崎運兵衛)
하마오카 고우테쓰(濱岡光哲).

출석 국무대신은 다음과 같다.
대장대신 후작 가쓰라 다로(桂太郎)

출석 정부위원은 다음과 같다.
대장차관 와카쓰키 레이지로(若槻禮次郎)
조선총독부 탁지부장관 아라이 겐타로(荒井賢太郎)
조선총독부 회계국장 백작 고다마 히데오(児玉秀雄)

오늘 회의에 상정하는 의안은 다음과 같다.

조선은행법안

○ 위원장, 노다 우타로(野田卯太郎)

개회합니다. 어제에 이어서 질문이 있으면 하시기 바랍니다.

○ 아사바 시즈카(浅羽靖)

좀 여쭙고 싶은 것은 이 17조의 제4항으로 확실한 담보가 있는 대부란 것입니다. 여기 조선에서 확실한 담보가 있는 대부란 무언가 대체로 중대한 담보로 되어 있습니까? 또 하나는 농공은행에 자금을 빌려준다면 한국은행의 성질은 역시 이 본 안에 나열하여 기록한 이외의 것에 해당하기 때문에 농공은행은 역시 대부를 한다고 하면 농공에 대해서도 권업은행처럼 실질적으로 관계를 가지고 오는 것입니까? 또 어떻게 말할 수 있는 사실이 있는지 이 점을 묻고 싶습니다.

○ 정부위원, 아라이 겐타로(荒井賢太郎)

확실한 담보, 이것은 주로 일본인 사이의 대부라면 확실한 유가증권, 공채증서란 것이 주가 됩니다. 그러나 한국에는 어찌 되었든 유가증권이 적습니다. 이 경우에는 어쩔 수 없으므로 부동산을 담보물(見返品) 등으로 취급하고 있습니다. 이러한 사정입니다. 그러므로 농공은행에 대하여 대부한다는 것은 농공은행의 성질을 이야기하지 않을지도 모르겠습니다. 하지만 한국의 농공은행은 내지의 농공은행과 어느 정도 취지를 달리 하고 있습니다. 대체로 내지의 농공은행의 규칙을 취하고 있습니다.

상업은행이 현재 개항장 등에는 있습니다. 그리고 내지로의 반입과 산업은행이 완전히 없습니다. 따라서 농공은행으로 하여금 보통은행의 영업을 겸하도록 하는 취지를 가지고 농공은행을 설립했던 오늘의 실제 상황은 농공자금으로 융통하고 있는 금액에서 상업자금으로 융통하고 있는 쪽이 다수의 위치를 차지한 모양입니다. 그러므로 상업자금의 융통은 한국은행이 역시 농공은행에 대하여 융통을 주도록 되어 있습니다.

○ 아키오카 기이치(秋岡義一)

18조의 첫 번째입니다만, 공공단체에 대한 무담보대부와 같은 것은 17조 안에 넣는 것이 좋겠다는 생각임에도 불구하고, 특별히 18조로 가지고 가는 것은 어째서입니까? 또 18조에 따르면 조선총독의 인가를 받아서 그 영업을 할 수 있다는 말인데, 공공단체에 대부할 때 매번 총독의 인가를 얻는다는 의미가 되는지 그 점을…

○ 정부위원, 아라이 겐타로(荒井賢太郎)

조선은행은 대체적으로 중앙은행의 직무를 다하고자 하는 것이 취지입니다. 그러나 어제도 질문하신 것처럼 일본의 중앙은행이란 성질을 달리하여 오히려 대만은행과 같은 성질을 갖고 있습니다. 그러나 태환권을 발행하는 은행이기 때문에, 태환권이란 것은 알고 계신 것처럼 언제라도 예금인출을 청한다면 교환에 응해야만 하는 의무를 가지고 있습니다. 그러므로 그러한 은행이 공공단체에 대부하게 되면 많은 자본이 침식당하게 됩니다. 장기의 대부가 됩니다.

이러한 점에서 공공단체에 대부하는 경우, 무담보로 대부하는 것은 우선 어느 정도 예외로 보고 있습니다. 줄곧 태환권을 발행하여 중앙은행의 직무를 취급하는 은행이 당연한 영업이라는 이유로 공공단체에게 무담보 대부를 하게 되면 태환권의 기초에 동요를 초래한 우려가 있습니다. 그래서 특별히 부득이한 경우에 대부하도록 했습니다. 이번에 거류민단이 다수 있습니다. 이 거류민단이 대부를 청구하더라도 별도로 대부할 은행이 없기 때문에 어쩔 수 없이 이 은행을 쓴다고 하더라도 이것은 변칙의 경우입니다. 그리고 이러한 경우는 총독의 허가를 거치므로 18호에 규정했던 것입니다.

○ 가스야 기조(粕谷義三)

지금 질문에 대하여…그렇게 한다면 지금의 대부는 한 건마다 매번 총독의 인가를 받는다는 것이 됩니까?

○ 정부위원, 아라이 겐타로(荒井賢太郎)

그렇습니다.

○ 이나무라 다쓰지로(稲村辰次郎)

제20조의 단서로 "조선총독의 명령에 기초한 경우에는 이러한 한도에 있지 않는다."는 말이 있습니다. 하지만 조선총독의 명령이 있다면 어떠한 대부더라도 할 수 있는 것처럼 보이는데 이 단서를 붙인 것은 어떠한 이유입니까?

○ 정부위원, 아라이 겐타로(荒井賢太郎)

이것은 조선의 현재 사정에서 이 조선은행이 운영하는 보통의 영업 이외에 어찌되었든 융통을 해야만 하는 사정이 발생하므로, 그 경우에는 어쩔 수 없이 조선총독이 명령을 한다면 대부하도록 했으면 하는 의미에서 이 내용이 들어간 것입니다. 이것은 간간히 사례가 있습니다. 몇 해 전 조선인삼조합을 발기하여 인삼을 개량했고, 보통의 영업에서 그 인삼조합에 대부한다면 무언가 확실한 담보를 제공하지 않으면 불가능합니다. 그러나 그런 경우에 담보도 어떠한 것도 없기 때문에 정부가 감독하고 있는 조합이므로 이것만의 금액을 한정하여 대부해주고자 했습니다. 그것만은 정부가 감독하고 있기 때문에 괜찮다고 한 이유였으며, 따라서 이에 대하여 대부하도록 했다는 말입니다. 그러므로 또 장래에 조선귀족이 현재까지의 채무를 정리하는 일이 왕왕 일어나게 되는 경우에도 어쩔 수 없이 이 은행으로 하여금 융통하도록 해야 할 사정이 발생하지는 않을까 하여 이러한 사정에서 이 1항을 삽입했습니다.

○ **위원장, 노다 우타로(野田卯太郎)**

대장대신이 출석하셨는데, 용무로 바쁘시니 근본적 질문이라면…

○ **하마오카 고우테쓰(濱岡光哲)**

대장대신께 좀 묻고 싶습니다. 이 법안은 다분히 합방 전 한국중앙은행을 조선은행이라고 고쳐서 내놓았던 것인데 잠깐 전체를 보면 오직 명칭을 바꾼 것이며, 한국 정부가 총독부로 바뀌었다는 점, 보증준비란 점으로 귀속되는 것처럼 보입니다. 하지만 여기에 이르러 대장대신에게 여쭙고 싶은 바는 이미 이와 같이 합방이 된 이상 가급적 모든 것을 가능하다면 중앙으로 만들어서 안팎으로 지장이 없는 한 조선과 일본이 원만하게 했으면 좋겠다는 것이 제가 희망하는 바입니다.

특히 이 은행과 같은 것은 일본은행을 중심으로 하여 대만은행처럼 모든 은행은 대장대신이 곧바로 감독하고 있습니다. 그런데 이 조선은행에 대하여 특별히 조선총독의 감독으로 위임하는 것은 어떤가란 생각을 갖고 있습니다. 가급적 이 지폐 등에 대해서도 감독상 구구(區區)한 것은 경제상 어느 정도 고려해야만 한다는 점입니다. 특히 이렇게 정치상 만주에서 철도가 연합함과 동시에 조선은행 지폐라는 것도 점차 많아지리라 생각합니다. 그렇다면 오히려 대장대신의 감독으로 되는 쪽이 좋으리라는 희망을 가지고 있습니다. 그러나 새삼스레 이것을 총독이 감독하도록 한 것은 어떻게 된 연유인지 그 점을 묻고 싶습니다.

○ **내각총리대신 겸 대장대신, 후작 가쓰라 다로(桂太郎)**

방금 하마오카(濱岡) 의원의 말씀은 뛰어난 질문이라고 생각합니다. 정부에서도 이러한 식민지의 통일, 그 가운데 재정의 통일이 가장 중요하다고 생각하고 있습니다. 왜냐하면 일본의 경제상황을 고려하고, 또 재정상황으로 볼 때 그렇게 생각하기 때문입니다. 그렇다면 대장대신이 감독하는 은행이면서 중앙으로 통일하는 명칭을 붙이지 않은 이유는, 아무래도 대만 같은 것은, 하마오카 의원의 질문과 같습니다.

하지만 조선은 아시는 것처럼 대만과 그 취지를 달리 하며, 또 총독의 입장에서도 다소 다른 점이 있습니다. 모두 이러한 대체적인 선상에서는 일본 정부를 별도로 하고, 총독이 무슨 일에도 구애받지 않고 할 수 없습니다. 일본 정부의 법률 아래에 입각하여 그 일부의 권력을 갖게 하도록 한 것은 말씀드릴 것도 없습니다. 하지만 총독에게 위임한다면 구구(區區)한 범위를 제외하고 모든 것을 총독이 감독하도록 하고, 그 위를 정부가 감독하기 때문에 괜찮을 것이라 생각하여 총독이 이를 감독하게 되었던 것입니다. 무엇보다 이 점에 대해서는 철도라던가 전신과는 달리 신용과 관계가 있습니다.

자본을 늘린다던가, 아니면 기타의 특수한 업무를 하는 경우에는 물론 일본 정부의 인가를 받아서 한다는 것이 당연합니다. 이에 대해서는 물론 정부가 총독에게 훈령으로서 보여주고, 아니면 대장성에 구속된다는 점을 대장대신과 엄중한 규정을 만들겠습니다. 그리고 이 점에 대해서는 통일되지 않는 상황이 초래되지 않도록 그 방법을 취하겠습니다. 요컨대 이 점은 총독으로 하여금 하도록 하겠습니다. 이것을 하지 않도록 하는 구구한 제도를 피하기 위해서 총독이란 문자를 여기에 넣은 것에 불과합니다. 하마오카 의원이 우려하는 점은 또한 정부에서도 우려할 문제라고 생각하고 있습니다.

요컨대 방금 말씀드린 것처럼 철도, 전신 같은 것들은 모두 총독으로 하여금 감독하도록 하고 있습니다. 유독 이 일에서 대장대신이 감독하고 있는 것은 조선의 사태에서 구구하게 됨을 면치 못하기 때문에 총독으로 하여금 감독하도록 하며, 통일되지 않음을 초래할 경우에는 일본 정부 아래에서 움직일 예정입니다. 이러한 취지로서 총독으로 하여금 감독하도록 했던 것입니다. 이와 같이 알고 계시기를 바랍니다.

○ 아키오카 기이치(秋岡義一)

방금 하마오카(濱岡) 의원의 질문에 대하여 총리대신의 답변이 있었습니다. 오히려 저는 이 일에 대해서도 하나 묻고 싶습니다. 지금 답변한 내용에 따르면 대만과는 다소 다르기 때문에 이렇게 하고 싶다는 말인데, 부디 이것을 총독에게 시키지 않으면 안 될 정도의 이유도 없는 것처럼 생각됩니다. 또한 철도, 전신이란 이야기도 있었는데, 역시 대만에서도 철도 아니면 전신 같은 것도 대만총독부에서 하고 있습니다. 특히 대만은행의 감독도 대장대신이 하고 있습니다. 혹시 이것도 대장대신이 역시 조선은행을 감독하는 것으로 되어 모든 일반의 은행을 대장대신의 감독 아래에 두지 않는다면, 이 은행 하나만을 조선총독의 감독 아래에 둔다는 것은 재정 · 경제상의 통일에서도 몹시 좋지 않다고 생각합니다. 이 점에 대해서는 부디 총독의 감독 아래에 두어야만 한다는 점을 고수하실 것입니까? 경우에 따르자면 대장대신이라고 하더라도 억지로 반대하는 일은 없습니까?

○ 내각총리대신 겸 대장대신, 후작 가쓰라 다로(桂太郎)

아키오카(秋岡) 의원의 질문에 대하여 답변하겠습니다. 이것이 이면에서 보면 어떠했을까 라고 저는 생각하고 있습니다. 정면에서 보면 아키오카 의원의 의견대로 되더라도 지장이 없을 것처럼 보입니다. 또한 혹시 뛰어난 의견이지 않은가 라고도 생각합니다. 하지만 이것을 이면에서 보시게 된다면 총독이 이것을 모두 자유롭게 한다는 것은 대체적으로 불가능합니다.

위임되어 있다고는 하더라도 혹시 조선은행으로 하여금 자유로이 자본을 늘리도록 해야겠습니까? 아니면 그 은행의 움직임에 관한 것에 대해서도 자세한 점은 물론 가능합니다만, 큰 사정에 대하여 재정의 대체적인 문제에 관계하는 것과 같은 일에 대해서는 총독의 능력이라기보다는 오히려 품이 들지 않습니다. 그러므로 이것은 이면에서 살펴보시게 된다면…지금 아키오카(秋岡) 의원이 우려하는 점으로, 형식을 이처럼 한다면 좋겠다고 하는 것은 뛰어난 것처럼 생각됩니다. 그러나 모쪼록 바라는 바는 원안의 총독이란 문자는 놓여 있으므로, 그리고 재산상 대체의 감독상에 있어서는 일본 정부 즉, 대장대신이 통일해야만 합니다. 또 해야 할 책임을 가지고 있기 때문에 결코 총독이 자유자재로 하지는 않는다고 생각합니다. 아무쪼록 이면의 측면에서 이것을 보아주신다면 승인이 가능하리라고 생각합니다.

○아키오카 기이치(秋岡義一)

만약 이 은행의 감독을 조선총독이 하게 된다면 과연 본점과 한국의 지점 출장소 같은 것은 이 법률에 따라 총독이 감리관을 두어 그 감독도 할 수 있겠습니까? 만약 내지에 이 조선은행의 지점을 설치할 경우에는 총독이 내지에 있는 지점을 감독하는 것이 사실 불가능하다고 봅니다. 그러할 경우 내지에 있는 지점은 보통의 은행조례에 따라 대장대신이 감독하도록 하는 방법 이외에는 감독할 방도가 없게 된다면, 본점에 대한 감독과 지점에 대한 감독에 구별이 발생하게 된다고 생각합니다. 이러한 점에서 보더라도 어쨌든 역시 대장대신의 감독 아래에 두는 편이 좋겠다고 봅니다. 그러한 지장은 없는 것입니까?

○ 내각총리대신 겸 대장대신, 후작 가쓰라 다로(桂太郎)

내지에 있는 것은 물론 직접 감독을 하는 것이 좋겠다고 생각합니다. 즉, 대장대신이 보통은행과 마찬가지로 감독하면 좋으리라고 봅니다. 모쪼록 이것은 이면에서 관찰하시어 판단을 하신다면 이 문제는 해결되리라고 생각합니다.

○ 하마오카 고우테쓰(濱岡光哲)

방금 대장대신의 이야기는 잘 알겠습니다. 그에 대하여 본 원 등은 특히 기우였습니다만, 이 금융기관이란 것은 말씀드릴 것도 없이 각종 이상한 일이 발생할 때에는 곧바로 감독관이 처치하지 않으면 비상하게 장해를 일으키는 경우가 있습니다. 그런데 방금 대장대신의 이야기처럼 해서 총독부가 바로 감독이 되고, 그 위에 또한 대장대신이 감독이 된다는 것처럼 된 이상은 만약 경제계에 변화를 일으킨다던가, 충분히 만주에 접하고 있는 바가 있으므로, 혹시 외교상에서 경제의 변동을 일으키는 경우도 있습니다.

그렇게 된다면 일본은행에서 돕지 않으면 안 되는 경우도 있을 터이고, 아니면 쇼킨(正金)은행과 결부되지 않으면 안 되는 경우도 있습니다. 그처럼 다양한 일이 일어나리라고 봅니다. 또 그러한 일이 발생할 때 한국이 추진해 와야만 합니다. 이 은행은 원래 말씀드리자면 한국중앙은행이란 것에서 움직여 왔기 때문에 명칭은 한국이라든가 조선이란 것으로 해야만 합니다. 하지만 가급적이면 좀 더 전진하여 가면 좋겠다는 생각을 가지고 있습니다. 다만 조선은행이라고 해도 좋으리라 생각합니다만, 통일이란 생각 위에서 지폐를 발행하도록 하는 이상, 이와 같은 일도 있을 터이니 직접 또는 간접으로 그러한 일을 감독한다면 생각못한 일이 일어나지는 않을 것이라고 봅니다. 그러므로 대장대신이 방금 설명한 것처럼 된다면 각별한 지장은 없으리라고 보입니다. 따라서 이것을 감독으로 맡기어 전체의 완급을 도모하는 것이 경제상의 편리가 아닐까라고 생각합니다.

○ **내각총리대신 겸 대장대신, 후작 가쓰라 다로(桂太郎)**

가장 적절한 우려이자, 가장 적절한 논의입니다. 그러나 만약 대장대신이 이를 관할하게 되더라도 이러한 조선의 일은 역시 조선총독에게 위임해야만 합니다. 직접적인 감독은 어찌되었든 조선총독이 하도록 하는 편이 지당하다고 생각합니다. 뿐만 아니라 이른바 중앙에서 모든 실질을 늘려 간다는 것은 번잡함을 감당할 수 없는 경우도 있습니다. 만일 대장대신이 감독한다고 하더라도 업무는 총독부에 위임해야만 한다는 점은 필요하므로 어쩔 수 없는 일이라고 생각합니다. 그렇다면 방금 하마오카(濱岡) 의원의 기우가 되는 점은 무언가 방법을 취하더라도 역시 중앙에서 직접 하기는 어렵습니다. 대체의 경제상으로 관계가 있다는 형편은 총독 스스로가 하더라도 저는 가능하다고 생각합니다. 혹시 아까 조금 이야기한 은행의 자본을 증액한다던가, 아니면 해외와의 거래에 관계되는 일이 가령 생긴다고 하더라도 조선총독부란 명칭을 가진 것을 런던시장에 가서 활용하지 않습니다. 일본 정부가 아니고서는 적합하지 않습니다.

또 일본으로 한다던가, 무엇으로 하든지 조선총독이란 명칭을 가지고 커다란 금융의 움직임을 일으킨다는 것은 어렵습니다. 이러한 점에 대해서는 물론 대장대신이 우려하여 역시 정부가 감독을 해야만 하므로, 요컨대 이러한 점에 대해서는 앞서 말씀드린 대로입니다. 아니면 훈령에 따라 정할지, 혹은 엄중한 단속을 함으로써 총독의 권한을 묶어둔다는 것은 물론입니다. 그러므로 방금 하마오카 의원의 기우처럼 만약 경제계에 변동이 온다던가, 아니면 금융상으로 하나의 변화를 초래하는 경우가 있을 때에는 물론 총독에게 일임함으로써 가능한 일이 아니며, 일본 정부 스스로—일본 정부 자신, 즉 대장대신 스스로 그 충격을 감당하지 않으면 안 됩니다. 이 점은 모두 대장대신이 관할하고 있는데, 총독에게 위임하여 총독의 명칭을 지니고 있더라도 대장대신의 감독을 받아서 관할하여 실시해야만 하는 것입니다.

그러므로 이 일은 어쨌든 우려할 바가 없다고 생각하고 있으니 모쪼록 통일한 다음 이 명칭을 총독으로 한 것에 불과하다는 말로 해석하신다면 잘 이해하실 수 있지 않을까 생각합니다. 아키오카(秋岡) 의원의 우려도, 하마오카 의원의 우려도 양쪽 모두 지극히 좋은 의견이라고 봅니다. 그러나 정부가 한 바는 지금 말씀드린 대로 오직 단순하게 총독이란 명칭을 붙인데 지나지 않으므로 실제로는 어찌 하더라도 정부가 해야만 합니다. 또 가령 대장대신이 관할하고 있더라도 총독에게 위임한다는 것은 한편에서는 어쩔 수 없는 일입니다. 모쪼록 해야 할 일은 이 명칭을 둘지 말지인데, 어떻습니까…

○하마오카 고우테쓰(濱岡光哲)

아주 좋습니다만, 일본은행과 대장대신 사이에 상당히 의견을 달리하고 있는 것 같은데, 크게 경제상으로 변동을 초래한 적도 있습니다. 그러므로 과연 지금 대장대신께서 말씀하신 것처럼 총독에게 위임이 되어 역시 책임은 대장대신이 지도록 하는 편이 일반적으로는 좋을 것으로 생각되므로 위임을 하는 것은 물론이라고 봅니다. 그러나 총독에게 맡긴다고 하는 것은 역시 간접적으로 한다는 것이므로, 그것은 상당히 좋지 않다고 생각합니다. 오늘처럼 실제로 원만하게 가고 있는 동안은 각별하나, 여러 사람들이 바뀐다면 또한 의견도 바뀌게 되므로 어찌되었든 이것은 중앙에 두어야만 합니다.

○아사바 시즈카(浅羽靖)

한 가지 여쭈어 보고 싶은 것은 지금 수상으로부터 질문에 대하여 아주 좋다고 한 말씀도 있었습니다만, 저는 식민지의 업무에 대해서는 좋지 않으리라고 봅니다. 왜냐하면 작은 사례이기는 하지만 홋카이도(北海道) 등의 척식 사례를 보면 척식은행은 대장성이 직접적으로 감독하고 있는 도청(道廳)은—장관은 여기에 관여하지 않습니다. 그런데 실제로 척식상으로 장려해 나가는 것이 어딘가 은행과 연락이 취해지지 않기 때문에 척식은행이 척식하여 나간다는 목적과 배치되는 일이 종종 있어서 그 척식의 기관이 도리어 척식의 기관이 아니게 되는 경우가 사실상 있었습니다.

길게 말씀드릴 필요는 없는데 당국자는 알고 있으나 일본의 국민은 식민이라는 것에는 조금도 지식이 진전되어 있지 않습니다. 사적으로든 공적으로든 대만은행도 이 은행의 법안처럼 해야만 하는 지금, 이러한 식민지로 하여금 만약 총독이 대장성의 실제와 떨어져 있고, 실제로 우활한 감독자 아래에서 제약을 당해서는 결코 조선의 척식이란 것은 발달하지 않습니다. 그리고 국가가 이러한 기관을 설치한 목적에는 부합하지 않습니다. 이 점은 식민지에 가서 조사한다면 반드시 그 사실을 발견하는 것이 사적으로든 공적으로든 의심을 갖지 않으며, 결코 기대를 품지 않습니다.

하지만 이 법안으로 명확하지 않은 바를 여쭈어보고 싶다는 말은 벌써 철도도, 안봉선도 만들어진 위에서 보자면 점차 조선과 이웃나라와의 거래가 활발해진 경우에는 이러한 조선은행은 자유롭게 그 영업구역을 넓혀 이웃나라의 구역 바깥으로도 총독이 영업업무를 확장하고, 그 이웃나라에 가서 근무하고 있는 국민에게 충분한 편리를 제공하게 될 뿐이라는 생각으로 하고 있는지, 아니면 가급적 조선의 구역 내로 하여 둔다는 취지로 이것이 가능하다는 것인지 이것을 묻고 싶습니다.

○ **내각총리대신 겸 대장대신, 후작 가쓰라 다로(桂太郎)**

아사바(淺羽) 의원의 좋지 않다는 점에 답변을 해두지 않을 수 없습니다. 저는 아키오카(秋岡) 그리고 하마오카(濱岡) 의원에게는 경제상에서 대체적으로 우려가 있다는 점으로, 곧 동감한다는 답변을 드리겠습니다. 하지만 아사바 의원은 그 움직임에 대한 논의인 것처럼 생각됩니다. 이 점은 가령 대장성이 관할하고 있더라도 총독에게 위임하여 하도록 했다는 것은 아사바 의원의 이야기와 일치한다고 봅니다. 이것은 수정해 두지 않으면 좋지 않다거나, 좋다거나 하는 이 두 가지의 점에 대하여 꽤나 속기록이 있으므로 곤란합니다. 그러므로 두 번째 점에 대하여 이것은 은행법을 논의하면서 그다지 많이 말하지 않는 편이 좋으리라고 저는 생각하고 있습니다. 그렇다고 할 때 말씀드리는 것은 자연적인 결과로서 이것은 지금 아키오카 의원인지, 하마오카 의원이었는지 이 은행의 움직임에 대하여 의견이 있었던 것 같은데, 물론 어떤 경우에 있어서는 한 걸음으로 강을 건너는 처지라는 것은 있으리라고 생각합니다. 그러나 있어야 한다는 말로 이 조선은행을 정한다는 것은 법률을 정하는 선상에 있어서 그다지 분명하게 말해서는 안 된다고 저는 생각합니다.

○ **다카야나기 가쿠타로(高柳覺太郎)**

이 은행의 감독에 대하여 아까 대장대신의 설명이 있었고, 그 말 가운데 이면에서 보아 달라든가, 아니면 법률제정 상에서 이러한 투로 했다는 의미가 있었습니다. 그 감독의 의미는 결국 제1차의 감독은 조선총독이 했으나 제2차에서 최고의 감독은 역시 정부가 한다는 의미가 이면이란 의미입니까? 그것을 오히려 확실하게 해두었으면 합니다. 그러므로 위원 여러분 가운데서도 대장대신으로 한다면 좋겠다는 말씀이 있었는데, 이 법문의 규정에 따른다고 하면 대장대신이 대만은행을 대하는 것과 마찬가지로 조선은행의 감독자를 조선총독으로 한다, 즉 조선은행을 대할 때에도 대만은행으로 대할 때와 대장대신의 위치는 같다고 보아도 좋겠습니까? 그것으로 제1차의 감독을 조선총독으로 한다면 제2차의 감독은 물론 정부로 해야 하므로 대장대신이 제2차의 감독으로—정부가 제2차의 감독이라는 의미로 이해해도 좋겠습니까? 그 건을 확실하게 했으면 좋겠습니다.

그러므로 오히려 한 가지 여쭙고자 하는 것은 이 조선은행의 최고권은 모두 조선총독에게 있는데, 이 또한 이러한 신영토의 경영으로서 조선총독에게 이러한 최고의 권리를 부여할 사정도 지당하다고 생각합니다. 하지만 모든 규정이 또한 그렇게 되어 있지만 유독 총재의 임명에 대해서는 정부가 이것을 임명한다고 되어 있습니다. 조선총독의 추천에 따라 정부가 이를 임명한다는 것으로 직접적으로 정부가 조선은행을 대하는 권리를 인정하는 것은 이러한 9조의 총재 임명의 권리인 것처럼 생각됩니다. 어느 정도 총재 임명에는 중요함을 두어 규정된 규정이라고 봅니다. 하지만 그렇더라도 거의 총독 만능이므로 이 조선은행의 최고권을 모두 조선총독에게 위임한다고 한 이상은 어쨌든 총재를 특히 정부가 임명할 정도의 일은 아니지 않습니까? 만약 총재 임명의 권리를 정부에 유보한다면 다른 권리도 역시 정부에게 유보해야 할 부분이 있으리라고 생각합니다.

다른 사정은 전반적으로 지금 말하는 감독의 권리도 조선총독에게 부여하고 있고 그 외에 모든 권한을 조선총독에게 부여하고 있음에도 불구하고, 유독 정부가 총재를 임명한다는 것에 대해 중대한 이유가 있다면 설명을 부탁드립니다. 특히 보통의 회사라고 한다면 다만 주주총회에서 선거하는 것이 곧 회사의 중역입니다. 이러한 특수의 은행에 대해서는 물론 이러한 보통의 회사 규정에 따른다는 것은 가능하지 않습니다. 하지만 그 총재의 임명을 조선총독의 추천에 따라서 정부가 임명한다는 것처럼 이렇게 중대하게 규정하였는데, 다른 것과 비교하여 여기에 중대한 이유가 존재하는 까닭을 설명해주시기 바랍니다.

○ **내각총리대신 겸 대장대신, 후작 가쓰라 다로(桂太郎)**

방금 다카야나기(高柳) 의원의 첫 번째 질문, 즉 이렇게 된 이상은 대만과 조선 사이에 정부가 직접하고 있는 권한은 차이가 있는지의 여부, 이것은 별도로 나누어 한편에서는 대장대신이 이것을 감독하고, 다른 한편에서는 조선총독이 이를 감독한다고 쓴 이상은 그 법조문 위에서 정확히 다른 것과 마찬가지로, 권한에 있어서 총독의 권한과 대만총독의 권한이 다소 관계가 다르다는 것은 당연하리라고 생각합니다. 총재의 임명 즉, 이것을 바꿔 말씀드리자면 정부가 최상의 감독을 하는 것이 가장 중요합니다. 그렇게 알고 계셨으면 합니다.

○ 가스야 기조(粕谷義三)

잠깐 저는 여쭈어보고 싶은데, 제가 약간 지금 의문을 품은 것은 방금 다카야나기(高柳) 의원의 질문에 대한 총리대신의 설명에 따라 알았습니다. 하지만 그 점에서 하나하나 생각해 보면 이 은행법 가운데 예를 들어 제3조와 같이, 또는 제4조 즉 하나는 존립기간에 관한 것이고 하나는 자본금 증가에 관한 개별조항입니다. 그런데 이러한 것들은 정부의 총재 임명과 함께, 이 은행으로 하는 것에는 중대한 형편이 있으리라고 봅니다. 특히 이 자본금의 증가 같은 것은 우리의 재정 · 경제상으로도 비상한 관계를 가지고 있을 것입니다. 이러한 것들은 역시 정부 쪽에서 그 권리를 갖게 되었으며, 조선총독의 권한으로 이것을 맡길 수 없다는 쪽이 도리어 알맞지 않겠습니까?

과연 혹시 자본을 늘린다던가, 아니면 권한을 연장한다던가 하는 경우에는 이 은행법을 역시 개정해야 할 필요가 있기 때문에 그 점에서 지장이 없다는 이야기가 있을지도 모르겠습니다. 하지만 이렇게 중대한 권능은 역시 정부의 인가를 받는다는 식으로 해둔다면 어떠할까라고 저희들은 생각하고 있습니다. 이 점에 대하여 만약 이를 수정한다면 어떠한 지장이 있겠습니까? 그러한 점들에 대하여 의견을 여쭈어 두고 싶습니다.

○ 내각총리대신 겸 대장대신, 후작 가쓰라 다로(桂太郎)

아까 설명했던 대로 이러한 점에 대해서는 총독 스스로 움직인다고 하여 움직임이 따라붙지는 않습니다. 어찌 하더라도 중앙의 허가를 얻은 이후가 아니라면 실제로 움직일 수 없습니다. 법조문에 쓰여 있느냐의 여부란 하나의 의견이므로, 조선에 한하여 이것을 하기란 어쨌든 불가합니다. 이러한 점에 대해서도 조항을 충분히 붙여 두겠습니다. 아니, 조항이 아닙니다. 실제로 움직임을 취할 수 없기 때문에 이것은 모두 정부의 인가를 얻어야 하며, 또 법률에 대해서는 제국의회의 협찬을 거쳐야만 한다는 사정도 있습니다. 사실에 대해서는 정확히 가스야(粕谷) 의원이 말씀하신 것처럼 절차를 밟지 않는다면 할 수 없습니다.

○ **오가와 헤이키치(小川平吉)**

하마오카(濱岡) 의원의 말씀, 아키오카(秋岡) 의원의 말씀과 총리대신의 말씀도 제가 듣기에는 양쪽 모두 정확한 것처럼 들립니다. 다만 대장대신이 이 은행을 감독하는 것은 일체 어떠한 권한에 따라서 하는 것입니까? 관제에 따라 실시하는 것입니까? 조선총독에게 은행감독의 권한을 법률로 위임한 이상 여기에 대하여 대장대신이 감독한다는 것은 조금 물어보아야만 할 의문이 생기는데, 관제에 기량이 없습니다만 관제에 따라서 하는지, 아니면 다른 법률로 한다는 것입니까? 그것을 조금 여쭙고 싶습니다.

○ **내각총리대신 겸 대장대신, 후작 가쓰라 다로(桂太郎)**

이것의 대체적인 내용에 대해서는 총독 그 자가 정부의 감독을 받고 있습니다. 대장대신은 곧 정부의 대신입니다. 환언하여 대체를 말씀드리자면 정부로 알고 계시면 좋으리라고 생각합니다.

○ **오가와 헤이키치(小川平吉)**

저도 그러리라고 생각합니다. 일본국의 정부로 하도록 함이 좋겠습니다. 대장대신이 감독을 한다는 것이기 때문에 오늘 가쓰라(桂) 후작은 데라우치(寺内) 자작을 감독할 수는 있다고 하더라도, 대장대신은 어쨌든 감독할 수 없다고 생각하기 때문에.

○ **내각총리대신 겸 대장대신, 후작 가쓰라 다로(桂太郎)**

정부, 즉 대장대신…

○ **오가와 헤이키치(小川平吉)**

정부로서 조선총독에 대하여 한다는 말이 됩니다. 은행에 직접 하기란 불가능합니다. 법률로 한 이상은 총독을 통하여 감독합니다.

○ **내각총리대신 겸 대장대신, 후작 가쓰라 다로(桂太郎)**

총독 그 자는 정부의 감독을 받고 있습니다.

○ **오가와 헤이키치(小川平吉)**

그렇게 한다면 역시 확실해집니다.

○ **위원장, 노다 우타로(野田卯太郎)**

어떻습니까? 오늘도 벌써 12시가 되었으니, 여기서 폐회하고 오늘 1회 열기로 했으므로…

○ **내각총리대신 겸 대장대신, 후작 가쓰라 다로(桂太郎)**

불충분한 점이 있다면 몇 번이라도 나오겠습니다.

○ **위원장, 노다 우타로(野田卯太郎)**

월요일 오전부터 열기로 하겠습니다. 오늘은 여기서 산회.

오후 0시 1분 산회.

3. 1911년 3월 13일 중의원 조선은행법안위원회 회의록 제3회

메이지 44년 3월 13일 오후 1시 25분 개의.

출석위원은 아래와 같다.
노다 우타로(野田卯太郎)
가스야 기조(粕谷義三)
사카키다 세이베(榊田清兵衛)
이나무라 다쓰지로(稲村辰次郎)
오노 히사지(大野久次)
아키오카 기이치(秋岡義一)
후쿠다 마타이치(福田又一)
다카야나기 가쿠타로(高柳覺太郎)
고데라 겐키치(小寺謙吉)
도미타 고지로(富田幸次郎)
아사바 시즈카(浅羽靖)

출석 정부위원은 다음과 같다.
조선총독부 탁지부장관 아라이 겐타로(荒井賢太郎) 씨,
조선총독부 회계국장 백작 고다마 히데오(兒玉秀雄) 씨.

본일 회의에 상정하는 의안은 다음과 같다.
조선은행법안

○ 위원장, 노다 우타로(野田卯太郎)

개회합니다. 질문회를 열겠습니다. 제1장만으로 하여 자세하게 질문이 있다면 좋으리라고 생각합니다.

○ 가스야 기조(粕谷義三)

조선은행의 지점대리점 등 현재 설치되어 있는 것과, 또 가까운 장래에 설치할 기미가 있는 개소(個所)가 나누어져 있는지 그것이 알고 싶습니다.

○ 정부위원(아라이 겐타로)

답변하겠습니다. 현재 지점이 5개 있습니다. 그것은 인천, 평양, 원산, 대구, 그리고 오사카뿐입니다. 그리고 출장소는 9개 있습니다. 장래에 이것은 주로 금고사무에 관계하기 때문에 금고사무를 취급하는 구역에서 점차 지불이 많아진다면 출장소를 설치해야만 합니다. 그러한 관계가 있습니다만 현재로서는 이것으로 좋습니다. 장래에 증설할지는 모르겠습니다만 어디 어디에 증설한다는 견적을 현재 가지고 있지 않습니다.

○ 가스야 기조(粕谷義三)

제6조에 정부는 조선은행의 주식 3만 주를 인수한다고 했는데 이것은 물론 전에 한국 정부가 인수하고 있던 것을 인수하게 되었다는 것은 알고 있습니다. 하지만 여기에 대하여 고과장(考課狀)을 보면 그 주(株)의 소유자 명의가 조선총독으로 되어 있는 것 같은데, 이것은 어떠한 것입니까? 제 생각으로 말씀드리자면 정부가 주식을 가지고 있다고 한 이상은 종래의 예에 따른다면 대장대신의 명의로 되는 것이 알맞지 않겠는가라고 생각되는데 이 점은 무엇입니까? 특히 조선은행만으로 한정하여 정부의 주식보유를 조선총독의 명의로 해두는 것은 무엇입니까? 저는 이 점에 대하여 조금 의문을 품고 있습니다.

○ **정부위원, 아라이 겐타로(荒井賢太郎)**

깊은 의미는 없습니다. 이러한 조선의 건은 조선총독이 대표하고 있습니다. 그러므로 조선총독의 명의로 하고 있습니다—대표자의 명의로 하고 있습니다. 이러한 말이라고 봅니다.

○ **아키오카 기이치(秋岡義一)**

저는 제6조에 대하여 묻고 싶습니다. 지금 가스야(粕谷) 의원이 말씀하신 것처럼 이 6조의 제1항 규정이란 것은 한국 정부가 당시 인수한 주식입니다. 그런데 이러한 규정을 전과 같이 만들었는데, 저번에 제가 질문했던 49조입니다. 이 49조와 같은 내용은 한국 정부 당시에 만든 구법의 49조였습니다. 한국은행에서 제일은행 쪽으로 반환하였기 때문에 그러한 규정은 이번에 만들 필요가 없다고 말씀드리는 것인데, 그러한 논법에서 말하자면 제6조의 1항을 만들 필요가 없어지게 된다고 봅니다. 형평상으로 어떻습니까?

○ **정부위원, 아라이 겐타로(荒井賢太郎)**

이것은 주로 제2항이 필요하기 때문에 여기에 본질적인 제1항을 넣었고, 제2항은 정부가 가지고 있는 주식은 영구히 권리를 분리하도록 하지 않는다는 것을 규정한다는 뜻으로 만들었습니다.

○ **다카야나기 가쿠타로(高柳覺太郎)**

방금의 문제이기는 합니다. 제2항의 필요를 위해서 제1항을 내걸었다는 의미였다고 하지만 역시 구법의 제40조 120만 엔을 대부하였던 것이 이미 확정되었으므로 특별히 신법의 규정은 필요하지 않게 되었습니다. 하지만 제2항에 5개년 거치 10년 부로 상환한다는 규정이 있습니다. 당사자 간에 그것은 계약이기 때문에 제6조의 제2항이 필요하다면 구법의 제40조 제2

항의 필요를 인정합니다. 그래서 49조도 마찬가지로 장래에 관계를 남겨두는 것이 필요하다면 같은 관계로 생각됩니다. 오히려 말씀드립니다만, 이 제6조의 제2항이란 것은 역시 구법으로 규정하고 있으므로 구한국은행의 모든 것은 역시 이 신법에 따라 조선은행의 행위라고 간주해야 합니다.

또 조선은행은 한국은행의 명칭을 변경한데 불과하므로 조선은행 역시 이 법률에 기초하여 한국은행이 설립한 당시에 성립했던 것이라고 간주한다는 규정이 특히 제43조에 규정되어 있습니다. 제6조 같은 것은 만약 구 40조와 같이, 아니면 구 49조처럼 정부가 해석하여 이 규정을 필요로 하지 않는다면 제6조도 필요하지 않다고 봅니다. 그러한 차별을 어떻게 해석하시겠습니까?

○ 정부위원, 아라이 겐타로(荒井賢太郎)

제40조입니다만, 제40조는 120만 엔을 제일은행에서 업무를 인계할 때 무이자로 대부했습니다. 그 120만 엔은 20년 부의 상환으로 대부한다는 처분을 인계할 때 실시했습니다. 과연 연부(年賦)이기 때문에 모두 반제(返濟)로 되어 있다고는 해도 권리 의무의 관계는 창립 당시에 입각하여 처분은 여기에서 매듭지었습니다. 그러나 제6조 쪽은 정부가 권리를 분리하지 못했기 때문에 이 법조문이 없을 경우 장래 정부가 권리를 분리하는 것이 가능하다는 결과로 해석이 됩니다. 이는 무엇이든 정부가 법률로 속박되어 있는 것 이외에 별도로 묶여 있는 바는 없습니다. 따라서 장래라고는 해도 권리를 분리하기란 불가능하다는 점을 이 법률로 규정할 필요가 있다고 인정하고 있습니다.

○ 다카야나기 가쿠타로(高柳覺太郎)

이렇게 권리를 분리한다는 것을 얻지 못한다는 사정은 구법, 즉 한국은행조례에 규정하고 있어서 명의를 조선은행으로 변경하더라도 정부의 권리 의무가 동일하게 계속되고 있습니다. 그러므로 조선은행과 정부의 관계는 구한국은행과 정부와의 관계로부터 조금도 변경을 초래하지 않습니다. 그렇다면 구법에서 정부는 주식에서 권리를 분리할 수 없다는 말을 확정하고 있기 때문에 이 6조의 규정은 필요가 없다고 봅니다.

○ 정부위원, 아라이 겐타로(荒井賢太郎)

그것은 구한국은행법에 지점의 설치를 명령할 수 있다고 한 내용이 적혀 있기 때문에 이 2조에 그것을 적을 필요가 없지 않느냐는 결론이 될 수 없지만, 처분이 되었다는 것과는 취지를 달리하고 있습니다. 이것을 법조문으로 규정해 둘 수 없다면 방금 말씀드렸던 것과 동일해진다고 생각합니다. 이 규정이 없다고 할 때 정부는 주식을 자유롭게 매매할 수 있다는 결론이 되지는 않겠지만 그 때문에 역시 이 법조문은 필요하다고 봅니다.

○ 다카야나기 가쿠타로(高柳覺太郎)

그 점은 의견이 되기 때문에 말씀드리지 않겠습니다. 하지만 서문에 이러한 권리의 분리란 문자인데, 이것은 어떠한 법률용어입니까? 물론 이 의미는 주식을 포기할 수 없고, 양도할 수 없다는 의미이기 때문에 이러한 문자를 사용하고 있다고 보는데, 이것은 구법의 문자를 그대로 답습하고 있는 것 같습니다. 하지만 이렇게 특별한 법률문구는 무엇에 근거하여 사용했습니까? 이렇게 기묘한 용어를 사용하는 것은 입법의 조문 사례로서는 좋지 않다고 생각하는데 무슨 근거가 있습니까?

○ 정부위원, 아라이 겐타로(荒井賢太郎)

구 조례에 권리를 분리할 수 없다고 적혀 있습니다. 이러한 권리의 분리란 문자는 일본의 구 상법과 특별은행법 등에는 상당히 사용하고 있다고 생각합니다. 그러므로 권리의 분리가 무엇인지를 말씀드리자면 방금 질문하신 대로입니다.

○ **후쿠다 마타이치(福田又一)**
이러한 권리의 분리란 문자는 오늘 실시하고 있는 문자로, 권리의 분리란 것과 같은 의미의 문자는 없습니까?

○ **정부위원, 아라이 겐타로(荒井賢太郎)**
권리의 분리란 문자를 사용한 법률이 현재 있는가 그렇지 않은가란 질문이십니까?

○ **후쿠다 마타이치(福田又一)**
권리의 분리란 의미의 문자를 사용한 법률용어가 있다고 생각하는데, 다른 문자와 이것을 바꾸는 것은 지장이 없습니까?

○ **정부위원, 아라이 겐타로(荒井賢太郎)**
크게 지장은 없습니다.

○ **위원장, 노다 우타로(野田卯太郎)**
제2장과 제3장을 함께 처리하겠습니다.

○ **아키오카 기이치(秋岡義一)**
저는 이 13조에 대하여 질문이 있습니다. "감독의 전원 운운"이라고 되어 있는데 확실히 일본은행의 조례라던가 무엇에 전원이라는 것이 있었다고 생각합니다. 그러나 다른 한편으로는 대저 감사역(監査役) 한 사람이더라도 가능한 것처럼 되어 있는데, 13조에 "감사의 전원"이란 문자를 사용한 것은 어떠한 취지입니까?

○ 정부위원, 아라이 겐타로(荒井賢太郎)

다른 곳에서 이것은 구구하게 되어 있습니다. 일본은행은 감사의 전원 청구로 성립하고 있습니다.

○ 아키오카 기이치(秋岡義一)

기타에는 이러한 예가 없다고 보는데, 어떠한 취지로 이러한 규정을 해야만 합니까?

○ 정부위원, 아라이 겐타로(荒井賢太郎)

그것은 주주의 편에서도 자본의 5분의 1 이상의 청구가 있을 때 총회를 열기로 되어 있기 때문에, 총회를 정중하게 하기 위해서 감사의 전원 청구에 따라 개최하기로 한다면 좋겠다는 의미입니다.

○ 아키오카 기이치(秋岡義一)

그렇다면 감사 한 사람이 청구하는 일이 있다면 폐해가 생긴다는 말입니까?

○ 정부위원, 아라이 겐타로(荒井賢太郎)

별도로 폐해까지 생긴다는 말은 아닙니다만…

○ 다카야나기 가쿠타로(高柳覺太郎)

저는 제9조에 대하여 묻고 싶습니다. 저번에도 대장대신에게 여쭈어 설명이 있었습니다. 오히려 묻고 싶은 바는 이러한 총재의 임명에 한하여 정부가 임명권을 가지고 조선총독은 오직 추천에 그치며, 이러한 경우에 한하여 총독은 가볍고 정부가 중요하게 됩니다. 기타는 조선총독이 비상하게 중한 권능을 갖고 있습니다. 그런데 은행의 감독 즉, 최고의 감독권까지 조선총독에게 부여한다면 이러한 총재의 임명에 한하여 정부가 이것을 임명하는 것입니까? 이러한 경중의 차별을 붙인 점에 대하여 좀 더 자세하게 묻고 싶습니다. 이것이 첫 번째입니다. 두 번째는 제2항에서 이사는 2배의 후보자 가운데 임명한다고 하였는데, 이것은 실제로 어떠한 방식으로 임명하고 있습니까?

물론 법조문 상으로 말하자면 2배의 후보자 가운데 누군가를 선택하더라도 그것은 총독의 권능인데, 실제로는 우선 최고점은 주주의 신임이 있는 자가 많아서 최고점을 얻는 것이기 때문에 최고점의 순서에 따라 임명하게 되어 있습니까? 그 점을 묻고 싶습니다. 다음으로 세 번째는 제3항의 감독 임기입니다. 감독을 특히 2년으로 한 것은 어떠한 이유에서입니까? 보통 감사역의 임기는 물론 1년입니다. 그런데 이 조선은행—대만은행의 예를 좀 알지 못합니다만, 이 조선은행의 감사에 한하여 그 임기를 2년으로 한 특별한 이유는 어디에 있는지를 아울러서 설명해 주시기 바랍니다.

○ **정부위원, 아라이 겐타로(荒井賢太郎)**

이러한 조선총독의 추천에 따라 총재를 정부가 임명하는 것은 이미 저번에 총리대신이 설명하신 대로입니다. 즉, 총재를 조선총독의 임명에 맡기지 않고 정부가 이를 임명한다는 것은 총재의 직무를 가장 중요하게 보았던 결과이리라고 생각합니다. 그리고 2배의 후보자 가운데서 조선총독이 이를 임명한다는 것은 실제로는 어떻게 선택하는가라는 질문인데, 실제로는 방금 질문하신 대로 당연한 사실에 있어서는 최고점자중에서 채택하게 되어 있다고 봅니다.

하지만 이것은 선택이기 때문에 지극히 적임자라고 인정한 자를 선택하는 것인데, 실제로 대다수는 방금 말씀하신 대로입니다. 그리고 감사의 임기를 1년으로 한다는 다른 은행은 모두 1년이라는 말씀이신 듯한데, 특별은행은 그렇지 않습니다. 다수는 3년이라고 하는 경우가 많은 상황입니다.

대만은행은 3년, 그리고 일본은행도 3년으로 되어 있습니다. 그러나 이것은 한국은행을 창립했을 당시 다른 은행에서는 이사의 연한 등이 길었습니다. 하지만 그러한 한 사람의 중역을 길게 할 필요는 없습니다. 필요가 있다면 재선을 하는 것이 좋습니다. 우선 감사의 임기는 2개년 단위가 지당하리라고 생각하므로 2개년으로 정했습니다.

○ **위원장, 노다 우타로(野田卯太郎)**

다음으로 넘어가겠습니다. 제4장

○ **아키오카 기이치(秋岡義一)**

4장 가운데 질문하겠습니다. 제17조의 2호인데, "평상시에 거래하는 제회사와 은행 또는 상인의 위체수형금(爲替手形金)의 징수"라고 있습니다. 여러 회사 또는 상인에 물론 은행이 들어갈 터인데, 새삼스럽게 은행이란 문자를 여기에 추가한 것은 무언가 각별한 의미가 있습니까? 그 다음으로는 제2항의 "전항 이외의 영업 형편에 따라 국채증권, 지방채권, 기타 조선총독이 지정하는 확실한 유가증권의 매입을 할 수 있다"란 조항이 있는데, 조선총독에게 지정될 견적의 유가증권 종류를 알고 있다면 이를 듣고 싶습니다.

○ **정부위원, 아라이 겐타로(荒井賢太郎)**

질문하신 취지는 제반 사회이고 그 가운데 은행이 포함되므로, 특히 은행이라고 내걸지 않아도 좋다는 질문이십니까?

○ **아키오카 기이치(秋岡義一)**

그렇습니다.

○ 정부위원, 아라이 겐타로(荒井賢太郎)

그러나 은행은 반드시 회사 안에 포함되는 것으로만 한정되지 않는다고 생각합니다.

○ 아키오카 기이치(秋岡義一)

그것은 아래에 상인이 있기 때문에 그 상인에게 들어가리라고 봅니다.

○ 정부위원, 아라이 겐타로(荒井賢太郎)

해석의 문제입니다만, 보통상인이라고 하는 가운데는 은행을 포함한다고 해석할 때가 있을 것입니다. 하지만 또한 은행은 보통상인 이외에 특별한 문자로 드러내고 있는 경우가 있으리라고 생각합니다. 어쨌든 은행이란 문자를 넣은 것은 은행의 징수금까지도 취급할 수 있음을 드러낸 것입니다. 그리고 조선총독이 지정하는 확실한 유가증권, 이것을 어떠한 증권으로 할 것인가란 점은 장래의 문제입니다.

하지만 조선에는 그리 다수의 증권이 없으며, 지금으로서는 정부가 보호감독을 하고 있는 농공은행, 그 농공은행이 채권을 발행합니다. 그 채권은 정부가 보장하고 있는 위치의 채권이기 때문에 확실하다고 인정하여 이 가운데에 지정했습니다.

○ 이나무라 다쓰지로(稲村辰次郎)

이러한 조선은행이 조선의 중앙은행이란 점은 정부위원의 설명으로 알겠습니다. 하지만 제18조에 따라 조선총독의 인가를 받는다면 공공단체에 대한 무담보대부도 할 수 있는 것처럼 되어 있습니다. 이러한 공공단체에 대한 무담보대부란 정확히 일본권업은행이 하고 있는 것과 같은 대부금인 것으로 알고 있습니다.

하지만 그것은 무엇입니까? 제20조에서 조선총독의 명령에 따라 조합에 자금을 대부한다고 했는데, 이것은 역시 권업은행 아니면 흥업은행과 같은 대부방침을 취하는 것처럼 보입니다. 한편에서는 중앙은행으로서 금융기관의 통일을 꾀하고, 재정경제의 조화도 도모합니다. 그에 더하여 또한 권업은행 · 흥업은행의 영업까지도 더불어 하더라도 그 중앙은행인 실질을 다할 수 있겠습니까? 정부는 어떻게 생각하고 있는지 그 점을 알고 싶습니다.

○ 정부위원, 아라이 겐타로(荒井賢太郎)

방금 질문에 대하여 대체적으로 설명을 해두려고 합니다. 조선은행은 이전에도 설명한 대로, 조선에서는 우선 중추의 금융기관으로서 설립된 것입니다. 일본은행처럼 은행의 은행인 중앙은행을 세웠던 것입니다. 그런데 일본에서는 현재 중앙은행 이외 권업은행도 있고 그리고 흥업은행도 있으며 또한 상업기관이 충분히 완비되어 있습니다.

그러므로 각 전문기관이 있기 때문에 그 전문기관이 있는 곳에 가서 융통을 부탁한다면 결코 중앙은행이 거기에 손을 대지 않더라도 좋으며, 또 지원해야만 하는 것도 아닌 것처럼 되어 있습니다. 하지만 조선의 사정은 이와 달리 각종의 금융기관이 완비되어 있지 않습니다—완비되어 있지 않기 때문에 무엇이든 거기에는 금융기관을 설립하여 그 업무를 하도록 하지 않는다면 조선의 개발상 비상한 지장을 초래합니다. 따라서 어쩔 수 없이 이러한 은행에 대하여 저러한 업무를 필요로 하는 경우에는 융통의 방도를 부여하도록 하라는 취지로 이 은행은 가능하다고 하였습니다. 이 은행은 마치 대만은행과 같이 특수한 은행의 성질을 지니고 있는 것입니다. 이러한 입장에서 보면 18조에 적혀 있는 내용은 중앙은행으로서 당연히 할 수 있는 업무가 아닙니다.

그러나 그 외에 18조의 12호 같은 것에 대하여 융통을 꾀하는 금융기관이 없기 때문에 이 은행을 사용하는 것 이외에 다른 방도가 없습니다. 그런 경우에 이것은 총독의 인가를 받아 공공단체에 대부할지, 다른 은행의 업무를 대리할지란 방도를 붙여두는 편이 좋을 것입니다. 그것이 한국의 개발상 현재 어쩔 수 없는 점이므로, 그 외에 완비한 금융기관이 있다면 물론 태환권을 발행하는 은행이 공공단체에 무담보대부를 할 필요는 없습니다. 하지만 그 외에 완비한 금융기관이 없으므로 어쩔 수 없이 정부의 보호를 받고 있는 은행으로 하여금 이 업무를 담당하도록 했다는 것이며 이러한 이유로 만들었다는 것입니다. 그러므로 다소 내지에서의 중앙은행과는 그 점에서 취지를 달리하고 있음을 알고 계시기 바랍니다.

○ 이나무라 다쓰지로(稲村辰次郎)

그것은 알고 있습니다만, 이렇게 함으로써 중앙은행다운 실체를 다할 수 있는지의 여부가 질문의 취지입니다.

○ 정부위원, 아라이 겐타로(荒井賢太郎)

물론 이 범위 안에서 중앙은행다운 직무는 다하도록 할 예정입니다.

○ 하마오카 고우테스(濱岡光哲)

第18조의 공공단체에 대한 무담보대부는 권업은행 등과 같이 장기의 것은 아닌지 저는 그렇게 해석하고 있습니다만, 장기의 대부도 하도록 합니까?

○ 정부위원, 아라이 겐타로(荒井賢太郎)

실제 사례를 말씀드린다면 이해하시리라고 생각합니다. 권업은행은 장기의 대부를 하는데, 그 가운데 공공단체도 있고, 조선에서는 거류민단이란 것이 있어서 거류민단이 차입금을 내는 경우가 발생합니다. 그 차입금은 권업은행처럼 비상하게 장기간이 아닙니다. 긴 기간은 아니지만 5년이라든가 10년이란 기간은 종종 있습니다. 이 경우에는 그 밖의 금융기관이 없으므로 어쩔 수 없이 한국은행이 대출한다는 것입니다.

○ 하마오카 고우테쓰(濱岡光哲)

10년 이내의 위치란 것입니까?

○ 정부위원, 아라이 겐타로(荒井賢太郎)

방금의 건은 대개 10년 이내입니다.

○ 후쿠다 마타이치(福田又一)

방금 전에 다른 여러분의 질문은 듣지 못했습니다. 제17조의 1번 끝에 "조선총독이 지령하는 확실한 유가증권의 매입을 할 수 있다"고 되어 있는데 지금 정부위원의 답변에서는 조선에 설립한 은행으로 한정됩니까? 내지에 있는 은행은 포함되어 있지 않습니까? 앞의 정부위원 설명에서는 내지 은행의 유가증권은 매입할 수 없는 것처럼 생각됩니다. 하지만 바꾸어 말하면 조선에 설립되어 있는 것 이외의 회사 혹은 은행의 유가증권이 아니라면 매입할 수 없는 것입니까? 토지에 구별은 없습니까?

○ 정부위원, 아라이 겐타로(荒井賢太郎)

토지에 구별은 없습니다. 다만 조선에서 유가증권은 내지의 발행과 조선에서 발행한 것을 따질 것 없이 정말로 적습니다.

○ 가스야 기조(粕谷義三)

저는 조선은행의 금리를 조금 알고 싶습니다. 어느 정도의 비율로 대부를 하고 있습니까? 저는 조선이 비상하게 금리가 높다는 것을 들었는데, 이미 정부의 특별한 보호 아래 이러한 은행을 설립한 이상은 힘써서 금리의 저하를 도모하는 것은 당연한 일이라고 생각합니다. 하지만 현재 어느 정도의 이율로 대출하고 있습니까? 그것과 일반은행과의 대조를 알고 싶습니다.

○ 정부위원, 아라이 겐타로(荒井賢太郎)

작년 12월 말의 금리로 말씀드리자면 정기대부가 일반은행은 3전 2리입니다. 그에 비해 조선은행은 3전, 당좌대부의 경우 일반은행이 3전 3리, 조선은행은 3전 1리, 할인어음의 경우 일반은행은 3전 2리, 조선은행은 2전 8리입니다.

○ 위원장, 노다 우타로(野田卯太郎)

정부의 차입금은…

○ 정부위원, 아라이 겐타로(荒井賢太郎)

우선 5%란 견적입니다. 아니면 6%가 됩니다만…

○ 위원장, 노다 우타로(野田卯太郎)

5장으로 넘어가겠습니다. 5장, 6장은 두 개를 겸해서 하겠습니다.

○ 아키오카 기이치(秋岡義一)

저는 27조에 대하여 묻고 싶습니다. 주주의 배당금이 연 100분의 12 비율을 초과한 경우에는 그것의 2분의 1을 정부에 납부하도록 한다는 것이 있는데, 현재 일본은행에서도 어느 정도 이익이 많은 은행이 있고, 또 다년간 하고 있는 은행에서도 12% 정도라고 생각합니다. 그런데 이 은행이 100분의 12 비율을 초과하여 배당하는 것은 사실상 있을 수 없는 일이라고 봅니다. 12% 이상의 배당을 했을 때가 아니라면 정부는 납부금을 내지 않도록 한다고 했는데, 거의 그러한 경우는 좀처럼 용이하게 오지 않는다고 봅니다. 하지만 그 비율까지도 조금 내린다는 건에 대하여 정부의 생각은 어떻습니까? 예를 들어 100분의 10로 한다는 것과 같은 경우입니다.

○ 정부위원, 아라이 겐타로(荒井賢太郎)

이것은 정부의 납부금이기 때문에 대부금은 우선 내지의 은행에서도 일본은행은 100분의 12의 배당을 하며, 다른 은행도 우선 보통 100분의 12 정도의 배당을 하고 있습니다. 무엇보다 창립 시기에 속하는 은행은 거기까지 실시하지 않는 경우가 있다고 하더라도, 조선 내지의 은행에서도 지방농공은행, 이와 같은 것은 정부에서 이익배당에 제한을 붙여서 100분의 12에 그치고 있습니다. 그 이상의 배당은 허용하지 않도록 되어 있습니다.

그러므로 무릇 100분의 12 정도의 배당까지는 인정해야만 합니다. 100분의 12 이하로 제한한다는 말은 내지의 예와 비교하더라도 꽤나 가혹해지지 않겠습니까? 하물며 조선 같은 곳은 금리가 상당히 높은 곳이며, 100분의 10 등이라는 것으로 제한을 붙이는 것은 혹독함을 잃지 않겠습니까? 그렇더라도 12%를 초과한다면 2분의 1을 정부에 납부하도록 되어있기 때문에 정부의 납부금은 결코 가볍지 않으리라고 정부는 믿고 있습니다. 그리고 이 은행이 100분의 12로 배당을 한다는 것은 먼 장래에는 없으리라는 의견입니다. 하지만 이것은 만약 보통이라고 한다면 이 은행은 특히 100분의 12 이상의 배당을 지금 할 수 있다고 봅니다.

그렇다는 것은 이 은행의 전신이었던 제일은행의 영업에 비추어 보더라도 특히 100분의 12 이상의 배당을 할 수 있음을 인정합니다. 하지만 어찌되었든 이 은행은 제일은행에서 권리를 계승했을 때 788만 여 엔을 무이자로 제일은행에 융통했습니다. 그 결과로 788만 엔은 20년 기간의 연부(年賦)로 이 은행으로 돌아옵니다. 그렇게 한다면 보통의 영업상태가 되므로 100분의 12 이상의 배당을 한다는 것은 그리 곤란하지 않으리라고 정부는 인식하고 있습니다.

○ 아키오카 기이치(秋岡義一)

지금 정부위원의 답변에 따르더라도 일반의 은행은 100분의 12의 배당에 그치도록 했다는 말입니다. 그 정도의 경우이기 때문에 이 은행도 100분의 12에 그치며, 그렇게 한다면 언제가 되더라도 이러한 납부금은 없으리라고 생각합니다. 100분의 12더라도 납부금은 있습니까?

○ 정부위원, 아라이 겐타로(荒井賢太郎)

그 때문에 100분의 12를 초과할 때에는…

○ 아키오카 기이치(秋岡義一)

100분의 12일 때는 없습니까?

○ 정부위원, 아라이 겐타로(荒井賢太郎)

없다고 하더라도 비율을 초과한다면 배당은 100분의 12에 그치더라도 좋을 것입니다. 그렇다고는 해도 비율을 초과한 것의 2분의 1만 정부에 납부하게 됩니다.

○ 아키오카 기이치(秋岡義一)

그렇다면 오히려 묻고 싶습니다만, 조문에는 "주주에 대한 이익배당액"이란 말이 있는데 지금 대답으로 보면 이익금이란 의미처럼 들리는데 어떻습니까?

○ 정부위원, 아라이 겐타로(荒井賢太郎)

변명이 충분하지 않았기 때문에 아시지 못할지도 모르겠습니다. 하지만 배당금은 그렇더라도 그 배당금으로 실제 배당한다면 12% 이상에 달하는 비율로 되어 있습니다. 그러나 은행은 그 배당을 12%에 그치게 하고, 나머지는 적립금으로 해도 좋습니다. 그 경우에 배당은 12%가 될 수밖에 없으므로, 정부가 공납금을 취할 수 없는 것이 아닌가라고 한다면 그것은 그렇지도 않습니다. 이미 12%의 비율을 넘었기 때문에 은행은 그것을 배당하려고 하면 적립금으로 하려하므로 그것을 따지지 않습니다. 어쨌든 12%를 넘고 있기 때문에 그 초과분은 절반을 정부에게 납부한다는 의미…

○ 아키오카 기이치(秋岡義一)

또 묻고 싶은데, 이것은 어떻게 읽더라도 지금 정부위원의 답변과 같이 읽을 수 없습니다. 부디 일단은 정부위원이 이것을 읽어보시고 답변해 주시기 바랍니다. 어떻게 해도 이것은 그와 같이 읽을 수 없습니다.

○ 정부위원, 아라이 겐타로(荒井賢太郎)

명료하게 읽을 수 있도록 주의하고 있습니다만 "주주에 대한 이익배당액이 불입자본에 대하여 1년 100분의 12의 비율을 초과할 때에는"이라고 했기 때문에 이익배당액이란 표현이 여기서 나옵니다. 그 이익배당액이 100분의 12의 비율을 초과하게 된다면…

○ 아키오카 기이치(秋岡義一)

그거라면 이익금이라고 적는 것이 좋습니다. 배당액이라고 한다면 주주에게 건네는 것이 배당, 이익금이란 의미라면 그것으로 좋습니다.

○ 정부위원, 아라이 겐타로(荒井賢太郎)

그것을 이익금이라고 적는다면 알겠다는 말씀이십니다. 하지만 그것을 일부러 이익배당액이라고 썼다는 것은 이익금이라 하면 보통의 총이익금에서 총 손해금을 제외한 것을 이익금이라 합니다. 그러므로 그 이익금 가운데서 상여도 취하고, 법정 적립금도 갖게 됩니다. 그러므로 보통의 것으로는 취하고, 그 나머지를 배당액이라고 합니다. 이러한 의미에서 연구하여 쓴 것입니다. 그러므로 그 문자를 알 수 없다고 하면 거기에 적당할 것 같은 문자로 고치더라도 좋겠습니다만, 의미는 제가 방금 설명한 대로입니다.

○ 사카키다 세이베(榊田清兵衛)

저도 한 가지 묻고 싶습니다. 방금 정부위원의 말씀 가운데 이익금에서 법정적립금과 기타의 상여금이나 무언가를 뺀 것을 순이익으로 칭하고 있습니다. 일반 은행으로서는—그 순이익 가운데 적립금을 빼고, 그리하여 배당금이 나옵니다. 26조의 적립금은 100분의 8 이상, 그리고 100분의 2 이상으로 되어 있는데, 그 이상의 지점에 제한이 없습니다. 그렇게 된다면 지금 제27조에서의 배당액은 모두 주주에게 배당하는 금액을 가리키는 것으로 생각됩니다. 그렇다면 지금 아키오카(秋岡) 의원의 말씀처럼 100분의 12란 것에 특수은행의 이익배당을 제한하고 있다고 한다면 그 이상의 배당이란 실제로 결코 불가능하지 않겠는가 라고 봅니다. 그러한 경우가 생길만한 경우는 없으리라고 생각합니다. 정부위원의 말씀은 다소 그 순이익이 100분의 12 비율을 넘은 경우, 이러한 의미가 아닙니까?

○ 정부위원, 아라이 겐타로(荒井賢太郎)

순이익은 세간에서 말하는 단어로, 은행의 계산에서는 순이익금 가운데서 총 손해금을 뺀 것을 이익금이라고 칭하고 있습니다. 현재 그 이익금 가운데서 법정적립금을 삼고, 결손준비금을 적립하고, 그 다음에 중역의 상여도 취한다고 되어 있습니다. 그래서 그 나머지를 배당금액이라고 보고 있습니다. 그 배당금액이 실제로 배당하는 경우에 12%일지, 15%일지는 따지지 않습니다. 실제로는 은행이 12%로 배당하고, 그 후에는 적립금으로 할지도 모르겠습니다. 그 경우에 배당은 12%이기 때문에, 그 이상은 없으므로 납부금은 납부하지 않는다고 하더라도, 그것은 정부가 용납하지 않습니다. 그 비율이 이미 100분의 12를 넘는 경우에는 초과분을 적립금으로 할지의 여부는 따지지 않습니다. 그것의 절반은 정부에게 납부하도록 한다는 말이기 때문에 이 법조문을 그렇게 읽을 수 있을지, 그렇지 않을지는 부차적인 문제로서, 정부의 의미는 이와 같습니다.

○ 사카키다 세이베(榊田清兵衛)

그렇다고 해도 26조 적립금의 법정적립을 여기서는 좀 모르겠습니다. 100분의 8 이상, 100분의 2 이상으로 되어 있고 이상의 제한이 없기 때문에 얼마든지 적립이 가능합니다.

○ 후쿠다 마타이치(福田又一)

100분의 50이더라도 혹은 100분의 60이더라도 가능합니다.

○ 위원장, 노다 우타로(野田卯太郎)

그것은 이 정도로 하면 좋겠습니다. 위원회에서…

○ 정부위원, 아라이 겐타로(荒井賢太郎)

방금 말씀드린 것과 같은 의미로 이 법조문이 규정되어 있기 때문에 정부는 이 법조문이 명료하지 않다는 점에 근거하여 정부의 의미를 명료하게 할 수 있도록 수정해야 한다는 것은 무엇이든 반대하지 않습니다. 그러나 정부의 의미를 변경하는 것은 곤란하며, 정부는 이것으로 충분하다고 생각합니다.

○ 가스야 기조(粕谷義三)

법정적립의 건은 그러므로 좋겠다고 하여 이 이익배당의 평균을 위해서 적립합니다. 이쪽은 어떠한 방식의 계산으로 하실 생각입니까? 이것도 법정적립과 마찬가지로 지금의 이익금 가운데서 최저액 즉, 100분의 2를 빼고 그 다음을 초과액이라고 하는 방식으로 간주하게 되는 것입니까? 이것도 역시 그 가운데 넣습니까, 그렇지 않습니까?

○ 정부위원, 아라이 겐타로(荒井賢太郎)

물론 그것은 그 안에 넣을 생각입니다. 자본의 결손을 메우기 위해서 100분의 8, 이익배당을 평균으로 하기 위해서 100분의 2를 적립하는 것은 이 은행을 위해서 필요하므로 이러한 적립을 하도록 해야 합니다. 이 적립에 대해서는 물론 정부 쪽에서 허가를 하기 때문에 방금 어느 분의 질문처럼 공납금을 면제하기 위해서 100분의 8을 100분의 50으로 한다는 것과 같은 일을 정부가 인정할 염려는 없습니다.

○ 하바오카 고우테쓰(濱岡光哲)

좀 여쭙고 싶습니다만, 이 27조의 끝 항목은 정부가 갖고 있는 주식액도 누구든지 100분의 12 비율로 배당한다고 했는데, 거기서 좀 더 나아가보면 이것은 세금도 아닙니다. 별도로 이러한 2분의 1을 정부에게 납부한다고 했는데, 이렇게 납부한다는 것은 다른 은행에게는 거의 없는 특별한 무엇으로 일본은행에도 다른 곳에도 없습니다. 특히 조선은행만 이것을 두는 것처럼 보이는데, 그에 대하여 어떤 사정이 있습니까, 없는 것입니까?

○ 정부위원, 아라이 겐타로(荒井賢太郎)

외국에서도 중앙은행에는 정부상납금을 내도록 한다는 사례가 많이 있습니다. 일본은행은 형태를 바꾸어 태환권 발행세란 것으로 되어 있습니다. 그러므로 이 은행은 이를 이익의 분할납부로 개정하였습니다.

○ **하마오카 고우테쓰(濱岡光哲)**

그렇다면 역시 발행세에 해당하는군요.

○ **이나무라 다쓰지로(稲村辰次郎)**

21조에 대하여 질문하고자 합니다. 조선은행이 발행한 은행권을 교환하는 경우에 "금화 또는 일본은행 태환권"이라고 되어 있는데, 일본은행 태환권을 금화와 동일하게 간주하는 것은 무슨 까닭입니까? 제22조에 대해서도 일본은행 태환권을 지불준비의 금화 지은(地銀)과 동일하게 간주하고 있는데, 이것은 무슨 이유에서 입니까?

○ **정부위원, 아라이 겐타로(荒井賢太郎)**

일본은행 태환권은 아시다시피 언제라도 금화와 태환이 가능하기 때문에 그에 따라서 여기서 정화준비 중에 일본은행의 태환권을 추가했다는 말이 됩니다. 실제로 일본은행 태환권을 추가해 두는 것이 어느 정도 편리할 것이라 생각하는 것은 현재의 사정으로, 교환 청구를 해오는 자를 보면 대부분 내지인이 많습니다. 그러므로 금화의 교환을 청구하는 자는 1개월에 몹시 근소합니다. 거의 교환을 청구하는 자는 모두 태환권을 청구합니다. 이러한 사정입니다. 일본과의 관계가 밀접하므로 당연히 그렇게 되는 것입니다. 하지만 여기에서 일본은행의 태환권을 그대로 준비하여 언제라도 교환을 요구할 경우 일본은행 태환권을 인도하는 편이 여건이 좋지 않겠습니까?

또 조선에서 금은 알고 계신 대로 충분한 산출이 있기 때문에 금화로 이러한 태환준비를 대비한다는 것은 결코 어렵지 않습니다. 어려운 일은 아니지만 조선에서 생산된 금은 일본은행의 금고에 적립하고 있으며, 실제의 금괴는 일본은행 쪽에 쌓아두고 있으므로 조선은행은 오히려 태환권으로 준비하여 대비하는 편이 좋을 것입니다. 또 준비가 불안해질 상황이 있을 것이라고는 추호도 생각하지 않기 때문에 이렇게 규정한 것입니다.

○ 고데라 겐키치(小寺謙吉)

잠깐 제27조에 관련된 것처럼 보이므로 질문합니다. 임원의 상여금입니다. 이것은 비상하게 쌓아두고 은행이 상여를 내주게 된다면 자연히 정부에게 낼 납부금이 감소하게 될 터입니다. 이것은 어떠한 취체법을 쓰게 됩니까? 또 이제까지 한국은행이 해온 것은 어떠한 위치에 있습니까? 또 그 위치의 정도로 한다는 것입니까? 그것 한 가지 묻고 싶습니다.

○ 정부위원, 아라이 겐타로(荒井賢太郎)

임원의 상여금은 모두 정관으로 정하고 있습니다. 무릇 이러한 종류의 은행으로서 100분의 10 이내—이러한 것으로 몹시 많습니다. 한국은행도 그대로 정관에 따라 정하고 있습니다. 그러므로 실제로 배당할 때는 정부의 인가를 필요로 하기 때문에 결코 많은 상여금을 지출한다는 것은 역시 할 수 없습니다. 현재 한국은행은 어떻습니까? 그것은 이미 거의 상여금이란 명칭만 있어서 몹시 근소합니다.

○ 가스야 기조(粕谷義三)

이러한 한국은행의 태환권의 발행고는 43년 12월이 2천 몇 만 엔으로 되어 있습니다. 이에 대한 보증준비의 종류와 액수—이 사이에 비율만은 조금 알겠는데 액수를 듣고 싶습니다.

○ 정부위원, 아라이 겐타로(荒井賢太郎)

작년 12월의 은행권 발행액이 2,016만 3,900엔입니다. 그 가운데 정화준비가 702만 5,750엔, 그리고 보증준비가 1,313만 8,150엔으로 되어 있습니다. 그리고 보증준비의 내역은 국채보증이 210만 2,980엔, 기타의 증권이

103만 5,170엔이란 감정입니다.

○ **아키오카 기이치(秋岡義一)**

이 제일은행으로의 은행권 상각자금의 대부는 현재도 7백 얼마라는 액수가 대부로 되어 있습니다만, 이에 대해서는 물론 담보를 취하도록 되어 있다고 봅니다. 하지만 그 담부는 어떠한 종류의 것을 취하도록 되어 있는지 묻고 싶습니다.

○ **정부위원, 아라이 겐타로(荒井賢太郎)**

그것은 국채증권입니다.

○ **가스야 기조(粕谷義三)**

방금 답변에 대하여 질문한다면 정화준비가 702만 얼마인데, 그렇다면 현재의 보증준비에 따른 발행액이란 것은 2,000만 엔으로 되어 있기 때문에 오히려 약 700만 엔 정도밖에 여유가 없는 것처럼 보입니다. 오히려 그 위에 이번 이러한 법안에서 1,000만 엔의 증가를 필요로 하고 있습니다. 그 이유까지도 조금 상세하게 설명해 주셨으면 합니다.

○ **정부위원, 아라이 겐타로(荒井賢太郎)**

방금 질문에 대하여 답변하겠습니다. 이 은행을 설립한 당시, 즉 재작년 11월 당시에 발행하고 있던 은행권의 액수는 연말이었는데 1,300여 만 엔이었습니다. 그리고 이것을 인계한 당시는 좀 더 은행권의 수가 내수였던 1,180만 엔이었고, 은행 설립 당시의 감정으로는 1,180만 엔이 총 발행고였습니다. 그리고 그 당시 생각으로는 우선 이 2,000만 엔 정도의 보증준비로 좋겠다고 하여 그 보증준비의 액수는 2,000만 엔으로 했습니다. 무엇보다 당시에도 좀 더 이것을 증가해 두는 편이 좋지 않을지, 한국 경제의 앞날은 도저히 이 정도의 액수로는 그칠 수 없을 것이고, 신진의 나라이므로 서둘러서 발행액이 증가한다는 것은 있을 수 있는 일이므로 좀 더 이 보증 준비의 액수를 높여 두는 편이 좋겠다는 논의도 있었습니다.

그렇기는 하지만 실제 상황이 1,000만 엔 내외의 발행액에 그치고 있었기 때문에 필요한 경우에 이것을 개정하더라도 좋을 것입니다. 현재로는 우선 2,000만 엔으로 해 둔다는 것으로 재작년 한국은행이 성립했을 당시에는 2,000만 엔으로 정해 두었습니다. 그런데 작년 1월—설립 후 1년을 경과하였고, 작년 연말의 발행고를 보면 2,016만 엔에서 올라가 있었습니다. 거의 설립 당시의 배가 되는 액수의 태환권 발행액으로 올라간 모양이었습니다. 이것은 태환권 발행액뿐만 아니라, 기타의 통화도 증가하고 있었습니다. 즉, 재작년 연말에는 전체의 통화를 합쳐서 2,000만 엔 정도였습니다.

그것이 작년 말에는 2,700만 엔이라고 하는 것처럼 증가하였습니다. 그러한 증가가 있게 된 원인은 점차 한국의 경제상태도 발달해 왔던 것 같고, 그리고 거기에 수반하여 정부 쪽의 일도 늘어났다는 결과도 있었습니다. 그리고 가장 현저하게 느낀 것은 교통기관이 점차 개발되어 감에 따라 —시골에서도 물물교환이 있었습니다—물건과 물건의 교환이 있었으므로 화폐를 사용하는 범위가 좁았습니다. 그런데 교통기관이 자연히 개발되어 간 결과 시골에 이르기까지 화폐가 보급되어 물물교환이 점차 자취를 감추고 금전매매가 이루어져 화폐를 이용하는 용도가 점차 확장되어 갔습니다. 그런데 한국에는 어음과 기타의 신용증권 쪽은 아직 발달하지 않았으므로, 어쨌든 사실상 화폐를 필요로 하는 일이 비교적 많았습니다. 그러한 사정을 고려해 보면 어찌 하였든 여기에 장래 조선에서 아직 이 정도 액수로는 부족함을 느낍니다. 물론 이후에도 발달하리라고 생각합니다. 이렇게 말씀드리는 것은 내지에서 비교를 하더라도 내지는 무릇 5억의 화폐를 유통하고 있고, 그 5억을 가령 5천만의 인구로 나누어 보면, 1인 평균 10엔 정도의 액수에 해당합니다.

대만 같은 곳도 무릇 1인 평균은 6엔 전후에 해당합니다. 그런데 조선에서는 1,300만의 인구로—조선인만 1,300만—1,300만의 인구에 대하여 2,700만 엔의 화폐 유통고는 1인에 대하여 2엔 정도에만 해당합니다. 이것은 조선이 빈약한 나라라고 해도, 1인에 대하여 2엔 정도의 할당은 결코 장기간 유지하지 않을 것입니다. 현재 재작년 말부터 작년에 걸쳐 발행액이 두 배 증가했습니다. 올해 말 정도가 되면 대략 3,000만에 도달할지도 모른다는 생각을 갖고 있습니다. 적어도 조선의 현재 1인 평균 2엔이란 것이 두 배의 액수로까지 도달하는 것은 그리 멀지 않았다고 생각합니다. 그러한 점들을 고려해 보면 2,000만 엔의 보증준비금액은 적은 것을 잃는 것이기 때문에 여기서 이것을 2,000만 엔으로 둔다면 곧바로 또 개정안을 제출해야만 하는 시기에 도달할 지 그렇지 않을지, 그보다는 무릇 적당한 정도로 이것을 3,000만 엔으로 증가시켜 두는 것이 실제로 적당할 지 그렇지 않을지, 이러한 생각을 하여 3,000만 엔이 되었습니다.

○ **위원장, 노다 우타로(野田卯太郎)**

넘어가겠습니다. 제7장.

○ **아키오카 기이치(秋岡義一)**

저는 이 35조의 경우 무엇을 하기 위해 한국은행조례의 37조 제1항, 즉 "한국은행 감리관은 언제라도 한국은행의 금고장부와 제반의 문서를 검사할 수 있다"는 개별조항이 있는데, 한국은행이 설립된 이래 실제로 이 조항에 따라 금고장부, 기타의 검사를 한 사실이 있다면 그 건을 하나 듣고 싶습니다.

○ **정부위원, 아라이 겐타로(荒井賢太郎)**

한국은행에 대해서는 이러한 감리관을 설치하여 그 감리관은 적어도 1

주간에 1회는 한국은행에 출두하여 엄밀한 감사를 실시하고 있습니다. 최초 시기에는 1주간에 2회 정도 나와 임검하도록 되어 있었습니다. 이것은 어느 정도 엄중하게 감사하고 있습니다.

○ 아키오카 기이치(秋岡義一)

그러나 거기에 대하여 질문이 있습니다. 그것은 본점에 대하여만 조사한 것입니까? 지점까지도 역시 검사하게 되었던 것입니까?

○ 정부위원, 아라이 겐타로(荒井賢太郎)

이것은 본점과 지점 어느 곳에 대해서도 검사를 하여 조금도 문제가 없습니다. 그러나 현재까지 실제로 본점에서 검사를 했다는 것으로 되어 있으므로 지점 쪽에는 아직 나가지 않았습니다. 대체적인 업무는 본점에서 중역회의로 마치기 때문에 그 중역회의에 출석하여 감리관이 항상 의견을 발하도록 되어 있습니다.

○ 위원장, 노다 우타로(野田卯太郎)

제8장으로 넘어갈까요?

("이의 없음"이라고 한 자가 있었다.)

○ 위원장, 노다 우타로(野田卯太郎)

제8장 부칙까지 함께 논의에 붙이겠습니다.

○ 다카야나기 가쿠타로(高柳覺太郎)

저는 제43조에 대하여 질문이 있습니다. 이 43조에서 요컨대 한국은행을 조선은행이라고 명칭을 변경한다는 것, 그리하여 조선은행은 곧 전에 한국은행을 설립했을 때의 본 법에 따라 설립했던 것으로 한다는 규정이 있습니다. 하지만 이는 곧 구한국은행과 신조선은행을 접속하려는 취지에서 이 규정을 만들었다고 생각합니다. 그렇다면 오직 명칭만 바꾸었다는 이야기이며 한국은행의 권리 의무를 조선은행이 계승한다는 의미가 아니라고 생각하는데, 그러합니까? 그 건을 확실해 해둡시다.

○ **정부위원, 아라이 겐타로(荒井賢太郎)**

계승한다는 정도와 다른지 모르겠습니다. 구한국은행이 한 행위, 예를 들어 태환권을 발행했다는 것은 이 조선은행이 태환권을 발행한 것으로 간주합니다. 이처럼 구한국은행이 했던 행위는 모두 신은행이 한 것으로 법률은 간주합니다. 이러한 의미에서 이 명칭을 변경하였기 때문에 하등의 구한국은행이 해온 행위에 변경은 발생하지 않습니다. 게다가 설립 기한 같은 것도 한국은행이 설립된 때부터 친다는 의미를 갖고 있기 때문에 이 조문이 들어갔습니다.

○ **다카야나기 가쿠타로(高柳覺太郎)**

그러한 취지였다고 생각합니다. 그러한 취지라고 한다면 제2항에서 "은행의 명칭은 당연히 변경된 것으로 한다." 이 조항은 역시 "변경된 것으로 한다."는 의미가 아니라는 말입니까? 그리고 오히려 제44조와 제45조의 내용을 별도로 규정하지 않아도 좋다는 말입니까? 한국은행의 임원, 그리고 한국은행이 발행한 은행권, 아울러 제일은행의 은행권이란 것은 이미 한국은행의 조례로 모두 규정하고 있습니다. 이는 오직 한국은행의 권리와 의무를 조선은행이 계승한 것이라고 한다면 이 규정은 필요하다고 하더라도, 오직 명칭을 바꾸었다는 것이 된다면, 즉 43조의 의미라고 한다면, 물론 한국은행의 임원은 조선은행의 임원으로서 취직했다고 당연히 간주하게 될 터입니다. 발행한 은행권도 역시 당연히 조선은행이 발행한 것으로

쳐야만 할 것입니다. 이 44조와 45조란 것은 빈말에 속하는 것처럼 보이며 불필요한 것처럼 보입니다.

○ 정부위원, 아라이 겐타로(荒井賢太郎)

첫째로 당연히 변경된 것으로 한다는 것은 당연히 변경되었다는 의미가 아닌가란 질문이었습니다. 어느 쪽으로 하더라도 같습니다. 이 법률에서 당연히 변경된 것으로 간주하여 별도로 등기를 필요로 하지 않는다는 의미를 이 조항에 드러낸 것입니다. 제43조는 한국은행이 한 행위는 조선은행이 한 것으로 간주한다고 하여, 특히 44조로 가지고 와서 정부에서 명한 바, 총재 이사 기타의 중역을 조선은행에 취직했다고 간주한다는 명문을 두어 명확하게 하려 합니다. 그리고 45조의 은행권 발행은 제43조의 한국은행이 한 행위라고 한 것으로 포함하더라도 좋을지 모르겠습니다. 그러나 여기에는 지금 제일은행권을 한국은행에서 계승하고, 다시 이 은행에게 계승된 것이라고 이렇게 2중으로 명문으로 규정하는 편이 비전문가에게는 알기 쉬우리라고 생각합니다.

○ 아키오카 기이치(秋岡義一)

36조입니다만, 여기서 "매 영업연도에서 1년 100분의 6 비율에 도달할 때까지는 정부가 가진 주식에 배당하는 것이 필요하지 않다"고 되어 있습니다. 매년 100분의 6 비율을 넘지 않는다면 정부로는 배당 하지 않는다는 의미입니까?

○ 정부위원, 아라이 겐타로(荒井賢太郎)

그 말 그대로입니다.

○ **위원장, 노다 우타로(野田卯太郎)**

그러면 질문은 이것으로 마치도록 하겠습니다. 이에 산회합니다.

오후 2시 45분 산회.

4. 1911년 3월 16일 중의원 조선은행법안특별위원회

메이지 44년 3월 16일 오후 1시 40분 개의.

출석위원은 아래와 같다.
노다 우타로(野田卯太郎)
가스야 기조(粕谷義三)
사카키다 세이베(榊田清兵衛)
이나무라 다쓰지로(稲村辰次郎)
오노 히사지(大野久次)
아키오카 기이치(秋岡義一)
나카누마 신이치로(中沼信一郎)
하야미 세이지(早速整爾)
하마오카 고우테쓰(濱岡光哲)
오데라 겐키치(小寺謙吉)
도미타 고지로(富田幸次郎)
아사바 시즈카(浅羽靖)
스즈키 소우베(鈴木摠兵衛)

출석 국무대신은 다음과 같다.
육군대신 자작 데라우치 마사다케(寺内正毅) 씨

출석 정부위원은 다음과 같다.
조선총독부 탁지부장관 아라이 겐타로(荒井賢太郎) 씨,

조선총독부 회계국장 백작 고다마 히데오(児玉秀雄) 씨.

본일 회의에 상정하는 의안은 다음과 같다.
조선은행법안

○ 위원장, 노다 우타로(野田卯太郎)
개회합니다. —정부위원이 보이지 않기 때문에 잠시 중지합니다— 정부위원이 왔으므로 오늘은 토론에 들어가고자 합니다. 오늘은 결정하고 싶다고 희망하기 때문에 그러할 예정으로…

○ 아키오카 기이치(秋岡義一)
저는 대체적으로 이 정부안을 인정합니다만, 각 조에 대해서 혹시라도 몹시 형편이 중요한 곳만은 이 '조선총독부'라고 되어 있는 것을 '정부'로 수정할 생각입니다. 그것은 축조(逐條)하면서 질의할 경우에 말씀드리겠습니다만, 지금 저의 수정의견을 말씀드리는 편이 좋겠습니다.

○ 위원장, 노다 우타로(野田卯太郎)
좋습니다.

○ 아키오카 기이치(秋岡義一)
저는 제3조, 제4조 가운데 '조선총독'이란 문자가 있는데 이것을 '정부'로 수정하고 싶습니다. 즉 제3조의 존립기간 연장 같은 것, 제4조의 자본증가 같은 것은 무엇보다도 은행으로서 중요한 형편이라고 생각하기 때문에 그러한 조선총독을 정부로 바꾸고 싶습니다. 그리고 제9조에 "총재는 조선총독의 추천에 따라 정부가 이를 임명" 운운했는데, "조선총독의 추천에 따라"란 문자를 삭제하고 싶습니다. 이것은 다른 은행의 예에서도 정부가 이를 임명하는 것처럼 되어 있습니다. 새삼스레 조선총독의 추천에 따른다고 하는 것을 여기에 규정할 필요가 없다고 봅니다. 그리고 제22조의 제3항인데, 제22조의 제3항에 "이 경우에는 조선총독이 명하는 바에 따라 그 발행고에 대하여 1년 100분의 5를 내릴 수 없는 비율로 발행세를 납부해야 한다."고 되어 있습니다. 여기서 조선총독을 역시 정부로 고쳤으면 합니다.

이는 대만은행에도 때마침 이 은행법에서 조선총독이라고 규정하고 있는 바가 주무대신이라고 되어 있습니다. 이 경우에는 역시 대만은행 등에도 정부로 되어 있기 때문에 이것을 정부로 고쳤으면 합니다. 그리고 제27조인데, 제27조에 "주주에 대한 이익배당액" 운운하는 내용이 있는데, 이것은 저번에도 질문했던 바로서 이 이익배당액이란 것은 이익배당금과 어느 정도 의미를 달리 합니다. 정부위원이 이에 대해서는 이익금이므로 임원의 상여금이 되며, 적립금을 빼고 잔액으로 주주에게 배당한다고 하는 배당금과는 다르다고 한 답변이 있었기 때문에 역시 거기에 준하여 이것을 "주주에 대하여 배당해야 할 이익 금액"으로 수정했으면 합니다. 이렇게 하면 정부위원의 지난번 답변의 의의가 명료해지리라고 보기 때문에 이대로 수정을 하고자 합니다.

그 다음으로 제28조인데, "조선총독은 조선은행의 업무를 감독한다."고 되어 있는 것에서, 이 조선총독을 정부로 수정했으면 합니다. 즉, 홋카이도척식은행, 일본흥업은행 등에 따라서도 다른 개별조항은 주무대신이라고 되어 있는데, 이에 대한 개별조항은 역시 모두 정부로 되어 있습니다. 조선총독이 감독한다고 하면 내지에 지점 등을 낸 경우에 실제로 어느 정도 좋지 않은 상황을 보게 되리라고 생각하므로 이것을 개정하면 좋겠습니다. 제가 수정을 하려고 하는 개별조항은 그뿐입니다.

○ 위원장, 노다 우타로(野田卯太郎)

그 적립금은 법정적립이란 의미입니까?

○ 아키오카 기이치(秋岡義一)

적립금은 물론 26조의 법정적립금을 가리킵니다.

○ 스즈키 소우베(鈴木摠兵衛)

방금 아키오카(秋岡) 의원의 수정이 있었는데, 이에 대한 정부위원의 의견은 어떻습니까?

○ 정부위원, 아라이 겐타로(荒井賢太郎)

방금 전 수정에 대하여 정부는 별도의 다른 생각은 없으며 동의를 표합니다.

○ 하야미 세이지(早速整爾)

저도 수정의견을 말해 두고자 하는데, 방금 아키오카(秋岡) 의원이 말씀하셨던 수개 조항의 수정은 물론 동의를 합니다. 그러나 저의 의견은 아키오카 의원의 의견에 동의함과 동시에 지금 조금은 그 수정의 범위를 넓히면 좋겠다고 생각합니다. 취지는 꽤나 자세하게 알지 못했지만, 아키오카 의원의 의견이 있는 것도 대략 살펴서 알 수 있을 것입니다. 이처럼 수정하게 되는 이상 취지로서 아키오카 의원도 지금 수정의 범위를 한걸음 확장할 필요가 있으신지, 정부도 역시 이미 아키오카 의원의 수정에는 이의가 없다고 진술하였는데, 이미 아키오카 의원의 의견에 동의한 이상 좀 더 수정의 범위를 넓히는데 동의하지 않는 의견은 없겠는가라고 생각합니다. 저는 조선은행법안에 있는 조선총독이란 문자는 모두 아키오카 의원이 수정하신 의미에서 이것을 정부란 문자로 개정하는 쪽이 온당하리라고 봅니다. 다만 이 가운데 제2조 1항과 2항에 조선총독이란 문자가 두 개 있습니다. 이것 모두 저는 역시 정부라고 수정하는 것이 온당하리라고 생각합니다.

그리고 제9조의 2항, 제10조의 조선총독이라는 글자는 조선총독으로 해도 그리 지장은 없다고 봅니다. 그리고 나아가 제17조의 말단 항목에 조선총독이라고 된 내용은 부디 정부라고 수정할 필요가 있습니다. 그리고 제19조의 조선총독, 이것도 물론 정부로 수정하는 것이 온당하다고 인정합니다. 그리고 제20조에 "조선총독의 명령" 운운한 것은 역시 정부로 수정하는 편이 다른 것과의 균형상 온당하다고 봅니다.

그리고 제21조에서 조선총독이란 문자도 정부로 고치는 편이 좋을 것 같습니다. 그리고 제22조에는 아키오카 의원의 의견으로는 "이 경우에는" 아래에 조선총독을 정부로 고쳤습니다만, 그 앞에 있는 "은행권의 발행을 필요로 할 때에는"이란 문자 아래에 있는 조선총독을 마찬가지로 정부로 수정하지 않는다면 균형을 맞출 수 없습니다. 제25조, 여기에 있는 조선총독이란 문자도 역시 정부라고 수정해야 할 필요가 있습니다. 그리고 28조는 이미 아키.오카 의원의 의견이 있었는데 제29조, 제30조, 제31조, 제32조 이 네 개의 조항에 있는 조선총독이란 문자도 역시 정부로 수정할 필요가 있습니다. 그 외에 33조, 34조는 조선총독이라고 하더라도 다른 것과의 균형상 조금도 지장이 없을 뿐만 아니라, 이것은 그렇게 하는 쪽이 오히려 좋으리라고 봅니다. 이처럼 각 조항에 걸쳐서 저의 수정의견을 말씀드리는데, 이것은 역시 아키오카 의원이 조선총독이란 문자를 정부로 수정하신 것과 의미는 조금도 다르지 않습니다.

다만 아키오카 의원의 수정의 개별조항만으로 그쳐 두는 것은 다른 법률과의 균형상 어느 정도 부조화의 기미를 발견하게 됩니다. 정부가 조선은행의 이러한 업무를 감독한다는 것의 근본이 이미 정해진 이상 이 업무의 주요한 것에 대해서는 감독권을 행사하도록 해두지 않는다면 그 사이에 헛되이 후환이 발생할 것 같은 우려가 있지 않겠습니까? 이미 감독권을 정부에 귀속시키도록 한다고 한 이상 어쨌든 여기저기에 있는 "조선총독"이란 문자는 역시 "정부"로 수정하고, 그리하여 은행 감독상의 통일을 꾀하지 않는다면 나중에 이르러 비상하게 부조화를 감지하는 일이 생기지 않을지 두렵습니다. 한편에서 정부가 절뚝거리게 되지는 않겠습니까? 전체가 조선총독으로 되어 있다면 그런대로 괜찮을 것입니다. 일부분은 정부로 수정하고, 일부분이 총독으로 되어 있다면 어떻게 해도 법률이 파행되리라는 느낌도 있습니다.

예를 들어 18조라던가 20조에 있는 조선총독을 그대로 둔다면 한편으로 조선은행의 감독은 정부가 하게 되어 있으면서, 역시 일종의 업무 감독에 속합니다. 아니면 주요한 부분이 조선총독으로 할 수 있다고 되어 있으므로 어떻게 해도 균형이 맞지 않습니다. 예를 들어 22조의 일부분은 조선총독이란 문자를 넣고, 한편에서는 조선총독이란 문자가 들어가 있지 않는다면 이후 주요한 지점에서 의미가 충돌할 것처럼 생각됩니다. 요컨대 조선은행의 성립과 그 필요 여하라고 말하는 투는 이미 과거의 문제로 귀속됩니다. 때문에 제가 피차 말씀드리지 않더라도 조선은행이 앞날의 발전을 꾀하고 이 금융기관의 발전을 도모하는 선상에서 헛되이 그 내부에서 통일을 결여했다는 우려를 배태한다는 말은 진실로 이익이 없다고 생각합니다.

그러므로 모두 이러한 감독의 통일을 꾀하기 위해, 또 일본 내지와 조선과의 관계에서 이러한 재정상의 통일을 기약하기 위해서, 즉 방금처럼 모든 것에 대하여 이렇게 정부로 문자의 수정을 해두는 편이 적당하다고 봅니다. 생각건대 주의에 대해서는 아키오카 의원이 말씀하셨던 바와 마찬가지입니다. 다만 아키오카 의원이 수정하신 범위가 협소하므로, 범위를 넓혀 점차 이 법률을 완전하게 하고자 하여 제가 이와 같이 수정안을 제출했습니다.

○도미타 고지로(富田幸次郎)

저는 아키오카(秋岡) 의원의 수정에서 범위를 넓힌다고 한 하야세(早速)

의원의 수정에 동의합니다. 기타 제가 수정하고 싶은 점은 제22조의 보증준비입니다. 이것은 이 법률에서 3,000만 엔으로 되어 있고, 한국은행법에서는 2,000만 엔인 이번 법안을 제출하면서 1,000만 엔 증액하여 3,000만 엔이 되었는데 오늘의 경우 이것을 늘릴 필요는 없지 않을까라고 생각합니다. 현재 대만에서 화지폐(貨紙幣) 그리고 대만은행의 보증준비와의 관계를 살펴보더라도, 또 내지에서 화지폐의 관계와 일본은행의 보증준비와의 균형을 살펴보더라도, 조선에서 현재 2,000만 엔의 보증준비가 있다면 우선 그것으로 충분히 많지 않겠는가라고 생각합니다. 그다지 급격하게 그 보증준비를 증가시킨다는 사정은 오히려 조선의 경제계 질서를 어지럽히는 원인이 될 우려가 있기 때문에 우선 오늘은 2,000만으로 그쳐 두고, 다시 조선에서 경제계의 발전에 수반하여 필요가 있을 경우에 이를 증액한다는 것에 대해서는 이견이 없습니다. 하지만 오늘의 경우 우선 2,000만 엔이 적당하다고 봅니다. 3,500만 엔에는 반대합니다. 그리고 제27조의 수정은 아키오카 의원의 의션 쪽이 원안보다 명료하여 좋으리라고 생각하기 때문에 그 점만은 아키오카 의원에게 찬성합니다.

○**스즈키 소우베(鈴木摠兵衛)**

본 안에 대해서는 아키오카(秋岡) 의원으로부터 수정한다는 이야기가 나왔습니다. 이에 정부위원도 동의했습니다. 저도 아키오카 의원의 수정하자는 이야기에 동의합니다.

○**가스야 기조(粕谷義三)**

저는 방금 아키오카(秋岡) 의원의 수정하자는 이야기에 찬성하였고, 하야미(早速) 의원, 도미타(富田) 의원의 말씀에 대하여 약간은 말해보고 싶습니다. 대체로 도미타 의원의 말씀은 보증준비에 따른 발행고를 오늘처럼 2,000만 엔으로 하는 것이 많다고 하는 이야기인데, 저는 역시 원안

쪽이 적당하리라고 봅니다. 무엇보다 도미타 의원의 이야기도 절대로 이것을 불필요하다고 하신 것은 아닙니다. 만약 훗날 개정의 필요가 있다면 그때 개정하더라도 좋지 않겠는가라는 말씀이었습니다. 현재 조선의 상태는 말씀드릴 것도 없이 합방 이래로 특히 경제상의 문제도 장족의 진보를 하였습니다. 현재 무역액을 위로부터 보더라도 재작년의 그것과 43년 합방 이래의 무역관계를 살펴보더라도, 비상하게 진보한 상황을 노정하고 있습니다.

오히려 이후라고 하더라도 조선은 점차 장족의 진보를 하게 될 것입니다. 또 진보해야만 합니다. 이처럼 경제가 진보해 가는 이상 어떻게 하더라도 여기에 따라서 역시 태환권 같은 것도―어떻게 하더라도 무역에서 역시 통화의 확장을 꾀한다는 것은 필요합니다. 한 가지 더 고려해야만 하는 점은 내지 및 대만과 비교하여 3,000만 엔의 제한은 너무 지나치다는 논의도 일리가 있는 것처럼 생각됩니다. 하지만 원래 통화의 많고 적음이란 것은 일면적으로 신용의 정도가 발달하여 있는가의 여부를 참고해야만 합니다. 신용의 정도가 발달해 있다면 그다지 불편함을 느끼지 않고도 갈 수 있겠으나, 신용의 정도가 발달해 있지 않다면 다액의 통화를 필요로 합니다. 이것은 형세 상 어쩔 수 없습니다.

조선의 현재 상황이 어떠한지를 말씀드리자면 유감이지만 이러한 경제상의 문제는 신용의 정도가 발달해 있지 않습니다. 발달하여 있지 않다고 말해도 좋을 정도입니다. 이러한 상황에 대해서는 통화의 추세를 많이 필요로 한다는 것은 논할 필요도 없습니다. 이러한 이유에서 3,000만 엔이란 것은 곧바로 현재 발행액이 2,000만 엔이라고 하더라도 이후 1년 혹은 2년 후에 갑작스레 3,000만 엔의 액수를 필요로 한다는 것은 거의 명확하다고 봅니다. 특히 이 법률은 필요할 때에 맞추어 개정한다면 좋겠다는 것인데, 그러한 이유로 이것은 물론 확장하여 두는 편이 상당하다고 저는 생각합니다.

○ 하마오카 고우테쓰(濱岡光哲)

잠시 아키오카(秋岡) 의원에게 묻고 싶습니다. 저는 지각해서 충분히 귀하의 의견을 청취하지 못했습니다. 방금 하야미(早速) 의원의 의견에 따르면 조선총독 그리고 정부를 구별하는 것에서 그 조항에 따라 달리 하고 있다는 점이 있었는데, 그에 대해서는 무언가 의미가 있는 것입니까? 의미를 가지고 있다고 한다면 일단 설명을 부탁드립니다.

○ 아키오카 기이치(秋岡義一)

제가 아까 잠깐 그 요점만을 말씀드렸는데, 이 은행법 가운데 중요한 사정이라고 인정할 수 있는 바에 한하여 "조선총독"을 "정부"로 바꾸었습니다. 아까도 저는 이야기했습니다만, 하마오카(濱岡) 의원은 그때 결석했다고 하셨기 때문에 거듭 그 조항만 말씀드립니다. 제3조에 규정하고 있는 존립기간의 연장, 제4조에 규정하고 있는 자본금의 증가, 그리고 제22조이 "이 경우에는 조선총독 운운"이라고 하는, 즉 발행고에 관한 경우인데, 그 개별조항 그리고 제28조의 조선총독이 조선은행 업무를 감독한다는 조항, 이 네 개 조항이 조선총독으로 되어 있는 것을 정부로 고친다는 것이 제가 수정한 내용입니다. 이 은행법 가운데 가장 중요한 사정으로, 이것은 조선총독 쪽에서 정부 쪽으로 개정하는 게 좋겠다는 것입니다. 단지 이 은행법만이 아니라 홋카이도척식은행, 일본흥업은행법 등에서도 그와 같은 내용으로 되어 있고, 곧 사무의 감독이라던가 하는 내용은 모두 정부로 되어 있으며, 기타의 개별조항은 대다수 주무대신으로 되어 있습니다. 그러므로 다른 은행법에서 주무대신으로 규정되어 있는 개별조항은 이 법안에서도 그대로 조선총독으로 해두고, 기타 은행법에서 대다수 정부라고 되어 있는 바는 이 법안에서도 정부로 개정하자는 취지였습니다. 기타 제9조에서 조선총독의 추천에 따른다는 문자는 필요가 없을 것으로, 곧 다른 은행법에서도 총재는 정부가 이를 임명한다는 것이 다수 규정되어 있습니다. 그렇기 때문에 이 은행법에서도 조선총독의 추천에 따른다는 내용을 추가할 필요는 없으므로, 이것을 삭제하였습니다. 그리고 27조는 주주에 대한 이익배당액 운운한 것인데, 이것은 저번에 정부위원의 설명에 따르자면 이러한 이익배당액이란 문자는 조금 명확하지 않은 감이 있으므로 이것을 명료하게 하기 위해서 "주주에 대한 배당할 수 있는 이익금액"으로 고쳤습니다. 이상이 제가 수정을 추가한 점입니다.

○ **도미타 고지로(富田幸次郎)**

방금 저의 수정 이야기에 대하여 가스야 의원의 항변이 있었는데, 이 위원회의 대세는 대체로 기울어져 있다고 봅니다. 그러면 이것에 대해서는 별도로 제가 수정의 취지를 부연하지 않기로 하고 본 의장에서 말씀드리는 편이 시간을 절약할 수 있다고 생각합니다. 그러므로 자세한 의견은 본회로 넘기기로 하고 여기서는 말씀드리지 않겠습니다.

○ **위원장, 노다 우타로(野田卯太郎)**

이제는 논의가 없는 것 같은데 채결에 이의는 없으십니까?

("이의 없음"이라고 한 자가 있었다.)

○ **위원장, 노다 우타로(野田卯太郎)**

그러면 동의의 순서에 따라 채결하겠습니다. 아키오카(秋岡) 의원의 수정 동의에 찬성하는 여러분은 기립하십시오.

기립자 전원

○ 위원장, 노다 우타로(野田卯太郎)

아키오카(秋岡) 의원의 수정 동의는 만장일치로 가결되었습니다. 다음으로 하야미(早速) 의원의 동의에 찬성하는 여러분은 기립하십시오.

기립자 소수

○ 위원장, 노다 우타로(野田卯太郎)

소수입니다. 다음으로 도미타(富田) 의원의 동의에 찬성하는 여러분은 기립하십시오.

기립자 소수

○ 위원장, 노다 우타로(野田卯太郎)

소수입니다—그러면 아키오카(秋岡) 의원의 수정안은 성립했습니다. 나머지는 원안에 이의 없습니까?

("이의 없음"이라고 한 자가 있었다.)

○ 위원장, 노다 우타로(野田卯太郎)

그러면 아키오카(秋岡) 의원의 수정 이외에는 원안으로 결정하겠습니다. 이것으로 본 위원회를 마칩니다. 산회.

오후 2시 18분 산회.

5. 1911년 3월 18일 귀족원 의사속기록 조선은행법안 제1독회

○ 의장, 공작 도쿠가와 이에사토(德川家達)[15)]

의사일정 제10, 조선은행법안, 정부제출, 중의원 송부, 제1독회입니다.

조선은행법안

위 정부 제출안은 본 원에서 수정 의결하여, 의원법 제54조에 의거하여 송부합니다.

1911년 3월 16일

중의원 의장 하세바 스미타카(長谷場純孝)[16)]

귀족원 의장 공작 도쿠가와 이에사토(德川家達)

조선은행법

제1장 총칙

제1조 조선은행은 주식회사로서 그 본점을 조선 경성에 둔다.

제2조 조선은행은 조선총독의 인가를 받아서 지점·대리점을 설치한다. 또한 다른 은행과 correspondence[17)]를 체결할 수 있다.

---

15) 도쿠가와 이에사토(德川家達, 1863~1940) : 도쿠가와 가문의 16대 당주, 정치가. 1890년 귀족원 의원, 1903년 귀족원 의장을 지낸 이후 30년간 역임했다. 일본 적십자사 사장, 제생회 회장 등을 지냈고, 워싱턴 군축회담 전권위원을 지냈다.

16) 하세바 스미타카(長谷場純孝, 1854~1914) : 사쓰마(薩摩) 출신으로 세이난(西南) 전쟁에서 포로가 되었다. 제1회 중의원으로 당선되었고, 정우회 설립에 관여했다. 1908년에서 1911년까지 중의원 의장을 지냈다. 1911년 제2차 사이온지(西園寺) 내각에서 문부대신을 지냈다.

조선총독은 필요하다고 인정될 경우 지점 · 대리점의 설치를 명령할 수 있다.

제3조 조선은행의 존립기간은 설립 등기일부터 50년으로 한다. 단, 조선총독의 인가를 받아서 기간을 연장할 수 있다.

제4조 조선은행의 자본금은 1천만 원으로 하고 그것을 10만 주로 나누어 한 주의 금액을 100원으로 한다. 단, 조선총독의 인가를 받아서 자본금을 증액할 수 있다.

제5조 조선은행의 주식은 기명식이다. 제국신민이 아닌 경우 조선은행의 주주가 될 수 없다.

제6조 정부가 조선은행의 주식 중 3만 주를 인수하도록 한다. 정부는 전항의 규정에 따라 인수한 주식을 양도할 수 없다.

제2장 중역

제7조 조선은행에는 총재 1인, 이사 3인 이상, 감사 2인 이상을 둔다.

제8조 총재는 조선은행을 대표하고 그 사무를 총괄한다.

총재의 유사시에 이사 중 1인으로 그 직무를 대리하게 하고, 총재의 부재 시에 그 직무를 행한다.

이사는 총재를 보좌하고 정관이 규정한 바에 따라 조선은행의 사무를 분장한다.

감사는 조선은행의 업무를 감사한다.

제9조 총재는 조선총독이 추천하여 정부에서 임명한다. 그 임기는 5년으로 한다.

이사는 100주 이상을 소유한 주주로 주주총회에서 2배수의 후보자를 선출하고, 그 후보자 중에서 조선총독이 임명한다. 그 임기는 3년으로 한다.

---

17) 코리스폰던스(correspondence). 은행 간의 환거래 계약을 뜻한다. 보통 외국과의 무역거래를 위한 환거래를 지칭한다.

감사는 50주 이상을 소유한 주주로 주주총회에서 선임하고 그 임기는 2년으로 한다.

제10조 총재 및 이사는 그 어떠한 직위이든지 다른 직무 또는 상업에 종사할 수 없다. 단, 조선총독의 인가를 받을 경우 예외로 한다.

제3장 주주총회

제11조 정기주주총회는 정관에 규정된 시기에 총재가 소집한다.

제12조 임시주주총회는 필요한 경우 총재가 소집한다.

제13조 감사 전원 또는 자본의 1/5 이상에 해당하는 주주는 회의의 목적과 안건을 제시하고 임시주주총회의 소집을 총재에 요청할 수 있다.

총재는 전 항의 요청을 받아들여 임시주주총회를 소집해야 한다.

제14조 주주의 의결권은 1주에 1개로 한다. 단, 11주 이상은 10주에 1개씩 증가한다.

제15조 주주는 주주가 아닌 자를 대리인으로 하여 그 의결권을 행사할 수 없다. 단, 법정대리인은 예외로 한다.

제16조 정관 변경은 자본의 반액 이상에 해당하는 주주가 출석하고, 그 의결권의 과반수로 결정한다.

제4장 영업

제17조 조선은행은 다음의 업무를 영업으로 한다.

1. 환어음, 기타 상업어음의 할인
2. 보통 거래하는 회사, 은행 또는 상인의 어음 추심
3. 환거래, 화환거래
4. 확실한 담보에 대한 대출
5. 제 예금 및 당좌대월계정
6. 금은화폐, 귀금속 및 제 증권의 보관

7. 금은 지금의 매매 및 화폐교환

전항 이외에 영업상황에 따라 국채증권, 지방채증권, 기타 조선총독이 지정하는 확실한 유가증권을 매입할 수 있다.

第18조 조선은행은 전조에 제시된 것 이외에 조선총독의 인가를 받아 다음의 영업을 할 수 있다.

1. 공공단체에 대한 무담보대출
2. 타 은행의 업무대리

第19조 조선은행은 영업상 필요한 물건을 취득하거나 채무변제를 위해 물건을 인수할 경우를 제외하고 동산 및 부동산을 소유할 수 없다.

第20조 조선은행은 본 법에 기재되지 않은 업무를 행할 수 없다. 단, 조선총독의 명령에 따른 경우 제한을 두지 않는다.

第5장 은행권

第21조 조선은행은 은행권을 발행할 수 있다. 단, 은행권의 양식 및 종류에 관해서는 조선총독의 인가를 받아야 한다.

전 항의 은행권은 조선은행의 본점 및 지점에서 영업시간 중에는 언제라도 금화 또는 일본은행 태환권과 인환(引換)할 수 있다. 단, 지점에서는 본점으로부터 준비금이 도달하는 시간 동안 그 인환을 연기할 수 있다.

第22조 조선은행은 은행권 발행고에 대해 동액의 금화, 금은지금 또는 일본은행 태환권을 예치하고 그것을 지불준비로 충당한다. 단, 금은지금은 지불준비총액의 1/4를 초과할 수 없다.

전항의 지불준비 이외에 조선은행은 특별히 3천만 원에 한하여 국채증권, 기타 확실한 증권 또는 상업어음을 보증으로 하여 은행권을 발행할 수 있다.

앞서 2항의 규정된 것 이외에 시장의 상황에 따라 은행권 발행이 필요한 경우에는 조선총독의 인가를 받아서 국채증권, 기타 확실한 증권 또는 상업어음을 보증으로 하여 은행권을 발행할 수 있다. 이 경우에는 조선총독의 명에 따라 그 발행고에 대해 1년에 5% 이상의 발행세를 납부한다.

제23조 조선은행이 발행하는 은행권은 조선총독의 관할지역 내에서 무제한 통용하는 것으로 한다.

제24조 조선은행은 은행권의 발행액 및 지불준비에 관하여 매주 평균액표를 관보에 공고해야 한다.

제25조 은행권의 제조, 발행, 훼손권 인환 및 소각 등의 절차는 조선총독이 정한다.

제6장 적립금 및 납부금

26조 조선은행은 매 영업연도에 자본의 결손을 보전하기 위해 이익의 8% 이상을 적립한다. 또한 이익 배당의 평균을 유지하기 위해 이익의 2% 이상을 적립해야 한다.

제27조 주주에게 배당할 수 있는 이익금이 불입자본에 대해 매년 12%를 초과할 경우 조선은행은 해당 초과액의 50%를 정부에 납부해야 한다.

제7장 정부의 감독 및 보조

제28조 조선총독(정부)는 조선은행의 업무를 감독한다.

제29조 조선은행은 그 정관을 변경할 경우 조선총독의 인가를 받아야 한다.

제30조 조선은행은 주주에게 배당금을 분배할 경우 조선총독의 인가를 받아야 한다.

제31조 조선총독은 필요하다고 인정될 경우 은행권의 종류, 발행고, 대부할인의 금액 · 방법 · 이자 혹은 비율, 환수수료, 정화준비 혹은 보증

준비에 관해 제한을 둘 수 있다.

제32조 조선은행의 영업상 법령 혹은 정관에 위반되거나 또는 공익을 해치는 사항이 있다고 인정될 경우 조선총독은 그것을 제지할 수 있다.

제33조 조선은행은 조선총독이 정하는 바에 따라 그 영업에 관한 제반 상황 및 통계 보고서를 제출해야 한다.

제34조 조선총독은 특별히 조선은행 감리관을 두어 조선은행의 업무를 감시하도록 한다.

제35조 조선은행 감리관은 언제라도 조선은행의 금고장부 및 제반 문서를 검사할 수 있다.

조선은행 감리관은 감시에 필요하다고 인정되는 것에 대해 언제라도 조선은행에 명령하여 영업상의 제반 통계 및 상황을 보고하도록 할 수 있다.

조선은행 감리관은 주주총회 기타 제반 회의에 출석하여 의견을 진술할 수 있다. 단, 의결 정족수에 가산될 수 없다.

제36조 조선은행의 이익배당금이 정부가 보유한 주식 이외의 주식에 대해서 영업연도마다 1년에 6%의 비율에 도달할 때까지 정부 보유주식에 배당할 필요는 없다.

제37조 조선은행의 이익배당금이 정부가 보유한 주식 이외의 주식에 대해 영업연도마다 1년에 6%에 도달하지 못할 경우 정부는 창립 시점의 말일부터 5년에 한해 그것에 도달하는 금액을 보조한다.

제8장 벌칙

제38조 조선은행이 다음과 같은 위반사항이 있을 경우 총재 또는 총재의 직무를 행하거나 대리한 이사를 100원 이상 1,000원 이하의 과태료에 처한다. 그 위반사항이 이사의 분담 업무에 관계될 경우 이사를 과태료에 처하는 것 또한 같다.

1. 제19조, 제20조, 제22조 제1항 또는 제26조 규정을 위반할 경우
2. 본 법에 따라 인가를 받아야할 사항에 관해 그 인가를 받지 않았을 경우

제39조 조선은행의 총재 또는 총재의 직무를 행하거나 대리하는 이사가 제11조 또는 제13조 제2항의 규정을 위반하여 주주총회를 소집하지 않았을 경우 100원 이상 1,000원 이하의 과태료에 처한다.

제40조 조선은행 총재 또는 이사가 제10조의 규정을 위반할 경우 20원 이상 200원 이하의 과태료에 처한다.

제41조 앞서 3개 조항의 과태료에 관해서는 비송사수속법(非訟事手續法) 제206조 내지 제208조 규정에 따른다.

부 칙

제42조 본 법 시행기일은 칙령으로 정한다.

제43조 구 한국 융희 3년(1909년) 법률 제22호에 따라 한국은행은 조선은행으로 칭한다. 한국은행 설립일에 대해서는 본 법에 의해 설립된 것으로 간주한다. 한국은행을 위해 했던 행위는 조선은행을 위해 했던 것으로 간주한다.

한국은행에 대해 했던 등기는 조선은행에 대해 했던 등기로 간주한다. 등기부의 은행 명칭은 당연히 변경하는 것으로 한다.

제44조 한국은행 총재, 이사 및 감사는 조선은행 총재, 이사 및 감사로 취직한 것으로 간주한다.

제45조 한국은행이 발행했던 한국은행권 및 기타 발행으로 간주했던 주식회사제일은행의 은행권은 조선은행에서 발행한 것으로 간주한다.

〈정부위원 아라이 겐타로(荒井賢太郎)가 연단에 올랐다〉

○ 정부위원, 아라이 겐타로(荒井賢太郎)

1909년 구한국 정부에서 한국은행조례를 발포했고, 그 후로 한국은행을 설립하여 한국의 금융기관으로 중추적인 직무를 담당해 오고 있었습니다. 작년 일한병합의 결과, 제령으로 한국은행조례는 그대로 효력을 지금까지 이어왔습니다. 그런데 은행 명칭을 개정할 필요가 생겼고, 한국은행 설립 당시의 경제상황으로 태환권의 보증준비 제한액을 규정했었는데 그 후 조선의 경제상황이 발전해서 얼마간 제한액을 증가시킬 필요가 발생했습니다. 이 두 가지 점이 구한국은행조례와 다른 점입니다. 이번에 이를 개정하기 위해 조선은행법이라는 법안을 제출하게 되었습니다. 이 법안에 대해서는 중의원에서 몇 개의 조를 수정했습니다. 일본권업은행, 홋카이도척식은행 등의 선례에 따라서 수정을 했기 때문에 정부에서도 지장이 없다고 생각하여 이 수정안에 동의를 했습니다. 아무쪼록 이 법안을 심의하여 협조와 찬성을 해주시길 바랍니다.

○ 남작 오자와 다케오(小澤武雄)[18]

잠시 정부위원에게 질문이 있습니다. 조선은행은 권업은행, 흥업은행과 같은 특수은행의 부류에 속하는 것입니까? 그것과 성질이 다른 것입니까? 알고 싶습니다.

〈정부위원 아라이 겐타로(荒井賢太郎)가 연단에 올랐다〉

---

18) 오자와 다케오(小澤武雄, 1844~1926) : 일본 육군, 최종계급은 육군 중장. 고쿠라(小倉)번사의 장남으로 보신전쟁에 출정했다. 1887년 남작을 수여받고 화족이 되었다. 1890년에서 1926년까지 귀족원칙선의원을 지냈다. 1893년 고노에 아쓰마로(近衛篤麿), 소가 스케노리(曾我祐準)와 함께 홋카이도협회 설립의 발기인을 지냈다.

○ **정부위원, 아라이 겐타로(荒井賢太郎)**

무엇이었습니까? 잠시 듣지 못했습니다. 이번에…

○ **남작 오자와 다케오(小澤武雄)**

조선은행은 대장성에서 주장하는 특수은행…권업은행인지 흥업은행인지 하는 것이 있지 않습니까? 조선은행이 이것과 동일한 성질의 것인지를 물었습니다.

○ **정부위원, 아라이 겐타로(荒井賢太郎)**

조선은행의 성격을 말씀드린다면, 대만은행과 비슷한 성격입니다. 조선의 중앙 금융기관에 해당하는 것입니다. 보통 영업에 종사하지 않습니다. 조선의 상태로 보아 어쩔 수 없는 것이 있기 때문에 그 방법을 찾은 것입니다. 흡사 대만은행과 비슷한 기구입니다.

○ **남작 구보타 유즈루(久保田讓)**[19]

저도 질문을 하고 싶습니다. 본 안에 대해서 중의원에서 수정한 조항이 있다고 했는데 아직 상세히 보지 못했습니다. 조선은행은 조선총독이 감독하는 것으로 되어 있는데 수정을 해서 정부가 그것을 감독하는 것으로 되었다고 알고 있습니다. 기타 자세한 것을 알지 못하지만, 그 사안에 대해서 정부가 동의를 한 취지가 무엇인지 알고 싶습니다.

〈정부위원 아라이 겐타로(荒井賢太郎)가 연단에 올랐다〉

---

19) 구보타 유즈루(久保田讓, 1847~1936) : 일본의 문무관료, 정치. 게이오기주쿠(慶應義塾)를 졸업하고 1889년 구미에 파견되었고, 보통학무국장, 문부차관을 역임했다. 퇴임 후 연구회의 중심인물로 귀족원 의원을 오랫동안 지냈다. 1903년 가쓰라(桂) 내각에서 문부대신을 지냈고, 러일전쟁 때 도쿄제국대학 교수와 함께 대러 강경외교를 주장했으며, 러일전쟁 강화 반대 운동에 참가했다.

○ 정부위원, 아라이 겐타로(荒井賢太郎)

원안에는 … 정부의 제출안에는 모두 「조선총독」이라고 쓰여 있었습니다. 그것을 중의원에서 「정부」로 수정했습니다. 대체로 조선총독이 조선의 은행을 감독하는 것은 원래 묘의(廟議)의 방침에 따라서 하는 것입니다. 때문에 중요한 사항에서는 「정부」라고 수정을 하더라도 어차피 조선총독이 시행 하는 것이고, 또 묘의의 결정에 따라서 하는 것이라서 지장이 없다고 생각했습니다. 이 점이 정부가 동의한 이유입니다.

○ 남작 구보타 유즈루(久保田讓)

저는 이 점이 조선통치에서 관계가 크다고 생각하고 있기 때문에 정부의 의견을 듣고 싶었습니다. 조선총독의 권한은 막대합니다. 군사권까지도 갖고 있습니다. 기타 행정 모두가 조선총독에 위임되어 있습니다. 그런데 이 은행의 감독에 한해서는 조선총독이 한다는 것이 적당하지 않으므로 정부가 감독하지 않으면 안 된다고 하는 이유가 무엇입니까? 기타 은행과 재정 이외의 것에 대해서도, 지난번에도 다른 위원회에서 교육문제가 있었습니다. 그때 위원이 문부대신에게 교육은 정부에서 총괄하는 것인지, 조선은 특별히 조선총독이 통괄하는 것인지를 물었던 적이 있습니다. 문부대신이 조선은 문부대신과 관계가 없다는 말을 했다고 알고 있습니다. 은행이 중요합니까? 국민의 정신을 통일하는 것이 중요합니까? 제 생각에 이것은 문제도 아니라고 생각합니다. 그 중요한 교육까지 총독에게 일임을 했는데 은행의 감독만 총독에 위임할 수 없다고 하는 것은 도대체 무슨 이유입니까? 이것은 조선통치에 관계되는 큰일이라고 생각합니다. 부디 분명하게 답변해주시기 바랍니다.

〈국무대신 후작 가쓰라 다로(桂太郎)[20]가 연단에 올랐다〉

○ 국무대신, 후작 가쓰라 다로(桂太郎)

지금 구보타(久保田) 남작이 질문하신 것에 대해 대답을 드렸다고 생각합니다. 알고 계신 대로, 구보타 남작이 말한 것과 같이, 조선총독에게는 막대한 권한이 위임되어 있습니다. 때문에 조선에 대한 모든 것은 총독이 실행을 담당하고 또한 계획을 담당하고 있습니다. 그러나 사안에 따라서는, 중대한 사안은 정부의 동의를 얻거나 혹은 협의하여 모두 이루어집니다. 조선은행법과 같은 것도 정부는 처음의 취지대로 조선총독으로 하는 기안을 제출했습니다. 그러나 지금 말씀한 것과 같이, 특히 재정에 관한 것은 일반적으로 제국재정과 중대한 관계가 있습니다. 때문에 총독이 이 은행을 감독하더라도 그 사안에 대해서는 내지 즉 제국 정부의 재정과 밀접한 연락을 유지하고, 그것과 다른 방법을 사용한 적은 없습니다. 또한 한편으로 조선에 국한해서 이룰 수 없는 것이 있기 때문에 설사 총독이 그 내부의 일이라도 정부의 감독 하에 권한을 실행하고 있습니다. 그러나 중의원에서 중대한 사안은 「정부」라고 개정해야 한다는 쪽이 분명해졌습니다. 적당하지 않다는 논의가 일어났지만, 이 사실에 대해서는 어떠한 이견도 없었기 때문에 「총독」이라는 문자를 「정부」라는 문자로 개정하더라도 괜찮다는 것에 동의를 했습니다. 말씀드렸던 바와 같이 모든 것이 총독에 위임되어 있더라도, 정부의 감독 하에 놓여있는 것은 분명합니다. 은행에 대한 질문에 지금 답변 드린 대로 이 점이 중의원의 수정안에 동의를 한 이유입니다. 사실상 「조선총독」이라고 하더라도, 「정부」라고 하더라도, 이면에는 일본 정부가 감독하고 그 조치에 따라서 실행하고 있는 상황입니다. 그래서 동의를 한 것입니다. 그렇게 이해해주시기 바랍니다.

---

20) 가쓰라 다로(桂太郎, 1848~1913) : 일본무사, 육군군인, 정치가. 1901~1906년, 1908~1911년, 1912~1913년 내각총리대신을 역임했다.

○ 남작 오자와 다케오(小澤武雄)

본 의원이 방금 조선은행이 대장성에서 주장하고 있는 특수 은행과 같은 것인지를 질문 한 바에 대해서 그렇지 않고 대만은행과 비슷한 것이라고 했습니다. 본 의원이 알고 싶은 것은 특수은행과 같은 것인지 아닌지 하는 것입니다. 대장성의 정부위원에게라도 듣고 싶습니다. 「조선총독」이라고 운운했던 것을 「정부」로 수정하고, 정부가 동의를 했다고 했기 때문에, 더욱 특수은행의 취지가 분명하지 않다는 의심이 듭니다. 대만은행이 어떠한 자격을 갖고 있었는지 기억하지 못합니다. 제가 처음 질문 드린 바, 특수은행과 다른지 같은지의 여부를 알고 싶습니다.

〈정부위원 와카쓰키 레이지로(若槻禮次郎)[21]가 연단에 올랐다〉

○ 정부위원, 와카쓰키 레이지로(若槻禮次郎)

특수 은행이라고 말씀드린 것은, 특별한 규칙에 의거한 명칭은 아닙니다. 일본은행, 권업은행, 흥업은행 등은 은행을 개괄하여 세간에서 특수은행이라고 하는 것입니다. 그렇다면 어떤 것을 특수은행이라고 하는가 하면, 대개 특별한 법률을 만들어 창립하는 은행을 세간에서 특수은행이라고 합니다. 은행조례라는 일반법에 기초하여 설립된 은행은 특수은행이라고 부르지 않습니다. 법규를 만들고, 특별히 그 은행을 위해 법률을 제정하여 설립한 은행을 특수은행이라고 합니다. 또한 대장성에서도 개괄해서 말할 경우에 이러한 명칭이 간편하기 때문입니다. 조선은행은 사실상 그 의미에서 특수은행입니다. 다만 대만은행과 유사한 점이 있습니다. 대만은행이 주무대신이라고 되어 있지만, 조선은행은 조선총독이라고 되어 있는

21) 와카쓰키 레이지로(若槻禮次郎, 1866~1949) : 메이지에서 다이쇼시기 대장성관료를 지냈다. 다이쇼에서 쇼와(昭和) 초기 정당정치가. 시마네현(島根県)출신으로 도쿄제대법과를 졸업하였다. 대장성의 요직을 거쳐, 제1차 가쓰라 내각에서 대장대신이 되고, 가토 내각에서 내무대신을 지냈다. 헌정회총재를 지냈다.

것은 조금 다른 점입니다. 그러하더라도 대체적으로 특별한 법률을 만들어 제정한 은행, 그것을 특수은행이라고 명명한다면 그 의미에서 조선은행은 특수은행입니다.

○ 남작 구보타 유즈루(久保田讓)

본 의원의 질문에 대해서 방금 총리대신이 상세하게 답변을 해주셨습니다. 그러나 저는 조금 이해되지 않는 것이 있습니다. 앞서 말씀드렸는데, 교육에 대해서는 문부대신이 관계가 없다는 말을 했습니다. 그 일과 비교해서 분명히 이해되지 않습니다. 그러나 이것은 상당히 복잡하게 얽힌 문제이며, 또한 중대한 사안이라고 생각합니다. 이것은 위원회에서도 진실로 이 의미를 충분히 살펴서 조선통치에 착오가 없게 해야 한다는 말씀을 드립니다.

○ 의장, 공작 도쿠가와 이에사토(德川家達)

다음 의사일정으로 넘어가기 전에 방금 전 의장에게 위임하여 구성된 특별위원회의 이름을 서기관이 낭독하겠습니다.

〈히가시쿠제(東久世) 서시관 낭독〉

(중략)

조선은행법안특별위원

백작 데라지마 세이치로(寺島誠一郎)[22], 자작 소가 스케노리(曾我祐準)[23],

---

22) 데라지마 세이치로(1870~1929) : 메이지에서 쇼와전기의 정치가. 데라지마 무네노리(寺島宗則)의 장남이다. 1887년 미국과 프랑스에서 유학하였다. 1905년 외상비서관을 지냈고, 1906년 귀족원 의원이 되었다. 미쯔이(三井)신탁은행 감사역을 지

자작 이나가키 모토요시(稻垣太祥)[24], 자작 이리에 타메모리(入江爲守)
남작 다케이 모리마사(武井守正)[25], 남작 모리 고로(毛利五郞)[26]
후지타 시로(藤田四郞), 다카하시 신키치(高橋新吉), 가마타 가쓰타로(鎌田勝太郞)[27]

냈다.

23) 소가 스케노리(曾我祐準, 1844~1935) : 육군군인, 정치가. 1882년 참모본부차장으로 육군개혁을 실시하였고 1884년 자작이 되었다. 1891년 궁중고문관, 귀족원 의원이 되었고 1898년 일본철도사장을 지냈다.

24) 이나가키 모토요시(稻垣太祥, 1859~1932) : 오우미야마가미(近江山上)번의 번주로, 1886년 자작이 되었고, 1890년 귀족원 의원이 되었다. 6기 연속 선입되었다.

25) 다케이 모리마사(武井守正, 1842~1926) : 일본 히메지(姬路)번의 무사, 정치가, 실업가. 1891년 귀족원칙선의원을 지냈다. 1893년 제국해상보험, 일본상업은행, 명치상업은행을 창립하여 임원을 지냈다. 1909년 남작을 받았다.

26) 모리 고로(毛利五郞, 1871~1925) : 게이오기주쿠(慶應義塾)를 거쳐 영국에 유학하여 캠브리지대학을 졸업했다. 1896년 귀족원 의원이 되었고, 제110은행 임원을 지냈다.

27) 가마타 가쓰타로(鎌田勝太郞, 1864~1942) : 정치가, 실업가, 사회복지사업가, 귀족원 다액납세자 의원. 1기 중의원 의원을 지냈다. 염업의 아버지로 불린다.

6. 1911년 3월 21일 귀족원 의사속기록 조선은행법안 제1독회 속

○**의장, 공작 도쿠가와 이에사토(德川家達)**

소가(曾我) 자작이 출석하였기에 의사일정 다섯 번째는 미루겠습니다. 조선은행법안, 정부제출, 중의원 송부, 제1독회 속을 진행합니다. 위원장의 보고가 있겠습니다. 소가 자작.

조선은행법안

위 가결을 해야 하기에 의결에 따라 보고 드립니다.

1911년 3월 19일

위 특별위원장 자작 소가 스케노리(曾我祐準)

귀족원의장 공작 도쿠가와 이에사토(德川家達)

○**자작 소가 스케노리(曾我祐準)**

본 안은 어제도 의사일정 상에 있었지만, 제가 급한 용무가 있어서 한 시간 퇴장을 신청했습니다. 그 사이에 연기가 되었는데 특별히 이 안에 대한 조사가 누락되어 재조사를 해야 한다는 말이 나왔습니다. 어제 것이 연기된 것이 아니라는 점을 말씀드립니다.

이 위원회는 지난 19일 열렸고, 설명을 듣고 여러 가지 질문이 진행되었습니다. 이것은 말씀드릴 것도 없이, 조선에서 금융의 중추를 담당하는 은행은 처음 제일은행이었다가 작년에 한국은행이 그것을 계승했습니다. 이번 합병의 결과로 조선은행이라 개칭해야 하는 상황이 발생했고, 3천만 원으로 변경해야 하는 것이 가장 크게 수정하는 것입니다. 이유가 무엇인가라는 질문에 다음과 같은 답변이 있었습니다. 한국의 경제상황이 변했기에 현재의 금액은 적당하지 않은데 한국으로 있을 때에는 발달이 늦었지만, 지금은 빠르게 진보하고 있다는 것입니다.

일본과 병합을 한 이상 한국이었을 때의 상황은 상정할 필요는 없지만, 현재 일본은행 지점이 몇 개 설치된다면, 그것으로 충분하다는 질문이 있었습니다. 이 질문은 한국은행 설립 당시에도 제기된 것입니다. 그러나 오늘날 조선의 상황은 분명히 그것으로 되지 않습니다. 첫째, 한국에 적당한 은행이 되게 하려면, 일본은행 정관을 개정해야 합니다. 여러 가지 조건을 첨가할 수도 있습니다. 그러나 조선은 변경의 위치에 있기 때문에 어떤 사태가 발생할지 예측하기 어렵습니다. 또한 이러한 사태가 없더라도 일본은행의 기초를 변동시킬 우려도 있습니다. 이와 같은 이유로 이번에 특별은행을 세울 필요가 있습니다.

이미 알고 계신 대로 중의원의 수정이 있었고, 정부가 이 수정안에 대해 동의했습니다. 중의원의 수정은 주로 「조선총독」이란 문자를 「정부」로 개정한 것입니다. 처음 정부에서 「조선총독」이라고 써놓았더라도, 실제로 일본 정부와 협의하고 실행해야 하는 것으로 결정했기 때문에 이와 같이 변경을 하더라도 전혀 지장이 없기 때문에 찬성한 것입니다. 더욱이 척식은행이나 흥업은행의 경우 대부분 「정부」라고 쓰여 있기 때문에 그것과 일치시키는 것이 적당하다고 생각해서 수정에 동의했습니다. 그래서 제3조 「조선총독」을 「정부」로 수정한 것과 제4조 「조선총독」을 「정부」로 수정한 것에 대해서 앞서 말씀드린 이유로 정부가 동의한 것입니다. 그리고 제9조 「총재는 조선총독의 추천에 따라」라는 원안을 삭제하고 「총재는 정부가 명한다」라고 했는데, 이것에 대해서도 의미는 전혀 변화된 것이 없기 때문에 정부가 찬성을 한 것입니다.

제20조 「조선총독의 명령에 근거한 경우」라는 것이 있는데, 여기에 무

슨 이유가 있는지 라는 질문이 있었습니다. 여기에는 특별한 사정이 있는데 예를 들어 인삼조합이라든지, 사금을 매입해야 하는 것이라든지 하는 것이 발생할 경우를 예상할 필요가 있다는 것이었습니다.

가장 큰 질문은 앞서도 말씀드렸던 22조의 제2항 3천만 엔으로 증액한다는 것입니다. 원래 한국은행과 비교하자면 천만 엔을 증액하는 것입니다. 여기에 대한 설명은 다음과 같습니다. 현재 발행액으로 볼 때, 재작년에는 1,180만 원이었지만, 작년에는 2,000만 원 이상이 되었고, 계속 증가할 것이기 때문에 3,000만 원으로 하는 것이 필요하다는 것입니다. 화폐유통액을 보더라도, 1908년에는 1,900만 원이었던 것이 1909년에는 2,180만 원, 1910년에는 2,750만 원으로 증가했기에 이것이 중요한 이유라고 했습니다. 실제 상황을 말씀드린다면 이것으로는 적다는 생각이 듭니다. 조선은 아직 물물교환의 형태가 있기는 하지만, 점차 화폐가 농촌에서도 사용되고 있으며 교통이 편리해지면 통화는 더욱 필요해집니다. 현재 국내에서는 일인당 인건비가 10원, 대만은 6원 정도입니다. 조선은 점차 2원 정도에 이르고 있습니다. 이 때문에 이것이 필요하다고 했습니다.

22조 3항에도 수정된 것이 있는데, 이것도 정부는 앞서 말씀드린 이유로 동의했습니다. 27조 수정안에 대해서 알고 계신 대로 5개의 문자를 삭제하고 10개의 문자를 넣었습니다. 이 수정도 의미상으로 변화하는 것이 없습니다. 다만 오해를 불러일으키지 않기 위해서 수정한 것이 적당하다고 생각해서 동의했다고 했습니다.

또 27조에 「12%의 비율을 초과」라고 하여 정부에 대한 납부금이 있습니다. 한 위원이 정부에 대한 납부금이 이전에도 있었는지를 질문했고, 여기에 대한 대답이 있었습니다. 상당한 정도의 납부금을 받은 적은 없었고, 아직은 보전을 해야 하는 시대이기 때문에 그것을 생각할 여지는 없다고 설명했습니다. 28조의 수정도 앞서와 같습니다.

그리고 이 안이 통과되면 새로운 은행권을 발행할 경우, 제일은행 시대의 은행권도 통용되고, 한국은행권도 통용되고, 또 조선은행권도 발행되어 3종이 되는 것인지 하는 질문이 있었습니다. 여기에 대해 그대로 3종이 되고, 차차 인환을 할 것인데 언제까지 인환을 할 것인가는 결정되지 않았다고 했습니다. 기타 많은 질문이 있었습니다만, 먼저 중요하다고 생각되는 것만 말씀드렸습니다. 위원회는 전부, 중의원의 수정안을 그대로 가결했습니다. 이에 보고를 드립니다.

○ 니시무라 료키치(西村亮吉)[28)]

질문이 있습니다. 중의원에서 개정한 「조선총독의 인가」라는 것을 「정부의 인가」로 바꾼 것은 재정통일과 관계가 있기 때문에 개정한 것이라고 생각됩니다. 그러나 제22조 제3항에 있는, 「앞서 2항에 규정된 것 이외에 시장 상황에 따라 은행권 발행이 필요할 경우에는 조선총독의 인가를 받아야한다」라는 것이 있는데, 이것은 제2항에 규정되어 있는 3천만 원 이외에 은행권을 발행하는 것으로 보이야 합니까?

○ 자작 소가 스케노리(曾我祐準)

대답을 드리겠습니다. 통일을 위해 「정부」라고 변경했다는 설명은 듣지 못했습니다. 처음에 정부는 「조선총독」이라는 문자를 취했지만, 「정부」라고 하더라도 사실상 다르지 않다고 보아서 동의했다고 설명했습니다. 그래서 두 번째 질문에 대해서도 그렇게 들었습니다만, 그러나 이것은 글쎄…은행에 대해서는 잘 몰라서 분명하지 않게 대답을 하는 것보다는 정부위원에 질문을 하십시오. 짐작하신 대로라고 생각합니다만, 다시 질문을 하십시오.

---

28) 니시무라 료키치(西村亮吉, 1840~1917) : 일본 관료, 정치가. 1892년에 귀족원의원으로 칙선되어 사망 때까지 귀족원 의원을 지냈다.

○ 니시무라 료키치(西村亮吉)

정부위원에게 질문을 드립니다. 제22조 3항에 「앞서 2항에 규정된 것 이외에 시장 상황에 따라 은행권 발행이 필요할 경우에는 조선총독의 인가를 받아야한다」라는 것이 있는데 이것은 제2항에 규정된 3천만 원을 제외하고 은행권을 발행할 수 있다고 하는 것입니까? 듣고 싶습니다.

〈정부위원 아라이 겐타로(荒井賢太郎)가 연단에 올랐다〉

○ 정부위원, 아라이 겐타로(荒井賢太郎)

질문하신 대로입니다. 3천만 원 이외에 총독의 인가를 받아서 제한 외로 은행권을 발행할 수 있다는 규정입니다.

○ 니시무라 료키치(西村亮吉)

그럼 대상대신에게 질문을 드립니다. 출석하여 계신가요?

○ 의장, 공작 도쿠가와 이에사토(德川家達)

대장대신은 지금 중의원에 출석 중이십니다.

○ 니시무라 료키치(西村亮吉)

그렇다면 차관이라도…대장성의 정부위원에게 듣고 싶습니다. 대신이 출석하지 않았다면…

○ 의장, 공작 도쿠가와 이에사토(德川家達)

대장성 정부위원은 지금 예산위원회에 출석하고 있습니다. 니시무라(西村) 의원은 아라이(荒井) 정부위원의 설명으로는 만족하지 못하시겠습니까?

○ 니시무라 료키치(西村亮吉)

가능하다면 대장대신의 의견을 듣고 싶습니다.

○ 의장, 공작 도쿠가와 이에사토(德川家達)

그렇다면 잠시 휴식을 하겠습니다. 여러분에게 말씀드린 대로 오늘은 중의원과 협의회가 있습니다. 가능하면 퇴원하지 말아주시기 바랍니다.… 방금 휴식할 것을 말씀드렸지만, 지금 대장차관이 출석해 있습니다. 의장의 발언을 취소한다는 것이 선례에 있지 않았습니다만, 휴식이 필요하지 않다고 생각하시기 때문에 그대로 진행하겠습니다. 이견이 없으십니까?

("이견 없습니다."라고 외치는 자가 있었다)

○ 니시무라 료키치(西村亮吉)

대장차관이 와 있기 때문에 대장차관에게 듣겠습니다. 조선은행법 제22조 제3항에 「앞서 2항에 규정된 것 이외에 시장 상황에 따라 은행권 발행이 필요할 경우에는 조선총독의 인가를 받아야한다」라고 하는 것이 있습니다. 지금 질문을 드렸습니다만, 앞서 2항에 규정되어 있는 3천만 원 이외의 은행권을 발행한다는 것이라고 들었습니다. 그렇다면 조선총독이 마음대로 3천만 원 이외로 은행권 발행을 허가할 수 있다는 것입니까? 그렇다면 재정통일은 불가능하다고 생각됩니다만, 대장대신은 재정통일이 가능하다고 보십니까? 그것을 듣고 싶습니다.

〈정부위원 와카쓰키 레이지로(若槻禮次郎)가 연단에 올랐다〉

○ 정부위원, 와카쓰키 레이지로(若槻禮次郎)

지금 질문 하신 3항의 경우, 일본은행을 예로 들어 말씀드리면 제한 외 발행에 해당합니다. 제한 외 발행이란 것은 경제시장이 급변해서 돈의 수요가 발생해서, 제1항에 따라 정화준비를 하거나 제2항에 따라 국채증권 기타 유가증권을 담보로 발행하는 3천만 원의 제한된 것으로는 시장의 수요를 충당할 수 없게 되는 경우, 시장의 요구, 수요에 대응할 수 없는 사정이 발생하여 발행할 경우입니다. 그러한 경우가 언제인가 하면, 매년 상시적으로는 월말, 또는 반년 말, 또는 1년 말 등에 돈을 결제해야 하는 경우에 발생합니다. 또는 어떤 사태가 변할 때, 예를 들어 자본이 크게 필요한 경우에 발생합니다. 이러한 사태가 급박하게 발생할 경우, 일일이 중앙의 지도를 받아서, 애초에 인가를 받아야 한다고 했으니까, 시기를 놓칠 수 있는 일이 발생할 수 있습니다. 그래서 조선에서는 조선총독이 지금의 경우에 제한 외 발행을 하지 않을 수 없다고 생각했습니다. 이럴 경우가 발생할 때마다 인가를 받아 행하려면 조선총독에게 직접 인가를 하도록 하는 것이 적당하다고 생각했습니다. 그래서 3항에 있는 바, 「조선총독의 인가」라고 했습니다. 이러한 경우 특별히 재정상의 통일을 해친다고는 할 수 없습니다. 그리고 인가를 요구하는 것은 아무래도 정부 측의 필요에 의한 것이 아닙니다. 경제 시장 상황이 그것을 촉구하는 것이기 때문에 허가 여부는 가능한 적당한 시기에 급속하게 결정될 필요가 있기 때문입니다. 그래서 조선총독이 허가한다는 것이 마땅하다고 생각합니다.

○ 니시무라 료키치(西村亮吉)

질문이 있습니다. 지금 답변하신 것을 보면, 조선총독이 은행권을 얼마를 발행하더라도 지장이 없다고 하시는 말씀으로 들립니다. 결국 이와 같은 경우에 정부의 허가를 받아 발행해야 한다는 생각이 듭니다. 매우 급한 요구가 있는 경우 조선총독의 인가를 거쳐 발행한다고 하는 것이라면, 재정통일을 해치는 것이라고 생각합니다. 얼마를 발행하더라도 재정통일에는 해가 되지 않는다는 입장이십니까? 어떻게 생각하시는지 듣고 싶습니다.

○ 정부위원, 와카쓰키 레이지로(若槻禮次郎)

제한 외 발행의 경우에도 제한이 있습니다. 하나는 여기에 있는 것과 같이 국채증권, 기타 확실한 증권 또는 상업수행 등을 담보로 하지 않을 수 없습니다. 이것이 없으면 제한 외 발행을 할 수 없습니다. 또한 제한 외 발행에 대해 다른 하나의 제한은 이른바 발행세라는 것입니다. 넘치게 발행돼서 그것이 경제상 적당하지 않다고 할 만 한 것이라면, 5% 내지 6% 또는 7%의 발행세에 따라 제한을 받게 됩니다. 이 규정은 그래서 필요도 없습니다. 계산을 넘어 발행한다는 것이 허용되지 않는 장치가 있습니다. 때문에 경제시장이 요구할 때에는 아무리 그것을 막으려고 하더라도 돈을 요구하고 있기 때문에 내놓지 않을 수 없습니다. 이자가 높아지면 돈에 대한 요구가 감소하기 때문에 스스로 제한이 됩니다. 그래서 제한 외 발행액의 제한은 한편으로 보증물이 있고, 다른 한편으로는 발행세가 있어서 양자가 스스로 조절합니다. 때문에 조선총독이 제한 외 발행의 인가를 부여한다고 하더라도 재정통일이 유지되지 않는 것은 아니라고 생각하고 있습니다.

○ 나카지마 나가모토(中島永元)[29]

저도 대장차관에게 질문이 있습니다. 지금 니시무라(西村) 의원이 질문을 했던 제한 외 발행과 관계가 있습니다. 제2항 「3천만 원으로 제한 한다」라고 하는 것이 있는데, 보증준비를 2천만 원에서 3천만 원으로 증가하는 취지가 있을 것입니다. 그러나 본 의원이 예산위원회에 출석했기 때문에 그때 위원장의 설명을 듣지 못했습니다. 아무래도 보증준비액을 증가시킨다고 하는 것은, 금융상 나쁜 것이 아니라고 하는 의견이 있다고 하더라도 원래의 보증준비를 증가한다는 것은 적당하지 않다는 생각입니다.

---

29) 나카지마 나가모토(中島永元, 1844~1922) : 메이지와 다이쇼시기 관료. 이와쿠라(岩倉)사절단으로 미국에 파견되었다. 오사카 양학(洋學)학교 교장을 지냈다.

물론 2천만 원으로는 통화가 부족하다고 할 수 있습니다, 그러나 통화의 부족은 정화로 보충하는 것입니다. 일본은행 태환권이 조선에서는 사실상 내국과 동일한 지폐로 유통돼서 경화(硬貨) 등이 일소되더라도 개의치 않는다는 정책으로 생각합니다. 실로 내국 통화의 상황을 보더라도 심히 우려되는 것이 있습니다. 이러한 상황에서 조선이 신영토가 되고, 재정 등 기타의 일도 여러 가지 계획되고 있습니다. 화폐제도에서도 국내와 같은 화폐로 통화를 한다는 정책인데, 본 의원이 보기에 장래에 매우 우려가 됩니다. 물론 2천만 원, 3천만 원이 필요한 바, 3천만 원이 없이 구제될 수는 없습니다. 그러나 늘리고 줄이는 것은 통화인 일본은행 태환권이 있기 때문에 언제라도 가능합니다. 반드시 지폐로 늘리고 줄이는 것만은 아닙니다. 앞으로 어떤 계획이 있습니까? 현재 이미 일본의 내지라고 하는, 조선…대만도 같습니다. 대만은 멀리 떨어져 있는 것이기 때문에 다르지만, 조선은 반드시 지폐를 많이 발행하지 않더라도 사실상 일본은행 태환권을 유통시키는 것이 적당하다고 생각합니다. 이 점을 대장대신에게 질문을 드리고 싶었지만, 대장대신이 궐석이기 때문에 차관에게 답변을 듣고 싶습니다.

〈정부위원 와카쓰키 레이지로(若槻禮次郎)가 연단에 올랐다〉

○정부위원, 와카쓰키 레이지로(若槻禮次郎)

보증준비 발행액이 지금까지 2천만 원이었던 것을 3천만 원으로 하기 때문에 질문이 제기되었다고 생각합니다. 발행액을 3천만 원으로 법률에 기초한 것은 조선이 병합된 결과, 그 때문에 급속하게 개발이 진행되고 있기 때문입니다. 이 점을 굳이 말씀드릴 필요도 없습니다. 예산과 관련해서도 조선총독이 조선 경영에 대해 설명한 것을 들으셨던 대로, 조선개발이 종전과 달리 이후로 급속하게 진행될 것이라는 점은 예상되는 바라고 생각합니다. 이와 같이 조선의 개발이 급속하게 진행되면 지금부터 통화에 대한 수요가 급속하게 증가될 것이고, 이는 예상된 결과라고 생각합니다. 물론 신용제도가 성행하게 된다면, 반드시 통화를 증가시키지 않더라도 괜찮을지 모르겠습니다. 그러나 조선과 같이 편어음인지, 어음인지 하는 것 등의 유통이 성행하지 않은 곳에서는, 경제상황이 급속하게 진보되면 반드시 이에 수반하여 통화의 수요가 증가합니다. 이 점은 말씀드리지 않더라도 이해할 것이라고 생각합니다. 그래서 이번에 2천만 원의 보증준비액을 3천만 원으로 증액하는 이유입니다. 그 이외에 개인적으로 생각해보면, 조선에서는 이제까지 원래 조선의 보조화였던 엽전이 유통되고 있었습니다. 그런데 경제가 진보하면 진보할수록 편리한 통화의 사용이 증가합니다. 매우 무거운 것을 운반하는데 많은 돈이 들기 때문에 휴대가 간편하고 운반이 편리한 것이 자연스럽게 유통됩니다. 이와 관련해서도 조선은행권에 대한 수요가 증가하지 않을 수 없다고 생각합니다. 따라서 방금 말씀드린 바, 경제상 이후의 급속한 발전과 편리한 화폐의 사용 증가 등으로 인해 조선은행권의 발행고를 2천만 원에서 3천만 원으로 증가시키는 것이 타당하다고 생각합니다.

증가시키지 않고 정화를 준비하는 것이 적당한 것인지? 혹은 일본은행 태환권을 유통시키는 것이 적당하지 않는지? 등의 의견이 있었습니다. 그러나 일본은행 태환권과 조선은행 은행권은 실제로 다르지 않습니다. 여하튼 조선은행 은행권이란 것은 정화를 준비하든지 아니면 일본은행 태환권을 준비로 하여 발행하기 때문에 일본은행 태환권과 조선은행 태환권이 크게 다르다는 것을 찾을 수 없을 것이라고 생각합니다. 그런데 만약 조선은행 은행권의 보증준비액을 증가시키지 않은 상태에서 통화의 수요가 급격하게 많아진다면 일본은행 태환권을 증가시켜야 하는 필요가 제기될지도 모릅니다. 아무래도 통화 수요가 증가되면, 조선은행의 은행권 발행액에 대해 보증준비 2천만 원을 3천만 원으로 증가하는 것이 실질적인 필요에 응하는 것입니다. 이러한 고려가 있었습니다. 어느 관점에서 보더라도 이는 타당하다고 생각합니다.

○ 나카지마 나가모토(中島永元)

일본은행 태환권을 증가시킨다는 것으로 들었다고 생각됩니다만, 본 원은 그것이 아닙니다. 원래 일본은행 태환권의 보증준비액도 많다고 생각합니다. 그러나 지금 여기에서 제한을 감축하자고 하는 것은 아닙니다. 신영토가 생겼다면, 또 그곳에 일본은행 태환권이 유통된다면, 화폐의 감축을 조금은 하자는 의미입니다. 그러나 일본은행 태환권을 증가시키고 조선의 보증준비를 감축할 이유는 없습니다. 그런데 본 원이 방금 전 질문한 것은 일본에서도 조선에서도 제국 내에서 반드시 원래 경화가 유통될 필요가 없다고 하는 것이 정부의 입장이라고 생각했습니다. 이러한 정책이 있습니까? 본 의원은 한편으로 이해가 되지 않기 때문에 이 점을 매우 우려하고 있습니다. 정말 통화는 지폐로 한정한다는 정책이 보이지는 않지만, 한편으로는 이왕에 있는 것이 아닙니까?

〈정부위원 와카쓰키 레이지로(若槻禮次郎)가 연단에 올랐다〉

○ 정부위원, 와카쓰키 레이지로(若槻禮次郎)

정부는 시장에 태환권만을 유통시키고, 경화는 조금도 유통시키지 않겠다는 생각을 갖고 있지 않습니다. 물론 경화가 시장에 유통되고 있고, 태환권과 함께 시장에서 사용되고 있는 상황은 구라파(歐羅巴) 각국에서도 그러한 것으로 바람직한 것입니다. 또 오늘날 일본의 제도에서 경화를 사용하고 싶다고 생각한다면, 자유롭게 태환권을 태환해서 사용하는 것도 가능합니다. 결코 현재 일본은행 태환권을 지폐라고 간단하게 볼 것 까지는 없습니다. 이것은 어느 때라도 경화로 바꿀 수 있는 태환권이기 때문입니다. 경화를 유통하고 싶다고 하는 사람이 있다면 언제라도 가능한 것이지만, 사실 휴대가 편리하기 때문에 사람들이 태환권을 사용하고, 경화로 바꾸지 않는 것입니다. 언제라도 바꾸어 사용하고 싶다면 사용할 수 있습니다. 또 정부는 지폐만을 시중에 유통시키고 경화를 시중에 유통시키지 않는 것이 좋겠다는 생각을 결코 조금도 갖고 있지 않습니다. 필요해서 경화로 바꾸고 싶다고 생각하는 사람이 있다면 물론 그렇게 해도 좋다고 생각합니다. 이 점에 대해서 나카지마(中島) 의원이 갖고 있는 생각과 다른 생각을 갖고 있지 않습니다.

○ 자작 소가 스케노리(曾我祐準)

본 의원은 아무쪼록 독회를 생략하고 가결할 것을 희망합니다.

○ 자작 이나가키 모토요시(稲垣太祥)

찬성합니다.

○ 백작 데라지마 세이치로(寺島誠一郎)

찬성합니다.

○ 자작 이리에 타메모리(入江爲守)

찬성합니다.

○ 자작 아오키 노부미쓰(青木信光)[30]

찬성합니다.

---

30) 아오키 노부미쓰(青木信光, 1869~1949) : 메이지에서 쇼와전기까지의 정치가. 오사카 셋쓰아사다(摂津麻田) 번주의 양자로 1897년 귀족원 의원으로 칙임되었다.

○ 이소베 가네요시(磯邊包義)[31]

찬성합니다.

○ 다나베 데루자네(田邊輝實)[32]

찬성합니다.

○ 자작 혼죠 히사나오(本莊壽巨)[33]

찬성합니다.

○ 자작 신죠 나오노부(新莊直陳)[34]

찬성합니다.

(기타 "찬성"이라고 외치는 자가 있었다)

○ 의장, 공작 도쿠가와 이에사토(德川家達)

소가(曾我) 자작이 독회를 생략하자는 의견에 동의하는 분은 일어서 주십시오.

기립자 다수

---

31) 이소베 가네요시(磯邊包義, 1842~1917) : 메이지에서 다이쇼 시기 군인. 경영자. 일본우선회사 중역을 지냈고, 셋쓰(攝津)항업 사장을 지냈다.

32) 다나베 데루자와(田邊輝實, 1841~1924) : 메이지시대 관료. 효고현 가시하라(丹波柏原)번 번사. 메이지 유신 후 내무성 대서기관을 지냈고, 농상무성 삼리국장. 내무성 토목국장 등을 역임했다.

33) 혼죠 히사나오(本莊壽巨) : 기후현(岐阜県) 미노다카토미(美濃高富)번 출신 번사로 1884년 자작이 되었다.

34) 신죠 나오노부(新莊直陳) : 니하리현 히타치노아소(常陸麻生)번 출신으로 1884년 자작이 되었다.

○ **의장, 공작 도쿠가와 이에사토(德川家達)**
2/3 이상으로 인정됩니다.

○ **의장, 공작 도쿠가와 이에사토(德川家達)**
본 안 전부, 특별위원장이 보고한 바에 이견이 없습니까?

("이견이 없습니다."라고 외치는 자 다수였다)

○ **의장, 공작 도쿠가와 이에사토(德川家達)**
의견이 없다고 인정됩니다.

Ⅱ. 제40회 제국의회

7. 1918년 3월 15일 중의원 대만은행법 중 개정법률안 외 1건 (일본흥행은행법 중 개정법률안 · 조선은행법 중 개정법률안) 위원회의록(속기) 제2회

회의

1918년 3월 15일 오후 1시 29분 개회

출석 위원은 다음과 같다.

나카무라 게이지로(中村啓次郎)

고바야시 겐조(小林源藏)[35]

고다마 료타로(兒玉亮太郎)[36]

요시하라 마사타카(吉原正隆)

다카하시 가타로(高橋嘉太郎)[37]

후지노 마사토시(藤野正年)

마키야마 고조(牧山耕藏)

오자키 다카요시(尾崎敬義)

곤도 게이치(近藤慶一)

니시무라 단지로(西村丹治郎)[38]

---

35) 고바야시 겐조(小林源藏, 1867~1921) : 메이지에서 다이쇼 시대 관료. 정치가. 1902년 구미각국 철도사무를 시찰하였고, 러일전쟁 때 철도대로 참전했다가 포로로 2년간 억류되었다.

36) 고다마 료타로(兒玉亮太郎, 1872~1921) : 메이지에서 다이쇼 시대 정치가. 미국 링컨대 유학 후 동경제대강사, 체신대신, 내무대신 비서관 등을 지냈다. 1912년 중의원 의원에 당선되었고, 이후 4회 당선되었다. 정우회 소속이다.

37) 다카하시 가타로(高橋嘉太郎, 1852~1928) : 메이지에서 다이쇼 시대 정치가. 자유당 소속으로 1908년 중의원에 당선되었다. 정우회 소속으로 이와테마이니치(岩手每日)신문을 창립했다.

사쿠라이 군노스케(柵瀨軍之佐)[39]

가사이 도요타로(河西豊太郎)[40]

고니시 가나우(小西和)[41]

동월 14일 조선은행법 중 개정법률안의 심의를 본 위원에 위탁하게 되었다.

출석국무대신은 다음과 같다.

대장대신 쇼다 가즈에(勝田主計)[42]

출석정부위원은 다음과 같다.

조선총독부탁지부장관 스즈키 아쓰시(鈴木穆)[43]

조선총독부사무관 고우치야마 라쿠산(河內山樂三)[44]

---

38) 니시무라 단지로(西村丹治郎, 1866~1937) : 메이지에서 다이쇼 시기 정치가. 미국 예일대학에 유학하였다. 귀국 후 중국민보(中国民報) 기자를 지냈다. 1902년 중의원에 당선된 후 총 14회 당선되었다. 민정당 소속이다.

39) 사쿠라이 군노스케(柵瀨軍之佐, 1869~1932) : 메이지에서 쇼와 초기 실업가, 정치가. 도쿄마이니치 신문 편집장을 지냈다. 1905년 사쿠라이(柵瀨) 상회를 창설하고, 대만상공은행 창립에 관여했다. 1910년 중의원 의원으로 당선되어 이후 6회 당선되었다.

40) 가사이 도요타로(河西豊太郎, 1874~1959) : 쇼와시기 정치가, 실업가. 헌정본당 야마나시(山梨)지부 중심인물로 활동하였다. 1917년 중의원에 당선되어 총 3회 당선되었다. 민정당 소속이다.

41) 고니시 가나우(小西和, 1873~1947) : 다이쇼에서 쇼와 전기 정치가. 홋카이도 개발을 위해 고니시(小西)농장을 만들었다.

42) 쇼다 가즈에(勝田主計, 1869~1948) : 메이지에서 쇼와 전기까지 관료, 정치가. 대장성 관료로 이재국장을 거쳐 1911년 대장성 차관이 되었다. 1915년 조선은행총재를 거쳐 데라우치 · 기요라 내각에서 대장대신을 지냈다.

43) 스즈키 아쓰시(鈴木穆) : 1910년에서 1915년 조선총독부 탁지부사세국장을 지냈고, 1917년에서 1919년까지 탁지부장관을 지냈다.

44) 고우치야마 라쿠산(河內山樂三) : 1919년에서 1922년 조선총독부 재무국장을 지냈다.

대만총독부재무국장 스에마쓰 가이치로(末松偕一郎)

대장성은행국장 모리 슌로쿠로(森俊六郎)

대장서기관 세키바 데이지(關場偵次)

오늘 회의에 상정된 의안은 다음과 같다.

대만은행법 중 개정법률안

일본흥업은행법 중 개정법률안

조선은행법 중 개정법률안

(중략)

○ **위원장, 나카무라 게이지로(中村啓次郎)**

지금부터 대만은행법 중 개정법률안, 일본흥업은행법 중 개정법률안, 조선은행법 중 개정법률안의 의사를 개최합니다. 먼저 대만은행법 중 개정법률안은 이미 질문을 완료했기 때문에 지금부터 토의를 개최합니다.

○ **사쿠라이 군노스케(柵瀨軍之佐)**

대만은행법 중 개정법률안은 제가 궐석일 때 질문이 완료되었다고 알고 있습니다. 그러나 만약 위원장이 승낙한다면 한두 가지 질문을 하고 싶습니다. 어떻습니까?

○ **위원장, 나카무라 게이지로(中村啓次郎)**

괜찮습니다.

○ **사쿠라이 군노스케(柵瀨軍之佐)**

괜찮겠습니까? 첫째, 대만은행법 제8조에 은행권 발행에 대한 규정이 있습니다. 정부가 발행권한을 확장하여 보조화에 영향을 미친다는 점을 고려하고 있는지의 여부를 알고 싶습니다. 무슨 이유인지 말씀드리자면, 알고 계신 대로 작년 이래로 보조화는 국내는 물론 식민지 등지에서도, 대만과 같이 품절되는 현상이 일어나고 있습니다. 작년 말처럼 어쩔 수 없이 우표대장을 발행해서 상품교환권으로 대용하고 있다는 점은 많은 보고를 통해 알고 계신다고 생각합니다. 그 원인은 물론 모두가 알고 있는 것입니다만, 대만은 중국과 해안을 직접 마주하고 있기 때문에 은화가 폭등하면 은화의 유출이 현저하게 진행되기 때문이라고 생각합니다. 정부가 3만 원의 보조화를 발행했지만, 수요를 충당할 수 없었습니다. 대만은 매우 심하여 불편을 느끼고 있습니다. 만약 가능하다면 대만은행법 제8조를 개정해서 1원 이상 은행권과 보조화를 발행해서 내외 금융시장을 고려하여 임시적 조치를 하는 것이 좋겠다고 생각됩니다. 이 점에 대해서 고려를 하고 계신지 듣고 싶습니다.

○ **국무대신, 쇼다 가즈에(勝田主計)**

지금 사쿠라이(柵瀨) 의원이 질문을 하셨습니다. 보조화의 발행 기능이라고 말씀하신 것은, 이것은 내외에 통용에 필요한 것으로, 중앙정부가 그 권한을 보유하고 있다는 것은 대체로 맞고 또한 관례도 있는 것이지만, 대만은행에서 보조화를 발행하도록 한다는 생각은 정부에서 갖고 있지 않습니다. 단 지금 사쿠라이 의원이 보조화의 품절로 인해 대만이 매우 곤란하다고 말씀하셨지만, 이것은 혹 어떤 시기에 이러한 일이 일어날 것이라고 생각하신 것입니다. 이와 같은 경우가 있다면 정부는 적극적으로 그 부족을 보충할 방법을 가지고 주저하지 않을 것입니다. 앞으로 점차 보조화가 결핍되고 불편을 초래할 수도 있다는 점에 대해서는 한층 주의를 기울이고 있습니다. 그러나 대만은행에서 보조화를 발행하도록 하는 일은 우리나라의 제도상으로 보더라도 또 이론상으로 보더라도 쉽게 실행할 수 없는 일이라고 생각하고 있습니다.

○ 사쿠라이 군노스케(柵瀨軍之佐)

충분히 이해했습니다. 그러나 대만의 사정을 말씀드리면, 작년과 금년 보조화의 품절 정도는 같습니다. 다소의 완급은 있지만, 거의 같습니다. 만약에라도 내지에서 수요의 충당을 위해 보낸다면, 현재 발행된 범위에서 보낼 것입니까? 아니면 다시 발행할 계획입니까?

○ 국무대신, 쇼다 가즈에(勝田主計)

알고 계신 대로 내지에서 보조화는 조폐국에서 새겨서 만들고 있습니다. 또 수요에 부합하지 못하는 경우에는 보조화를 소지폐로 만듭니다. 대만의 사정으로 이러한 보조화의 수요가 필요하다면, 제조량을 늘려 불편하지 않도록 보급할 생각을 갖고 있습니다.

○ 사쿠라이 군노스케(柵瀨軍之佐)

부디 꼭 실행해 주시기를 바랍니다. 한 가지 더 있습니다. 특수은행 중역의 명칭은 대부분 민법총칙에 따라 이사나 감사 등의 명칭을 사용하고 있습니다. 조선은행, 일본은행, 흥업은행 등이 그렇습니다. 그런데 대만은행과 홋카이도척식은행은 그렇지 않다고 생각됩니다. 취체역, 취두 혹은 감사역 등이 있는데 이것을 일정하게 하는 것이 체제상 적당한 것이 아닙니까? 특히 대만과 같이 한문을 좋아하고 한문자로 의미를 이해하는 도민을 상대하기 때문에 두취, 부두취, 취체역, 혹은 감사역이라는 명칭은 이해하기 어렵습니다. 차라리 이사, 감사 등의 명칭이 대만의 새로운 복속민〈新附民〉에게 쉽게 이해될 수 있다고 생각합니다. 조선은행 등과 같이 총재, 부총재, 이사, 감사 등으로 정정할 생각은 없습니까? 다른 특수은행과 같은 명칭을 사용하는 것이 대만에서 운영하는 은행에도 적당하고, 이해도 빠르다고 생각합니다. 이것을 정정할 생각이 있습니까? 중요한 사안은 아니지만, 대답을 듣고 싶습니다.

○ 국무대신, 쇼다 가즈에(勝田主計)

특수은행의 중역 명칭에 대해서는 지금 사쿠라이(柵瀨) 의원께서 말씀하신 대로 다릅니다. 다른 이유는, 특수은행의 성립 당시의 역사적 상황과 관련이 있습니다. 이 또한 어쩔 수 없는 사안이라고 생각합니다. 그러나 대만과 같이 두취, 부두취 등을 총재, 부총재라고 하는 것은 적당하지 않다고 하는 의견도 있습니다. 중요한 것은 이와 같은 느낌을 갖고 있는 쪽이라고 생각합니다. 대만은행이 창립한지 20년이 되었는데 아직 이러한 일에 대해서, 은행에서도 다른 곳에서도 이야기가 나왔다는 말을 듣지 못했습니다. 뿐만 아니라 쇼킨(正金)은행과 같은 것도 알고 계신 대로 두취, 부두취를 사용하고 있습니다. 이곳은 차라리 두취, 부두취라고 하는 것이 역사적으로 그 업무를 수행하는데 편리해서 좋다고 말할 정도입니다. 원래 내지와 대만 사이에는 사쿠라이 의원이 설명하신 것처럼 같지 않습니다. 여러 가지로 구별되는 것이 있지만, 업무를 수행하는데 크게 불리하거나 불편한 일은 아닙니다. 그러나 사쿠라이 의원이 말씀하셨듯이 대만은행을 총재, 부총재, 혹은 감사역을 감사라고 바꾸는 것이 업무상 편리하다고 의견이 제기된 이상 정부는 이것을 개정하는데 대해 고집하지 않습니다. 적당한 고려를 하겠습니다.

○ 사쿠라이 군노스케(柵瀨軍之佐)

이것에 대해서는 그만하겠습니다.

○ 위원장, 나카무라 게이지로(中村啓次郎)

그러면 질문을 마치고 토론을 시작하겠습니다.

(중략)

○ 위원장, 나카무라 게이지로(中村啓次郎)

그러면 의견이 없음을 확인합니다. 원안대로 가결합니다. 이번에는 조선은행에 대해 정부의 설명을 듣고 동시에 질문을 하도록 하겠습니다.

○ 국무대신, 쇼다 가즈에(勝田主計)

대체적인 설명을 본 회의장에서 했기 때문에 중복되는 것이 있을지도 모르겠습니다. 조선은행법을 개정하는 사안은 알고 계신 바입니다. 조선은행은 조선 금융기관으로 설립되었습니다. 그러나 시운이 그러하여 대만은행이 대만의 기관이면서 남중국 또는 남양에서 활약을 하고 있는 것과 같은 이유가 있습니다. 만주 혹은 산동성의 일부 즉 북중국으로 활동의 범위를 확장하고 있는데, 보통은행의 업무에서 쇼킨(正金)은행이 철수를 하고 조선은행이 그것을 대리하고 있는 상황입니다. 따라서 업무의 범위도 매우 크게 확장되고 있습니다. 또한 조선의 사업도 날로 진보하여 금융의 원활함을 도모하지 않으면 안 되는 사정이 있습니다. 뿐만 아니라 단순히 식민지에 있는 것만이 아니라 제국의 중심인 제국의 수도에 상당한 설비를 갖추고, 전체 금융상에서 조금 넓은 의미로 해외의 투자기관에 대해서도, 크게 활동을 하지 않으면 안 되는 상황입니다. 또한 지난 회기에도 말씀드린 것과 같이, 세계의 환거래, 만주의 환거래 관계는 상하이와 뉴욕과 연락을 하고 상당한 업무를 처리하지 않으면 안 되는 상황입니다. 이처럼 발달된 상황에 놓여 있기 때문에 이에 요구되는 사안이 있습니다.

현재 조선은행은 법률에 의해 부여된 권한에 따라 발행해 왔습니다. 그러나 여기에 대한 규정은, 대만은행은 1907년쯤이라고 생각되는데 대략 비슷하게 1911년쯤에 정해진 것입니다. 그런데 지금 상태는 자금수요에서 매우 달라졌습니다. 지금 대만은행도 자금 조달에 매우 곤란을 겪고 있으며,

동시에 조선은행도 자금 조달에 상당한 곤란을 겪고 있습니다. 특히 만주나 북중국에서는 상당히 대담하게 업무를 하지 않으면 안 되는 상황입니다. 이에 보증준비 발행액을 3천만 원에 2천만 원을 증액하여 5천만 원으로 하는 것이 이 법안의 취지입니다. 이 사안은 뒤에 정부위원들이 상세히 설명드릴 것입니다.

조선 자체도 그 인구증가, 산업발달, 무역신장, 금융 등 기타의 발전 정도가 1911년에 비해 2배 내지 3배로 성장했습니다. 뿐만 아니라 지금 말씀드렸던 만주와의 관계에서도 최근 쇼킨은행의 태환권을 인계해서 4백 몇십만 원의 지폐를 발행하지 않으면 안 되는 상황입니다. 나아가 이곳에서 제국 인민의 이익을 날로 증가시키기 위해서 이 금융기관이 활동을 하게 하려면 그 이상 융통할 수 있도록 하지 않으면 안 됩니다. 이에 보증준비 2천만 원을 증가할 필요가 절박합니다. 이 점은 말씀드릴 것 까지도 없지만, 중국 남방 또는 남양의 사안이 지금 상태에서 매우 필요하듯이, 만주 또는 북청, 기타 시베리아 즉 조선은행은 하얼빈에 지점을 갖고 있던지, 블라디보스톡에 상당한 설비를 갖추고 있어야 합니다. 시국을 돌아보더라도 이 금융기관에 상당한 힘을 부여해 놓는 것이 제국의 대외 발전 상 매우 필요한 일이라고 생각합니다.

눈앞에서 이미 이러한 발전이 진행되고 있는 이상 그 중역에 대해서도 얼마간 고려를 하지 않을 수 없습니다. 오늘 알고 계신 대로, 조선은행은 총재 1명, 이사 여러 명이 있습니다. 이사는 봉급에 따라 계급이 있습니다. 1급, 2급 등이 있습니다. 조선은행을 설립할 당시, 우리도 그 설립에 관계하여 알고 있는 것입니다만, 조선은행은 조선이라는 확대된 새로운 복속지이며 다수의 인민이 있는 곳에 세워진 것이기에 특수은행으로 하지 않으면 안 되었습니다. 특수은행에는 정·부총재를 둘 필요가 있다는 의견도 있었지만, 경영 초기에 가급적 경비를 줄이기 위해 앞으로의 발전 여하에 따라 부총재를 두기로 했습니다. 앞서 말씀드린 대로 오늘날 영업 분량과 영업구역의 확대에 대응하여 총재를 보좌할 부총재 1인을 두어 업무를 수행할 수 있도록 해야 합니다.

그리고 이것은 극히 경미한 일입니다만, 특수회사는 어떤 경우라도 신탁 업무를 수행하고 있는데 조선에서는 당초 신탁업무가 없었습니다. 다른 특수은행은 들어가 있었지만, 조선은 사실상 신탁업무라고 할 만한 것이 없었기 때문에 없었습니다. 그러나 근래 조선에서도 또 조선은행이 활동하는 만주 등지에서도 신탁업무를 하지 않으면 안 됩니다. 때문에 이 업무를 은행 영업 항목에 넣어야 할 필요가 있습니다.

이상이 조선은행법 개정의 취지입니다. 남(南)으로는 대만은행의 조례를 개정하여 시국에 대응하는 활동을 하게하고, 북(北)으로는 조선은행법을 개정하여 제국의 이익을 날로 증진시키려는 뜻으로 제안을 하는 것입니다. 상세한 것은 질문에 따라 저와 정부위원이 답변을 드리겠습니다.

○ 마키야마 고조(牧山耕藏)

개정의 취지를 충분히 이해했습니다. 그러나 조선은행의 사명, 활동의 범위에 대한 것을 듣고 보니, 지금 대신이 말씀하신 것과 같이 1909년 조선은행이 설립되었을 당시와는 상황이 변했습니다. 조선에는 현재 13개의 지점이 있지만, 중국 기타 지역에는 18개가 있고, 또 들은 바에 따르면, 상하이, 지난(濟南), 톈진, 기타 남중국 요지에 지점을 설치하고, 앞으로 런던, 뉴욕 쪽으로까지 지점을 설치하겠다는 것이었습니다. 대만은행과의 활동 범위는, 양자강을 경계로 북쪽으로는 대부분 조선은행이 활동하고, 양자강 이남과 남양 방면으로 대만은행이 활동을 한다고 이해하는 것이 맞습니까?

○ 국무대신, 쇼다 가즈에(勝田主計)

대체로 지금 마키야마(牧山) 의원이 말씀하는 것이 맞다 생각합니다. 그러나 이 은행의 활동 범위를 지역으로 한정해서 말씀하시는 것은 사실상 어려운 것입니다. 실제의 경우에는 착종되는 것이 대부분일 것이라고 생각합니다.

○ **마키야마 고조(牧山耕藏)**

자본력이 주로 집중되는 곳은, 조선은행은 만주의 톈진이라고 생각합니다. 현재 조선은행은 중국 정부에 대해 펑톈성(奉天城) 차관 300만 원을 대여하고 있다고 생각합니다. 앞으로도 중국 차관에 응할 방침입니까? 주로 경제차관이지만 기타 정치차관도 때에 따라서는 응할 방침입니까?

○ **국무대신, 쇼다 가즈에(勝田主計)**

중국에 대한 차관 관계는, 대체로 정치차관이란 것은 조선은행 등이 직접 관계하는 것은 아닙니다. 그러나 경제차관은 가능합니다. 만주 기타 토지에 대해 우리가 — 우리라고 하는 것은 옳지 않습니다만, 피차 이익을 위해 차관을 주지 않으면 안 된다고 생각하고 있습니다.

○ **마키야마 고조(牧山耕藏)**

다음 질문을 드립니다. 해외에서 활동하는 특수은행은 현재 대만은행, 조선은행, 가와세(爲替)은행, 흥업은행, 쇼킨(正金)은행입니다. 회사는 중일실업, 기타 한두 개가 있습니다. 정부는 특수은행과 회사를 현재 정도로 그칠 생각입니까? 다시 진출해서 일중(日支)은행이라도 설치할 의사가 있는 것입니까?

러시아와의 관계에 대해서 혁명 전이었다고 생각됩니다만, 시베리아 쪽 민간 유력자가 일본 정부와 교섭해서 일로(日露)은행을 만든다고 교섭을 했었는데, 정부도 찬성을 한 것이라고 생각합니다. 오늘은 이런 상태지만, 앞으로 일본과 러시아의 경제관계를 밀접하게 하기 위해서 주로 은행을 이용할 것입니까? 만약 또 일러은행이라고 할 만한 것이 있다면, 시기에 따라서는 만들 생각이 있습니까? 혹 조선은행으로 하여금 주로 시베리아 방면으로 활동을 시킬 방침입니까?

○국무대신, 쇼다 가즈에(勝田主計)

중국에 대해서는 지금 마키야마(牧山) 의원이 열거하신 종류의 기관이 있습니다. 또 지난 번 회의에 제가 말씀드린 대로 지금 기관이 부족한 것은 아니라는 생각을 갖고 있습니다. 다만 이러한 기관이 있지만, 그 활동 여하에 따라서 상당한 정도까지 정부도 노력을 하지 않으면 안 되고, 민간에서도 주의를 기울이지 않으면 안 되는 일이라고 생각합니다. 그리고 일중은행 문제, 지금은 이것을 곧바로 만들 필요는 없다고 생각합니다. 현재는 일중 간 친선이란 것이 없지만, 일중관계가 날로 좋아지고 경제관계가 점차 깊어지게 되면 일중은행이 새롭게 설립되고, 친선관계가 두터워지고, 피차 이익을 도모하게 될 것이라고 생각합니다. 만약 시기가 온다면 일중은행을 설립하는 것은 고려할만한 가치가 있다고 생각합니다.

그리고 일러관계는, 이것은 마키야마 의원께서 말씀하신 것과 같이, 현재에는 거의 문제가 되지 않습니다. 그러나 국경을 접하고 있는 곳이 러시아이기 때문에 경제상 러시아와는 연락을 하지 않을 수 없습니다. 종래 다양한 연구도 있고, 또 고심도 깊게 하고 있습니다. 이번 러시아의 소요 이전에 러시아 실업가들과 우리 실업가들이 금융기관을 만드는 것에 대해 합의도 했었습니다. 또 비공식적으로 각서를 교환했던 것으로 알고 있습니다. 이러한 사안에 대해서 정부는 적극적으로 도움을 주고 싶다고 생각하고 있습니다. 그러나 가령 이처럼 일러가 합의해서 금융기관을 설립하는 것만을 행할 상황은 아닙니다. 이렇게 된다면 제일 먼저 관계가 있는 것이 조선은행입니다. 또 기타 은행과 결부되어 있기에 일러 금융상 유감이 없도록 하지 않으면 안 된다고 생각합니다. 만약 다행히 앞으로 러시아가 평정을 찾는다면, 이 문제에 대해서는 당초 목적대로 점차 적극적으로 실시하고 싶다는 생각을 갖고 있습니다.

○ 마키야마 고조(牧山耕藏)

중국이 정치차관을 요구할 경우에 주로 어느 은행을 사용할 작정입니까? 쇼킨(正金)은행입니까? 또는 대중국차관단으로 조선은행, 대만은행, 흥업은행 등이 될 수 있을 것입니다. 이 점에 대해서…

○ 국무대신, 쇼다 가즈에(勝田主計)

말씀드릴 것도 없이, 중국의 정치차관이라 말씀하신 것은, 정치차관이 무엇인지는 매우 곤란한 문제입니다. 일반적으로 정치차관이라고 하는 것이 있지만, 즉 정부가 정부의 행정비 등을 빌려주는 돈입니다만, 이것은 종래에도 알고 있는 신디케이트(syndicate)로서, 즉 영국, 프랑스, 독일, 러시아 또는 제국과 같은 풍의 단체가 있는데, 반드시 신디케이트의 손에 의해 공급이 되어 이루어지는 것입니다. 그 중 독일이 현재는 탈퇴했고, 미국도 이전에는 관계했다가 중도에 탈퇴했습니다만 지금 또 복구를 한다고 하는 문제가 있는 상황입니다. 그래서 중국의 정치차관이라고 한다면 이들 신디케이트가 돈을 빌려주는 것이라고 생각합니다. 이 신디케이트에 우리나라도 들고 있는데 쇼킨(正金)은행이 대표로 나가 있습니다. 즉 정치차관에 관계하는 것은 쇼킨은행입니다. 그러나 쇼킨은행이 대표자이긴 하지만, 자금을 조달하기 위해서 다른 특수은행 또는 보통은행에도 의지하고 상담한 결과, 이들의 자금을 공급하는 것이 실제 상황입니다. 그래서 지금 마키야마 의원께서 조선은행, 흥업은행, 대만은행의 은행단을 말씀하셨던 것이 이러한 것입니다.

재작년부터 중국의 정국이 불안전한 상태이기 때문에 중국에 대해 경제차관을 한다고 할 경우에, 민간의 보통은행에 종용해서 무엇에 대해서 얼마의 투자를 하라는 상담을 할 수 없는 상황입니다. 즉 중국의 상황이 아무래도 우려할만한 것이 있기 때문에 중국 차관은 알고 계신 대로 지극히 미묘한 것입니다. 그것은 비밀이 필요하고, 또 신속하게 처리되어야할 필요가 있습니다. 이러한 의미에서 지금 말씀드린 바, 세 은행과 같이, 즉 국가 기관으로서 성립된 은행이기 때문에 때론 희생을 해야 하고, 때론 비밀이 엄격하게 지켜지고, 또 정부의 명령에 따라 한층 기민하게 처리되어야 할 사안입니다.

지금은 우선 경제차관에 관해서는 임시 조치로서 투자를 해야 하는, 외부사람이 섞이지 않는 수단과 방법을 가져야 합니다. 더욱이 이 은행의 배후에는 보통은행과 관계되는 일이 어느 경우라도 있습니다. 그래서 지금까지 그 형세를 길들이고 있습니다. 지금 세 은행은 상당한 연락을 취하고, 가급적 경제차관의 조성에 힘쓰고 있는 상태입니다.

○ 마키야마 고조(牧山耕藏)

이번 조선은행법 개정의 주요점은 신탁업무입니다. 그 범위를 들었습니다. 대만은행은 신탁 예금자에 대해서 대개 6%의 보증을 하고 있습니다. 대만은행의 사례에 따르는 것입니까? 또 회사채를 ― 각 은행회사 등이 회사채를 발행할 경우에도 조선은행이 최후의 보증을 한 일을 신문에서 보았습니다. 이것도 신탁업에 속하는 것입니까? 대만과 조선은 상황이 다릅니다. 이 점을 듣고 싶습니다.

다음으로 현재 만주와 조선에 조선은행권, 쇼킨은행권이 통용되고 있습니다. 이 화폐를 정리하여 통일시킬 필요가 있다고 생각합니다. 일본, 조선 또는 만주 사이에도 통일하는 것이 타당하다고 생각합니다. 여기에 대한 의견을 듣고 싶습니다. 이쪽 통화가 저쪽에서는 원만하게 통용되지 않아서, 우리도 조선에서 가지고 온 것을 교환해야 한다는 것을 잊기도 합니다. 이런 말을 하는 것은 매우 부끄러운 일이지만, 이런 문제가 계속 제기되기 때문에 앞으로 조선은행에 대해서도 편리하도록, 일본의 은행권이 저쪽에도 전혀 지장 없이 사용된다면, 경제관계에 매우 편리할 것입니다. 특히 일본과 조선 사이에 관세가 철폐되고 경제관계가 한층 밀접해지면, 이러한 불편은 더욱 증대될 것입니다. 여기에 대해 정부의 생각을 듣고 싶습니다.

그리고 명칭에 관한 것입니다. 조선은행이라고 하는 것은, 경영상에서 본다면 조선은행보다는 대륙은행 아니면 동아(東亞)은행이라고 하는 것이 적당하지 않겠습니까? 대장대신의 설명을 들어보면, 이미 설립당시와 경영법 등이 달라져있습니다. 만주에서 몽고, 중국 쪽까지 나아가는데 조선은행이란 명칭은 은행의 실제영업상 맞지 않습니다. 평텐에 이 은행의 지점이 있는데, 조선은행 건물 사진이 표면 어딘가에 걸려있습니다. 이런 은행이 있다고 하는 것을 알게 되고, 신용을 증가시킬 방법을 여러 가지고 고심하고 있습니다만, 앞으로 장기적으로는 이러한 불편이 발생해서 조선이란 명칭이 적당하지 않다면, 그때에는 명의를 변경할 의견이 있습니까? 이 점을 듣고 싶습니다. 이전에 일부에서는 조선은행을 일본은행과 병합해야 한다는 의견도 있었습니다. 여기에 대해서 정부의 의견을 듣고 싶습니다.

○ 정부위원, 스즈키 아쓰시(鈴木穆)

조선은행 업무에 신탁을 추가했고, 신탁의 종류는 무엇인지, 또 신탁예금을 한다는 것과 현재 대만은행과 똑같이 최저 보증율을 할 것인지 하는 말씀이 있었습니다. 알고 계신 것과 같이 만주와 몽고 특히 조선에서도 앞으로 사업회사의 발전을 크게 촉진시킬 필요가 있습니다. 근래 이러한 기세가 일어나고 있습니다. 이에 사업이 번성하려면 자본을 충분히 공급하지 않으면 안 됩니다. 다시 구체적으로 말씀드리겠습니다. 이들 회사가 발행하는 회사채에 대해서 합당한 자금을 공급하는 기구를 설립하는 일이 하나의 목적입니다. 여기에 자본력과 신용이 충분한 조선은행이 적당합니다. 즉 한편으로 회사채를 인수하기 위해서도 한편으로는 신탁예금을 통해 상당한 자금의 흡수를 도모하는 것이 필요하다고 생각하고 있습니다. 그러나 신탁예금을 시행할 경우 예금의 조건을 대만은행과 똑같은 조건으로 할지는 아직 확정하지 않았습니다. 이것은 자본을 풀기에 앞서 경제상황, 아울러 예금을 흡수하기 위해서는 일반 이율에 따라 자연히 정해질 것입니다. 아직 여기에 대해서 확정한 것은 없습니다.

○ 사쿠라이 군노스케(柵瀨軍之佐)

지금 설명에 의한 해석이 맞습니까? 담보부 회사채신탁업무[45]를 한다고 해석하는 것이 맞습니까? 이 일도 듣고 싶습니다. 만약 그렇다면 그 업무를 하기 전에, 담보부 회사채신탁법을 제정해야 한다고 생각합니다. 이것을 제정할 생각이 있습니까?

○ 정부위원, 스즈키 아쓰시(鈴木穆)

설명대로입니다. 적당한 방법으로 현재 회사채신탁법이, 혹은 칙령으로 그 사항을 결정하게 됩니다.

○ 사쿠라이 군노스케(柵瀨軍之佐)

그것이 통과될만한 가치가 있습니까?

○ 정부위원, 스즈키 아쓰시(鈴木穆)

그렇다고 생각합니다.

---

45) 원리금의 지불 보증을 위해 물적인 담보가 설정되어 있는 회사채

○ 국무대신, 쇼다 가즈에(勝田主計)

마키야마(牧山) 의원의 질문에 대해 전반적인 것을 답변해 드리겠습니다. 마키야마 의원의 질문은, 요약하자면, 식민지에 있는 은행이 특수한 지폐를 발행하고 있는데 차라리 앞으로 일본은행의 지폐와 통일하자고 하는 사안에 대한 것입니다. 이것은 매우 뛰어난 질문입니다. 마키야마 의원님처럼 잘 알고 계시겠지만, 조선은행을 창립할 당시에도 이러한 의견이 있었습니다. 즉 특별히 조선은행을 설립할 필요는 없지 않겠는가, 일본은행 지점을 조선에 설치하는 것이 좋겠다고 할 정도였습니다. 그러나 여러 가지로 논의할 결과 지금의 모양이 된 것입니다. 어쨌든 일본 정부의 입장에서 보더라도 앞으로 이상적인 것은 가능한 일본은행의 보관금으로 통일을 시키는 것이라는 생각을 갖고 있습니다. 그러나 대만의 경우에도 또 조선의 경우에도 각각 그 지역의 특수한 사정이 있습니다. 특별히 주의를 기울여서 시행하지 않으면 안 되는 사정이 많습니다. 비유하자면, 대만은행 발행권을 정부에서 인수하고, 일본은행이 그것을 대행한다고 하더라도— 지금 대만은행은 대만에 각 지점을 설치하고 영업을 잘하고 있다는 평을 듣고 있습니다. 일본은행이 그것을 하면 반드시 이러한 취지를 달성하는 것이 있을 것이지만, 소홀해지는 일도 발생합니다. 대만, 특히 조선의 경우 내지와 같은 정도로 발달을 할 때까지는 특수 지폐를 통용시키고, 그러한 편의를 도모하는 쪽이 실제 이익이 되지 않겠습니까? 즉 이론상으로 일본은행 태환권으로 통일시키는 것이 맞지만, 당분간 현재 상태를 유지하는 것이 실제로 적당하지 않겠는가라는 생각을 갖고 있습니다.

더욱이 이 문제는 적당한 시기가 오면 제기될 사안이라고 생각합니다. 적당한 시기가 오면, 정부에서는 일본은행 태환권으로 통일시키는 것에 대해 이견을 갖고 있지 않습니다. 그러나 잠시 여유시간을 가져야 한다고 생각합니다.

두 번째 명칭에 대한 것이 있었습니다. 이것은 마키야마 의원이 실제운영상으로 판단을 하신 것일 것입니다. 조선은행이 만주와 몽고 등에서 활동을 하고 있는 이상에 「조선」이란 문자가 중국인에게 꺼려질 수 있다는 말을 종종 듣고 있었습니다. 우리 제국이 조선을 합병한 것이기 때문에 「조선」이란 글자가 나오면 반드시 어떤 지역을 합병하는데도 걸리지 않을까? 이권을 획득하는데도 걸리지 않을까라는 염려로 인해 이 명칭을 싫어하는 경우가 있다는 것을 듣고 있습니다. 그러나 이러한 사안은, 빠르게 시세가 발달하는 것과 동시에 우리가 지금 듣고 있는 것은 물론 매우 희박한 것입니다. 우리는 중국에 대해서 결코 영토 획득을 할 뜻이 없습니다. 중국과 우리의 경제적 친선을 목적으로 저들과 제휴 하려는 것이라는 것을 중국인들도 이해하고 있습니다. 이와 같은 마키야마 의원이 생각하는 것은 정말 희박한 것입니다. 지금까지 수년간 사용해왔던 조선은행이란 명칭을 억지로 지금 개칭할 필요는 없다고 생각합니다. 그러나 앞으로 조선은행이 날로 발전을 해서 어떠한 형식으로 될지는 모르겠지만, 그 경우에는 또 적당한 명칭으로 개정할 수 있는 사안이 발생할 수 있다고 생각합니다. 그러나 지금은 억지로 변경할 필요는 없다고 생각하고 있습니다.

○ **마키야마 고조(牧山耕藏)**

마지막으로 한 가지 질문을 드리고 싶은 것은 감독권 문제입니다. 이것은 대만은행법 개정을 설명할 때 동료인 고다마 료타로(兒玉亮太郎) 의원이 질문을 해서 대장대신이 답변을 했습니다. 저도 부가적으로 질문을 드립니다. 지금 대신의 설명을 들어보니, 우리가 생각하고 있었던 대로 중대한 사명을 갖고 앞으로 조선은행이 대륙으로 나아가 활동을 한다는 것입니다. 예를 들어 중국에 대한 차관 등 외교상으로 중대한 관계를 갖고 있는 현재의 대만은행 감독권은 주무대신이 갖고 있습니다. 대만은행은 조선은행과 함께 남북 중국 또는 남양 방면으로 발전하고 있고, 일본의 대외정책을 실행하는 데에도 중대한 사명을 띠고 있는 보조기구이기에 그 한

쪽의 고삐를 대장대신이 갖고 있습니다. 그러나 이와 동일하게 중대한 사명을 갖고 있는 조선은행의 고삐는 조선총독부의 수뇌부가 갖고 있다고 할 수 있습니다. 저는 이 점을 이해하기가 어렵습니다. 제39회 회의에서 동척 개정 위원회에 출석했을 때 제가 이 질문을 대장대신에게 드렸었습니다. 동척감독권을 대장대신에게 맡기는 것은 당연한 일입니다만, 본점까지 도쿄로 이전해야 하는 것입니까? 동척의 활동범위가 다시 대륙으로 진출하는데 그 본점을 도쿄로 옮긴다는 것은 이해하기 어렵다고 질문을 드렸을 때, 대장대신은 동척에 대한 감독이 종래에도 충분하게 이루어졌고, 국가적 사명을 띤 척식회사이기 때문에 본점과 총재를 도쿄에 상주시켜 중앙정부와 밀접하게 연락을 취할 수 있도록 해야 한다고 말씀하셨습니다. 본 의원은 여기에 대해 온몸으로 사의를 표했습니다.

그런데 동척과 같은 취지의 활동을 한다고 하는 조선은행의 감독권을 조선총독부에 위임하는 것이 사무를 협의하기 때문이라고 말씀하셨습니다. 우리는 입법부 의원으로서 이안의 개정을 심의 중인데 단지 한 곳의 사정만으로 설명한 것이라고 생각합니다. 조선총독부가 엄중히 감독을 한다고 한 것은 무의미합니다. 한 가지 예를 들어보면, 경성에 조선상업은행이 수만 원의 예금을 갖고 있습니다. 이 돈을 저리(低利)로 미쓰이(三井)물산주식회사에 빌려주었습니다. 경성 지점과 교섭해서 싼 이자가 되었다고 합니다. 그러나 조선상업은행에서는 정해진 절차를 밟기 위해 탁지부의 명령으로 신용조사서를 첨부하지 않을 수 없었고, 조선상업은행은 경찰의 소개로 형사, 순사 또는 흥신소를 거쳐 미쓰이물산주식회사의 신용조사를 했습니다. 형사, 순사 혹은 2, 30원의 급료를 받는 흥신소 직원의 신용조사서를 첨부하여 탁지부에 제출하여 수만 원의 돈을 미쓰이물산주식회사에 대출했습니다. 여기에 대해 미쓰이 측에서 말을 했다고 생각합니다만, 이것은 하나의 예의입니다. 이러한 사례가 얼마든지 있지만 여기서 모두 말씀드린다면 은행담당자를 의심한다고 생각되기에 말씀드리지 않겠습니다. 이것은 무의미한 관료정치입니다. 이와 같은 사대사상으로 은행을 감독합니다. 저는 사실 총독 또는 정무총감이 은행을 감독한다는 것은 좋지 않다고 생각합니다.

또한 은행간부로 수년간 실업가였던 사람들이 들어가 있기 때문에 반드시 그것을 원만하게 한다고 하더라도, 다른 동척회사 등에서도 비슷한 상황입니다. 대장대신이 감독을 하는 것이 사실상 타당합니다. 그렇게 하지 않으면 안 된다고 생각합니다. 예를 들어, 은행관계에서 차관문제가 제기되었을 때 이것은 자신의 관할 밖에 있는 것입니다. 만주 또는 상하이 방면의 회사 혹은 북경 정부와 교섭하고 절충하는 임무를 감당할 수 없습니다. 우여곡절이 있어서 대장대신이 상담을 하고 대만은행 혹은 흥업은행이 교섭을 받더라도 이러한 문제는 당연히 발생합니다. 대중국 차관문제에 관민이 합동으로 차관을 제공하게 되는 경우를 보더라도 필요하다고 생각합니다. 일본 농공은행도, 대장대신이 감독하고, 그 감리관은 어떤 사람이 되더라도 괜찮습니다. 현재 지방에서는 내무성이 감리관이 되어 은행을 감리하고 있습니다. 조선에서도 물론 상당한 감독이 필요하기 때문에 조선총독부 탁지부장관이나 이에 상응하는 사람을 감리관으로 임명하는 것은 전혀 지장이 없다고 생각합니다. 그렇지만 찬부를 결정해야 하는 이상 이 문제는 굉장히 중요하다고 봅니다. 만약 제가 다른 사례에 비추어 주무대신의 감독 하에 둘 것을 제한할 경우 정부는 반대할 것입니까? 동의를 할 것입니까? 만약 반대를 한다고 한다면, 현 상태가 아니면 안 된다는 것을 우리가 납득할 수 있도록 대장대신이 설명을 해주십시오. 저는 여기에 대해서 분명한 대답을 듣고 싶습니다. 질문을 마칩니다.

○ **국무대신, 쇼다 가즈에(勝田主計)**

지금 마키야마(牧山) 의원의 질문은 말씀하신 것과 같이 지난번 회의에서 대만은행 관계로 나온 것입니다. 그때 대체적인 것을 말씀드렸습니다.

그러나 지금 질문은 한층 구체적입니다. 동양척식회사 관계, 법문을 수정하는 경우 정부의 의견 여부인데 혹 부분적으로 중복되는 것이 있을지도 모르겠지만, 정부의 대체적인 취지를 말씀드릴 필요가 있다고 생각합니다.

조선은행의 감독에 대해서 대만은행과 비교해서 말씀드리겠습니다. 대만은 정부에서 보기에 폭이 작습니다. 인구도 겨우 300만 내외입니다. 따라서 여기에 있는 기구, 혹 정부기구 등도, 조선 보다 일반적으로 밑에 있다고 말하는 것은 매우 어패가 있기는 하지만, 작은 조직입니다. 때문에 당초 은행업무 같은 것은 일개 지방은행이더라도 금융에 관계된 일이 있다면 전반적으로 간여하지 않으면 안 되는 것이었습니다. 앞으로 진보 발달을 하게 된다면 그와 관련하여 감독의 필요성이 제기될 것이기 때문에 사정에 비추어 대만은행은 정부의 손에 두었던 것입니다. 그런데 조선은 마키야마 의원도 알고 계신 것과 같이 폭이 매우 넓습니다. 또한 인구도 천 4, 5백만입니다. 그곳을 통치하게 된 이상, 즉 새롭게 복속된 인민을 통치해야 하는 것도, 그 감화 조직 등 기타의 것에 대해서도, 매우 중대한 것으로 취급됩니다. 조선총독은 천황의 직속으로 지극히 위엄이 있는 자리입니다. 또한 대만의 민정장관에 해당하는 정무총감을 천황이 직접 임명하는 등 매우 중시되고 있습니다. 따라서 조선의 일은 주로 이들이 스스로 업무를 수행하지 않으면 안 된다는 생각입니다.

조선은행의 감독에 대해서 이들의 감독이 필요하게 되었고 현재 조선은행법이 만들어진 것입니다. 그러나 그렇더라도 총독이 전단을 할 수 있다고 하는 것은 아닙니다. 알고 계신 대로 조선은행법의 법문에 따르면, 존립에 위협되는 것, 증가의 경우, 총재의 임명 등 기타 중대한 사항은 중앙정부와 연락을 하고 협의를 해서 결정을 해야 한다고 되어 있습니다.

전 회의에도 말씀드렸듯이 어쨌든 조선총독과 정부가 서로 결정할 것을 약속했습니다. 조선은행이 조선 이외 지역에서 업무를 집행하는 경우에 업무에 차질이 발생하지 않는다고 생각하고 있습니다.

마키야마 의원의 말씀, 동양척식회사 관계에 대해서 작년에 제가 답변을 드렸던 한 구절을 인용하겠습니다. 조선은행에 대해서 언급을 하신 것은 매우 뛰어난 것이지만, 동양척식회사와 조선은행은 사정이 다릅니다. 즉 동양척식회사에 대해 그 실질, 내용 여하를 제가 분명하게 판단할 권한은 없습니다만, 어쨌든 세간에서는 동양척식회사는 그 설립 당초의 목적에 부합하지 못하고, 매우 부진하다고 합니다. 왠지 모르게 세간의 비난을 받고 있는 회사입니다. 그 회사가 이러한 비난을 받고 있다면 결국 그것을 개정해서 가능한 비난을 면하게 하고 또 내부를 정리함과 동시에 조선 이외의 토지에 대해서 업무를 발전시키도록 하는 수단을 쓸 수 있습니다. 여기에 대한 감독권에 대해서 이와 같이 다소 세간의 비난을 받는 회사가 있기 때문에 중앙정부가 감독을 할 필요가 있어서 감독권을 중앙으로 이전시켜야 한다는 말은 이치에 맞습니다. 그런 점에서 마키야마 의원이 말씀하신 바는 일리가 있는 것으로 조선은행도 이러한 일이 없겠는가라고 말씀하셨던 것입니다. 어쨌든 마키야마 의원도 알고 계신 것과 같이 조선은행은 조선총독부의 감독 하에 지금까지 순조롭게 발달해왔고, 은행업무상, 그 내부의 관계에서 비난을 받을 만한 것은 없었습니다. 지금까지 양호하게 발달하고 있습니다. 이처럼 양호하게 발달하고 있는데 지금 갑자기 총독의 감독 권한을 중앙에서 갖겠다고 할 필요는 없습니다. 조선에서 조선은행의 업무는 대개 총독의 감독으로 위임하고, 조선 이외의 업무에 대해서는 중앙정부가 관계하고 있습니다. 조선총독부와 충분히 협의를 해서 업무를 원만하게 수행할 것으로 기대하고 있습니다. 여기에 대해서는 지난 회의에도 말씀드렸듯이 상응하는 내규와 기타의 수단을 갖고 충분한 협정을 하여 실행에 잘못이 없게 한다는 입장을 갖고 있습니다.

단순한 이론으로, 이상론을 마키야마 의원이 주장한 것이 아니기에 저도 일리가 있는 것이라고 생각하고 있습니다. 그러나 정부 당국은 때에 따라 변하는 이론에 휩쓸려 실행에 방해되는 것이 있어서는 안 됩니다. 실행을 중하게 여기고, 그 명분이 어떠하더라도 실제에 대해서 하는 것이 국가기관의 역할입니다. 우리 국민의 발달에 효과를 얻을 수 있다면, 그것이 결국 목적이기 때문에, 그것을 먼저 실행해야 한다는 생각을 갖고 있습니다. 그러나 이것도 현재에 부합하는 정부의 견해입니다. 앞으로 감독권에 대한 일은 연구가 필요한 문제라고 생각합니다.

마지막 질문인 조선은행법에서 「조선총독」이란 것을 혹 「정부」라고 고칠 가치가 있는가에 대한 정부의 의견은 그렇다는 것입니다. 정부는 오늘이 안을 제출한 이상 원안대로 통과되기를 희망하고 있습니다. 그러나 여러분이 의회의 권능으로 뛰어난 의견을 제출한 것입니다. 정부라고 하는 것을 지금의 원안에 첨가하더라도 실제 활동에는 결코 지장이 없다고 확인하고 있습니다. 나머지 법문의 이치를 따지지 마시고 실제의 문제를 고려해주십시오. 원안이 통과되도록 해주시길 바랍니다.

○ 마키야마 고조(牧山耕藏)

저는 단지 관청과 관청 내부의 사사로운 관계란 말에 불과하다는 생각입니다. 본 원이 질문한 요지에 대한 답변을 이해하기 힘들다는 점을 말씀드립니다.

○ 사쿠라이 군노스케(柵瀨軍之佐)

쇼타 대장대신의 말씀 중에 만주와 몽고 방면의 금융기관은 대개 상공업상 금융기관으로 조선은행을 이용하고, 부동산 대부에 관해서는 척식은행을 이용한다고 하신 것으로 저는 이해하고 있습니다. 그런데 재작년 제출했던 일중(日支)은행은 여기서 말씀하시지 않았지만, 만몽은행을 지금부터 조직할 계획을 갖고 있는지의 여부를 첫 번째로 질문 드립니다.

둘째, 한국병합 이전에 설립했던 부동산 은행 즉 농공은행 등이 현재 조선에 6, 7개 있습니다. 금번 제출한 조선총독부의 예산서에 따르면 그것을 통일시켜 하나의 척식은행을 둔다고 하는 것으로 보입니다. 여기에 따라서 보조금융 4만 원을 요청했습니다. 그런데 한국이었을 때는 알지 못하지만, 조선에 있는 이 농공은행은 일종의 쇄국적인 조직으로, 주주를 보면 모두 조선인입니다. 내지인은 그 안에 들어갈 수 없고, 매매도 금지되어 있는 것으로 보입니다. 이후 설립될 척식은행은 종래 일종의 쇄국적 ― 조선인만의 주식으로 조직하는 것입니까? 아니면 일반인에게 개방해서 내지인도 주주가 될 수 있고, 주식 매매도 보통 매매와 같이 취급할 수 있는 것입니까? 직접적으로 관계가 있어서 질문을 드립니다.

셋째, 조선은행법에 다르면, 제25조 「은행권의 제조발행, 손권인환 및 소각 등의 수속은 조선총독이 정한다」라고 하는 것이 있습니다. 대만은행법 제8조 「대만은행은 권면금액 1원 이상 은행권을 발행할 수 있다.」라는 제한을 두었습니다. 한 쪽은 이 제한을 두지 않았던 결과 조선에서는 소액지폐를 발행하고 그것을 은행권이라고 해석하지 않았습니다. 어쨌든 소액지폐를 발행하고 있습니다. 그렇다면 앞서 대신이 말씀하신 바, 보조화의 통일적 중앙집권화와 상반된다고 보입니다. 이 해석은 어떻게 된 것입니까?

넷째, 알고 계신 대로 신탁법을 제정하려는 것을 머지않아 제출할지도 모른다는 생각을 하고 있습니다. 이 신탁법을 제정하기 전에 소위 신탁업무란 것을 어떻게 준비해서 활동하실 것입니까? 질문 드립니다.

○국무대신, 쇼다 가즈에(勝田主計)

사쿠라이(柵瀨) 의원의 질문 중에는 조선총독부 정부위원으로부터 상세하게 답변을 듣는 것이 좋은 사안이 있기 때문에 전반적으로 관계되는 일에 대해서만 제가 답변을 드리겠습니다. 첫째, 만몽은행이라고 하셨습니다만, 정부에서 하는 것은 지금 사쿠라이 의원이 말씀하셨던 것과 같이 보통 상업에 대한 은행입니다. 조선은행 기타 보통은행이 현재 상당하게 갖추어져 있기 때문에 이것으로 먼저 행하고, 부동산 금융에 대해서는 말씀하신 대로 동양척식회사가 그것을 경영하게 하는 것입니다. 그런데 동양척식회사를 가려내고 만몽은행을 동시에 — 우리의 의견과 맞지 않는 것이 있습니다. 여기서 말씀드리지 못한 것이 있습니다만, 어쨌든 부동산 저당은행이 그 성적을 거두기에는 상당히 곤란합니다. 그러나 다행이 동양척식은행은 한편으로 금융을, 한편으로 부동산 처분을 할 수 있는 기능을 갖고 있습니다. 일거양득이라 할 만한 것이기에 그 임무를 맡기려고 합니다. 그래서 다른 기관을 만들지 않고 현재에 있는 기관으로 하여금 날로 목적에 매진하도록 할 방침을 갖고 있습니다. 다만 실행 상 문제에서 필요가 없는지 하는 정도로 생각하고 있습니다. 앞으로 만주와 몽고의 발전에 따라서 혹 만몽은행이 특별히 필요할지도 모릅니다. 그러나 지금 무리하게 많은 기관을 만드는 것보다는 차라리 현재 기관을 충분히 개량 발달시켜 한발씩이라도 권위를 높이는 것이 이익이 아닌가라고 생각하고 있습니다. 다음으로 조선에 관한 것은 조선의 정부위원이 대답하는 것이 적당하다고 생각하기 때문에 넘어가겠습니다.

소액지폐의 발행에 대한 것입니다. 조선은행이 소액지폐를 발행하고 있습니다. 앞서 대만은행에 대해 사쿠라이 의원의 질문에 대한 저의 답변이 다소 철저하지 못했던 것이 있었습니다. 사쿠라이 의원도 알고 계신 대로, 조선은행에서 발행하는 것은 일종의 일람불어음으로 이것은 조선에서 유통되지 않습니다. 외국에서 그것을 사용하고 있는 상황입니다. 그 해석은 말씀드릴 것도 없습니다. 만주에 — 아니 만주와 몽고라고 말하는 것이 적당할지 모르겠습니다만, 여러 종류의 소지폐가 있어서 그것을 취급하는데 곤란이 발생한다는 우리 상인들이 있기에 이러한 결점을 보완하기 위해 조선은행이 특히 이 지역에 대해서 소액의 지불어음을 발행했습니다. 그렇기에 보조화의 통일 — 제국 내 보조화의 통일이라는 문제와는 전혀 관련이 없습니다.

다음으로 신탁법에 대한 것입니다. 말씀하신 신탁법에 대해서 정부는 일반 신탁법을 제정하려고 이미 수년 전부터 착수해 왔습니다. 실은 이번에도 회의에 제출할 수 있다면 그것을 제출할 생각을 갖고 있습니다. 신탁 내용에 관한 것, 그 조직 등의 연구가 상당히 되어 있습니다. 이것을 위해 특별히 관리를 미국에 파견해서 신탁법 연구를 시켰고, 대강의 골격을 세웠습니다. 이것과 관련해서 민법, 상법 등 여러 가지 법률 종류가 6개로 나누어지는 문제가 있습니다. 이 법률의 난해한 문제를 결정하기 위해 실은 이번 회의에 제출하는 것이 합당하다고 해서 제출하지만, 예상하자면, 오늘 저녁 회의에 이 법률이 제출될 것이라고 생각합니다. 그러나 이 법률이 없었을 때 신탁업무는 어디에 준거해서 했는지를 말씀하셨습니다. 방금 질문하셨다고 생각합니다만, 담보부에 대한 법률이 있기 때문에 그것에 준거하였고, 기타 사안이 발생하면 종래 대만은행, 기타 흥업은행 등에서 관례로 했던 사안이 있었기 때문에 이러한 사안에 따라서 해왔다고 생각합니다. 그러나 법률관계 등에 대해서 저의 설명이 소략할지도 모르겠습니다. 만약 질문이 있다면 정부위원이 상세하게 답변을 드릴 것이라고 생각합니다.

○ **사쿠라이 군노스케(柵瀨軍之佐)**

쇼다(勝田) 대장대신은 소액지폐에 대한 최근 상황을 알지 못한 것 같습니다. 조선은행의 일람불 소액지폐는, 만주 지방에 유통시키기 위해 발행했던 것으로 저도 알고 있습니다. 그런데 사실상 조선에서 횡행하고 있습니다. 이것을 조선에서 인정하지 않는다고 하면 가치가 없는 물건으로 해석되는 것이 마땅합니다. 사실상 조선에서 성행하고 있는데 만약 그것을 소액지폐로 인정하지 않고, 가치가 있는 것으로 인정하지 않는다면, 이 때문에 큰일이 파생됩니다. 그러나 오히려 자연스러운 현상으로 방임해 둔다면 특별한 것입니다. 만약 여기에 대해 엄격히 법률로 막는다면 완전히 무가치한 것이 됩니까? 그 해석은 어떻게 됩니까?

그리고 신탁법에 대해서는 담보부, 한편으로는 법률에 의거해 종래 취급해오던 관행을 따르고 있는데 이러한 해석이 맞는 것입니까?

○ 정부위원, 스즈키 아쓰시(鈴木穆)

사쿠라이(柵瀨) 의원의 질문 중 조선식산은행에 관계된 것부터 먼저 답변을 드리겠습니다. 이것은 질문하셨듯이 한국 정부 시대에 만들어졌습니다. 지극히 미비한 6개의 농공은행이 있었지만, 발달한 산업에 대해 자금을 공급하는 기관으로는 매우 적당하지 않습니다. 또한 분산되어 있어서 그 자체로 매우 부적당합니다. 때문에 자본력을 키우고 그것을 통일할 계획입니다.

그리고 주주에 대한 것입니다. 질문하셨듯이 이것은 내지와 조선인의 구분 없이 두루 주주가 될 수 있도록 할 것입니다. 더욱이 지금의 농공은행도, 처음에는 조선인에 한정되어 있었지만, 1914년 농공은행령을 개정해서 일정한 지역에 상당한 자격을 갖춘 자는 내지인이나 조선인의 구별 없이 주주가 될 수 있습니다. 단, 한 개의 농공은행 영업 구역 내에서 1년 이상 거주한 농업자라는 제한이 있습니다. 이것은 이번에 철폐하여 어떤 제한도 두지 않을 것입니다.

두 번째에 대해서 첨언하면, 조선은행의 소액지불어음에 대해서 조선 내에서 유통된다는 설명을 하셨습니다. 이것은 앞서 대장대신이 설명했던 대로 만주에 대해 발행을 인정한 것이었습니다. 조선 내에서 발행하는 것을 정부는 인정하지 않고 있습니다. 그러나 작년 가을입니다. 일반 경제의 진보에 따라 특히 조선에서는 근래 부업이 성행해서 누에고치의 매출이 현저하게 증가하여 보조화의 필요가 발생했고, 어떤 지방에서는 이 요금 지불에 곤란을 겪고 있습니다. 광산을 경영하는 자도 다수의 노동자를 고용하고 있는데 사업이 진행되더라도 곤란을 겪고 있는 상황이었습니다. 당시 정부에서도 동시에 보조화의 결핍으로 곤란을 겪어서 소액지폐를 발행할 것을 시도했습니다. 이것을 11월부터 발행하려고 했으나 기다릴 겨를이 없었습니다. 그래서 1회에 한해서 어쩔 수 없이 대만 등지에서 하고 있는 것처럼 5전 우표 대지(臺紙)를 발행했습니다. 그리고 10원 이상의 보조화에 대해서 보조할 방법이 없어서 중앙정부와 교섭을 해서 조금이라도 보조화를 보충할 수 있도록 했지만, 내지에서도 매우 결핍되는 상황이었습니다. 어쩔 수 없이 특히 취급자에 대해 조선은행에서 요청을 해서 지불어음을 대출할 수 있다고 한다면, 이것을 묵인하기로 했습니다. 물론 이것은 오랫동안 묵인하려 한 것은 아닙니다. 정부가 소액지폐를 보충해감에 따라 그것을 거둬들인다는 조건을 붙여서, 이러한 사정 하에 묵인을 한 것입니다. 이 점을 분명하게 해두겠습니다.

○ 사쿠라이 군노스케(柵瀨軍之佐)

저는 소액지폐가 유통되는 것이 나쁜 것이라고는 생각하지 않습니다. 크게 편리한 것이라고 확신하고 있습니다. 조선과 같이 대만도 그 이상으로 소액지폐가 보충에 곤란이 있습니다. 만약 보조화를 중앙정부에서 통일한다는 생각이 있다면 어쩔 수 없지만, 조선처럼 일람불어음으로 하지 않아도 신용 있는 대만 농공은행에서 발행할 수 있는 권한을 갖게 한다면, 편리할 것입니다. 명칭 여부는 묻지 않겠습니다. 어떻게라도 간편한 법을 설치할 수 있겠습니까? 대장대신에게 듣고 싶습니다. 조선처럼 할 수 있게 해줄 것을 희망합니다.

○ 위원장, 나카무라 게이지로(中村啓次郎)

지금은 질문입니까?

○ 사쿠라이 군노스케(柵瀨軍之佐)

질문입니다.

○ 국무대신, 쇼다 가즈에(勝田主計)

방금 말씀하신 것과 같이 대개 보조화에 대해서는 이러한 주의를 갖고 있습니다. 그러나 지금 조선에서 통용되고 있는 것은, 제가 잠시 잊고 있었습니다만, 임시조치라고 할 수 있습니다. 정부 지폐가 나온다면 그것과 교환해야 하는 상황입니다. 대만 등에서도 혹 급한 경우에 임시 조치를 하지 않을 수 없는 사정이 발생할 경우는 특별히 논의해야 합니다. 어쨌든 현재 정부가 적극적으로 보조화 또는 보조지폐를 제작해서 대만에 공급하여 유통에 불편함이 없도록 노력할 것입니다.

○ 사쿠라이 군노스케(柵瀨軍之佐)

아 좋습니다.

○ 위원장, 나카무라 게이지로(中村啓次郎)

그럼 조선은행에 대해 이정도로 하고 흥업은행에 대한 질문을 계속하겠습니다.

8. 1918년 3월 19일 중의원 대만은행법 중 개정법률안 외 1건 (일본흥업은행법 중 개정법률안 · 조선은행법 중 개정법률안) 위원회의록(속기) 제4회

회의
1918년 3월 19일 오전 11시 30분 개회

출석 위원은 다음과 같다.
나카무라 게이지로(中村啓次郎)
고바야시 겐조(小林源藏)
고다마 료타로(兒玉亮太郎)
요시하라 마사타카(吉原正隆)
다카하시 가타로(高橋嘉太郎)
후지노 마사토시(藤野正年)
마키야마 고조(牧山耕藏)
오자키 다카요시(尾崎敬義)
곤도 게이치(近藤慶一)
유아사 본헤이(湯淺凡平)
사쿠라이 군노스케(櫻瀨軍之佐)
고니시 가나우(小西和)

출석국무대신은 다음과 같다.
대장대신 쇼다 가즈에(勝田主計)

출석정부위원은 다음과 같다.
조선총독부 정부총감 야마가타 이사부로(山縣伊三郎)
조선총독부 탁지부장관 스즈키 아쓰시(鈴木穆)
장서기관 세키바 데이지(關場偵次)

오늘 회의에 상정된 의안은 다음과 같다.
일본흥업은행법 중 개정법률안
조선은행법 중 개정법률안

○ 위원장, 나카무라 게이지로(中村啓次郎)

그럼 전 회의에 이어서 흥업은행법 중 개정법률안과 조선은행법 중 개정법률안을 속행하겠습니다. 질문은 전회에 대체적으로 다 이루어졌습니다. 간단한 질문이 필요한 경우에만 응하겠습니다.

(중략)

○ 위원장, 나카무라 게이지로(中村啓次郎)

괜찮겠습니까? 잠시 제가 질문을 하겠습니다. 조선 정부총감이 나와 있지 않습니까? 잠시 조선은행에 대해서 질문이 있습니다. 감독권 문제입니다.

이 은행법 제28조를 보면, 「정부는 조선은행의 업무를 감독한다.」라고 되어 있습니다. 여기서 정부라는 것은 중앙정부라고 생각합니다. 곧 주무대신이 조선은행의 업무를 감독한다고 이해하는 것이 당연하다고 생각해도 되는지 정부의 의견을 듣고 싶습니다. 저와 동일하게 이해하고 있는지? 만약 그렇다면 그 의미를 확인해 두고 싶습니다.

○ **국무대신, 쇼다 가즈에(勝田主計)**

조선은행법에 대해서, 즉 제28조에 있는 「정부는 조선은행을 감독한다.」라고 하는 것에서 정부의 의미는 중앙정부와 함께 조선총독부를 의미하는 것입니다. 넓은 의미에서 그 감독 범위가 중앙정부 이외에 조선총독이 감독하는 부분이 있는데, 조선은행법에는 특히 조선총독부의 감독으로 한다는 것이 명문화되지 않았습니다. 그 영토 이외의 것은 즉 조선총독 이외의 것은 지금도 그렇습니다만, 대장대신이 감독하는 경우, 혹은 내각총리대신이 척식국을 통괄하고 있는 관계로 감독을 하는 경우 등이 포함됩니다. 매우 넓은 의미의 규정으로 해석하고 있습니다.

○ **위원장, 나카무라 게이지로(中村啓次郎)**

다시 조선총독부 측의 의견을 듣고 싶습니다. 지난 위원회에서도 대만은행과 조선은행은 모두 총독의 통치하에 있는 은행입니다. 그런데 대만은행은 현재 대만을 중심으로, 남중국과 남양 방면으로 업무를 발전시키고 있다는 점에서 그러한 사명을 갖고 있는 은행이라서 주무대신이 감독을 하도록 규정했습니다. 그런데 조선은행은 조선총독의 관할 밖인 만주와 몽고 혹은 시베리아, 북중국 방면으로 업무를 확장하기 위해 보증준비를 확장할 필요가 있어서 이 법안을 제출한 것입니다. 그렇다면 본 법 개정과 동시에 조선은행의 감독권을 주무대신으로 이양하는 것이 타당하지 않겠습니까? 더욱이 대장대신이 말씀하시길, 조선총독이 감독을 하는 것이 편리한 부분도 있지만, 조선총독의 감독 밖에 있는 즉 외국과 관련한 사안은 외무대신, 대장대신이 절충해야 할 때가 있을 것이니 중앙정부가 그것을 감독하는 것이 편하지 않겠습니까? 이러한 질문을 한 위원도 있었습니다. 지금 조선총독의 감독권을 대장대신의 감독으로 하여 주무대신의 감독으로 하면 곤란한 사정이 있는 것입니까? 이 점을 듣고 싶습니다.

○ **정부위원, 야마가타 이사부로(山縣伊三郎)**

조선은행 연혁에 대해서는 이미 알고 계신 대로 합방 이래 조선은행은 단지 조선 경제상에 기여하고 있었습니다. 총독부에서는 이것을 총독 감독 하에 두어 금융을 지배할 필요가 있었습니다. 조선의 상황을 예로 들면, 지점을 하나 설치하더라도 총독이 그 여부를 결정하는 것이 필요합니다. 또 조선 이외 사정에 대해서 총독이 감독하는 것 이상으로 대장성과 관계되는 것은 없습니다. 말씀하신 감독권이 있습니다. 또 금번 개정에 있는 대로 조선 이외의 지역에서 대해서는 대장대신이 감독하는 것으로 되어 있기 때문에 지금 특별히 이것에 대해 적당하지 않다고 생각하지 않습니다.

중요한 사안에 대해서는 물론 대장대신과 협의를 하는 것이기 때문에 대장성에서, 대장대신의 업무로 되어 있습니다. 실제를 말씀드린다면 이와 같습니다.

○ **유아사 본헤이(湯淺凡平)**

개정안에 따라 신설되는 조선은행 부총재는 어디에서 근무합니까?

○ **정부위원, 야마가타 이사부로(山縣伊三郎)**

조선에서…

○ **유아사 본헤이(湯淺凡平)**

총재와 함께 근무합니까?

○ **정부위원, 야마가타 이사부로(山縣伊三郎)**

두 사람 중 누군가는 도쿄에 주재할 수 있다고 생각합니다.

○ **유아사 본헤이(湯淺凡平)**

그 필요성은 무엇입니까?

○ **국무대신, 쇼다 가즈에(勝田主計)**

방금 조선총독부 정무총감이 답변을 했습니다. 말은 지극히 간단하지만 혹 이해가 쉽지 않은 것도 있다고 생각합니다. 제가 부연해서 말씀을 드리고 싶습니다. 알고 계신 대로 조선은행의 현재, 처음에는 조선을 근거지로 한 지방은행에 불과했지만, 조선을 고수함과 동시에 만주와 몽고, 북청 등으로 크게 발전을 하고 있습니다. 뿐만 아니라 만주와 몽고, 기타 지역에서 발전을 한다고 하더라도 환거래 관계, 대출, 투자 관계 등의 일에서는 중앙과 접촉을 유하지 않으면 안 됩니다. 때문에 그 중역이 한 구석에 칩거하고 있을 수는 없습니다. 지금과 같이 금융이 세계적으로 된 상태에서는 있을 수 없는 일입니다. 이에 그 업무와 동시에 지역이 확대됨에 따라 부총재를 두고, 부총재는 가급적 조선에 상주시키고, 총재는 경우에 따라서 조선, 만주, 혹은 중국에 있을 수도 있습니다. 그러나 금융의 중추인 제국의 수도와 매우 중대한 관계를 갖고 있기 때문에 대부분 도쿄에 머물 수 있다고 생각합니다. 즉 조선은행의 조선과 조선 이외의 각 지역의 금융을 충분히 발전시키기 위해 총재는 동분서주 활동하지 않으면 안 되는 것입니다. 이러한 취지로 부총재를 1명 두어서 그를 경성에 상주시키려는 것입니다.

○ **유아사 본헤이(湯淺凡平)**

만주와 몽고의 금융에 대응하는 것이 이 기관이란 말씀이십니까? 총재는 내지에 있고, 부총재는 조선에 있다면 그 곳에는 누가 수장으로 일을 하는 것입니까?

○ **국무대신, 쇼다 가즈에(勝田主計)**

만주에는 조선은행의 중역 1인으로 그 지방 사정에 능통한 자를 상주시켜 놓으려고 합니다. 그 제도는 앞으로 차차 개선을 해갈 생각입니다.

○ **위원장, 나카무라 게이지로(中村啓次郎)**

특별한 질문이 없기 때문에 질문을 끝내고 토의로 넘어가겠습니다. 먼저 흥업은행부터 토의에 붙이겠습니다.

(중략)

○ **위원장, 나카무라 게이지로(中村啓次郎)**

이의가 없음을 확인합니다. 원안대로 결정합니다. 다음으로 조선은행법의 토의로 넘어갑니다.

○ **마키야마 고조(牧山耕藏)**

저는 조선은행법 개정에 대해 찬성의 의견을 말씀드립니다. 이 법률개정의 요점은 첫째 부총재를 두고, 둘째 보증준비에 따라 은행권 발행고를 3천만 원에서 5천만 원으로 하고, 셋째, 신탁업 개시라는 3가지입니다. 진행된 질문과 응답에 의하면, 1909년 이 은행을 설립할 당시의 취지와는 전혀 달라진 것입니다. 앞으로 중국 차관에도 응해야 하고, 일러 경제관계를 촉진하는 것에 대해서도 큰 사명을 갖고 있습니다. 그 업무 범위가 확대되고, 중요성이 더해진 것입니다. 그 결과 총재 이외 부총재를 두고, 보증준비에 따라 은행권을 발행하는 것에 대해서도, 만주에서 쇼킨은행의 은행권 450만 원을 조선은행이 인수하여 현재에도 조선은행권의 발행액은 6천만 원을 넘었다고 생각되지만, 앞으로 날로 발전 해감에 따라서 그 제한을 넓히는 것은 당연합니다. 또 신탁업무는 이미 대만은행에서 행하고 있습니다만, 조선은행의 업무 확장에 수반해서 이 사무도 당연히 필요하다고 생각합니다. 이러한 점에서 찬성을 표합니다.

단, 한 가지 의문이 있는 점은 조선은행의 감독권 문제입니다. 제국의 대륙 정책에 수반하여 보조기구로서 중대한 사정을 띤 은행, 그 본질에서 조선은행의 성질을 상실하고 동아은행이라고 할 만할 은행의 감독권을 지방정부의 수장에게 위탁한다는 것이 매우 불편합니다. 대만은행 기타 해외 출자은행이 모두 주무대신에 의해 통괄되고 있다는 점을 고려한다면, 이 은행도 대장대신의 감독 하에 두는 것이 마땅하다고 생각합니다. 수정하고 싶은 생각이 있습니다. 그러나 지금 대장대신이 「제28조의 해석, 즉 정부는 조선은행의 업무를 감독한다」고 하는 이 법문의 해석은, 중앙정부의 주무대신과 조선총독을 의미한다고 설명하셨습니다. 또 야마가타(山縣) 정무총감의 설명 중에도 조선지역 내 즉 조선총독의 관할 내의 일은 주로 조선총독부가 관할하고, 기타 다른 지역 특히 외교상 관계와 같은 중요한 문제는 대장대신이 감독을 하여, 양자에 충분히 연락하고 협력을 도모하여 조선은행의 사명을 수행한다고 말씀하셨습니다. 이 말씀을 신뢰하고 있기에 수정을 하지 않고 정부제출 원안 그대로에 대해 찬성을 합니다.

○ 위원장, 나카무라 게이지로(中村啓次郎)

특별히 반대의견이 없다고 생각됩니다. 원안을 가결하는데 이견이 없으십니까?

("이견이 없습니다."라고 외치는 자가 있었다)

○ 위원장, 나카무라 게이지로(中村啓次郎)

이견이 없음을 확인합니다. 원안대로 가결되었습니다.

오후 0시 5분 산회

9. 1918년 3월 20일 40회 귀족원 의사속기록 15호 조선은행법 중 개정법률안(정부제출, 중의원 송부) 제1독회

조선은행법 중 개정법률안

위 정부 제출안을 본 원에서 가결하였기에 의원법 제54조에 의해 송부합니다.

1918년 3월 19일

중의원 의장 오오카 이쿠조(大岡育造)[46]

귀족원 의장 공작 도쿠가와 이에사토(徳川家達)

조선은행법 중 개정법률안

조선은행법 중 다음과 같이 개정한다.

제7조 「총재」를 「총재, 부총재 각」으로 개정한다.

제8조 제3항 중 「이사」를 「부총재 및 이사」로, 동조 제2항을 다음과 같이 개정한다.

부총재는 총재의 사고 시에 그 업무를 대리하고, 총재가 부재할 때 그 사무를 행한다.

제9조 중 「총재」를 「총재 및 부총재」로 개정한다.

46) 오오카 이쿠조(大岡育造, 1856~1928) : 메이지에서 다이쇼 시기 정당정치가. 1880년 정치평론 잡지 『東京輿論新誌』를 창간했다. 1890년 『中央新聞』을 발행, 사쓰마 번계의 기관지 역할을 했다. 1900년 이토 히로부미의 입헌정우회 창립에 참여했다. 1912년 중의원 의장에 선출되었고, 제1차 호헌운동 중 가쓰라 수상의 사임을 결의했다.

제10조 중 「총재 및 이사」를 「총재, 부총재 및 이사」로 개정한다.

제17조 제1항에 다음의 1호를 첨가한다.

제22조 중 「3천만 원」을 「5천만 원」으로 개정한다.

제38조 중 「대리하는 이사」를 「대리하는 부총재」로, 「이사의 분담업무에 관계될 때는 이사」를 「부총재 또는 이사의 분담업무에 관계될 때는 부총재 또는 이사」로 개정한다.

제39조 중 「이사」를 「부총재」로 개정한다.

제40조 중 「총재 또는 이사」를 「총재, 부총재 또는 이사」로 개정한다.

〈국무대신 쇼다 가즈에(勝田主計)가 연단에 올랐다〉

○국무대신, 쇼다 가즈에(勝田主計)

방금 의제에 있었던 일본흥업은행법 중 개정법률안의 취지는, 흥업은행이 선박에 대한 금융지원의 길을 연 것이 하나였습니다. 즉 선박 및 조선 중인 선박에 대해서 연불 대출을 하도록 하고, 선박의 부속품 또는 조선재료에 대한 대출 방법을 여는 것이었습니다. 둘째는 흥업은행이 주무대신의 인가를 얻을 경우에 한해 주식의 인수와 응모가 가능하도록 하는 것이 이 법률안의 목적이었습니다. 기타 세세한 것이 더 있습니다. 즉 정부의 명령에 따라 지점, 출장소 등을 설치하는 일, 혹은 종래 흥업은행이 발행하는 채권에 특별한 이름을 붙일 수 없도록 하고 흥업채권이란 이름을 붙이는 것, 혹은 중역 즉 이사가 각 사무를 분장하도록 하는 것 등 나머지는 구차한 것에 불과한 것이었습니다. 분장하고 또는 참여한다고 하는 사안으로 경미한 사안이 개정으로 올라온 것입니다.

조선은행법 개정 취지는 조선에 대한 보증준비의 확장입니다. 알고 계신 것과 같이 조선은행은 1911년에 보증준비액을 3천만 원으로 정했습니다. 그러나 그 후 상황을 보면, 알고 계신 것과 같이 조선에서 다양한 사업이 발전되었을 뿐만 아니라 이 은행은 북중국, 만주, 몽골 등에 수 십 개의 지점을 갖고 크게 활동을 하고 있습니다. 특히 쇼킨은행을 대신하여 만주와 몽고에서 태환권의 발행을 담당하고 있습니다. 이 일로 450만 원 정도 발행이 증가한 상태입니다. 흡사 앞서 본 원에 제출했던 대만은행과 비슷한 상태입니다.

이로 인해 보증준비 3천만 원에서 2천만 원을 증가시켜 5천만 원으로 하여 이 은행의 활동을 원활하게 하도록 한다는 것이 취지입니다. 이것 이외에 조선은행의 활동 범위가 확장되고 있는 상황으로 인해 다른 특수은행과 비슷하게 부총재 1인을 둔다는 규정을 두었습니다. 기타 특수은행에서는 대개 신탁업무가 가능했습니다. 그러나 조선에서는 신탁업무의 길이 열려져 있기는 했지만 충분한 것은 아니었습니다. 점차 조선에서도 신탁업무를 해야 할 여지가 생겨나고 또 조선 이외 지역에서도 그 여지가 있어야 한다고 봅니다. 이에 이 안에 신탁업무를 포함시키는 것이 개정의 취지였습니다. 아무쪼록 심의하여 협조와 찬성을 해주시길 바랍니다.

○ 위원장, 공작 도쿠가와 이에사토(德川家達)

특별위원의 성명을 서기관이 낭독하겠습니다.

〈오오카(大岡)서기관낭독〉

일본흥업은행법 중 개정법률안 외 1건 특별위원

백작 마쓰라 아쓰시(松浦厚)[47]

---

47) 마쓰라 아쓰시(松浦厚, 1864~1934) : 1884년 히젠히라도(肥前平戶) 번주의 장남이다. 1884년 캠브리지 대학에서 국제법을 전공하였다. 1908년 마쓰라가의 당주가

남작 오자키 사부로(尾崎三郎)[48]

자작 마키노 다다아쓰(牧野忠篤)[49]

아라이 겐타로(荒井賢太郎)

남작 혼다 마사자네(本多政以)[50]

남작 쓰다 마미치(津田弘道. 津田真道의 오기인 듯)

이시이 쇼이치로(石井省一郎)[51]

무로다 요시아야(室田義文)

미마 기이치로(美馬儀一郎)

되었고, 귀족원 의원이 되었다.

48) 오자키 사부로(尾崎三郎, 1842~1918) : 메이지에서 쇼와 초기 관료, 정치가. 1871년 이와쿠라사절단의 미국 도착을 알리기 위해 도미하였다. 1890년 귀족원 의원으로 칙선되었다. 1891년 법제국 장관으로 취임하였고 그 후 제국재정혁신회를 결성하였다. 1896년 남작이 되었다.

49) 마키노 다다아쓰(牧野忠篤, 1870~1935) : 메이지에서 쇼와 초기 귀족원 의원을 지냈다. 니가타현(新潟県) 나가오카시(長岡市) 초대 시장을 지냈으며, 제국농회회장, 일본중앙참사회회장, 동아동문회평의원, 일본석유중역 등을 지냈다.

50) 혼다 마사자네(本多政以, 1864~1921) 가가(加賀)번 출신으로, 1897년 이시가와현(石川県) 농공은행 사장을 지냈다. 1900년 남작을 받았다. 1904년 귀족원 의원으로 선출되었다.

51) 이시이 쇼이치로(石井省一郎, 1842~1930) : 고쿠라(小倉)번사, 메이지 시기 내무관료, 정치가. 1897년 귀족원 칙선의원으로 임명되었다. 동화회 소속이다.

10. 1918년 3월 25일 40회 귀족원 일본흥업은행법 중 개정법률안 외 1건 특별의원회 의사속기록 제1호

위탁의안 조선은행법 중 개정법률안

위원 성명

위원장 백작 마쓰라 아쓰시(松浦厚)

부위원장 이시이 쇼이치로(石井省一郎)

위원

남작 오자키 사부로(尾崎三郎)

자작 마키노 다다아쓰(牧野忠篤)

아라이 겐타로(荒井賢太郎)

남작 혼다 마사자네(本多政以)

남작 쓰다 마미치(津田弘道)[52]

무로다 요시아야(室田義文)

미마 기이치로(美馬儀一郎)

1918년 3월 25일(월요일) 오전 10시 14분 개회

(중략)

○ **위원장, 백작 마쓰라 아쓰시(松浦厚)**

이것은 결정 되었습니다…가결되었습니다. 조선은행 건은 오후에 하겠

52) 津田真道의 오기로 보임.

습니까?

○ 남작 오자키 사부로(尾崎三郎)

그렇다면 조선은행 건에 대한 정부위원의 설명을 요구합니다.

○ 정부위원, 모리 슌로쿠로(森俊六郎)[53]

대체적인 것을 말씀드리겠습니다. 조선은행법 개정의 요점은 앞서 본회의에서 대장대신이 설명하셨던 대로입니다. 보증준비 3천만 원이었던 것을 2천만 원 증액해서 5천만 원으로 하는 것이 주요한 점입니다. 이것은 알고 계신 대로 1910년에는 3천만 원이었습니다. 이후 8년이 경과하였는데 경제상황이 발달하고 있고, 산업 또는 기타 일반의 경제사정이 2배 또는 2.5배 정도의 계수를 나타내고 있습니다. 조선에서도 지폐 발행고가 점차 증가하여 최근에는 60만 원 이상이 됩니다.

알고 계신 대로 작년 12월 이후 쇼킨은행에서 했던 만주의 태환권 발행 사무를 전부 조선은행이 승계했습니다. 이곳의 발행고도 4, 500만 원으로 크게 증가했습니다. 종래 만주 지방에 대해 조선은행 태환권의 발행도 600만 원 이상이 되었고, 현재 천만 원 이상이 유통되고 있습니다. 따라서 이러한 사정을 고려할 때 2천만 원을 증액하여 5천만 원으로 하는 것이 적당하다고 생각하고 있습니다.

그 이외의 요점은 신탁업무를 첨가하는 것입니다. 알고 계신 대로 대만은행, 홋카이도척식은행, 흥업은행 등은 모두 신탁업무를 개시하고 있습니다. 조선에서도 점차 공업이 발달함에 따라서 담보부 회사채 신탁업무 등을 실행해야 할 때가 왔다고 생각합니다. 또한 만주 지역에서 각종 공업회

53) 모리 슌로쿠로(森俊六郎, 1877~1957) : 후쿠시마(福島)출신으로 대장관료이자 은행가였다. 대만은행 부취두, 남만철도이사 등을 역임했다. 1902년 도쿄제국법학과를 졸업하여 문관고등시험에 합격했다. 은행국장, 이재국장 등을 지냈고, 1920년 대만은행 부취두가 되었다.

사 등이 발흥하고 있기 때문에 여기에 대한 담보 방법으로 회사채 신탁이 필요하다고 생각합니다. 조선은행이 소위 신탁예금과 같은 업무를 시행할 필요가 있다고 생각합니다. 현재까지는 신탁업무에 대한 근거 규정이 존재하지 않았습니다. 어떠한 신탁업무인지는 구체적으로 설명 드리기 매우 곤란합니다만, 일반적인 관념에서 이루어지는 극히 협소하고 엄격한 의미의 신탁업무를 조선은행이 해야 한다고 생각하여 그 업무를 첨가했습니다.

이 외에 은행 규모도 커졌기 때문에, 특히 만주에서 만주의 중심기관으로 활동을 하지 않으면 안 되는 상황이고, 또 중국 이외 지역에서 사업자금의 공급과 환거래 업무도 확장되고 있습니다. 다른 특수은행과 비교하여 말씀드리더라도 중역이 만주, 도쿄 등지에 수시로 나와야 할 필요가 있습니다. 총재가 부재 시에 조선에서 본점과 지점을 총괄할 부총재를 둘 필요를 느끼고 있습니다. 부총재를 증원한다는 것이 또 하나의 요점입니다. 이상 말씀드린 3가지가 개정하는 중요한 사안입니다. 질문을 하시면 설명을 드리겠습니다.

○아라이 겐타로(荒井賢太郎)

22조에 보증준비 3천만 원을 5천만 원으로 증액한다는 개정안이 있습니다. 지금 일본은행도 태환권 발행액이 상당히 증가하고 있다고 생각됩니다. 그런데 그 보증준비액은 옛날부터 1억 2천만 원이었는지…라고 되어 있습니다. 대략 7억 원 태환권 발행액에 대한 보증준비가 1억 2천만 원입니다. 그 외에는 모두 정화준비라고 되어 있습니다.

조선은행의 경우도 태환권 발행액에 대해서는 지금까지 내규로써 정화준비를 1/3로 하도록 되어 있습니다. 이러한 경우에 태환권 발행이 증가되면 정화준비를 증가시켜야 합니다. 그렇다면 보증준비를 강제로 증가시키지 않더라도 괜찮다고 생각합니다. 이러한 경우는 어떻습니까?

○ **정부위원, 모리 슌로쿠로(森俊六郎)**

지금 말씀하신 대로 조선은행은 1/3의 정화준비제도가 있습니다. 모든 지폐를 발행할 때 정화준비를 해야 한다는 것은 조선은행의 경제상황으로 볼 때 곤란한 점이 있습니다. 그래서 1/3의 정화준비제도의 규정은 있지만 실제 대부분은 일본은행 태환권으로 하고 있는 상황입니다. 금으로 준비를 하면 너무 비싸서 다액을 발행할 수 없습니다. 이것은 알고 계신 대로 현재 내지와 조선의 환거래 관계에서도 내지에서 지불하는 액수가 매년 얼마 정도 됩니다. 환거래 조절 상으로 보더라도 경화로 준비…그것을 유지할 필요는 없습니다. 즉 내부에서 지불하는 것은 일본은행 태환권으로 하더라도 지장이 없기 때문에 그럴 필요도 없습니다. 준비경화를 가져야 한다는 제도가 시행되는 것은 아닙니다. 현재 실제로 6천만 원으로 지폐 발행고가 상승하고 있습니다. 그런데 지금 허가된 보증준비 범위대로 보증준비를 하고, 후에 전부 경화 또는 정화로 준비를 하지 않으면 안 된다고 하는 것은 실제 경제상으로도 도저히 감당할 수 없다고 생각합니다.

그러나 한편으로 지폐 발행액이 경제발달에 수반해서 증가하고 있기 때문에 정화준비에 상당할 정도로 준비를 해서 안전율을 유지한다면, 전부 경화로 준비하지 않더라도, 지폐 발행고를, 지폐의 실 수요액의 얼마정도를 정화로 하고 그 외에는 지폐로써 하더라도 대체적으로 경제상에는 지장이 없다고 생각합니다.

지폐 발행액의 대세를 보더라도 현재 이미 6천만 원으로 상승하고 있습니다. 대강의 평균율로 말씀드리더라도 매년 증가하는 추세입니다. 만주와 조선을 모두 계산하여 생각한다면 1920년 또는 1921년경에는 발행액이 1억 원 정도…1억 천만 원 정도 올라갈 추세로 보입니다. 3, 4년 사이에 1억 원 이상 될 것이기 때문에 이때 보증준비를 5천만 원으로 확장하면 태환의 기초를 위태롭게 하지 않는 것은 물론, 경제상의 발전에 수반하여 은행의 자본력을 키울 필요가 있다고 생각합니다.

방금 말씀하신 것처럼 모두 경화로 해야 한다는 것은 아무래도 은행의 힘을 증가시키는 것은 아닙니다. 경영을 하는데 있어서 은행의 수단이 매우 위축될 수도 있다고 생각합니다. 즉 은행업체…은행업 전체의 활동이 곤란해 질 수 있다고 생각합니다.

○ 아라이 겐타로(荒井賢太郎)

지금 정부위원의 대답은 본 의원이 질문한 취지를 조금 잘못 이해한 것입니다. 본 의원이 정화준비라고 말한 것은 경화를 의미한 것이 아닙니다. 조선은행의 정화준비 중에 일본은행 태환권을 정화로 간주하고 있다는 설명이 있습니다. 이것은 그렇게 하더라도 타당한 것입니다. 이것에 대해서는 뒤에 질문을 드리겠습니다. 제가 질문한 것은 그 정화준비인 정화가 일본은행 태환권이라면, 단지 경화로 하자는 것은 아니지만, 태환권 발행액의 1/3을 정화준비하고, 그 외의 것을 보증준비로 하여 그 체제를 세워서 유지를 한다면, 태환권이 증가할 경우 보증준비를 증가하는 것이 당연한 결과입니다. 현재 일본은행의 현황을 보더라도 보증준비는 1억 2천만 원인데 발행액은 약 7, 8억으로 상승했습니다. 1억 2천만 원을 제외하고 다른 것은 억지로 정화준비로 되어 있습니다. 정화준비 비례가 전에 일본은행에 대한 비례와 크게 달라져 있습니다. 현재 태환권이 너무 과도하게 증발되고 있지만, 보증준비는 적고, 정화준비는 증가하고 있습니다.

조선은행은 태환권을 증발하고, 태환권 발행액이 많아졌는데 사실상 1/3이라는 방침을 유지하고 있다고 할 수 있습니까? 보증준비가 증가하지 않으면 안 된다고 하지만, 내지의 일본은행에서 하는 경우에는 정화준비 제도로서 준비하여 발행액을 늘립니다. 즉 정화준비액을 1/3의 한도보다 높인다는 것이 가능하다면, 보증준비 총액은, 전례와 다르더라도 이로부터 달라지지 않는다고 할 수 있습니까? 할 수 없습니까? 이 질문을 드립니다.

그리고 방금 조선총독부가 배포한, 최근 조선사정을 보면, 무역액도 최근에는 수출입이 거의 비슷합니다. 다소 수입이 많고 수출이 적습니다. 또는 수출이 많은 년도 있습니다. 그런데 조선은행이 정화준비를, 1/3이라는 것이 정해졌을 당시에는 수출입 무역에는 수입이 3, 4천만 원 초과되어 있었습니다. 정화준비를 1/3 이상으로 올린다는 것이 실제로 곤란했고, 정화를 얻을 방법도 없었기에 할 수 없이 1/3 이하로 할 수 없다는 제한을 둔 것이라고 생각합니다. 지금 상황은 수출입이 거의 평균을 유지하여 지난날과는 달라졌습니다. 때문에 정화준비액을 조금 늘려서 정화준비를 통해 태환권을 증발하는데 보충할 수 있도록 하는 방법이 가능하지 않겠습니까? 여기에 대해 질문을 드립니다.

○ **정부위원, 모리 슌로쿠로(森俊六郎)**

지금 질문은, 정화준비율을 증가시켜 지폐 발행액으로 충당한다는 것으로, 정화준비로 발행하는 것이 가능하지 않겠냐는 것입니다. 여기에 대해 조선은행의 전체 경영 상태로 말씀드리겠습니다. 경화 또는 태환권으로 준비하여 발행한다는 것은 실제 경영상 곤란하다고 생각합니다. 알고 계신 대로 조선은행은 여러 종류의 의무를 부담하고 있습니다. 정부의 대상금도 상당하고, 제일은행이 담당했던 사무를 인계했을 때에 제일은행의 상당한 의무도 부담하고 있습니다. 또 이번에 쇼킨은행의 만주 태환권을 승계한 것에도 사실상 무이자 대출로 이루어졌습니다. 이러한 점에서 보면 여러 가지 많은 의무를 담당하고 있습니다. 그래서 현재 보증준비 발행고의 한도를 높여서 보증준비를 통해 발행을 하는 것이 적당한 것입니다. 전부 태환권 또는 정화로 준비를 하지 않는다면, 모두 정화준비로 지폐를 발행한다면 은행의 이익은 이 때문에 증가하지 않습니다. 정화 대신 지폐를 발행하는 것에 불과합니다. 새롭게 만주 지역에서 활약을 하던지 조선 내부에서 저리로 각종 자금을 융통한다던지 혹은 농공자금의 공급을 담당한다던지 저리로 자금을 공급한다고 하면, 보증된 정화준비로서 태환권만으로 사무를 해서는 도저히 은행의 힘을 증가시킬 수 없다고 할 수 있습니다. 현재 조선의 실제 사정을 보면, 만주 지역으로 새롭게 개척을 하고 있는 사정입니다. 조선은행이 저리 자금을 공급할 힘…능력, 조선은행의 경영상 힘을 증가시킬 필요가 있다고 생각합니다. 그런데 경화 또는 태환권으로 지폐를 발행하는 것이 좋지 않겠냐고 하신다면, 은행에는 어떠한 힘도 되지 않습니다. 이는 지폐 발행고를 증가시키는 것에 지나지 않고 은행의 경영상 능력을 증가시키는 것은 아니라고 생각합니다.

현재 만주와 한국의 실제 경영에 필요한 것은 사업의 장려라고 봅니다. 조선은행의 활동을 위해 효과적으로 자본력을 강하게 한다는 점에서 보면 보증준비를 확장시켜 발행을 증가시킬 필요가 있다고 생각합니다.

○ 아라이 겐타로(荒井賢太郎)

질문을 드렸던 것이 아직 철저히 이해된 것이 아니라고 생각합니다. 설명에 따르면 정화준비는 1/3 이상을 유지하는 것으로 되어 있습니다. 그런데 정화준비를 해서 발행하는 지폐는 은행에 어떠한 이익도 아니므로 은행이 이익을 거두기 위해서 보증준비를 증가한다고 했는데 그렇습니까?

○ 정부위원, 모리 슌로쿠로(森俊六郎)

대체적으로 은행의 이익이라는 점에서 은행의 힘을 증가시키려면 보증준비의 확장이 필요하다고 생각하고 있습니다.

○ 아라이 겐타로(荒井賢太郎)

정화준비는 지금의 비율을 증가시킨 상태입니까?

○ 정부위원, 모리 슌로쿠로(森俊六郎)

정화 흡수에 대해 말씀드리면, 지금 말씀하신 대로 종래 흡수력을 증가시켜야 한다고 생각하고 있습니다. 앞으로 대체적인 방침은, 지금까지는 대부분 일본은행 태환권을 보유하고 있습니다만, 앞으로 정화 즉 경화의 보유 비율을 증가시키려고 합니다. 대체적인 목표는 전체적으로 평균발행액이 1921년에는 7천500만 원 정도가 되게 할 생각입니다. 그 중 정화준비는 종래에도 1/3이었지만, 그 반액 정도를 정화 또는 지금으로 보유하도록 할 생각입니다. 그 외 반액에 대해서는 지금 말씀드리겠습니다. 환거래 조절 관계에서 내지에 둘 필요가 어느 정도 있다고 생각합니다. 이것은 반드시 경화가 아니더라도 일본은행의 태환권으로 해도 지장이 없을 것입니다. 그러면 대개 1천250만 원 정도로 올라갑니다. 이렇게 수년이 지나면 금화를 취급할 수 있는 능력이 조선은행에도 부여될 수 있습니다. 그렇게 되면 금화의 흡수를 통해 정화준비를 할 수 있다고 생각합니다.

○국무대신, 쇼다 가즈에(勝田主計)

아라이(荒井) 의원의 질문은 지난번부터 계속된 것이 아니기 때문에 질문에 대해 분명하게 답변이 되었는지 모르겠습니다. 그러나 지금의 질문에 대해 정부위원이 답변한 것 이외에 보충 설명을 드리고 싶습니다. 아라이 의원의 질문 요점은 다음과 같습니다. 일본은행의 보증준비가 1억 2천만 원을 유지하고 있는데도 그 태환권 발행고는 수억으로 증가한 것은 정화준비가 증가하여 이를 통해 발행한 것이라고 할 수 있는데 그렇다면 조선은행은 어떻게 된 것인가? 즉 지금까지 조선은행의 정화준비는 발행액의 1/3로 하도록 되고 있었지만, 그것이 정도를 넘었으니 1/3 이상으로 한다면 보증준비의 발행을 증가하는 것이 필요하지 않을 지도 모른다는 것입니다. 또 수출입무역 관계에서 보더라도 종래 조선은 이른바 수입초과였지만, 현재에는 대체적인 추세가 멈추었고, 이러한 사정도 있기 때문에 이러한 은행에 힘을 부여할 필요는 없지 않는가? 라는 것이었습니다. 여기에 대해서 대체적인 설명을 드리겠습니다.

아라이 의원이 말씀하신 것은 한편에서 보자면 매우 뛰어난 질문으로 통달한 식견이라고 생각합니다. 일본은행이 전쟁 이전에 어떠했는지를 말씀드리자면, 알고 계신 것과 같이 정화준비는 지극히 적고, 1/3 정도만을 유지하고 있었습니다. 일본은행이 창립된 지 30년이 되었지만, 이처럼 수년이 경과한 일본은행 조차도 그랬습니다. 정화준비만으로 태환권을 발행한다는 것은 좀처럼 할 수 없는 것입니다. 중앙은행이기에 그렇게 해야 한다고 정부도 은행도 희망하고 있었지만, 실제 그렇게 되지 않았습니다. 그러나 이 시국에 우리나라가 양호한 지위에 있기 때문에 정화가 증가하여 현재 일본은행의 상태가 된 것입니다. 그러나 일본은행의 생태도 그렇습니다. 정부에서 또 일본은행에서 가능한 그것을 유지하려는 생각을 갖고 있습니다만, 시국이 지난 후에 현재와 같이 좀처럼 행하지 못하는 것이 아닐까 하는 우려를 갖고 있습니다. 뿐만 아니라 일본은행이 현재 보증준비의 확장도 하는데 다행히 그 배당을 유지하고 있는 이유는 일본은행의 힘에 의해 준비 및 준비 이외의 거액의 정화를 갖고 현재 시국의 추세에 따라 어쩔 수 없이 외국에서 운용하고 있기 때문입니다. 외국에서 운용하고 있는 것이 하나의 좋은 현상을 초래한다고 하는 점은 알고 계신 것과 같습니다. 영국에서 국내 자본보다 외국 자본을 좋아하는 정책을 시행하고 있어서 즉 국내 자본에 대해서는 2%의 금리를 주지만, 외국에 대한 금리는 3% 혹은 그 이상의 금리를 주고 있습니다. 이러한 상황의 변화로 인해 일본은행은 지금 다액의 정화준비를 갖고, 보증준비는 종래 그대로 두고 영업을 계속해도 종래와 같은 배당을 할 수 있는 것입니다. 다시 말씀드리자면 수십 년 전에 설립된 일본은행이 다년간 노력해도 할 수 없었던 것을 현재 시국 때문에 점차 유지를 하게 된 상황입니다.

조선은행은 말할 것도 없습니다. 아직 설립된 지 7, 8년도 채 되지 않아서 정확히 그 은행의 기초가 마련되었다고 말할 수는 없습니다. 그런데 지금 시국의 변화에 따라 가령 정화를 많이 확보하여 정화준비를 많이 할 수 있는 기회가 있다고 하더라도 이 은행에서 1/3 이상 정화준비를 해야 한다는 것은 무리가 아닌가 생각합니다. 뿐만 아니라 아라이 의원이 말씀하신 바, 무역 상황 같은 것도 오늘의 시국과 관계되는 것입니다. 조선의 수입이 평균, 혹은 다소 수출초과를 보이고 있다고 하지만, 조선도 그렇습니다. 앞으로 조선이 크게 개발되지 않고 즉 조선 내지에서는 생산 기타 발전을 도모해야 하는 것이 매우 큰일인데 여기에 대해서도 그렇습니다. 만약 시국이 평정된다면 당연히 종래와 같이 수입초과의 상태가 되지 않겠습니까? 가령 수입초과의 상태가 된다면 가까운 장래에 조선을 더욱 개발시킬 수 있는 일을 해하지 않을까라고 생각하고 있습니다. 그렇기 때문에 현재 조선은행에 대해서 정화준비에 따라서 일본은행과 같은 사례로 보증준비를 확장하지 말아야 한다면, 이것은 은행에 대해 상당히 무리한 일이 됩니다.

먼저 조선은행을 조선과 조선 이외의 지역인 만주, 몽고, 중국 혹은 시베리아 등지에 전력을 다해 활동시키려면, 보증준비를 얼마간 확장하는 것이 적당하지 않겠습니까? 그리고 점차 조선은행도 발전을 해서 그 기초가 확립되면, 시기에 따라 정화준비액을 얼마라도 증가시키든지 또는 정부위원이 답변을 한 것과 같이 일본은행 태환권으로 준비를 할 것입니다. 이 부분을 가능한 정화로 해야 한다는 것을 점차 시행하지 못하더라도 나머지를 정리해야 한다는 의미로 급격하게 해야 한다면, 이것은 뿔을 교정하기 위해 소를 죽이는 것과 같은 것이 아니겠습니까. 대체적으로 이렇게 생각하고 있습니다. 그 취지로서 이번 조선은행의 보증증비 확장을 통해 은행에 더욱 힘을 부여해서 사업의 기초를 확고하게 하는 것이 이상적인 것입니다. 이에 다양한 수단을 행할 것입니다. 이러한 정신을 갖고 있기 때문에 잠시 보충 설명을 드렸습니다.

○ **아라이 겐타로(荒井賢太郎)**

지금 일본은행 태환권으로 정화준비 대부분을 충당하고 있습니다. 그 태환권은 앞으로 가급적 시기가 되면 경화로 바꾸려고 한다고 했습니다. 정부위원이 앞으로 정화준비 중 1/2 정도를 경화로 유지하도록 하겠다는 설명을 했습니다. 이것은 제가 나중에 질문한 것이라고 생각하는데 이 점에 대해서 정부위원의 설명을 충분히 이해했습니다. 이 점은 저도 매우 찬성하고 있습니다. 부디 가능하다면 일본은행 태환권을 정화라고 간주하는 것을 전부는 아니라도 반 정도 경화로 하길 진심으로 바라고 있습니다.

그리고 방금 정화준비와 보증준비 발행액을 증가하는 것에 대해서 대장대신의 설명을 이해했습니다. 본 원도 태환권 발행액을 현재 일본은행에서 하듯이 정화준비로 하고 보증액으로는 하지 말아야 한다고 한 의미는 아닙니다. 앞서 정부위원이 설명하신 대로, 모든 태환권 발행액을 정화준비로 한다면 어떠한 이익도 없고, 오히려 은행권 발행 비용으로 손해를 본다는 것은 당연한 말입니다. 보증준비라는 것이 얼마간 존재한다는 것은 은행을 지키기 위해서도 필요한 것이라고 생각합니다. 그러나 원래 정화준비액을 1/3로 제한한 것은 당시 3, 4천만 원의 수입초과로 아무래도 조선은행이 정화준비를 그 이상으로 하기에 곤란해서, 특히 1/3의 준비조차 곤란해서 혹 정화준비를 위해 외국 은행에서 차입해야 하는 곤란한 사례가 있을지 몰라서 1/3에 멈춘 것입니다. 그런데 아무리 그렇다고 하더라도 태환권을 발행하는 은행이 정화준비를 가지지 않는다는 것은 매우 위험하기 때문에 어쨌든 1/3 이하로 할 수 없다는 정도의 제한을 둔 것입니다. 결코 태환권 발행의 대부분을 정화준비로 해야 한다는 것은 아닙니다. 그러나 지금 상황이 조금 좋아졌다면 정화준비를 진행시킬 수 있다는 생각을 우리는 갖고 있었습니다. 대략 발행액의 1/2 정도 정화준비를 하는 것이 적당하지 않겠는가? 불가능하다면 현재 일본은행의 상태에서 대부분을 정화준비로 해야 한다는 것은 아닙니다. 대개 태환은행권을 발행하는 은행으로써 정화준비는 은행의 이익도 고려해서 상당한 액수까지 두는 것이 좋습니다. 현재 대만은행은 어떠한 상황입니까? 혹 1/2 정도 준비되어 있지 않을까 생각합니다. 때문에 조선은행도 현재 경제 상태에서 정화준비를 곧바로 1/3의 표준으로 증가하는 것이 가능할지도 모릅니다. 정부의 방침은 점차 정화준비를 할 수 있는 상황이 되면 하겠다는 것입니다. 본 의원들도 이것을 희망하고 있습니다. 정부의 의견을 듣고 싶습니다.

○ **국무대신, 쇼다 가즈에(勝田主計)**

정화준비의 비율에 대해서 중앙은행 즉 일본은행 제도로서 역대 정부와 은행당국자가 매우 고심했던 것입니다. 이것은 고려하지 않으면 안 됩니다. 즉 정화준비가 어느 정도 인지를 말씀드린다면, 시기에 따라서 줄기도 하고 늘어나기도 합니다. 이것은 태환권 발행 은행의 신용과 관계되는 것입니다. 대개 적절할 정도는 어느 때라도 유지가 가능할 정도의 정화준비를 마련하는 것입니다. 또 은행의 감독 혹은 은행의 업무 시행에서 늘 주의를 기울이지 않으면 안 됩니다. 일본은행도 다년간 이 점에 대해서 주의를 해왔습니다. 그래서 조선은행도 앞으로 가능하다면, 준비를 1/3 이상 하려고 합니다. 이 점은 아라이(荒井) 의원의 의견과 다르지 않습니다. 그러나 1년 또는 2년 사이는 아닙니다. 수년 동안 그 준비를 유지할 수 있다고 예상할 수 있어야 합니다. 현재 조선은행의 사정에서 실제 1/3 정도를 행하려면 경제상 상당한 변동을 감수해야 합니다. 지금 곧바로 그 이상으로 해야 한다고 한다면 보존이 불가능하며, 정화준비를 결정해서 늘리고 줄인다고 하더라도 결국 은행이 태환권을 발행해서 그 신용에 영향을 주는 일이 발생합니다. 그래서 이것은 많은 고려를 하지 않으면 안 됩니다. 앞으로 조치를 취한다면 은행의 기초가 견고해지고, 준비를 충분히 해야 한다는 것은 훌륭한 말이기 때문에, 이와 같이 되지 않으면 안 된다는 생각을 갖고 있습니다.

또한 아라이 의원님이 말씀하셨던 대만은행과 조선은행의 관계에 대해서 말씀드리겠습니다. 대만은행은 설명한 것과 같이 정화준비가 1/2까지로 되어 있고, 조선은행은 1/3로 되어 있습니다. 이것은 처음부터 다양한 연혁이 있었습니다. 대만은행은 당초 대만을 중심으로 한 금융기관으로 만들어졌고, 현재와 같은 현찰을 발행할 필요도 없었습니다. 현재 전쟁 전까지 1천500만 원 내외 정도가 발행되었고, 여기에 대한 정화준비로 1/2을 두었습니다. 한편으로 이 곳은 알고 계신 대로 중국인과 거래가 있고, 중국인들은 화폐의 시세 기타 다양한 것으로 기민하게 거래를 하고 있습니다. 나쁜 의미로 말씀드린다면 난잡한 행위도 하고 있습니다. 그래서 여기서는 준비를 상당히 윤택하게 하지 않으면 돌연 은행의 신용에 영향을 미치기 때문에 1/2이라는 규정을 둔 것입니다. 그러나 조선은행은 대만과 다르게, 조선인은 지극히 소박하고 과묵하기 때문에, 은행이 설치되었는지 어떠한 지…지금도 얼마나 알고 있는지 모릅니다. 뿐만 아니라 인구도 많고, 영토도 넓어서 중앙은행 즉 일본은행의 1/3의 준비의 사례에 따르는 것이 적당하다고 보고 현재 그렇게 규정한 것입니다. 그러나 다소 은행의 기초가 확고해지고 그 영업 범위도 점차 확대되고 있는 이상, 가능한 기회에는 이것을 증가시키는 것이 적당하다고 생각합니다. 정부는 현재 1/3 정도로 하는 것이 은행에 무리가 없다고 생각하고 있습니다.

○ **아라이 겐타로(荒井賢太郎)**

그렇다면 정부도 1/3로는 만족하고 있는 상황은 아닙니다. 그러나 현재로서는 1/3이 어쩔 수 없고, 장래 조선은행의 기초가 확고해지면 그때 진행하겠다고 생각하시는 것입니까?

○ **국무대신, 쇼다 가즈에(勝田主計)**

대체적으로 그렇습니다.

○ **아라이 겐타로(荒井賢太郎)**

방금 일본은행 태환권 대신 경화로서 하고, 경화 즉 정화준비를 1/2 정도 하겠다는 설명을 들었습니다. 그렇게 하실 작정이십니까?

○ **국무대신, 쇼다 가즈에(勝田主計)**

가능하면 그 방침을 채택하고 싶다는 생각을 갖고 있습니다. 현재 알고 계신 것과 같이 일본은행 태환권이 다수를 점하고 있고, 경화는 사실상 적습니다. 엄격하게 연구를 한다면 태환은행으로서는 좋지 않다는 생각을 갖고 있습니다. 점차 그렇게 행하고 싶다는 생각을 갖고 있습니다. 결국 정도에 대한 논의가 되겠지만, 조선은행의 기초 확립과 업무발달에 따라서 상당한 정도로 경화를 증가시킬 필요가 있다고 생각합니다. 때문에 이러한 방침으로 진행시키고 싶다고 생각하고 있습니다.

○ **아라이 겐타로(荒井賢太郎)**

다른 점에 대해서도 듣고 싶습니다. 지금 조선은행에 부총재를 둔다는 것이 있습니다. 조선은행을 창립할 때 부총재를 둬야 한다는 의견이 있었습니다만, 조선은행에는 특별히 이사를 두고, 그중 1명을 고급이사로 하여 부총재의 업무를 담당시킬 것이기에 부총재는 두지 않겠다고 했습니다. 현재 그 제도에 의해 이사 중에서 부총재의 자격에 상응하는 한명을 선출했다고 생각합니다. 그런데 이번에 부총재를 둔다고 하는 것은 이외에 어떠한 필요가 발생했기 때문입니까? 이 점에 대해서 듣고 싶습니다.

○ **국무대신, 쇼다 가즈에(勝田主計)**

조선은행이 설립할 당시의 사정은 아라이(荒井) 의원님이 말씀하신 대로입니다. 그리고 그 당시에도 이러한 의미가 포함되어 있었습니다. 사실상 특수은행 그것도 발권은행과 같은 것은 총재와 부총재를 두는 것이 당연하다고 생각합니다. 그러나 조선은행은 제일은행을 계승한 것으로 자못 곤란한 영업을 하고 있기에 따라서 그 이익도 적을 것이라고 보았고, 그래서 부총재라는 큰 간판을 두지 않고 이사에 계급을 두어 고급이사로 업무를 하도록 하자는 의미도 포함되어 있었던 것으로 기억하고 있습니다. 그러나 이것은 설립 초기의 말입니다. 현재 조선은행은 조선에서 더욱 업무를 발달시키고 있을 뿐만 아니라 만주와 몽고는 물론, 현재에 이미 산동성에도 지점을 설치했습니다. 또 하얼빈, 블라디보스톡에도 지점을 설치하려고 하고 있습니다. 이러한 것이 진행되어 간다면 상하이에도 지점을 설치하지 않으면 안 됩니다. 또 만주와 몽고, 중국 기타 지역과 환거래를 해야 도리 상황이 발생하면, 환거래의 중심이 어느 곳이 될지는 알 수 없습니다만, 혹은 뉴욕, 그 외에까지 지점을 설치하거나 또는 대리점을 설치해야 할 상황이 될 수도 있습니다. 뿐만 아니라 이러한 업무가 발달하게 되면, 금융 관계는 아무래도 지방에서는 어렵기 때문에 즉 모든 금융이 미국에서는 뉴욕에 집중되어 있는 것과 같이, 사실상 제국에서는 도쿄입니다. 도쿄를 제외하고 거대 금융이라는 것이 성립될 수 없습니다. 그래서 점차 도쿄와도 매우 밀접한 관계를 갖게 되고 또한 오사카와도 밀접한 관계를 갖게 됩니다. 이러한 상황이 발생하고 있기에 중의원에서도 물론 이야기가 나왔습니다만, 감독권 문제가 발생할 정도입니다. 지금과 같은 상황에서 업무가 커지고 있기 때문에 총재 한사람이 그것을 처리하는 것이 곤란합니다. 즉 부총재를 두고, 총재를 대리해서 조선이나 만주의 일을 전적으로 행하던지, 어떠한 적당한 방법을 취하지 않으면 안 됩니다. 뿐만 아니라 지금 특수은행인 권업은행, 흥업은행, 대만은행도 모두 그러한 명칭, 총재 또는 두취, 부총재 또는 부두취 등이 모두 있습니다. 지금 조선은행이 이렇게 업무가 확장되고, 영업구역이 확장되고 있으며 동시에 자본금도 증가하여 유력한 은행이 되고 있는 상황이기 때문에 다른 것과 균형을 맞출 필요도 있습니다. 이러한 이유로 이번에 부총재 1명을 두려고 하는 것입니다.

○ 아라이 겐타로(荒井賢太郎)

부총재를 두려는 취지는 이해했습니다. 조선은행의 설립 시기 이사에 계급을 두어 1명을 고급이사로 하는 규정을 설립위원회에서 제출했을 때에 설립위원 쪽에서도 질문이 제기되었었습니다. 우리 주주가 선거로 뽑은 이사에 대해 정부가 차등을 둔다고 하는 것이 무엇 때문인지? 주주 중에서 선출된 자로써 이사는 동등한 것인데 여기에 차등을 두는 것은 의미가 없다고 생각한다는 질문이 있었다고 들었습니다.

그 당시 실제 각종 특수은행에는 부총재를 두고 있었습니다. 그런데도 조선은행에 부총재를 두지 않고, 이사 중에 한사람을 부총재 자격으로 하여 부총재의 업무를 시킬 작정이었기 때문에, 특히 고급이사라고 하는 자를 두었던 것입니다. 이러한 설명을 정부 쪽에서 했고, 창립위원회가 그것을 받아들여 정관을 정했다고 기억하고 있습니다.

지금 시국이 진보하여 명실상부하게 부총재로 개정하는 것은 적당하다고 생각합니다. 그렇더라도 이사 중에 당시 고급이사를 두어 부총재와 거의 흡사한 업무를 시킨 것은 개정하지 않으면 안 된다고 생각합니다. 이점을 어떻게 하실 것입니까?

○ 국무대신, 쇼다 가즈에(勝田主計)

설립 당시에 지금과 같은 것이 사실입니다. 지금 부총재를 특별히 설치하고 이사에 대해서 새롭게 시행한다면, 아라이(荒井) 의원이 말씀하신 것과 같이, 이사의 봉급을 일정하게 해야 하는 것이 적당하다고 생각합니다. 이미 조선은행이 이와 같은 취지에 따라서 조치를 취해서, 현재 정관상에 있는 1급 이사, 2급 이사가 존재하는 것이 특별히 어떤 폐단이 있는 것인지? 또 은행의 중역은 그 봉급에 의한 것이 아니라 명망에 따라 차등을 부여해왔던 것이 있었는데 한편으로 이러한 계급 때문에 심리적으로 이사의 업무를 장려하는데 이익이 되지 않았는지? 하는 것 등을 현재의 상황이 있는 이상 특별히 개정해서 균일하게 하는 것도 필요하다는 생각을 갖고 있습니다.

○ 남작 오자키 사부로(尾崎三郎)

잠시 위원장에게 말씀드립니다. 아직 질문이 있지만, 시간이 초과되었습니다. 오후에 하는 것이 어떻겠습니까?

○ 위원장, 백작 마쓰라 아쓰시(松浦厚)

어떻습니까? 질문이 있다면 오후에 하는 것이…

○ 아라이 겐타로(荒井賢太郎)

저는 질문이 없습니다.

○ 위원장, 백작 마쓰라 아쓰시(松浦厚)

여러분은 어떻습니까? … 여기서 표결을 하겠습니다. 원안대로 통과하는 것이 어떻겠습니까?

("의견 없습니다."라고 외치는 자가 있었다.)

○ 위원장, 백작 마쓰라 아쓰시(松浦厚)

가결되었습니다.

오후 0시 19분 산회.

출석자는 다음과 같다.

위원장 백작 마쓰라 아쓰시(松浦厚)

부위원장 이시이 쇼이치로(石井省一郎)

위원
남작 오자키 사부로(尾崎三郎)
자작 마키노 다다아쓰(牧野忠篤)
아라이 겐타로(荒井賢太郎)
남작 혼다 마사자네(本多政以)
남작 쓰다 마미치(津田弘道)
무로다 요시아야(室田義文)
미마 기이치로(美馬儀一郎)

국무대신
대장대신 쇼다 가즈에(勝田主計)
정부위원
조선총독부탁지부장관 스즈키 아쓰시(鈴木穆)
조선총독부사무관 고우치야마 라쿠산(河內山樂三)
대장성은행국장 모리 슌로쿠로(森俊六郎)
대장서기관 세키바 데이지(關場偵次)

11. 1918년 3월 26일 귀족원 의사속기록 제18호 일본흥업은행법 개정법률안 외 1건 제1독회

조선은행법 중 개정법률안

위에 대해 가결을 결의하였음에 따라 보고를 드립니다.

1918년 3월 25일

위 특별위원장 백작 마쓰라 아쓰시(松浦厚)
귀족원의장 공작 도쿠가와 이에사토(德川家達)

〈백작 마쓰라 아쓰시(松浦厚)가 연단에 올랐다〉

○ **백작 마쓰라 아쓰시(松浦厚)**
지금부터 일본흥업은행법 중 개정안과 조선은행법 중 개정안 특별위원회 결과에 대해서 매우 간단하게 보고를 드리겠습니다. 먼저 일본흥업은행법 중 개정법률안에 대해 말씀드리겠습니다.

(중략)

다음으로 조선은행법 중 개정법률안의 요점을 말씀드리겠습니다. 첫째, 보증준비금을 현재 3천만 원에서 5천만 원으로 증가한다는 점입니다. 알고 계신 것과 같이 근래 조선에서는 각종 사업이 날로 진보 발전을 하고 있는 상황입니다. 은행업무도 더욱 복잡하고 많아지고 있습니다. 뿐만 아니라 이 은행 지점도 점점 많아졌습니다. 또 북중국의 만주와 몽고 방면의 업무가 많아지고 있습니다. 여기에 더해 만주와 몽고에서는 쇼킨은행에서 했던 태환권 발행까지 조선은행이 인수했습니다. 최근에는 조선은행에서 발행하는 지폐의 총계가 6천여만 원 이상에 달하고 있습니다. 이것이 보증준비금을 다시 2천만 원 증가시켜 5천만 원으로 하는 이유입니다. 보증준비와 정화준비 등에 대해서는 특별위원과 정부위원이 상세하게 질의응답을 했습니다. 이 사안은 매우 복잡했기 때문에 속기록을 열람해주시기 바랍니다.

둘째, 신탁업무를 취급하는 건입니다. 현재까지 조선은행은 신탁업무를 하고 있지 않았습니다. 알고 계신 대로, 대만은행, 흥업은행은 이 업무를 하고 있었지만, 조선에서는 아직 신탁사업을 할 필요는 없었습니다. 그러나 점차 조선이 모든 부분에서 진보하고 있기에 이것을 할 필요가 생겼습니다. 그래서 신탁업무를 이 은행의 업무에 첨가한다는 것입니다.

셋째, 현재 총재와 고급이사가 있지만, 다시 부총재를 설치한다는 것입니다. 부총재 신설에 대해서도 특별위원 여러분 사이에 논의도 있었습니다. 그러나 정부의 안(案)에 따라 하는 것으로 했습니다. 이것도 특별위원회에서는 만장일치로 가결했습니다.

이상 보고를 마칩니다. 오늘은 회기 마감이 임박해있습니다. 또 이 안은 예산 관계도 있기 때문에 특별한 이의가 없다면 만장일치로 독회를 생략하고 표결해 주시기를 바랍니다.

○자작 아오키 노부미쓰(靑木信光)

독회 생략에 찬성합니다.

○ **남작 다카기 가네히로(高木兼寬)**[54]

찬성합니다.

○ **남작 혼다 오야스(本田親濟)**

찬성합니다.

○ **이시이 쇼이치로(石井省一郎)**

찬성합니다.

○ **다나카 겐타로(田中源太郎)**[55]

찬성합니다.

○ **스즈키 소우베(鈴木摠兵衛)**

찬성합니다.

○ **백작 오쿠다이라 마사야스(奧平昌恭)**

찬성합니다.

○ **자작 하치조 다카마사(八條隆正)**

찬성합니다.

---

54) 다카키 가네히로(高木兼寬, 1849~1920) : 메이지와 다이쇼 시기 해군 군의관. 1872년 해군 군의가 되고, 영국에 유학해서 세인트 토마스 병원 학교를 졸업했다. 귀국 후 해군 병원장, 해군성 의무국장 등을 지냈다. 1888년 일본 최초로 의학박사 중 한 명이 되었다. 1905년 남작의 작위를 받았다.

55) 다나카 겐타로(田中源太郎, 1853~1922) : 정치가, 실업가, 중의원 의원을 지냈으며, 귀족원 다액납세자 의원을 지냈다.

○ **무로다 요시아야(室田義文)**

찬성합니다.

○ **히라야마 나리노부(平山成信)**[56]

찬성합니다.

○ **남작 다케이 모리마사(武井守正)**[57]

찬성합니다.

○ **백작 오하라 시게토모(大原重朝)**[58]

찬성합니다.

○ **위원장, 공작 도쿠가와 이에사토(德川家達)**

마쓰라(松浦) 백작의 독회를 생략하자는 의견에 동의하시는 분은 일어서 주십시오.

기립자 다수

○ **위원장, 공작 도쿠가와 이에사토(德川家達)**

2/3 이상을 확인 했습니다… 두 안에 대해 이견이 있으십니까?

---

56) 히라야마 나리노부(平山成信, 1854~1929) : 메이지와 다이쇼 시기 관료. 대장성관방장을 역임했다. 제국여자전문학교 교장 등을 지냈다. 남작의 작위를 받았다.

57) 다케이 모리마사(武井守正, 1842~1926) : 일본 히메지번(姬路藩士), 정치가, 실업가. 1891년 귀족원칙선의원을 지냈다. 1893년 제국해상보험, 일본상업은행, 명치상업은행을 창립하여 임원을 지냈다. 1909년 남작을 받았다.

58) 오하라 시게토모(大原重朝, 1848~1918) : 막부 말기에서 다이쇼 시기 공가, 화족. 오하라 시게토미(大原重德)의 셋째 아들이다.

("이의 없습니다"라고 외치는 자가 있었다.)

○ **위원장, 공작 도쿠가와 이에사토(德川家達)**
이의 없음을 인정합니다.

Ⅲ. 제49회 제국의회

12. 1924년 7월 10일 중의원 조선은행법 중 개정법률안 위원회 회의록 제1회

위원회 성립

본 위원회는 1924년 7월 9일(수요일) 의장의 지명으로 다음과 같이 선정되었다.

이치야나기 나카지로(一柳仲次郎)

곤도 시게사부로(近藤重三郎)

야마지 죠이치(山道襄一)

나가타 젠자부로(永田善三郎)

이케타 야스치카(池田泰親)

마키야마 고조(牧山耕藏)

마쓰야마 쓰네지로(松山常次郎)[59]

가사하라 츄조(笠原忠造)

이타노 도모조(板野友造)[60]

동월 10일(목요일) 오후 1시 35분 위원장과 이사를 호선하기 위해 각 위원이 모였다.

---

59) 마쓰야마 쓰네지로(松山常次郎, 1884~1961) : 다이쇼에서 쇼와전기 시대 정치가, 실업가. 도쿄제대 졸업 후 미국에서 토목공학을 학습했다. 조선에서 대규모 간척, 개간, 수리사업을 전개했다. 1920년 중의원 의원에 당선되었다.

60) 이타노 도모조(板野友造, 1874~1945) : 정치가, 변호사, 중의원 의원. 1920년 제14회 중의원에 당선되었다. 입헌민정당으로 출마하였고 입헌국민당 해산 후 혁신구락부를 거쳐 입헌정우회에 참여했다.

그 성명은 다음과 같다.

이치야나기 나카지로(一柳仲次郎)
야마지 죠이치(山道襄一)
나가타 젠자부로(永田善三郎)
이케타 야스치카(池田泰親)
마키야마 고조(牧山耕藏)
마쓰야마 쓰네지로(松山常次郎)
이타노 도모조(板野友造)

연장자인 이치야나기 나카지로(一柳仲次郎)가 투표관리자가 되었다.

○ 이치야나기(一柳) 투표관리자는 위원장 및 이사의 호선을 행하는 뜻을 발표했다.

○ 나가타(永田) 위원은 투표를 하지 않고 야마지 죠이치(山道襄一) 의원을 위원장으로 추천했고, 이사는 위원장이 지명하자는 의견을 제출했다.

○ 이치야나기(一柳) 투표관리자는 나가타(永田) 위원의 의견에 이의가 없음을 확인하고, 야마지 죠이치(山道襄一) 의원이 위원장에 당선되었음을 알렸다.

〈야마지 죠이치(山道襄一) 위원장이 자리에 나왔다〉

○ 야마지(山道) 위원장은 마쓰야마 쓰네지로(松山常次郎) 의원을 이사로 지명하고, 계속 회의를 진행할 것을 알렸다.

출석정부위원은 다음과 같다.

척식사무국장 하마다 쓰네노스케(濱田恒之助)[61]

조선총독부 재무국장 와다 이치로(和田一郎)

관동장관 백작 고다마 히데오(兒玉秀雄)

관동청사무관 니시야마 사나이(西山左內)

대장차관 오노 기이치(小野義一)[62]

대장성 이재국장 도미타 유타로(富田勇太郎)[63]

대장성 은행국장 마쓰모토 오사무(松本脩)

대장서기관 오카다 마코토(岡田信)[64]

오늘 의회에 올라온 의안을 다음과 같다.

조선은행법 개정법률안(정부제출)

(이하 속기)

○ 위원장, 야마지 죠이치(山道襄一)

지금부터 회의를 개최합니다. 이사는 마쓰야마 쓰네지로(松山常次郎) 의원입니다.

---

61) 하마다 쓰네노스케(濱田恒之助, 1870~1945) : 도사노(土佐国) 출신으로 메이지에서 쇼와전기에 내부관료를 지냈으며 헌정회계 부현지사를 역임했다.

62) 오노 기이치(小野義一, 1876~1950) : 일본 대장관료, 정치가, 대장차관, 중의원 의원을 지냈다.

63) 도미타 유타로(富田勇太郎, 1883~1946) : 관료, 은행가. 대장성 이재국장, 만주흥업은행 초대 총재 등을 지냈다.

64) 오카다 마코토(岡田信, 1885~1946) : 대장성 관료, 은행가. 특수은행 식민지 금융을 담당했다. 동양척식이사, 대만총독부 이재국장, 홋카이도척식은행 두취, 만주흥업은행 총재를 지냈다.

○ 정부위원, 오노 기이치(小野義一)

심의의 편의를 위해 설명을 드리겠습니다. 조선은행이 설립된 지 10여 년이 지났습니다. 은행의 업무는 장족의 발전을 거두었습니다. 그러나 이러한 추세는 대개 조선 이외의 지방에서 현저하게 나타난 것입니다. 즉 조선 내지에서는 겨우 10개의 지점과 출장소를 갖고 있는데 불과합니다. 조선 이외에서는 25개소이며 내지, 만주, 중국, 시베리아, 미국 등으로 나가 있습니다. 그 영업의 주요 부분이 예금, 차입금, 대출금 아울러 외국 환거래인데 이것의 취급액을 종합하면 1923년 조선 내지에서는 2억 4천여만 원이고, 조선 이외 지역은 12억 1천여만 원 이상입니다. 다시 말씀드리면, 조선은행이 조선 이외 지역에서 활약하는 것을 조선 내지와 비교해보면, 점포 수는 약 2.5배, 업무는 약 5배의 거액을 기록하고 있는 상태입니다. 따라서 조선은행을 단순히 지방 은행으로 취급할 만한 것은 없습니다. 중국, 만주, 몽고 혹은 시베리아에 대해, 제국의 정책상 조선은행에 부여된 힘은 결코 적지 않습니다. 알고 계신 대로, 조선은행권은 관동과 남만주 철도의 부속지에 강제 통용되고 있습니다. 만주와 시베리아 지역에서 사실상 유통되고 있습니다.

조선은행이 내지에서 하는 중요한 사무도 많습니다. 더 말씀드릴 것도 없이 조선은행은 태환권을 발행하기 때문에 일반 금융상 중추적인 지위를 점하고 있습니다. 이러한 사정으로 볼 때, 현재 감독제한 즉 조선총독이 감독을 하는 것은 적당하지 않다고 생각합니다. 더욱이 은행의 업무와 재산이 현재 상태보다 크게 개선하지 않으면 안 되는 시점에 있습니다. 때문에 당 은행의 일반 감독을 대장대신의 권한으로 옮기는 것이 타당하다고 생각합니다. 현재 조선은행의 감독을 중앙으로 옮기는 것에 대한 논의는 의회에서도 여러 번 문제가 되었습니다. 이곳에 계신 마키야마(牧山) 의원이 강력하게 주장하셨던 것으로 기억하고 있습니다.

오늘 그것을 개정하는 것이 적당한 기회라고 생각합니다. 특히 대만은행에 대한 취급, 즉 대만은행은 사실상 발행은행으로 대만에 본점을 두고 있습니다. 그렇지만 이것은 대장대신이 감독을 하고 있습니다. 이러한 사정으로 조선은행의 감독도 대장대신이 관장하도록 하는 것이 법률안의 요점입니다. 부디 협조와 찬성을 바랍니다.

○ 위원장, 야마지 죠이치(山道襄一)

대장성, 조선총독부, 관동청척식사무국 정부위원의 출성을 요구했습니다. 관동청 쪽에서 나오지 않았습니다. 조선총독부, 척식사무국 쪽에서 나와 있기 때문에 관동청에 관한 질문은… 관동청 쪽에서도 나와 있습니다. 질문을 알려온 것이 있기 때문에 알린 순서에 따라 질문을 해주시기 바랍니다. 나가타 젠자부로(永田善三郎) 의원

○ 나가타 젠자부로(永田善三郎) 위원

지금 대장성 차관의 설명을 듣고 본 안을 제출한 대장성의 취지를 분명히 이해했습니다. 첫째 제가 듣고 싶은 것은 제37조의 2항에 「본 법 중 대장대신의 직무에 속하는 사항은 칙령으로 정한 바에 따라서 조선총독이 시행하도록 할 수 있다.」라고 되어 있습니다. 행하도록 할 수 있다고 하는 것은 없고, 행하도록 한다고 하는 의미가 확정적인 것이라고 생각합니다. 여기에 대해 조금 바라는 바를 말씀드리겠습니다. 조금 의논이 길어질 수 있으니 주의를 기울여 들어주시기 바랍니다.

지금 설명한 것과 같이 조선은행의 업무는 지금까지 조선 내지에서는 적고, 조선 이외의 지역에서 가장 많은 업무는 만주라고 했습니다. 그런데 만주의 상황은 조선과는 완전히 다릅니다. 오쿠마(大隈) 내각 당시 만주의 금융계통을 바르게 하기 위해 만주에 적당한 안을 의회에 제출한 적이 있습니다. 그러나 중의원은 통과되었지만, 귀족원에서 그 안에 반대하는 것도 아니면서 일반적으로 오쿠마 내각 정책에 대한 불신임이란 의미에서

기각했습니다.

이것에 버금하는 데라우치(寺內) 내각이 나왔는데, 데라우치 내각에서는 군사상, 정치상, 재정경제상, 모두 만선(滿鮮)통일주의라는 잘못된 방침을 갖고 있었습니다. 군사상에 대해서 우리가 알지 못하지만, 그 외의 문제에 대해서 만주와 조선은 압록강을 사이에 두고 있다는 간단한 사실에 의해, 토지가 근접해 있다고 같은 상황에 놓여 있다는 생각은 크게 잘못된 것입니다. 만주와 조선은 모든 관계에서 다릅니다. 특히 여기서 말씀하는 경제상 문제는 전혀 다릅니다.

대장차관은 예전에 만주에서 은행을 시찰하였기에 이 점에 대해서 조사를 마치셨다고 생각합니다. 말씀드릴 것도 없이, 만주의 토지는 금과 은이 착종되어 있기에 금은 양 화폐가 원만하게 융통됨에 따라서 처음에 경제계가 번영을 이룬 것입니다. 데라우치 내각은 만선통일주의를 갖고 만주에서 쇼킨은행에 부여한 금태환권을 박탈해서 그것을 조선은행에 주고, 은태환권을 쇼킨은행에 남겨두었습니다. 따라서 현재 만주 경제계는 번영의 길이 막힌 상태입니다. 모두 원활함을 결핍하고 사안마다 충돌해서 다양한 폐해가 경제계에 미치고 있습니다. 이 사실에 대해서 여기서 상세하게 말씀드리지 않겠지만, 대장차관도 충분히 알고 계신다고 믿고 있습니다.

현재 만주에서의 금과 은의 대출에 대한 일본 측의 조사에 따르더라도 중국 측에서는 이해할 수 없는 것입니다. 약 5억 원인데 그중 은의 대부는 겨우 1천만 원으로 1/5에 불과합니다. 어음교환이란 점에서 보더라도 따렌이 연 15억 원인데 그 중 은은 2, 3천만 원이라고 하는 것이 만주의 실제 경제 상태입니다. 이 외에 은행과 유사한 치엔푸(錢鋪) 등이 유통하는 은이 적지 않다고 생각합니다. 대부의 측면에서 본다면 1천만 원에 불과하지만, 실제 금융시장에서 유통되는 액수는 다액입니다. 이것이 금과 은이 경쟁하는 이유입니다. 아무래도 만주의 재계에서 은을 충분히 인정하지 않는다면 도저히 원만한 경제발전을 기대할 수 없습니다. 이러한 의미에서 제가 이 개정안에 반대하는 것은 아닙니다만, 이 개정안에서 조선에 대한 감독권을 대장대신이 칙령으로 위임한다고 하면, 조선보다 한층 어려운 관동주에 대해서는 조선은행의 업무를 감독하는 직권을 관동장관에서 주는 것이 적당하겠습니까? 적당하지 않다고 생각하고 있습니다.

이에 금융에 대한 통일책이 시행되고, 우리가 바라는 바 금과 은 두 개의 발권을 가진 은행이 싸우는 상태는 교묘하게 대장성에서도 알고, 처음 경제계를 안정시킨다는 것이 아니었습니까? 그러한 의미에서 우리가 바란다고 한 것은 관동장관에 대해 위임하는 것입니다. 다시 차관의 설명에 대만은행 운운한 말이 있었습니다. 요약한다면 이 말은 일반적으로 관동장관에서 권한을 부여하는 것과는 차이가 있습니다. 대만에서도 대만총독에게 감독을 주지 않고 대장성이 직접하고 있습니다. 조선쪽에 감독권을 유지해두려고 일부를 위임하고, 일반적인 일은 대장성이 한다. 대장성이 하는 것이기에 다르지 않다는 결론에 이르렀습니다. 이것도 사실상 타당하다고 할 만한 것은 아닙니다.

대만은행의 업무는 과연 완전히 잡고 있습니까? 이 자리에서 공표할 필요도 없이 분명한 일입니다. 조선은행은 조선총독의 감독 하에 있기 때문에 다른 것이 많고, 대만은행은 정부의 감독 하에 있기 때문에 영업이 번영하고 있다고 하는 것은 아무래도 말이 되지 않습니다. 조선은행이 오늘날 어려운 것은 정부의 책임입니다. 조선총독의 감독이 적당하지 않다고 하는 말은 참으로 분명하지 않는 것이라고 생각합니다.

현재 조선은행이 어려움에 있고, 개인대부가 만주에서는 3천만 원의 고정대부로 되어 있는데 당시 정부가 개입한 것입니다. 여기서 이름을 말하는 것은 실례이기 때문에 말씀드리지 않겠습니다만, 당시 정부당국자가 조선은행으로 업무를 담당하지 않으면 안 된다고 권유하고 압박한 상황이 있었다고 하는 것은 틀린 것이 아니라고 생각합니다.

때문에 반드시 이것을 대장성으로 이관해서, 특히 업무 번역을 기대한다는 것은 곤란한 일이라고 생각합니다. 우리는 이 점에 대해 절대적으로 신임을 하고 있습니다. 이렇게 틀린 일을 하지 않을 것이라고 확신을 갖고 있습니다. 때문에 이관하는 것에 대해서는 안심하고 있기 때문에 결코 이의를 제기할 이유는 없습니다. 그러나 아무래도 지금 당국자가 그 직을 계속하는 것이 아니고, 법률은 곧바로 변경할 수 없기 때문에 조선쪽은 조선총독부에 위임하고 이중의 감독을 하는 것으로, 조선총독부에서 꽁무니를 줄이면 대장성에서 감독하고, 대장성이 무리할 것을 말하면 총독부가 반대하는 그러한 취지로 진행되어야 한다고 생각합니다.

그와 같은 의미로 관동장관에도 만주에 대한 업무 감독권을 칙령으로 위임하도록 하는 것으로, 이 원문을— 원안을 수정해서 만주에 있는 약 20만 명의 재계 제일선에 서서 매우 어려움을 겪고 있는 사람들의 희망을 받들기를 바라고 있습니다.

지난 번 도부(東武) 의원이 홋카이도에서는 9%로 금을 차입하고 있어서 홋카이도가 도저히 번영하지 못한다는 말씀을 했습니다. 저는 이 말을 듣고 만주인을 위해 탄식했습니다. 홋카이도는 9%의 금이 비싸다고 할 수 있지만, 만주는 9%의 금을 도저히 사용할 수 없습니다. 조선은행은 척식은행으로 특수은행일 뿐만 아니라 보통 대부가 3전 이하라고 할 만한 것이 없습니다. 어음할인, 당좌대부 등은 모두 하루에 3전 5리 이상입니다. 또한 동척의 대부 같은 것도 10% 이하는 없습니다. 15%, 12% 정도 됩니다. 이렇게 비싼 금을 사용해서 만주의 경제계를 번영시키려고 하더라도 도저히 곤란한 일입니다. 이것은 식민지에서 담보 불확실이라고 하는 특수한 사정에서도 급하게 몰리는 것이라고 생각합니다. 결국 금융계의 경쟁이 이러한 결과로 나타난다고 확신하고 있습니다.

따렌 경제계의 경쟁도 당국은 충분히 알고 있을 것입니다. 그런 문제가 제기된 것은 당연합니다. 금은을 완전히 통일하지 않는다면 아무리해도 만주 경제계를 번영시킬 수 없다고 생각합니다. 이 점에 대해서 당국은 법문에 관동장관에게 위임한다는 것을 첨가해서 금융계에 대한 감독권의 통일을 유지하고, 만주에 대해서 경제정책을 시행할 수 있는 편리를 갖추어야 합니다. 한편으로 조선은행 업무를 감독하고, 한편으로 시장금융계의 대책을 담당하게 한다면, 당국도 그 업무를 자세히 살필 것이며, 그 사이에 결함이 노출되어 이에 통일기관의 필요가 나타날 것입니다. 이러한 방법을 취하기를 바라고 있습니다.

말씀드린 일은 위원회 모두에게 불편한 감정을 갖게 하지만, 실제 눈앞에 임박해 있습니다. 금은이 통일되지 않았기 때문에 근래 관동청에서는 우편대체예금의 송금액을 1만 원으로 제한하는 청령(廳令)을 발포했다고 합니다. 이것은 대장성과 타협해서 시행한 것이라고 생각하기 때문에 알고 계시리라 생각합니다.

우편대체예금의 제도로 본다면 1만 원 이상의 금을 송금하는 것은 잘못된 것입니다. 그러나 따렌의 금과 은의 문제가 해결되지 않았기 때문에, 아무래도 조선은행의 환거래를 제한하는 이상에는, 어딘가에 구멍을 발견해서 그 결손을 보충하지 않으면 안 됩니다.

이러한 제도를 악용하여 경제상의 필요에 부족하다면 이러한 원칙에서 벗어나지 않으면 안 됩니다. 이 점은 공격하는 것이 아니라고 생각합니다. 우편대체예금에서 금의 송금을 제한하는 정책에 대해서 대장성에도 의견이 있고, 관동청에서도 의견이 있어서 적당한 청령을 내렸다고 생각하고 있습니다. 우리도 뛰어난 것이라고 생각합니다. 그러나 이러한 것도 여러 가지 희망하는 목적을 달성하기에는 곤란합니다.

지난날 귀족원에서 사카타니(阪谷) 의원이 대장대신에게 질문을 했었는데, 조선은행에 대해 봄에 2천만 원, 다시 내각이 사표를 낸 후 3천만 원을 대부했습니다. 이 5천만 원의 정리자금을 대여했는데도 환시세 관계에서 내지에 곤란이 초래되었습니다. 이것을 방기하기 위해 만주에서는 금융을 풍부하게 해야 한다고 생각하고 있습니다. 물론 이것이 잘못된 것이라고 생각하지 않지만, 그것으로는 도저히 목적을 달성할 수 없습니다. 우편대체예금에 의해 송금하지 않는 것이라면, 그래서 따롄에서 금으로 은을 사고, 그 은을 상하이에 송금하고, 상하이에서 그쪽에 대체 대여를 한다면, 동일한 경로가 발생합니다. 도저히 그 목적을 달성할 수 없습니다.

이와 같은 문제가 계속 발생하는 것은 금과 은을 통일하는 근본책을 수립하지 않은 결과입니다. 금은 통일이라는 근본책이 수립된다면, 조선은행이 불이익을 입더라도 우리 국민은 이 점에 대해 결코 다른 뜻이 없을 것입니다.

조선은행의 주주는 일본인입니다. 쇼킨은행의 주주는 일본인입니다. 경제에 이익이 없이 두 은행이 다투기 때문에 따롄의 시민이 이익을 보고, 일본의 무역이 그로 인해 방해되는 불이익이 발생합니다. 이것은 우리가 하루도 참을 수 없는 재앙입니다. 이 점을 충분히 완화시킬 수 있는 대책을 갖기 위해서는 이러한 제도를 개정할 때 관동장관에게 그 권한을 부여하고, 관동장관으로 하여금 충분히 시장의 사정을 직접 살핌으로써 이해관계를 알도록 해서 완전한 정책이 나올 수 있는 순서를 밟기를 바랍니다. 의미에 대해서 위원 ― 동료 위원에게는 매우 미혹한 것이 있습니다만, 여기에 대해서 당국의 앞으로의 생각, 또 현재 그것을 수정해서 이러한 일을 할 여부에 대해서 듣고 싶습니다.

○ 정부위원, 오노 기이치(小野義一)

지금 나가타(永田) 위원이 말씀하신 것은 대부분 의견이었다고 생각됩니다. 관동장관에게 관동주에 관한 감독권을 분명히 규정하라는 주문이 있었습니다.

○ 나가타 젠자부로(永田善三郎) 위원

그렇습니다.

○ 정부위원, 오노 기이치(小野義一)

조선은행은 단순한 지방은행이 아닙니다. 때문에 개정안의 목적은 일반 감독을 집중하여 중앙집권을 이룬다는 것입니다. 그런데 종래 관동주에 대해서는 분명히 관동장관의 권한에 속한다는 명문 법규가 제정되지 않은 것입니다. 지금 집중을 시켜 중앙집권을 이루고자 하는 법률안의 취지에 찬성한다면, 종래 그 권한을 법규상에 규정한다는 것은 이러한 주의와 모순된다고 생각합니다. 때문에 이 점은 이루어지기 어렵다고 생각합니다.

특히 조선 내지의 일을 조선총독에게 칙령으로 위임할 여지가 있다고 하는 점은, 조선에서의 연혁이 특별한 것이더라도, 조선에 대한 통치 방침과 관련된 것입니다. 조선에는 특수한 사정이 있기 때문에 한번 더 고려하지 않으면 안 된다고 생각하고 있습니다. 관동주, 대만과 동일한 법률로 한다는 것은 불가능하다고 생각합니다. 그러나 관동주에서도 실제로는 관동장관과 대장대신이 협정을 하여 사실상 상당한 감독을 감독장관도 원하고 있다고 생각합니다. 이것은 일본 내지와 흡사합니다. 보통은행의 감독권은 대장대신에게 있지만, 실제 지방장관의 의견도 존중하여 그를 경유하여 지방은행의 은행 행정에 관한 것은 모두 살피고 있는 상황입니다. 사실이 이렇다면 결코 걱정할 일은 아닙니다. 특별히 칙령으로 위임한다는 것을 두는 것은 개정안의 취지와 모순되는 것입니다. 때문에 찬성한다는 것이 성립될 수 없습니다.

오히려 이 은행에서 내지에 송금을 한다는 사실은 우리도 알고 있습니다. 지금 말씀하셨던 우편대체예금의 문제에 대해서는 대장성과 관동주 사이에 협의를 이룬 것입니다. 아마도 공포된 금액의 제한은 근래 실현될 것이라고 기대하고 있습니다.

○ 나가타 젠자부로(永田善三郎) 위원

대장차관의 설명에 다르면, 본 조 중에는 이러한 것을 표시하지 않았을 뿐이지 사실 관동주와 충분히 협의를 해서 어느 정도는 위임을 한 것이라고 설명했습니다. 내용에 대해서 그 점을 충분히 참작해주신다면 저는 점차 안심을 할 것입니다. 앞으로 대장성 쪽에서 보면 관동주의 관리가 따지지 않을지 모르겠습니다만, 관동주 관리의 의견을 더 존중해서, 대장성의 의견만으로 마구 휘젓지 않기를 희망하고 있습니다.

○ 이치야나기 나카지로(一柳仲次郎) 위원

저는 본 안에 찬성합니다. 그 문제에 대해서는 지장이 없다고 생각합니다. 조선은행은 영업 범위가 매우 넓습니다. 소급해서 말씀드리면, 러시아의 정변과 기타 사변 때문에 조선은행이 시베리아 각지에 지점을 두고 있습니다. 현재 그 곳 블라디보스톡에 지점이 설치되어 있지요. 당시 조선은행 뿐 만아니라 다른 은행도 얼마간 타격을 받았습니다. 특히 조선은행은 성황리에 영업을 하고 있었던 때입니다. 그 후 러시아 문제가 모든 문제를 막아버렸고, 지금 그 곳에는 지점 한 개가 있을 뿐입니다. 그 당시 영업 상황에 대해서 저는 여러 가지 일을 들었습니다.

먼저 시베리아에서 러시아의 정변과 사변으로 조선은행이 끝내 회수 못한 금액이 어느 정도입니까? 또 그 당시 러시아는 「루블」을 사용했는데 「루블」이 하락에 하락을 거듭하고, 폭락에 폭락을 거듭해서 현재는 거의 가치가 없는 것이 되었습니다. 현재에는 금을 기준으로 하는 「루블」이 되었지만, 당시에는 매우 심해서 거의 휴지조각과 같았습니다. 그에 대한 대책으로 인해 발생한 손해는 어느 정도입니까? 이 두 가지 점에 대해서 듣고 싶습니다.

지방마다 차이가 있습니다만, 동시에 만주에서도 하얼빈, 창춘을 중심으로 따롄에서도 이 「루블」 인수가 이루어졌는데, 은행이 인수와 관련해서 이익이 있었는지 손해가 있었는지, 여기에 대해서도 질문을 드립니다.

○ **정부위원, 오노 기이치(小野義一)**

법률안의 이유에 의하면 명료하다고 생각합니다. 대장성은 검사감독의 권한이 없습니다. 때문에 사실 어느 정도였는지 상세하게 알 수 없습니다. 다만 우리가 알고 있는 바에 따르면, 블라디보스톡 또는 하얼빈 등에서 「루블」은 예치된 것에 대해 반환을 하는 것이기 때문에 여기에서 손해는 지극히 적다고 알고 있습니다. 그러나 대장 당국 이외에 직접 감독을 했던 관리가 혹 알고 있을지도 모르겠습니다만, 은행의 어떤 지점에서 손해가 얼마인지를 이 자리에서 공개하여 답변하기에는 조심스러운 부분이 있습니다. 양해해 주시기 바랍니다.

○ **이치야나기 나카지로(一柳仲次郎) 위원**

저는 은행의 내용에까지 개입해서 그 손익을 이 자리에서 답변해 달라고 한 것이 아닙니다. 이관된 안이 이 자리에 나온 이상에는 아무래도 정부에서 듣고, 조사를 한 점이 있어서 단속 상 이관이 필요함을 느꼈다고 믿고 있습니다. 거래 관계가 넓어지고, 이 은행의 업무가 조선보다 다른 지역에서 많다는 단순한 이유 때문에 단속 상 그 감독을 옮긴다고 하는 것은 조금 이해가 되지 않습니다. 만약 지장이 없다면 그 필요성을 지금 조금이라도 이야기해 주시기 바랍니다.

○ **정부위원, 오노 기이치(小野義一)**

대체적인 이유는 앞서 말씀드린 대로입니다. 지방은행의 성격이 아니기 때문에 그것을 중앙집권으로 하는 것이 타당하다는 것입니다. 그러나 의구심을 갖고 계신 대로 조선은행에는 거액의 회수 불능이라고 인정할 만한 채권이 있습니다. 그것을 한번 정리하고 싶은 것도 이번 감독권을 중앙은행으로 옮기는 이유 중 하나입니다.

그렇다 하더라도 어느 정도의 손실이 있었는지 우리가 조사를 했지만,

앞서 말씀드린 대로 아무래도 금액을 말씀드리는 것은 적당하지 않다고 생각합니다. 지금 숨기려는 것이 아닙니다. 대장성에서는 예금부로부터 상당한 저리의 자금을 공급받아서 작년 2월에 정리방침을 수립했습니다. 먼저 조선은행이 내부 경비절약을 행하고, 부국을 통폐합하고, 또 정리를 위해 정리부를 설치해서 부지런히 정리해가고 있는 상태입니다. 그래서 대장성은 일본은행과 협력해서 은행을 감독하고 있지만, 아무래도 앞서 말씀드린 대로 검사감독의 권한이 없기 때문에 아직 장부에 대해서 실제 검사를 하지 못하고 있습니다.

그러나 대략 손실이 어느 정도인지는 어림짐작하고 있습니다. 아마도 작은 액수는 아닐 것입니다. 대장성으로 감독을 옮긴다면 정리를 촉진할 수 있다는 점에서도 좋다고 생각하고 있습니다.

○ 이치야나기 나카지로(一柳仲次郎) 위원

아무래도 어금니에 이물질이 끼어 있는 것처럼 이해가 쉽지 않습니다만, 이 이상으로 질문을 한다는 것이 조심스럽습니다. 특수은행으로서 세간에 여러 가지 말들이 들리지만, 만주, 기타 시베리아 방면의 경제 상태에 영향이 있다는 것은 유감으로 생각합니다. 오늘은 여기까지 질문을 하겠습니다.

○ 마키야마 고조(牧山耕藏) 위원

저는 식민지 금융정책에 대해 정부의 의견을 듣고 싶은 것이 있지만, 대장대신이 출석하지 않았기 때문에 질문을 다음으로 보류해 두겠습니다. 방금 나가타(永田) 위원의 질문 중에 데라우치(寺内) 내각 시작에 조선은행법을 개정해서 조선 뿐만 아니라 만주와 몽고 방면까지 진출할 수 있도록 했는데, 즉 데라우치 내각이 만주와 조선의 경제에 대해 공통 정책을 실행했지만, 이 정책의 결과 만주가 오늘의 불황을 초래했다는 내용이 있었습니다. 이것은 조선은행의 임무에 대해 중대한 점이라고 생각합니다. 다행이 데라우치 내각 서기 관장으로 사실상 데라우치 내각의 부총리로서 모든 고등정책에 참여했던 고다마(兒玉) 백작이 관동장관으로 만주에 있습니다. 조선은행법을 개정해서 만주 지역까지 활동범위를 확장한 이후 조선은행의 영업 상태에 대해서 장관은 어떻게 보고 있습니까? 이것은 조선은행의 근본 임무에 관한 문제이기 때문에 솔직하게 한번은 듣고 싶습니다.

○ **정부위원, 백작 고다마 히데오(兒玉秀雄)**

지금 질문에 대답하겠습니다. 사실 앞일을 말한다는 것이 매우 유감스럽지만 과거를 논하는 일에 능하지도 않습니다. 데라우치(寺内) 내각 시절의 일은 이미 처리 되었으니 그 후부터 현재까지 만주의 경제 상태에 대해서 한 말씀 드리겠습니다.

알고 계신 대로 만주에 대해 상업상 중심기구가 필요하다는 문제가 제기되었을 때, 만주에 특수한 중앙은행을 설치하는 것이 타당하다는 논의도 있었고, 또 다른 쪽에서는 조선은행으로 하여 그 임무를 담당하도록 하는 것이 적당하다는 논의가 있었습니다. 결국 오늘과 같이 조선은행을 만주에서 중추기관으로 하는 방안이 결정되었고, 그 후 조선은행은 그 임무에 종사하고 있습니다.

알고 계신 대로 만주의 금융상태가 자못 복잡한 상황입니다. 제가 가장 존경하고 있는 나가타(永田) 위원이 말씀하셨습니다만, 현재 금과 은이 서로 착종되고 있어서 화폐제도상으로 또는 기타 금융관계에서 말씀드리더라도 결코 조선에서와 같이 단순한 것이 아닙니다.

조선은행이 호황의 시기에 있었던 것은 만주의 금융시장과 내지에서도 열심히 활동한 결과였지만, 종종 대부 기타의 것에 관해서는 의심스럽다고 생각되는 점도 많았습니다. 이것은 매우 유감입니다. 그 후 만주 경제계가 자못 침체된 현재에는 모두 자금의 곤란을 겪고 있는 상태인데 이때 가장 먼저 움직여야 하는 것이 조선은행입니다. 그러나 이 은행이 불행히도 활동력이 충분하지 못한 상태입니다. 이후에 만주에서 금융계통을 어떻게 해야 할지? 어떻게 해야 국민의 발전과 동북3성의 치안 유지상 필요한 금융기구가 나올 수 있는지? 여기에 대해서는 신중한 고려가 필요합니다. 한편에서는 현재 이를 위해서 부동산 저당 은행을 세우는 것이 적당하다고 하는 논의가 있습니다만, 이것은 장래 만주에 있어서 국민발전의 근본문제라고 생각합니다. 이 점은 마키야마(牧山) 위원도 동감하고 계실 것입니다.

앞으로 이것을 어떻게 해야 하는가라는 점에 대해서, 현재 깊게 고려를 하고 있습니다. 여기 조선은행 법안이 있습니다만, 제가 억지로 말을 해야 한다면, 충분하게 감독권을 갖는 방법이 좋지 않을까라고 생각하는 점도 있습니다. 그러나 대장성의 방침에 따라 특수은행에 대해 중앙집권을 한다는 사안도, 현재 조선은행에 대한 정책으로 적절한 것입니다. 또 대장성과 협정을 해서 만주 경제계에 부합하는 협정이 나온다면, 저는 그것도 목적을 달성하는 것이라고 생각하고 있습니다. 그렇기 때문에 이 사안에 대해서는 고려를 해서 대장성과 만주의 발전에 유감이 없는 협정을 이루고 싶다고 생각하고 있습니다.

매우 불충분합니다만…

○ 마키야마 고조(牧山耕藏) 위원

조선은행의 지금까지의 영업성적에 대해, 여러 가지 설명이 나왔습니다, 조선은행 감독 책임은 누구에게 있습니까? 이 점을 대장 당국에 대해 질문합니다.

○ 정부위원, 오노 기이치(小野義一)

조선은행에 대한 감독권은 조선총독에게 있기 때문에 책임 소재는 분명하다고 생각합니다.

○ **마키야마 고조(牧山耕藏) 위원**

저는 이 점에 대해서 매우 의심스럽습니다. 제40회 회의 즉 1917년 말 조선은행법 개정안이 회의에 제출되었고, 저도 그 위원회 말석에 있었습니다. 그때는 데라우치(寺内) 내각이었습니다. 쇼다(勝田) 대장대신[65]이 출석했고, 우리는 이 점에 대해서 장시간 질의응답을 거듭한 결과 대만은행 기타 특수은행은 모두 대장대신의 소관으로 하고, 남방에 대해서는 대만은행이, 북방에 대해서는 조선은행이 활동을 하고, 대장대신이 양 은행의 영업망을 취해서 충분히 활동하게 하지 않으면 안 된다고 했습니다. 그런데 그때 개정안에 감독권이 의연히 조선총독에 있다는 것은 그리 이상하지 않다고 해서 우리가 그 의미에 대해 수정안으로 회의에 임했는데, 그때 정부는 사실상 중앙정부와 협조를 하고 연대 책임 하에 이 은행을 감독한다고 설명을 했습니다.

그 구절을 읽어보면, 전반부가 길기 때문에 최후 찬성의견 진술을 보면 「조선은행의 업무 확장에 수반해서 이 사무도 당연히 필요하다고 생각합니다. 이러한 점에서 찬성을 표합니다. 단, 한 가지 의문이 있는 점은 조선은행의 감독권 문제입니다. 제국의 대륙 정책에 수반하여 보조기구로서 중대한 사정을 띤 은행, 그 본질에서 조선은행의 성질을 상실하고 동아은행이라고 할 만할 은행의 감독권을 지방정부의 수장에게 위탁한다는 것이 매우 불편합니다. 대만은행 기타 해외 출자은행이 모두 주무대신에 의해 통괄되고 있다는 점을 고려한다면, 이 은행도 대장대신의 감독 하에 두는 것이 마땅하다고 생각합니다. 수정을 하고 싶은 생각은 있습니다. 그러나

65) 쇼다 가즈에(勝田主計, 1869~1948) : 메이지에서 쇼와전기까지 관료, 정치가. 대장성 관료로 이재국장을 거쳐 1911년 대장성 차관이 되었다. 1915년 조선은행총재를 거쳐 데라우치 · 기요라 내각에서 대장대신을 지냈다.

지금 대장대신이 「제28조의 해석, 즉 정부는 조선은행의 업무를 감독한다.」고 하는 이 법문의 해석은, 중앙정부의 주무대신과 조선총독을 의미한다고 설명하셨습니다. 또 야마가타(山縣) 정무총감의 설명 중에도 조선지역 내 즉 조선총독의 관할 내의 일은 주로 조선총독부가 관할하고, 기타 다른 지역 특히 외교상 관계와 같은 중요한 문제는 대장대신이 감독을 하여, 양자에 충분히 연락하고 협력을 도모하여 조선은행의 사명을 수행한다고 말씀하셨습니다. 이 말씀을 신뢰하고 있기에 수정을 하지 않고 정부제출 원안 그대로에 대해 찬성을 합니다.」라고 되어 있습니다. 이것이 제가 위원회에서 진술한 찬성의견입니다. 그런데 조선은행은 중국에 대한 경제차관에도 응하고, 앞서 이치야나기(一柳) 의원의 진술에도 있듯이 멀리 시베리아까지 관계되어 있는 기관으로 상당히 논의를 해야 할 점이 많이 있지만, 은행 내부에 관계되는 것을 말한다는 것이 은행의 신용에 관계되기 때문에 여러 가지 깊은 사례를 알고 있지만, 말씀드리지 않겠습니다. 그러나 이러한 문제가 조선총독의 책임이라는 것을 이 자리에서 단정한다는 것은 도저히 이해되지 않습니다. 대장대신에게 거듭 질문을 드립니다. 중요한 점으로는 종래 앞서 설명과 같이 총독에게 책임이 있다는 것이 유감스럽습니다. 그것을 교정하기 위해서 이 개정법안을 제출했다고 하는 의미로도 이해됩니다. 이는 조선총독의 불신임 문제도 된다고 생각합니다. 의회는 당시 정부의 발표를 신임하고 협조와 찬성을 했습니다. 또 실제 중앙정부와 조선총독 사이에 충분히 이해가 되어 중요문제를 해결하지 않으면 안 됩니다. 그러나 모두 조선총독 책임이라고 언급했기 때문에 거듭 명확하게 이 점에 대해서 질문을 드립니다.

○ **정부위원, 오노 기이치(小野義一)**

그것은 1918년 경 개정안 위원회의 문답을 소개한 것입니다. 그러나 당시 저는 물러나 있었기 때문에 실제 그 경위를 생각하지 못했습니다. 다른 정부위원이 상세하게 말씀드렸다고 생각합니다만, 제가 말씀드린 것은 법률상, 법률 문장에서 제기되는 책임 귀속을 말씀드린 것에 불과합니다. 소위 중국 차관에 이 은행이 참여한다는 것은, 이것은 물론 대장대신이 책임이 있습니다. 그러나 중국 차관에 조선은행이 응하게 된다면 이것은 의회에 협조와 찬성을 얻어 원금과 이자 보장을 국가가 부여하고, 그에 따라 흥업은행이 흥업채권의 액수에 따라 대부를 하는 것입니다. 현재 이러한 대부에 대해 책임을 물어야 하는 문제가 발생한 것인지 어떤지 하는 것은 특별한 문제가 아닐까 생각합니다.

정말 중국으로부터 그 이자가 불충분해서 여러 가지 의문이 있다고 하더라도 오늘날 곧바로 이 문제에 대해 책임 소재를 결정해야 하는 시기에 닥친 것인지 어떤지 하는 것은 하나의 문제라고 생각합니다.

그러나 조선은행에 적지 않은 회수 불가능한 것이 발생한 것은 주로 재계의 격변에 기인한 것이 대부분이라고 생각합니다. 과연 이 불량 대부의 발생 책임이 조선총독에게 있는지? 아니면 중앙정부에 있는지? 여기에 대해서 오늘날 곧바로 그 책임 소재를 결정해야 하는 것인지? 어떤지? 이것이 의심스러운 것이 아닐까라는 생각이 듭니다.

○마키야마 고조(牧山耕藏) 위원

제 질문의 요점을 오해하고 계십니다. 저는 첫째 조선은행의 감독 책임이 누구에게 있는지? 하는 질문을 드린 것입니다. 조선총독이다 라는 것이 있기 때문에 그것은 잘못된 것이 아닌가라는 생각으로 당시 속기록을 읽은 것입니다. 대중국 차관을 하나의 사례로 든 것은 그것을 지금 논의하자는 것이 아닙니다. 법문상이라고 하는 설명이 있었기 때문에 거듭 말씀드립니다. 그 법문의 제7장, 정부감독 및 보조라고 운운한 「제28조에 정부는 조선은행의 업무를 감독한다.」라는 것이 쓰여 있습니다. 이 정부란 것은 무엇을 지칭하는 것인지를 말한 것입니다. 대장대신과 조선총독을 포함하여 제국 정부라고 하는데 그렇다면 종래 조선은행 감독 책임은 중앙의 대장대신도 공통의 책임을 갖고 있는 것이 아닐까라는 점을 질문 드린 것입니다.

여기서 28조의 해석, 정부는 조선은행을 감독한다고 하는, 이 정부란 것이 조선총독을 의미한다면 저는 여기에 대해 의견이 없습니다. 단지 들을 수 있다면 좋겠습니다.

○ 정부위원, 마쓰모토 오사무(松本脩)

1918년 조선은행법 개정안이 제출되었을 때, 조선은행 감독을 대장대신도 충분히 할 수 있을 것이라고 생각했습니다. 그래서 대장성에서도 그에 상당한 감독을 한다는 취지에서 줄곧 협정을 했습니다. 그것은 조선총독이 대장성에 상담을 하고 협정이 있었습니다. 그 협정 범위에 대해서 대장대신도 총독이 할 수 있게 협정을 진행하고 있었습니다. 그러나 협정 내용에 대해서 1918년 이래 양자 사이에 아직 의견이 일치되지 못한 체 현재에 이르고 있었습니다. 이것은 결코 의견 충돌이 있었던 것은 아닙니다. 내용에 대해서는 줄곧 협정이 진행되고 있었습니다.

정부에서 제출한 이 법률은 다른 특수은행의 감독에 대해 동일한 문자를 사용했습니다. 정부가 그것을 감독한다는 것이 개괄적으로 모두(冒頭)에 있고, 그 다음 조문에는 구체적으로 어떻게 그것을 감독할 것인지에 대한 규정이 있습니다. 조선은행법을 보더라도 정부가 그것을 감독한다고 되어 있고, 그 다음부터 조선은행은 이런 저러한 것에 대해 감독을 행한다는 구체적인 방법이 제시되어 있습니다. 그래서 이 정부라고 하는 것은 주로 그 은행의 주무인 감독자를 지칭하는 것이라고 해석하고 있습니다.

○ 마키야마 고조(牧山耕藏) 위원

이 점에 대해서 계속 질문을 드립니다. 당일 속기록을 열람하시기를 바랍니다. 분명히 대장대신은 그것을 회의에서 말씀하셨습니다. 그 말씀을 신뢰하고 있었고, 질의응답의 말에는 없었던 것입니다. 특히 이 말씀을 했을 당시 회의는 그것을 확신하고 협조와 찬성을 한 것입니다.

다시 조선은행의 임무에 대해 질문을 드립니다. 이것은 말씀 중에도 있었습니다. 이름은 조선은행으로 하더라도 1918년 법률개정의 결과 만주와 몽고, 중국 방면까지 활동을 하게 되었습니다. 그러나 한쪽에 대만은행이 있습니다만, 대만은행과 조선은행은 그 이름에 조선과 대만이란 것이 붙어 있습니다. 조선은행의 임무에 대해서 정부는 어떠한 견해를 갖고 있는 것입니까?

○ **정부위원, 오노 기이치(小野義一)**

조선은행의 임무가 무엇인가 라는 질문은 참으로 대답하기 어렵습니다. 가능하다면 조금 더 구체적으로 질문해주시기 바랍니다.

○ **마키야마 고조(牧山耕藏) 위원**

대만은행은 주로 남중국 및 남양 방면에서 활동하고 있습니다. 조선은행은 조선과 만주 및 몽고 방면에서 이후에는 시베리아 방면 혹은 기타 지역까지도 크게 영업망을 확장시키려고 하는 것이 아닌지요. 일본에는 해외투자은행으로 이 두 개가 중요한 것입니다. 만약 동일한 것이라면 대만은행과 조선은행을 합병하는 것도 좋은 것입니다. 잘못되고 있다면, 지금부터 임무를 나누어야 한다고 생각합니다. 조선은행은 주로 어느 지역에서 활동하고 어떠한 업무를 하고 있는 것입니까? 말꼬리를 잡고 늘어지는 것은 아닙니다. 먼저 법문의 해석에서 「정부」라고 하는 것이 이러한 의미라는 것을 잊고, 그것이 조선총독에게 있다고 운운하는 것은 협조와 찬성의 권한을 유린하는 것으로 불쾌한 느낌이 듭니다. 여러 가지 말씀드렸습니다만, 괴로워서 어떤 생각도 할 수 없습니다. 부디 솔직히 답변해주시기 바랍니다.

○ **정부위원, 마쓰모토 오사무(松本脩)**

속기록의 내용은 전혀 생각하지 못했습니다. 조선은행의 임무에 대해서는 과거 연혁을 살펴봐야 한다고 생각합니다. 조선은행이 성립된 것은, 알고 계신 대로, 처음 제일은행이 조선에서 중앙은행 업무를 하고 있었습니다. 1907에 한국은행조례가 선포되어 한국은행으로 개량되었습니다. 1910년 한일병합으로 다음해인 1911년 조선은행이 창설되었습니다. 연혁에 의하면 이것은 조선에서 중앙은행의 임무입니다. 그러다가 조선은행의 업무가 발전하고, 특히 1918년 전시 호황에 편승해서 또 당시 내각의 방침도 있었습니다만, 우리나라의 업무가 만주로 매우 발전함에 따라서 조선은행권도 관동주 및 만철 부속지에 강제로 통용시킬 방침을 세웠습니다. 이러한 정세로 조선은행은 이 지역에 발행은행권으로서 중앙은행의 임무를 수행하기에 이르렀다고 생각합니다. 이러한 연혁으로 오늘날까지 진보해 가고 있었다고 생각합니다.

그러나 앞으로 이 은행이 그 곳에서 언제까지 이러한 임무를 수행할지는 국책과 관련하여 매우 중대한 문제입니다. 우리는 이것에 대해서 품고 있는 어떠한 생각도 없습니다.

○ **마키야마 고조(牧山耕藏) 위원**

조선은행의 정리 방침에 대해서 듣고 싶습니다. 그 의향에 대해서 세간에서도 여러 가지 말들이 올라옵니다. 대체적으로 좋습니다만, 이후 어느 시점에 정리를 할 것인지 듣고 싶습니다. 들리는 바에 따르면 최근 예금부에서 5천만 원, 일본은행에서 1천500만 원을 융통해서 정리 방침을 수립했다고 합니다. 대체적으로 좋습니다. 정리 방침을 듣고 싶습니다.

○ **정부위원, 오노 기이치(小野義一)**

정부와 일본은행에서 협력하고 있는 것은 마키야마(牧山) 의원이 설명하신 대로입니다. 조선은행에 대해서는 앞으로 정리부를 특별히 설치하고 전문 이사를 임용하여 정리를 촉진할 것입니다. 외부에 드러나는 것으로 특별히 소개할 만한 움직임은 없습니다.

종래 7% 배당 비율을 6%로 줄인 것 이외에 본점과 지점에서 두루 행정 정리를 단행하고 있습니다. 그렇게 몇 년이 경과되면 밖에 소개할 수 있는 정리가 가능할지에 대해서는 알고 계신 대로 재계의 상황에 있기 때문에 생각만큼 좋지 않다고 보지는 않습니다.

현재의 정리 경과를 상세하게 외부에 알리는 것은 오히려 정리에 방해가 된다고 생각합니다. 정부당국과 일본은행 및 조선은행의 이사를 잠시 믿어주세요. 그 결과를 기대해 주시기 바랍니다.

○ 마키야마 고조(牧山耕藏) 위원

제가 조선은행의 임무가 무엇인지를 질문한 것은, 조선은행에도 대만은행에도 중요한 임무가 있다고 생각합니다. 예를 들면, 대만은행은 남중국과 남양 방면에서 활동하고, 조선은행은 조선, 만주와 몽고, 시베리아에서 활동해야 합니다. 그런데 대만은행도 조선은행도 자신의 활동 범위를 망각하고 내지에서 크게 활약했던 사실이 있다는 것을 당국도 인정하고 있다고 생각합니다.

대만은행은 고베의 스즈키(鈴木)상점에 2억 원인지, 1억 5천만 원인지, 그 정도로 깊은 거래를 하고 있습니다. 현재에는 스즈키 상점의 이름이 표면에 드러나지 않습니다만, 기타의 거래 명의로 대신하고 있습니다. 사실상 막대한 거래관계를 갖고 있었습니다. 그러다가 불황 때문에 앞으로 나가지 못한 채 대만은행은 스즈키 상업을 중심으로 하지 않으면 안 되는 상황입니다. 그래서 제가 질문한 것입니다. 은행이 자기 본연의 활동 범위를 망각하고 내지에서 활동하는데, 예를 들면 대만은행이 어느 선박 벼락부자에게 대출을 했는데, 이는 자금을 자신의 활동 범위에 사용하지 않고 내지에 사용하는 것입니다. 이렇게 아픈 손을 먹고 있는 것에 대해 감독권을 행사해서 단속을 해야 합니다. 이렇게 하지 않는 것은 정부 당국의 책임이라고 생각합니다. 이후 이러한 일에 대해서 엄중한 주의를 줄 작정입니까? 아니면 내지의 사업가에게 대출을 하는 것은 어쩔 수 없는 것이라는 의견이십니까?

만주와 조선에 있는 사람도 은행에서 자금을 얻을 수 없어서 곤란을 겪고 있습니다. 그런데 은행의 자금이 내지에 사용되고 있다는 것은 분명한 사실이기 때문에 이 점에 대해서 정부는 충분히 감독을 해야 할 책임이 있다고 생각합니다.

계속해서 조선은행의 대중국 차관에 대해 질문이 있습니다. 이것은 데라우치(寺內) 내각 때 나온 것입니다. 당시 사정상 합당한 이유가 있었다고 생각합니다. 그러나 현재 대부금을 언제 받을 수 있을지 모릅니다. 흥업은행, 대만은행, 조선은행이 대중국 차관에 응했던 금액, 중국에서 받은 이자관계는 어떻게 되었습니까? 예금부에서 흥업은행, 대만은행, 조선은행을 통해 중국 정부 차관에 응하게 했던 것으로 알고 있습니다. 이러한 일은 조선은행의 임무로서 사실 대장대신에게 질문을 하고 싶습니다만, 출석하지 않았습니다. 이 법률개정에 대해 상의했을 것이라고 생각되기에 이 자리에 있는 정부위원에게 듣게 된다면 큰 행운이라고 생각합니다.

○ 정부위원, 오노 기이치(小野義一)

조선은행의 임무가 무엇인가는 잘 알고 있습니다. 다만 재계가 호황이었을 때 당국자가, 제가 보기에는, 주로 환업무 관계 때문에 여러 지역으로 대부를 확대했다고 생각합니다. 그 당시 방법은 지금에서 보면 유감스러운 점이 있습니다. 앞으로 엄중하게 감독을 해야 한다고 생각합니다. 그러나 대중국 차관은 정부보증의 흥업채권이라고 생각합니다. 이것은 어제 본 회의를 통과했고, 예산외 국고 부담으로 대장성 소관으로 되었습니다.

본년 11월에 제2회 흥업채권의 상환기가 도래하기 때문에 빌려서 갚지(借換) 않으면 안 됩니다. 중국에서 원금이 돌아오지 않았습니다. 제가 기억하는 바에 따라 말씀드린다면 연체되고 있는 것이 1천85만 원 정도라고 생각합니다. 그 외 부분은 현금 또는 이자 지불 차관으로 정리하고 있습니다. 1천85만 원을 세 은행에 3등분 한 것입니다. 그래서 조선은행은 350만 원을 감당하고 있습니다. 상대가 중국이기 때문에 아무래도 곧바로 결제 완료를 하기 어렵습니다. 사실상 이자 지불 차관으로 서서히 정리하는 방법 밖에는 없다고 생각합니다.

이 문제는 중국에서 불확실한 내지의 외채 정리와 관련이 있습니다. 알고 계신 대로 워싱턴회의의 결과 중국에 관한 조약이 비준되었기 때문에 3개월 이내에 관세 증징회의가 개최될 예정입니다. 이 예비회의가 현재 진행되고 있습니다. 외국은 물론 중국 정부 자체에서도 불확실한 외채를 정리하지 않으면 안 된다는 것을 분명하게 자각하고 있습니다.

다만 이 관세특별회의는, 알고 계신 대로 프랑스가 금본위제 문제로 조약에 조인을 하지 않았기 때문에 비준이 되지 못하고 있습니다. 그 때문에 아직 그 상태대로 있기는 합니다만 결국 이것은 얼마 되지 않아서 해결될 것으로 보입니다.

만약 관세증징 회의가 열리고, 외국에 대해서 중국의 불확실한 채권을 정리하게 된다면, 일본의 흥업채권은 반드시 그 중에 포함되어 틀림없이 결정될 것입니다. 현재 우리는 그 시기가 빨리 오기를 바라고 있습니다.

○마키야마 고조(牧山耕藏) 위원

개정법 제37조에 「본 법 중 대장대신의 직무에 속한 사항은 칙령이 정하는 바에 의해 조선총독이 시행하도록 할 수 있다」라고 되어 있는데 이 칙령이 규정한 사항을 알려주시기 바랍니다.

○ **정부위원, 마쓰모토 오사무(松本脩)**

칙령의 내용은 아직 확정되지 않았습니다. 그러나 대체적으로 이것은 조선에서의 업무 범위로, 조선에서 지점과 대리점의 설치, 기타 은행과의 계약 성립 허가, 또는 명령사항으로 조선에서 대부할인 금액, 방법, 이자율, 환율 제한 등과 같은 것이라고 할 수 있습니다.

○ **마키야마 고조(牧山耕藏) 위원**

아직 질문이 더 있지만, 다른 분의 언론을 존중한다는 의미에서 질문을 보류해 두겠습니다.

○ **이타노 도모조(板野友造)위원**

저는 과문하여 잘 알지 못합니다만, 조선은행은 자본금이 얼마입니까?

○ **정부위원, 도미타 유타로(富田勇太郎)**

8천만 원으로 50만 원이 불입자금입니다.

○ **이타노 도모조(板野友造)위원**

정부가 갖고 있는 주식은 얼마입니까?

○ **정부위원, 도미타 유타로(富田勇太郎)**

3만 주로서 3백만 원입니다.

○ **이타노 도모조(板野友造)위원**

그러면 최근에 예금부의 돈이 조선은행에 들어간 것은 언제입니까?

○ **정부위원, 도미타 유타로(富田勇太郎)**

그것은 3회로 나누어서 1회는 4월 1일, 2회는 5월 14일, 3회는 6월 11일입니다.

○ **이타노 도모조(板野友造)위원**

정해진 이자가 얼마입니까?

○ **정부위원, 도미타 유타로(富田勇太郎)**

상세한 것은 뒤에 적혀있으니 봐주십시오.

○ **이타노 도모조(板野友造)위원**

이것은 아무래도 정부 감독이 행해지지 않았다고 생각됩니다. 불량대출도 내용은 충분히 말하지 않겠습니다만, 아무래도 법률상으로 정부가 그것을 감독하는 것이 있었는데 지금까지 업무 상태, 자본 상태가 상당히 남루해 졌다면 감독을 책임지고 있는 사람의 책임이 가볍지 않다고 생각합니다.

마키야마(牧山) 위원의 질문 중에, 소위 조선은행의 임무를 말씀하셨는데, 실은 임무를 등지고 매우 방만한 대출을 하고, 특히 내지에 대해 지금의 결과를 초래했다고 생각합니다. 상세한 일은 지금 말하지 않겠습니다만, 지금까지 정부에서는 감독을 하기는 한 것입니까?

○ **정부위원, 오카다 마코토(岡田信)**

정부 감독은 특수은행에 대해 일반적으로 하는 것과 동일한 방법입니다. 마찬가지로 조선총독부는 한편으로 감리관을 두고, 은행의 주요 업무에 대해서 저마다 중역회의 등에도 출석하여 상담을 받았습니다. 그리고 가끔은 은행에 대해 감사를 실시해서 다양한 보고를 받았습니다.

그러나 대개 정부의 감독이란 것은 법규상 숫자에 관한 감독이 대부분이기 때문에 소위 영업상 미묘한 것에 대해서는 모두 확인하지 못하는 경우가 매우 많습니다. 특히 앞서 대장차관께서도 말씀하신 대로 조선은행의 업무성적이 매우 악화되었습니다. 연체된 대출이 매우 많은 것은 주로 재계의 불황에 기인한 결과가 아닌가하고 생각하고 있습니다. 그러한 관계로 감독상 상당한 주의를 하고 있었더라도 재계의 불황 또는 상세한 영업 내용에 대해서는 확인하기 어려운 점이 있습니다. 때문에 지금과 같은 결과를 초래했다고 생각합니다. 대체적으로 이러한 사정을 알아주시기 바랍니다.

○ 이타노 도모조(板野友造)위원

정부위원이 말씀하셨던 것에서도 감독이 소위 관청풍의 감독으로 실로 방만했던 것입니다. 관청의 감독관은 장부만 보고 형식적으로 합니다. 영업에 관해 돌입하지 않은 것은 어찌된 것입니까? 관청적인 감독을 하고 그와 같이 말하더라도 방법이 없기 때문에 기왕에는― 정리부는 언제 설치되었습니까? 이 은행의 정리는 이전부터 어느 정도는 필요했다고 생각합니다. 어쨌든 정리부라는 것이 언제 나왔습니까?

○ 정부위원, 오카다 마코토(岡田信)

정리부가 설치된 것은 본년 3월경입니다. 이전부터 연체된 대부에 대해서 이 은행이 회수를 하고 있었기 때문에 대대적인 정리는 특수 대부에 대한 것입니다. 대대적이고 개별적인 것에 대한 내용을 조사해서 정리를 행하고 있는데 정리부는 도쿄의 본점에 설치되어서…

○ 이타노 도모조(板野友造)위원

그것이 언제입니까?

○ 정부위원, 오카다 마코토(岡田信)

그것은 방금 말씀드린 대로 대부분 본년 2월경입니다.

○ 마쓰야마 쓰네지로(松山常次郎) 위원

제가 은행 내부에 대해서 많은 사람들이 품고 있는 의구심 하나를 풀어 드리겠습니다. 초기에 이러한 의문이 제기된 것에 대해서 조선경제계의 사정을 충분히 이해해 주셨으면 합니다. 그것은 식민지에서 아직 사업을 시작할 여유가 없었기 때문입니다. 현재 재계가 매우 곤란해졌기 때문에 급하게 긴축시킨다는 것이 매우 곤란한 사정입니다. 그것은 내지와 조금 다릅니다. 백성의 사정을 예로 말씀드리더라도 갑자기 생사 가격이 매우 올라서 총독부가 양잠을 장려했고, 조선인이 누에고치를 판매할 목적으로 매우 많은 뽕나무를 심었습니다. 그런데 올해 갑자기 그 가격이 하락해서 조선인은 지금까지 관리가 특별히 장려를 해주던 것이 갑자기 가치가 하락했다고 하면서 실망하고 있습니다. 관리에게 속았다고 하면서 뽕나무를 뽑아내고 콩 등을 심는 자가 많습니다. 이것은 내지와 다른 상황입니다.

현재 조선의 경제계는 매우 위기에 처해있다고 확신하고 있습니다. 이 점을 전제로 해서 제가 한 가지 의문을 풀어드릴 수 있습니다. 조선에서 매우 걱정되는 것은, 앞서 동양척식회사에 대한 감독권을 중앙에서 갖고 이번에 조선은행의 감독권을 중앙에서 갖게 되면, 많은 사람들이 식산은행의 감독권을 중앙에서 가질 것이라는 의구심을 품을지도 모른다는 것입니다. 이것에 대해서 당국의 설명을 원합니다.

○ 정부위원, 오노 기이치(小野義一)

정부에서 가질 것이라는 생각한다는 점을 말씀하셨습니다만, 필요가 없다면 이러한 제도를 시행하지 않습니다. 지금 질문하신 식산은행에 대해서 우리는 그 필요성을 인정하지 않습니다. 그러나 조선은행과 같이 그 거래 없이 모든 영업이 확대되어서 지방적이지 않게 된다면 이러한 일이 발생하지도 모릅니다. 이것은 현재 예측하기 어렵습니다.

○마쓰야마 쓰네지로(松山常次郎) 위원

그것에 대해 조금 상세하게 설명해 주세요. 지금까지 감독권을 중앙에서 가져간 결과 어떠한 영향이 식민지에 미쳤는지에 대해 언급하셨다고 생각합니다. 동양척식회사의 감독권을 — 이것은 실상 조선은행과 같습니다. 만주에서 — 또는 시베리아까지 손을 뻗었고, 남양에도 손을 뻗고 있는데 척식국에서 그것을 가져서 그 결과 과연 어떠했는지를 말한다면 동양척식회사를 담당했던 사람은 그 책임을 중하게 여기고, 임무에 충실한 사람이라면 그런 일은 있을 수 없습니다. 실제 드러난 결과를 본다면 감독이 엄하여 일하기가 곤란하다고 합니다. 조선에는 돈을 많이 투자하지 않고, 만주인지 남양인지 감독이 허술한 지역에 대해 많은 돈을 투자하는 결과로 큰 구멍이 분명해져서 금융상태가 매우 곤란하게 되고 이 때문에 동척이 아직 힘이 있을 때에는 조선에 투자를 하지 않았습니다. 실제로 힘이 없어졌으니 조선에는 처음부터 기대할 만한 움직임이 없었던 것이라고 하는 말도 맞습니다.

동양척식회사를 처음 만들었을 때에는 어떠했습니까? 현재 동척 제일 첫 번째 수입은 토지 수입입니다. 여기에 대해 조선이 큰 희생을 치렀습니다. 예를 들면, 7만 정보 중에 1만 7, 8천 정보, 면적은 적지만 그 수입의 절반은 여기에서 발생하고 있습니다. 이렇게 비옥한 토지를 동척에게 양도했습니다. 겨우 300만 원의 가격으로 동척에 양도했습니다.

토지의 겸병을 억제했음에도 불구하고 동척에는 특별히 7만 정보까지 있는데 이렇게 되었습니다. 동척이 현재 매년 4백 2, 30만 원이라도 수입을 올리고 있는데 그 이익을 만주나 남양으로 뿌리고 있는 상황으로 인해 실제 자본을 투자하지 않을 뿐만 아니라 동척이 —

여기서는 동척의 일에 자세하게 간섭하는 것을 피해야 한다고 생각합니다. 많이 곤란합니다. 많은 점에서 견제를 받아 그 폐해를 받고 있습니다. 그래서 우리가 중앙의 척식사무국으로 가서 조금 상세하게 들어보려고 해도 거의 알 수 없었습니다.

중앙으로 옮긴다는 것은 무감독으로 옮기는 것과 같은 일이라고 생각하고 있습니다. 동척인지 운운하는 조직이 만든 일을 무감독 상태로 옮겨서 동척에게 활동시켜 궤도를 이탈하도록 만들었다고 생각합니다.

조선은행의 문제이지만, 먼저 조선은행을 중앙으로 옮긴다는 이유 중 하나가 조선에서보다 조선 이외의 지역에서 약 5배의 금액에 달하는 업무를 하고 있기 때문에 조선은행의 감독권을 중앙으로 옮겨야 할 필요가 있다는 것이었습니다. 여기에 대해 저는 동척과 동일한 의미에서 감독이 완화되고, 방만해져서 한층 금액이 상승하게 되지 않을까라고 생각합니다. 세간에서 전해지고 있는 것에 따르면 조선은행이 1억 2, 3천만 원의 결손이 발생해서 6천5백만 원의 구제자금이 나오더라도 충당할 수 없을 것이라고 합니다.

지금 말한 조선총독부의 엄중한 감독 아래에 두면 이와 같이 큰 결손이 발생하는 일은 없을 것이라고 생각합니다. 제가 염려하는 것은 동척과 동일하게 중앙으로 옮기면 거의 무감독 아래 두는 결과를 초래하지 않을까 하는 것입니다. 현재 대부된 돈은 없지만 동척과 같은 염려가 됩니다. 언제까지나 이러한 상태로 두어야 한다는 것은 아닙니다. 건전하게 발전하여 활동하는 때가 올 것인데 그 때에 동척과 동일한 결과가 나타나지 않을까 걱정됩니다.

그리고 또 식산은행을 중앙으로 가져갈 작정은 아니라고 하더라도 여기서 조선에 대해 걱정할 만한 이유가 있습니다. 무엇인지 말씀드리겠습니다.

현재까지 중앙의 대장성에서 동척을 갖고, 조선은행의 감독권을 가져갈 계획은 — 이것이 아닐지도 모릅니다. 세간에서는 대만은행의 정리는 빠르지만, 조선은행의 정리는 좀처럼 쉽지 않을 것이라고 보고 있습니다. 감독권을 가져오기가 곤란하다면 가져오기 쉽게 하기 위해서 가능한 늦출 것이라고 세간에서 말합니다. 이것이 아닐지도 모릅니다.

현재 동척도 죽어가는 상태입니다. 조선은행은 조선에서 거의 기능을 하지 못하고 있으며, 식산은행이 유일한 금융기관입니다. 그래서 조선에 있는 회사, 조합은 내지에서 활동하는 것이 그리 많지 않기 때문에 직접 와서 자금을 조달하는 것이 불가능합니다. 아무래도 식산은행을 거쳐 하지 않으면 안 됩니다. 식산은행이 내지에서 필요한 회사채를 발행하는 경우, 감독권은 조선총독에 있습니다만, 조선총독이 그것을 허가하더라도 대장성이 쉽게 허가하지 않을 것이며, 회사채 모집의 자유를 부여하지 않을 것입니다. 조선에서는 최고 좋은 기회로 유리하고 기민하게 자금을 얻을 것이라고 생각했지만, 좀처럼 되지 않을 것입니다. 민간에서는 자금이 식산은행에서 나올 것이라고 하지만, 지금 말씀드린 대로 식산은행에서 나오지 못합니다. 식산은행의 회사채 발행은, 내지에서 혹은 민간의 회사가 자유롭게 발행하는 것과 동일한 성질의 것입니다. 여기에 대해서 대장성은 동정을 갖고 그 자유를 인정해야 한다고 생각합니다. 그것을 억제해서 그 때문에 자유롭게 할 수 없고 기민하게 할 수 없고 유리하게 할 수 없게 되면, ― 조선에서 가장 은혜로운 저리 자금이라고 말하는 수리조합의 자금도 현재 9.5%입니다. 그 외 민간의 보통 회사에 대한 식산은행의 대출은 11% 혹은 그 이상입니다. 이러한 이자의 돈을 사용하면, 상당히 유리한 사업을 하더라도 불가능한 상태입니다. 하지만 민간에서는 대장성이 식산은행의 회사채 발행을 제한하는 것에 대해, 시기를 봐서 감독권을 가져오겠다는 뜻이라고 말하고 있습니다. 여기에 대해서 설명을 부탁드립니다.

○ 정부위원, 오노 기이치(小野義一)

지난번에 중앙에서 동척의 감독권을 가져갔고, 이번에 조선은행, 다음에 식산은행이 될 것이라는 말을 하셨습니다. 우리 대장당국의 입장에서 본다면, 지극히 노골적으로 말씀드리면 실제로 의심스럽다고 생각되는 것이 많이 있습니다. 대장성의 권력을 확장시키려는 생각은 결코 아닙니다. 뿐만 아니라 감독은 번번이 질책을 받기에 손을 뻗기 곤란합니다. 때문에 종래 갖고 있는 특수은행과 보통은행에 대한 감독도 불충분합니다. 자주 질책을 받을 정도입니다. 권력 싸움 때문에 식민지 은행을 가지고 오겠다는 생각은 결코 없습니다. 세간에서 이렇게 생각하고 있는 것은 크게 잘못된 것입니다.

동양척식의 감독권을 중앙으로 옮긴 이래 조선에서 허술한 일이 생겼다고 말씀하셨습니다. 척식국사무국장이 동양척식에 대해서 말을 했는지도 모르겠습니다만, 그러한 일이 있지는 않았습니다. 동척의 감독권이 모두 중앙으로 옮겨졌지만, 그럴 사이도 없이 재계의 반동이 일어났고 그래서 동척도 상당한 자금을 얻는 것이 곤란해졌다고 생각합니다. 그에 따라 조선 지역에 대한 자본투자도 불충해졌습니다. 이것이 대체적인 사실이 아닙니까?

또한 식산은행은 6개의 농공은행이 합해서 만들어진 것입니다만 제법 활동을 해왔습니다. 이러한 점 때문에 자연히 조선에서 동척의 영업범위 중에 식산은행에 양도된 것이 있었지만 부여된 힘은 거의 없었다고 생각합니다.

다음으로 식산은행의 회사채 모집에 대해 자유를 구속한다고 말씀하셨습니다. 그것은 결정된 것이 아닙니다. 최근 일에 대해서는 우리 관리가 있지 않았기 때문에 알 수 없지만, 제가 있는 동안에는 가능한 편의를 줄 작정입니다.

이러한 말이 발생하고 있지만, 다소 재계의 비난이 있는 시기에 사방팔방에서 회사채니, 지방채니 하며 경쟁하고 있으니 식산은행의 입장에서만 말한다면 이번 달에 모집하는 것이 가장 좋다고 할 수도 있습니다. 그러나 경쟁이 심해지고 있는 이때에 이 곳 은행도 발행하고, 저 곳 은행도 회사채를 발행한다면, 결국은 토끼 두 마리를 쫓다가 한 마리도 잡지 못하는 것이 됩니다. 이것은 매우 미묘한 관계가 있는 것으로 곧바로 허가를 할 수는 없을 것입니다. 그것은 식산은행뿐만 아니라 다른 채권 발행은행에 대해서도 동일한 고통이 있음을 우리 당국에서 듣고 있습니다. 그러나 비난이 일고 있는 재계의 상태로는 피할 수 없습니다. 대장당국에서는 차별없이 해야 한다는 생각으로 임하고 있습니다. 지금 말씀하신 것과 같은 생각은 결코 없습니다. 이 점을 충분히 이해해 주시기 바랍니다.

○ 위원장, 야마지 죠이치(山道襄一)

마쓰야마(松山) 위원에게 잠시 질문을 드립니다. 당신의 질문이 더 남아 있습니까?

○ 마쓰야마 쓰네지로(松山常次郎) 위원

남아 있지는 않습니다. 척식사무국장이 하실 말씀이 있다면 말씀해주시겠습니까?

○ 정부위원, 하마다 쓰네노스케(濱田恒之助)

지금 말씀이 있었습니다만, 동양척식회사는 처음부터 지금까지 사실상 중앙에서 감독권을 갖고 있었습니다. 중앙의 소속관청은 변함이 없습니다. 처음부터 조선총독부가 감독권을 갖고 있지 않았습니다. 다만 본점이 나가 있었던 것이 지금은 지점이 나가게 되고, 본점이 이쪽으로 옮겨졌습니다. 이것은 알고 계신 대로 영업 구역이 확장되었기 때문에 자연스럽게 된 것입니다.

○ 마쓰야마 쓰네지로(松山常次郎) 위원

앞서 대장차관이 말씀하시길 동척이 돈을 지출한 것은 재계의 공황이 있었기 때문이라고 하셨습니다. 그것도 하나의 원인이 될 것입니다. 그러나 단순히 그렇지만은 않습니다. 동척의 투자 방침에 따라 결정된 것입니다. 이 점에 대해서 우리는 여러 번 동척 당국과 논의를 했습니다. 만주에 투자한 결과 조선에 투자할 수 없었다는 것을 확인했습니다. 이것은 이전 동척의 간부 시절입니다만 이것을 이 자리에서 길게 말씀드릴 필요는 없다고 생각합니다. 그 사실만 말씀드립니다. 단지 돈이 없었다고 하는 것이 아닙니다. 동척의 방침에 따라서, 더 노골적으로 말씀드리면, 조선에서 총독부의 감독이 엄중했기 때문에 마음대로 일할 수 없었고 그래서 자유로운 만주와 몽고 지역으로 나아가 돈을 투자한 것입니다. 이것은 확실한 사실입니다.

그리고 식산은행에 대해서는 차별을 두지 않고, 특히 조선은행을 통제할 뜻이 없다는 말을 분명히 하셔서 안심이 됩니다. 그러나 한걸음 더 나아가 우리는 차별을 두지 않겠다는 것으로는 아직 만족할 수 없습니다.

중앙의 방침에 따라서 동척의 활동이 무능하게 되었습니다. 또 한층 활동해야 할 조선은행이, 이 또한 현재 그 활동 범위를 다른 쪽을 옮겨서, 이 때문에 큰 결손이 발생하게 되었습니다. 거기에 유일한 금융기관이 된 식산은행의 자금을 흡수하기에 이른 것입니다. 조선에 대해서 차별 없이 하겠다는 것만으로는 만족할 수 없습니다. 특별한 원조, 배려가 없다면 조선에 대해서는 만족할 수 없습니다.

그래서 조선은행의 이관 문제는 조선에서 매우 위협을 느끼게 되는 것입니다. 조선에 영구 정주(定住)하여 영구적인 사업을 하는 사람은 이 일에 대해서 매우 걱정을 하고 있습니다. 이러한 의미에서 실제로 지장이 없다면 현재 이관하겠다는 것을 없던 것으로 하는 것이 좋습니다.

그것을 해야 한다면 당국에서 그것에 대신해서 조선에 거주하는 사람이 만족할 만한 조건을 제시하여 안심을 시킬 필요가 있지 않을까? 라는 생각을 갖고 있습니다. 다른 위원의 질문도 있기 때문에 제 질문은 이정도로 마칩니다.

○ 정부위원, 오노 기이치(小野義一)

제가 충분히 이해하기 어렵습니다만, 조선에 대한 것은 칙령으로 조선총독부의 권한으로 위임한다는 1개의 조를 두었습니다. 이것이 그 취지입니다. 앞서 나가타(永田) 위원이 질문하셨는데 조선에서는 통치상 특별한 사유가 있기 때문이라는 의미입니다.

○ 마키야마 고조(牧山耕藏)

지금 감독문제에 대해서 마쓰야마(松山) 위원이 질문을 하셨습니다. 조선식산은행의 예가 나왔는데 앞으로 중앙으로 옮기지 않을까라고 걱정했습니다. 이 표준에 대해 우리가 이러한 것으로 이해해도 좋습니까?

조선은행은 원래 조선의 중앙은행입니다. 지금까지 영업범위가 확대되었어도 이름은 조선은행입니다. 그러나 사실은 동아은행이라고 말을 하지 않으면 안 됩니다. 동척 또한 그래서 중앙정부의 주무대신이 감독합니다. 조선식산은행은 조선 안에서 업무를 보는 은행이기 때문에 조선총독부의 관장에 맡겨집니다. 이러한 의미로 이해하고 있습니다만, 앞으로 조선은행을 중앙에서 감독할지도 모른다는 말이 있습니다. 중앙에서 해야만 하는 것이라면, 지방정부의 감독이라고 하는 표준에 대해 듣고 싶습니다.

○ 정부위원, 마쓰모토 오사무(松本脩)

오노(小野) 차관이 말씀 드린 대로입니다. 조선은행을 이관한다는 것은 물론 그 업무 범위가 확대되었다는 점이 주요한 이유입니다. 그러나 그와 동시에 조선은행권은 일본은행의 태환권을 준비로 하여 발행되는 것이기 때문에 중앙은행과 밀접한 관계가 있습니다. 그것이 또 하나의 이유입니다. 여기에 상황이 변해서 현재 식산은행은 조선에서 부동산은행으로 영업을 하고 있기 때문에 감독권을 내지로 옮긴다는 생각을 할 수 없습니다. 앞서 마쓰야마(松山) 위원이 식산은행의 내지 채권발행에 대해서 대장성

이 제재를 가하는 경향이 있을 지도 모른다는 걱정을 하셨습니다. 이것은 차관이 말씀 드린 대로 결정된 것이 아닙니다. 식산은행이 자금을 얻으려면 아무래도 내지에서 하지 않으면 안 됩니다. 내지에서 자금을 얻은 것에 대해 우리가 제재를 할 필요는 없습니다. 상당한 원조를 할 각오를 하고 있습니다.

식산은행이 내지에서 대출을 하는 폐단에 빠지지 않을까 라는 걱정에 대해서도 그것을 엄중히 감시하고 있습니다. 여기에 대해 대장성이 인가하려면 상당한 시간이 걸리는 점이 있습니다. 오히려 조선에 대출되어야 할 자금이 내지로 가는 것은 아닌가? 즉 조선은행의 전철을 밟지 않을까? 라는 걱정 때문에 식산은행이 내지에서 신청하는 것에 대해서 상당한 주의를 기울이고 있기에 얼마간 그것이 늦춰지고 있는지도 모릅니다.

○ **마키야마 고조(牧山耕藏) 위원**

그 점에 있어서 지금 채권을 발행하고 싶다는 생각이지만, 현재 어떤 사정이 발생해서 그만둔다고 하는…

○ **정부위원, 오노 기이치(小野義一)**

그렇다는 것이 결정되지 않았습니다.

○ **위원장, 야마지 죠이치(山道襄一)**

지금은 이정도로 그만 두기를 바랍니다만…

○ **이타노 도모조(板野友造) 위원**

잠깐 묻겠습니다. 앞서 정부에서 조선은행에 대부했던 3번의 날짜를 말했습니다. 6월 11일은 물론 금년이겠지요. ―6월 11일 대부는 현 내각이 성립된 즉 취임식 전입니까? 후입니까?

○ **정부위원, 오노 기이치(小野義一)**

저는 6월 11일에 대장차관이 되었습니다만, 제가 알고 있지 못했습니다. 그러니 취임식 이전이라고 생각합니다.

○ **이타노 도모조(板野友造) 위원**

그 대부는 무엇입니까? 제1회 대부를 할 때에 2회, 3회 등 3번으로 나누어 대부를 하는 것으로 액수도 정해졌던 것입니까? 그렇습니까? 제가 액수를 알고 있습니다만, 총액을 1회에 했는지? 또는 2회, 3회에도 대부한다는 것을 알고 있었습니까? 어떻습니까?

○ **정부위원, 오카다 마코토(岡田信)**

답변 드리겠습니다. 그것은 처음부터 3회로 나누기로 한 것으로 알고 있습니다. 한꺼번에 많은 액수를 주면 금융계를 문란하게 할 수도 있기 때문에 점차적으로 주기로 예정한 것입니다. 단 콜머니(call money)를 상환하게 해서 상환한 것으로 다음의 것도 줄 계획이었습니다. 앞서 세 번째 날짜에 대해 질문을 하셨습니다. 현금을 준 것은 6월 11일입니다만, 주려고 결정한 것은 수일 전입니다. 실행을 얼마간 늦추기로 결정한 것입니다. 결정은 그 전입니다.

○ **이타노 도모조(板野友造) 위원**

결정한 것은 언제입니까?

○ **정부위원, 오카다 마코토(岡田信)원**

수일 전입니다.

○ 이타노 도모조(板野友造) 위원

수일 전이라는 것이 언제입니까?

○ 정부위원, 오카다 마코토(岡田信)원

6월 초 쯤이라고 생각합니다.

○ 이타노 도모조(板野友造) 위원

자세히 조사해 주시기 바랍니다.

○ 마키야마 고조(牧山耕藏) 위원

대장차관에게 상담을 드립니다. 앞서 대장성 예금부와 일본은행이 조선은행에 융통해준 돈은 아무래도 비밀사항에 속하는 것이기에 그 시기에 대해서 분명히 밝히기 어려운 것이 있습니다. 그러나 이는 대장성 관리의 포켓머니(pocket money)는 아닙니다. 국민의 예금입니다. 이 예금의 처분에 대해서는 알고 계신 대로 위원회를 설치하고 위원회에서 논의하여 적당한 방법으로 하지 않으면 안 된다고 할 정도로 여론이 일었습니다.

기요우라(淸浦) 내각이 그 절차를 밟는 것으로 각의에서 결정했다고 들었습니다. 또 지금 정부에서도 이러한 생각이 있었을 것이라고 생각합니다.

은행 내부의 일, 예를 들면, 누가 몇 천만 원을 빌렸는데 그것이 상환 불능이라는 것 등은 영업 기밀과도 은행의 영업과도 관계되는 것이기에 공개할 수 없습니다. 그러나 대장성의 예금부 혹은 일본은행에서 이정도 원조를 했는데 이러한 사실이 특별히 기밀사항으로 의회에서 밝힐 수 없다는 것은 어떤 이유입니까?

은행의 신용을 증대시키는 것입니다. 대장성은 이러한 정리 방침을 세워서 적극적으로 원조하겠다고 하는데 은행의 신용은 될지언정 어떤 비밀사항에는 속하지 않습니다. 그것을 꺼린다면, 예금부의 돈 사용에 대한 의문을 정부에 질문할 수 없는 상황에 빠지는 것이라고 생각합니다. 중요한 점이기 때문에 다시 질문을 드립니다.

○ 정부위원, 오노 기이치(小野義一)

우리의 판단이라고 말씀하십니까? 짐작이 틀렸습니다. 가령 5천만 원을 지불한다는 것이 공포된다면, 정부에서 5천만 원을 지불하지 않으면 안 될 정도로 은행의 생태가 악화되었다고 많은 사람들이 생각할 것입니다. 우리는 그만큼이면 안심할 정도라고 생각하는 사람은 적지 않을까라고 느끼고 있습니다. 모든 금융이 미묘한 파동을 일으키게 되면 그로 인해 은행의 정리에 방해가 되는 결과가 제기되지 않을까? 마키야마(牧山) 위원이 말씀하신 결과가 될지 안 될지는 모르지만, 우리는 오히려 그것이 위태롭다고 생각했습니다. 아무래도 그 돈이 모두 정리에 사용되는 것이 아닐까하는 불안이 생기는 것이 걱정되었습니다. 정부에서는 그것을 공표하지 않겠다는 생각은 아닙니다. 여기에 오해가 없으셨으면 합니다.

어떤 사람이 얼마를 빌렸는지 하는 것도 동일한 영향을 주는 것이 아니겠습니까? 금융이란 것은 아무래도 이러한 경향으로 이해하는 것이 ― 관측하는 것이 타당하다고 우리는 생각하고 있습니다. 기요우라(清浦) 내각 시절 예금부 제도를 개정한 안이 있었는지 저는 모릅니다. 그러나 이 내각에서는 조만간 무엇인지 성안(成案)을 하고 싶다고 생각하고 있습니다.

가령 마키야마 위원이 예시로 들었던 것과 같이 위원회가 구성되는 것이라는 가정 ― 가정입니다. 가정해서 여기 어떤 은행이 있고, 거기에 돈을 공급하는 것을 위원회에 자문을 하더라도 그 위원회의 결정은 공표되지 않고, 비밀회의에서 결정해야 하는 것이라고 생각합니다. 예금부의 제도를 풀어 놓는다고 하더라도 이처럼 금융에 관계되는 미묘한 것은 공표하지 않는 것이 좋다고 생각합니다. 부디 이 점은 오해 없으시길 바랍니다.

○ **나가타 젠자부로(永田善三郎) 위원**

이관문제입니다. 결국 조선은행의 감독을 조금 완전하게 하자는 취지에서 나온 것입니다. 이상 현재 조선은행이 어떤 상태인지를 조금 확실히 듣기를 원하는 위원들이 많다고 생각합니다. 제 자신도 이렇게 생각합니다. 그래서 지금 어떤 선배 위원에게 이 점에 대한 관계를 들어보았습니다. 이전에 동척 문제에 대해서 동척 총재를 참고인으로 해서 위원회가 비밀회의를 요구해서 그 내용을 들었던 일이 있었다고 합니다.

이러한 선례가 있다면 당국에 있는 조선은행의 총재라고 합니까? 두취라고 합니까? 총재를 참고인으로 이 자리에 출석을 요구해서 현재의 상태가 어떤지를 질문하고, 대장당국의 책임으로 감독을 해서 정리의 실효를 거두게 하고, 이러한 것이 아니라면 이관의 문제는 무의미한 것이 아닐까라고 생각합니다. 이 점에 대해서 위원장의 동의를 바랍니다. 적당한 방법을 채택해주시기 바랍니다.

○ **위원장, 야마지 죠이치(山道襄一)**

나가타(永田) 위원이 지금 위원장에게 요청하시는 겁니까?

○ **나가타 젠자부로(永田善三郎) 위원**

이것은 위원장이 취급하는 일이기 때문에…

○ **위원장, 야마지 죠이치(山道襄一)**

그 의미를 알겠습니다. 희망사항은 알아 두겠습니다.

○ **마키야마 고조(牧山耕藏) 위원**

지금 나가타(永田) 위원이 대부분 대장성 예금부의 내용에 대해서 질문했다고 생각하고 손을 놓고 있었습니다. 이것은 대장차관도 알고 있습니다만, 조선은행, 대만은행에 대해서 세간에서도 매우 의구심을 보이고 있습니다. 알고 계신 대로 대부분은 민간이 주주입니다. 나라의 법률에 의거해 성립된 은행이기 때문에 안심하고 정부를 신뢰해서 주식을 가지고 있었고, 세습재산으로 갖고 있는 것이 적지 않습니다. 지금 설명했지만, 그 점에 대해서 정부가 분명한 말을 피하려고 하는 것에 대해서 주주도 매우 불안감을 느끼고 있고, 또 일반 세간의 거래자도 매우 불안감을 갖고 있다고 생각합니다. 지금까지 관료 정치가라면 어쨌든 오노(小野) 위원은 선거를 통해 중의원을 거쳐 정당에 자리를 잡고 있는 대장차관입니다. 정부는 엄중히 감독하는 것을 보면 상당한 결함이 있는 것은 어쩔 수 없습니다. 이것에 대해서 이정도 원조를 해서 앞으로 10년 간 훌륭하게 정리해서 모두 안심하면서 은행과 거래를 해도 좋다는 성명을 내야하는 책임이 있습니다. 정리 방침이 확립되지 않았습니까? 무너질지 아닐지 알지 못하는 경우라서 방법이 없겠지만, 그렇더라도 일정한 정리 방침을 세워서 정부와 일본은행이 적극적으로 6천500만 원의 큰돈을 내서 원조를 한다면 중간 정리는 될 것이라고 생각합니다. 이는 일반 국민과 주주에 대한 정부의 책임입니다. 감독의 책임이 있습니다. 의회에서 우리 국민의 대표자에게 은행법 개정의 협조와 찬성을 요구하고 있기 때문에 이 점을 고려하고 있는 이상 대장대신과도 상담해서 일반 주주 및 국민이 안심할 정도의 성명을 내지 않으면 안 되는 책임이 정부에게 있습니다.

또한 지금 말 속에 대장성의 예금부 돈을 비밀리에 사용하고 어디에 사용했는지 알 수 없다고 한다면 일반 국민은 매우 불안하게 느끼고 아무리 정부가 저축을 장려하더라도 이처럼 어처구니없는 일에 사용한다면 우편저축은 하지 않겠다고 하고 있습니다. 이 점에서도 큰 의혹이 발생한다고 생각하기 때문에 다시 고려를 해주시기 바랍니다.

○ **위원장, 야마지 죠이치(山道襄一)**

그것은 오늘 이정도로 해둡시다. 이 위원회는 가능한 시간도 있지 않습니다. 때문에 빨리 종료해야 한다고 생각합니다. 다음 회에는 정각에 참석해주시기 바랍니다. 산회합니다.

오후 3시 13분 산회

13. 1924년 7월 12일 중의원 조선은행법 중 개정법률안 위원회 회의록 제2회

회의

1924년 7월 11일(금요일) 오전 9시 12분 개회

출석위원은 다음과 같다.
위원장 야마지 죠이치(山道襄一)
이사 마쓰야마 쓰네지로(松山常次郎)
이치야나기 나카지로(一柳仲次郎)
나가타 젠자부로(永田善三郎)
마키야마 고조(牧山耕藏)
이타노 도모조(板野友造)

출석국무대신은 다음과 같다.
대장대신 하마구치 오사치(濱口雄幸)[66]

출석정부위원
척식사무국장 하마다 쓰네노스케(濱田恒之助)
조선총독부 재무국장 와다 이치로(和田一郎)
관동장관 백작 고다마 히데오(兒玉秀雄)

---

66) 하마구치 오사치(濱口雄幸, 1870~1931) : 정치가, 고치(高知)출신으로, 대장대신, 내무대신 등을 역임했다. 입헌민정당 초재로서 1929년 수상이 되었다. 재정긴축, 금 해금을 단행했고, 협조회를 추진했다. 런던 군축회의에서 조약에 조인했다.

관동청사무관 니시야마 사나이(西山左內)

대장차관 오노 기이치(小野義一)

대장성 이재국장 도미타 유타로(富田勇太郎)

대장성 은행국장 마쓰모토 오사무(松本脩)

대장서기관 오카다 마코토(岡田信)

오늘 회의에 올라온 안건은 다음과 같다.

조선은행법 중 개정법률안(정부제출)

○ 위원장, 야마지 죠이치(山道襄一)

개회합니다. 이어서 질문을 계속합니다. 이타노 도모조(板野友造) 위원

○ 이타노 도모조(板野友造) 위원

어제 예금부의 돈을 조선은행에 대부한 최근 날짜가 언제인가 하는 질문을 해서 6월 11일이라고 했습니다. 6월 11일은 전 내각이 끝나는 날이고 현 내각이 성립된 날입니다. 과연 전 내각의 일인지 현 내각의 일인지 하는 것에 대한 질문을 해서 전 내각에서 했던 일이기 때문에 현 내각은 관계가 없다는 말이 있었습니다.

정부위원은 늦추어서 대출을 한 날이 6월 11일이지만, 무엇 때문인지는 모르지만, 정부가 결정한 것은 수일 전이라고 했습니다. 날짜가 언제인가라는 질문에 어제는 답변하지 않았습니다. 수일 전은 아니라고 생각합니다. 정부의 행동으로 말씀드립니다. 그것을 결정한 것은 기요우라(淸浦) 내각이 사표를 제출한 후입니다. 기요우라(淸浦) 내각이 사표를 제출한 것이 6월 7일 쯤이라고 생각합니다. 자세히 알지 못합니다. 결정을 한 것은 그 뒤였을 것으로 생각합니다. 어쨌든 결정한 날짜를 말씀해주시기 바랍니다.

○ 정부위원, 마쓰모토 오사무(松本脩)

지금 당국자가 보이지 않기 때문에 잠시 기다려주십시오.

○ 위원장, 야마지 죠이치(山道襄一)

이타노(板野) 위원에게 의논드립니다. 정부위원이 지금 잠시 다른 일을 보고 있다고 생각됩니다. 다른 질문이 있다면 이때…

○ 이타노 도모조(板野友造) 위원

정말 다행입니다. 대만은행도 대장대신의 감독으로 되었습니다. 조선은행도 이 법률안에 의해 대장대신의 감독으로 될 것입니다. 저는 본 안이 정말 훌륭하다고 생각합니다. 그래서 동척에 대해 이것을 이관할 생각은 없습니까?

○ 정부위원, 마쓰모토 오사무(松本脩)

동척에 이관하는 것에 대해서는 상당한 연구가 진행되고 있습니다만 아직 성안을 하지 않았습니다.

○ 국무위원, 하마구치 오사치(濱口雄幸)

단지 정부위원이 답변을 드린 대로입니다. 그것에 대해서 철저하게 연구를 진행하고 있다고 생각합니다. 그 위에 이관문제를 해결할 수 있다고 생각합니다. 조금 더 조사연구가 필요하다고 하는 일이 있기 때문에 아직 시간이 걸립니다. 자세히 연구를 수행하고 있다고 생각합니다.

○ 이타노 도모조(板野友造) 위원

제가 정부로부터 답변을 얻고 싶은 것은 어제 질문했던 예금부의 돈을 대부한 이자입니다. 이것이 서면으로 회람되었다고 하는데 아직 서면을

접수하지 않았습니다.

이것과 앞서 질문했던 사안뿐입니다. 다른 것은 없습니다.

○ 나가타 젠자부로(永田善三郎) 위원

어제 회의 상황으로 말씀드린다면 마키야마(牧山) 의원이 질문했던 정부의 감독권에 대한 문제가 충분히 연구되지 못했습니다. 이 점에서 마키야마 의원의 질문이 남아 있다고 할 수 있습니다. 오늘 출석을 하지 않았지만 질문하신 위원이 자리에 없더라도 정부의 설명은 지장이 없다고 생각합니다. 이때를 대신해서 다른 위원이 질문을…

○ 야마지 죠이치(山道襄一)

나가타(永田) 위원이 동일한 생각이라니 좋습니다.

○ 나가타 젠자부로(永田善三郎) 위원

조선은행의 정부 감독권 소재에 대해 다양한 예가 나왔고, 동료 마키야마(牧山) 위원이 질문을 해서 이 점에 대해 정부의 답변이 있었습니다. 그 연혁, 감독권의 연혁, 당시 법문의 해석, 의회에 대한 정부의 언명 등이 뒤섞였습니다. 그래서 그 점을 이해하기 어려웠습니다.

이번에 이관을 한다는 것에 대해서 분명하게 해둘 필요가 있는 일이 있습니다. 종래 감독권이 불확실해서 충분하게 감독을 행하지 못했다는 것을 확인한 이상 그 책임이 어디에 있는지를 정하지 않으면 안 됩니다. 또한 그것에 수반해서 책임자를 어느 곳에 두어야 할지까지 영향이 미칩니다. 처음부터 지금까지 명확한 연혁에 대해 설명을 해주시기 바랍니다.

○ 국무위원, 하마구치 오사치(濱口雄幸)

조선은행 감독 연혁에 대해서 제가 상세히 알고 있지 못합니다. 이 점에 대해서는 정부위원이 답변할 것입니다. 조선은행의 정리가 충분하게 되지 않고 있는 것은 사실입니다. 때문에 이전 내각, 또 그 이전의 내각 등에서도 이 점을 깊이 우려했습니다. 드디어 정리 방침을 세워서 앞으로 수년간에 정리를 완료할 계획을 수립했음으로 이후에는 정리 계획을 착착 실행해서 예정된 기간 내에 정리를 완료하기를 기대하고 있습니다.

그리고 종래 정리되지 못한 감독상의 책임은, 어제 무슨 내용이 있었는지 상세하게 알고 계시겠지만, 지금까지 직접적인 감독관청은 조선총독부였습니다. 주로 조선총독부에 있었습니다만 정부 전체가 그 책임을 피하지 못한다고 생각합니다. 단순히 조선총독부에만 이 책임을 부담시키고 중앙정부는 관계가 없다고 할 상황이 아닙니다. 조선총독부는 원래 정부의 한 부분입니다. 첫째로는 조선총독부, 둘째로는 정부 전체의 책임이라고 생각합니다. 이러한 상황에서 이관에 관한 법안이 통과된다면 앞으로 계속 감독상의 모든 책임이 대장대신에게 있게 됩니다. 부디 이 일을 알려주시기 바랍니다. 감독의 연혁에 대해서는 정부위원이 말씀드리겠습니다.

○ 나가타 젠자부로(永田善三郎) 위원

지금 막 마키야마(牧山) 위원이 출석하셨습니다. 마키야마 위원이 질문이 있을 것으로 생각합니다.

○ 마키야마 고조(牧山耕藏) 위원

조선은행의 이관 문제입니다. 어제 대부분…

○ 위원장, 야마지 죠이치(山道襄一)

발언 중입니다만, 어제 약속된 예산총회가 10시부터 있었습니다. 귀족원 다음에 예비금 등의 위원회가 있기 때문에 가능한 질문은 간결하게 해주시기 바랍니다.

○마키야마 고조(牧山耕藏) 위원

어제 영업 방침에 대해서, 종래 방만한 대출에 대한 감독 책임이 누구에게 있는가라는 것을 질문했습니다. 대장차관은 법문에 쓰인 대로 조선총독의 책임이라고 설명했습니다. 이것은 알고 계신 대로 1917년 말 의회에 제출되었던 것입니다. 설립 당초의 취지가 전부 변해서 대륙은행인지, 동아은행인지, 그 활동 범위가 만주와 몽고까지 미치고 있어서 성질이 완전히 변했다고 했습니다. 저는 대만은행은 대장대신의 감독 하에 있고, 기타 모든 특수은행도 대장대신의 감독 하에 있는데 조선은행도 이와 같이 설립 당초의 의미를 확대시켜 조선 이외의 지역으로 발전을 했으니 이 은행의 감독권이 조선 총독에게 있다는 것은 동의하기 어렵다고 했습니다. 즉 중국 정부의 경제차관에도 응하고 있고, 시베리아의 경제원조에도 손을 대고 있어서 당시 위원회에서도 특별히 논의가 있었습니다. 그 때 많은 질문과 응답을 거듭한 결과 대장대신은 이렇게 언명했습니다. 「조선은행에 대해서 즉 28조에 정부는 조선은행을 감독한다고 되어 있는데, 이 정부의 의미는 중앙정부와 조선총독부를 의미하는 것입니다. 결국 넓은 의미입니다. 그리고 그 감독 범위가 중앙 이외에서 즉 조선총독이 감독하는 부분으로 조선은행법에는 특별히 조선총독부가 감독을 하라는 명문이 없습니다. 그 영토 이외에 있는 것은 대장대신이 감독하는 경우 혹은 내각총리대신이 척식국을 갖고 있기 때문에 감독하는 것 등을 포함합니다. 매우 확대된 의미의 규정이라고 해석하고 있습니다.」라고 했고, 이 언명을 신뢰하여 우리가 협조와 찬성을 했습니다. 수정안이 제출되기도 했지만, 정부의 이 성명을 신뢰하여 협조와 찬성을 했습니다.

이번에는— 저는 지금 도중에 들었습니다만, 어제 대장차관의 말과 달리 감독 책임은 조선총독부는 물론 중앙의 대장대신이 책임을 져야 한다는 설명을 들었습니다. 이러한 것은 법문에서 정의된 정도의 의미인데 실제로는 하등(何等) 변하지 않은 해석이라고 보아도 괜찮습니까?

○ **국무위원, 하마구치 오사치(濱口雄幸)**

제가 말씀드린 것은 그 취지가 아닙니다. 이제까지 조선은행의 감독은 물론 조선총독에게 있습니다. 이것은 분명합니다. 주로 조선총독에게 있습니다. 그러나 조선총독도 사실상 정부의 한 부분이기 때문에 두 번째로 그것을 감독하고 있는 사람의 책임도 있다는 것입니다. 특히 대장대신의 책임이란 의미가 아니라 정부 전체가 책임을 면할 수 없다는 의미로 말씀을 드린 것입니다.

여기에 제한된 법률안이 실시된다면 직접적인 책임을 조선총독에서 이관되어 대장대신에게 넘어가게 됩니다. 이것은 매우 달라지는 것입니다. 나가타(永田) 위원의 질문에 대해 답변 드린 것은 물론 지금까지는 조선총독의 책임이지만, 더 나아가 말씀드리자면 조선총독을 감독하고 있는 정부 전체의 책임도 되기에 지금부터 조선총독의 감독을 가져와서 첫 번째로 직접적으로 대장대신의 책임으로 한다는 것을 말씀드린 것입니다. 종래와는 형식적으로도 실질적으로도 크게 다른 것입니다.

○ **마키야마 고조(牧山耕藏) 위원**

그 점에 조금 의문이 있습니다. 그렇지만 오늘은 여기까지 하고 다음으로 식민지 특수은행의 합병 통일에 관해서 질문을 드립니다. 지금 대만은행이 있고, 조선은행이 있습니다. 각각 제국의 영역 내에서 다양한 「노트(note)」를 발행하여 유통시키고 있습니다. 설립 초기에는 다양한 사정이 있어서 어쩔 수 없다는 것을 알고 있습니다. 조선은행은 조선이 일본의 보호에 있었던 당시 설립된 은행입니다. 그것이 여러 번 변했지만, 조만간 일본은행에서 합병해 「노트(note)」를 통일시킬 필요는 없는지? 라고 생각합니다. 이 점에 대해서 어떠한 생각이 있습니까?

○ 국무위원, 하마구치 오사치(濱口雄幸)

식민지라고 말씀하셨습니까? 앞으로 대만, 조선, 만주 등에 있는 금융기관 문제는 매우 큰 문제라고 생각합니다. 이 점에 대해서 각 방면에서 다양한 의견이 있다고 생각합니다. 알고 계신 대로, 정부 부처에서도 종전부터 연구해 온 사안입니다. 열심히 연구하지 않으면 명확한 답을 내지 못합니다. 무엇을 말씀드리더라도 우리의 연구가 거기까지 생각하고 있지 않습니다. 실질적인 제도의 측면에서 연구하여 상당한 안을 세웠다고 생각하고 있습니다. 이 자리에서 질문에 대해 명확한 답을 드리지 못하는 점은 진실로 안타깝습니다. 이것은 앞으로의 연구를 기다려야 하는 것입니다. 잠시 기다려주시기 바랍니다.

○ 마키야마 고조(牧山耕藏) 위원

조선은행의 임무에 대해 질문을 드립니다. 조선은행, 대만은행에 대한 종래의 방침은 대만은행은 대만은행의 임무가 있고, 조선은행은 조선은행의 임무가 있어서 대만은 대만, 남양, 남중국 지역에 주력하고, 조선은행은 조선, 만주 지역에 주로 활동을 해야 합니다.

대만은행을 예로 들어 말씀드리면, 호황의 때에 그 사명을 망각하고 내지의 자본가, 조선, 대만에 관계를 갖고 있는 자본가에게 다액의 대출을 했습니다. 예를 들자면 고베의 스즈키(鈴木)상점과 대만은행의 관계와 같이, 누구라도 이미 알고 있었던 것입니다만, 한 사람에 대해서 매우 막대한 대출을 했습니다. 대만은행이 스즈키 상점과 그 운명을 함께 해야 하는 관계가 되었다는 것을 알고 있습니다. 큰 사업가를 원조하는 것이 반드시 나쁘다고 할 수는 없지만, 다른 측면에서 보자면 여기에 전력을 기울였기 때문에 그 사업가가 실패를 한다면 은행의 운명에 관계가 됩니다. 3만, 5만 정도의 소액 자금을 융통받은 사람에 대해서 자금을 회수할 필요가 있다고 생각합니다. 그러나 이처럼 한도를 넘어서 큰 힘을 들였기 때문에 지금 조선은행, 대만은행이 곤란해졌습니다. 이러한 일에 대해서 대장당국은 어떠한 의견을 갖고 있는지 알고 싶습니다.

○ **국무위원, 하마구치 오사치(濱口雄幸)**

조선은행과 대만은행의 종래 대출은, 적당함을 잃은 것은 제가 취임 이전에 여러 번 들었던 일입니다. 이번 내각에 들어와서 아직 조사를 할 겨를이 없었습니다만 말씀하신 일이 있었다고 생각합니다.

하루아침에 그것을 고친다는 것은 금융기관과 사업계와의 관계 상 다소 곤란한 점이 있습니다. 때문에 상당한 시일을 두고 그 사이에 제가 대부금을 정리하고 앞으로 가능한 빠르게 특수은행이 설립에 마땅한 임무를 수행할 수 있도록 해야 한다고 생각하고 있습니다. 그러나 수년간에 길들여진 일을 하루아침에 고친다는 것은 매우 곤란합니다. 때문에 점차 고쳐갈 생각을 갖고 있습니다.

○ **마키야마 고조(牧山耕藏) 위원**

동척의 일에 대해서 질문을 드립니다. 동척도 현재에는 실제 자금이 막혀 있습니다. 동척의 회사채는 1929년까지 5개년 간 상환해야 할 금액이 1억 3천9백만 원입니다. 이 숫자는 조사한 것이기 때문에 틀리지 않다고 생각합니다. 거기에 사업자금으로 대출이 이미 약속된 것이 936만 원인데 그것을 합하면 1억 4천수백만 원에 달합니다. 이 회사채의 상환 — 빌려서 갚는 것에 대해서 대장대신은 어떠한 생각을 갖고 있습니까?

식민지 자금은 장기 저리로 하지 않으면 안 됩니다. 현재 1억 수천만 원의 회사채가 상환되더라도 식민지에 대해서 적극적으로 투자를 하려면 채권모집에 의지하지 않으면 안 된다고 생각합니다. 그런데 사업회사의 자금에 대해서도 마찬가지로 비모채주의(非募債主義)라는 생각이십니까? 식민지 발전에 중대한 관계를 갖고 있다고 생각하기 때문에 명확한 답변을 듣고 싶습니다.

○ 국무위원, 하마구치 오사치(濱口雄幸)

방금 질문은 동척 회사채의 차관 등에 대한 것입니다. 여기에 대해서는 관계은행인—주로 흥업은행 쪽에서 상당히 고심하고, 또한 대장성도 고심하고 있는 사안입니다. 그 시기에 따라서 혹 외채에 의한 것이 적당하다는 생각을 했습니다. 외채에 의지하면 지장이 없다고 생각해서 이 일이 적당한 것이고 이렇게 하지 않으면 식민지가 발전을 할 수 없다 봅니다. 그리고 외채를 들이면 이 때문에 내지 금융계에 특별히 좋지 않은 영향이 미치지는 않을 것이라고 확신합니다. 그래서 외국 시장에서 그것을 차환 모집하는 것이 적당하다고 생각합니다. 구체적인 문제는 그때 상황에 달린 것이지만, 대체적인 방침은 그렇습니다.

○ 마쓰야마 쓰네지로(松山常次郎) 위원

조선에서 특수 금융기관으로 있는 것은 지금까지 동척, 조선은행, 척식은행 3개입니다. 현재 동척과 조선은 거의 기능을 하지 못하고 척식은행 1개가 기능을 하고 있습니다. 동척의 본사가 도쿄로 옮긴 이후 조선에 대한 동척의 태도가 완전히 변했습니다. 이러한 사실로 보면 지금 감독권이 대장성으로 옮겨지기 때문에, 현재까지 조선총독의 지도에 따라서 해왔던 것을 행하지 않을 것이라고 생각합니다. 또 조선은행은 거의 적극적인 활동을 할 수 없는 상태에 있기 때문에 그 효과가 나타나지 않을 것이라고 생각합니다. 자금을 조달해서 그것을 정리한다면 이것을 대장성으로 이관하는 것이 좋다고 생각합니다.

은행이 앞으로 건전해지면 영업에 대해서도 충분히 감독을 하지 않으면 안 된다고 생각합니다. 그래서 조선은행이 조선에 그대로 있더라도 지금까지 했던 것을 행하지 않겠다는 각오를 하지 않으면 안 됩니다.

이러하기 때문에 조선에서 온당하게 신뢰를 얻는 것은 식산은행 하나라고 하는 것입니다. 조선에 있는 각 개인이 하는 사업 또는 회사의 사업을 보면 그 기초가 내지에서와 같이 공고하지 않기 때문에 현재 그것에 대해 원조를 끊어버리면 망하게 된다고 생각합니다.

내지에서는 2, 3년 손을 놓고 있다가 다시 착수하게 되면 목적으로 하는 사업을 수행할 수 있습니다. 단지 2, 3년 지체되고 마는 것입니다. 그러나 식민지에서는 이러한 상황이 아닙니다. 그 사이에 망해서 무너지는 상황이 실제로 많습니다.

이렇게 보면 조선은행의 이관문제는 조선 사업계에 일종의 충동을 부여하는 것입니다. 이것은 정부의 조선에 대한 방침과 관련해서 그 충동의 정도가 변했다고 생각합니다. 조선에 대한 정부의 원조 방법은 사업공채를 주거나 나아가 보충금을 주는 것입니다. 정부는 본 회의에서 발표하신 것과 같이 조선에 대해서 힘을 들여 원조할 방침이 있습니까?

조금 더 구체적으로 말씀드리면, 사업공채를 허가할 것입니까? 허가하지 않는다면 그에 대신해서 보충금을 줄 방침입니까? 이 일에 대해서 정부의 방침을 듣고 싶습니다.

지난날 조선에서 지사회의(知事會議)가 있었습니다. 그 자리에서 매우 격분한 논의를 한 지사가 있었다고 들었습니다. 이것을 그대로 둔다면 관내에서 여러 가지 사업이 망한다는 말이었습니다. 사이토(斎藤) 총독이 상경했을 때 상당한 결심을 하고, 만약 당국이 어떤 것이라도 당시의 주장과 같은 방침을 조선에 실시한다면, 상당한 각오가 있다고 말하고 상경했다는 말을 들었습니다. 그러나 총독이 유임이 되었다고 해서 모두 안심을 했습니다. 그러나 적극적이었던 아리요시(有吉) 정무총감이 파면되었습니다. 이것은 식산은행에 대한 5천만 원의 외자보장 문제, 치수사업에 대한 5천만 원의 계속사업비 문제 등이 부결되었기 때문이라고 어렴풋이 알고 있습니다.

이 사업공채와 보충금에 대한 태도에 따라서는 조선은행의 이관 문제가 조선의 민심에 영향을 줄 수 있다고 생각합니다. 지금 말한 이 일 등에 대해서 — 동척의 일에 대해서, 알고 계시지만, 외자수입에 대해 보장을 하는 것은 좋다고 해서, 마키야마(牧山) 위원의 질문에 대한 답변을 듣고 조금 안심을 하고 있습니다만, 사업공채와 보충금에 대해서 정부의 방침을 들 수 있다면 다행이라고 생각합니다.

○ 국무위원, 하마구치 오사치(濱口雄幸)

지금 문제는 이관하는 일과는 전혀 별개의 문제입니다. 혹 이관하는 일에 대해서 우리가 특별한 생각을 갖고 있는지를 모르겠지만, 조선은행의 감독권을 대신에게 이관하면 조선은행이 자금을 얻는데 종전보다 불편을 느낀다는 생각을 갖고 계십니다. 그러나 그것은 그렇지 않습니다. 오히려 이관하면 내지에서 자금을 얻는 편의를 얻을 수 있습니다. 이 점은 종전보다 좋아지는 것이라고 생각합니다.

식산은행에 대해서는 가능한 원조를 한다는 생각을 갖고 있습니다. 다만 지금 질문하신 재정상의 문제에 대해서는, 조선의 사업비 대부금과 보충금의 문제, 일반재정과 관련해서 모두 고려해야 할 문제입니다. 1925년도 재정 계획을 수립하기에 앞서 미리 조선의 몫을 떼어낼 생각을 하는 것은 상당히 곤란합니다. 이것은 재정 사정이 허락하는 한 진행될 수 있는 일이라고 생각합니다. 그러나 분명하게 말씀드릴 수 있는 것은 내지에서 재정 필요 때문에 상당한 긴축 정책을 시행할 경우 유독 조선만 계속 사업공채의 발행을 허가하거나 혹 보충금을 충분하게 할 수는 없다고 생각합니다.

요컨대 정부의 행정재정의 정리와 긴축의 결과에 따라, 실제 사정을 충실히 고려해서 적당한 결정을 할 수 있다고 말씀드릴 수밖에 없습니다.

○ 마쓰야마 쓰네지로(松山常次郎) 위원

대장대신의 지금의 답변에 만족합니다. 단, 우리는 자금을 얻은 것이 이 관으로 인해 곤란해진다고 생각하지 않습니다. 단지 사업이란 측면에서 조선 때문에 불리하게 될 수도 있다는 점을 말씀드린 것입니다.

○ 이타노 도모조(板野友造) 위원

어제 조선은행에 예금부의 돈을 대출한 최근의 날짜가 언제인가라는 질문을 했고, 6월 11일이란 답변을 들었습니다. 저는 단지 최근의 날짜를 질문했는데 어떤 이유인지 정부는 6월 11일이라고 대답을 했습니다. 이번에 대부한 것이 6월 11일 즉 기요우라(淸浦) 내각이 끝난 날이지만, 결정을 한 것은 이보다 수일 전이라고 자발적으로 말했습니다. 수일 전이란 것은 과연 언제입니까? 라고 질문을 했고, 그 대답을 듣고 싶었습니다.

여기에 대해 세간에서는 의심스러운 눈으로 보고 있습니다. 수일 전에 결정했다고 했지만, 세간에서는 이 일을 사표를 제출한 후라고 보고 있습니다. 소위 걸려있는 임무로 쇼다(勝田) 대신이 했다고 세간에서는 보고 있습니다. 이 결정을 했던 날이 언제입니까? 질문을 드립니다.

○ 정부위원, 도미타 유타로(富田勇太郎)

당시 사정을 자세히 말씀드리겠습니다. 실은 조선은행에 대해 자금은 처음부터 한번으로 끝나는 것이 아니었습니다. 한꺼번에 나오게 되면 금융계에 급격한 파동이 제기되지 않을까하는 염려가 있었기 때문에 여러 번 나눠서 점차로 할 계획을 갖고 있었습니다. 어느 때라도 조선은행에서 청원서를 제출하고, 그 청원서에 따라서 지출하는 것이 좋을지 어떨지를 의논하여 지출된 것입니다. 알고 계신 대로 그것을 분할한 것은 조선은행은 콜머니(call money)를 흡수하고 있었으므로 정부의 융통자금에 대해 점차 콜머니로 상환해서 콜머니 시장을 완화시키려는 목적을 갖고 있었기 때문입니다. 이 때문에 조선은행에서 청원서를 내면 그 자금으로 얼마의 콜머니를 상환할지를 조사해서 허락하게 되어 있었습니다. 지금 문제가 되고 있는 마지막 융통에 대해서 조선은행이 청원서를 제출한 것은 5월 31일이었습니다. 실제 조선은행에 자금융통을 한 것은, 날짜는 잊었습니다만, 2월에 결정된 것입니다. 그 후 앞서 말씀드렸듯이 분할한 것입니다. 앞선 경우에 있어서 조선은행이 청원서를 내더라도 곧바로 돈을 지출하지 않았습니다. 알고 계신 대로 당시는 정변의 소요로 인해 내각과 대장성에서도 여러 가지 결정사항 때문에 혼잡해서 사무가 예상대로 신속하게 진행되지 못했던 것은 어쩔 수 없었다고 생각합니다. 그래서 5월 31일 조선은행에서 제출했던 서류에 대해서 검토하는데 시간이 걸렸고, 콜머니로 상환한다는 말이 나왔지만, 밖에 여러 가지 사무가 있어서 그 일이 여러 차례 지연되다가 9일 결정되었습니다. 여기에는 어떤 문제가 있었던 것이 아닙니다. 단지 정변 당시로서 사무가 폭주하였기 때문에 늦어진 것입니다.

9일 결제를 마치고 10일 지령을 냈습니다. 일본은행 금고의 마감과 관련이 있어서 실행에 곤란한 경우가 있기 때문에 1일 내지 3일 정도는 늦는 것이 관례입니다. 10일 지령을 낸 경우라도 처음부터 실행은 11일이라고 결정한 것입니다. 그날이 우연히 취임식 날에 해당되어서 세간으로부터 오해를 받고 있는지도 모릅니다. 어쨌든 당시 사정은 이상 말씀드린 대로 입니다.

○ 이타노 도모조(板野友造) 위원

그러하더라도 최초로 결정되었을 때 총액은 말씀하지 않았습니다. 총액 결정도 했던 것입니까?

○ 정부위원, 도미타 유타로(富田勇太郎)

총액에 대해서는 어제 대장 차관께서 말씀하셨습니다. 조선은행 정리 진행과 미묘한 관련을 갖고 있기 때문에 금액을 말씀드리기가 걱정스럽습니다.

○ 이타노 도모조(板野友造) 위원

그걸 듣고 싶은 것이 아닙니다. 금액은 알고 있습니다. 대부 회수는 3회이지만 처음에 총액을 결정한 것입니까? 그렇지 않다는 것입니까? 천만 원을 지출할 때 천만 원을 결정하고, 3천만 원을 지출할 때 3천만 원을 결정하듯이 매회 결정한 것입니까?

○ 정부위원, 도미타 유타로(富田勇太郎)

처음부터 결정된 것입니다. 단 금액을 수회로 나누어 주기로 한 것입니다.

○ 이타노 도모조(板野友造) 위원

그렇다면 처음 결정된 액수가 지금 지출된 액수와 부합합니까?

○ 정부위원, 도미타 유타로(富田勇太郎)

그대로입니다.

○ 이타노 도모조(板野友造) 위원

그 결정이 2월에 있었군요.

○ 정부위원, 도미타 유타로(富田勇太郎)

그렇습니다.

○ 이타노 도모조(板野友造) 위원

5월 31일에 제출된 청원서 사본을 보고 싶습니다. 그리고 어제 이자는 어떻게 된 것입니까? 차례로 듣는 것이 어떻습니까?

○ **정부위원, 도미타 유타로(富田勇太郎)**

말씀하신 이자는 5%입니다.

○ **나가타 젠자부로(永田善三郎) 위원**

대체적으로 질문이 완료되었다고 생각됩니다. 질문을 끝내는 것에 대한 의견을 제출합니다.

○ **위원장, 야마지 죠이치(山道襄一)**

나가타(永田) 위원이 발의하신 대로 대체적인 질문을 완료하는 것이 좋겠다고 생각하십니까?

("이의없습니다"라고 외치는 자가 있었다.)

○ **위원장, 야마지 죠이치(山道襄一)**

그러면 질문을 종료합니다. 지금부터 가부 의견을 진술해 주십시오.

○ **이타노 도모조(板野友造) 위원**

원안에 찬성합니다.

○ **나가타 젠자부로(永田善三郎) 위원**

조선총독에 대한 칙령 37조입니까. 저는 여기에 대해 수정의견을 제출했습니다만, 대장차관의 설명을 듣고 이해했습니다. 이 수정의견은 철회합니다. 원안에 찬성합니다.

○ **마키야마 고조(牧山耕藏) 위원**

저도 원안에 찬성합니다. 이것은 우리가 근래 주장했던 것으로 그것이 실현되는 것이기에 찬성합니다.

○ **이치야나기 나카지로(一柳仲次郎) 위원**

저도 원안에 찬성합니다. 앞으로 대장대신이 한다고 한 것은 매우 훌륭합니다. 우리도 여러 가지 일을 듣고 있습니다만, 대장대신이 직접 감독한다는 것을 희망하고 있었습니다. 앞서 방만한 대부를 해서 회수에 곤란함이 많았다고 생각합니다. 저는 어제 이 점에 대해서도 질문을 했습니다. 이 점에 대해서는 이관과 동시에 그 내용을 조사해서 개선시켜야 한다는 희망을 갖고 있습니다. 영업지역이 확대되어 시베리아에서 사할린까지 미치고 있는데 이는 노령 사변 등으로 군대가 파견되어 있기 때문에 자연스러운 결과가 발생한 것이라고 생각합니다. 대체적으로 우리는 원안에 찬성합니다. 다만 이후 정리에 대해서 충분한 주의를 기울여 주십시오.

○ **마쓰야마 쓰네지로(松山常次郎) 위원**

원안에 찬성합니다. 단 조선의 금융계가 이것이 시행됨에 따라서 상당한 악영향이 있을 수 있으니 여기에 대해 감독관청인 대장성은 매우 세심한 주의를 기울여주시기를 바랍니다.

○ **위원장, 야마지 죠이치(山道襄一)**

출선인원 모두 찬성을 하셨습니다. 원안은 가결되었습니다. 여기서 산회합니다.

오전 10시 21분 산회.

14. 1924년 7월 13일 귀족원 의사속기록 제8호 조선은행법 중 개정법률안 제1독회

○ 의장, 공작 도쿠가와 이에사토(德川家達)

일정 여섯 번째, 조선은행법 중 개정법률안, 정부제출, 중의원송부, 제1독회, 대장대신

조선은행법 중 개정법률안

위 정부 제출안을 본 원에서 가결하였기에 의원법 제54조에 의해 송부합니다.

1924년 7월 11일

중의원 의장 가스야 기조(粕谷義三)

귀족원 의장 공작 도쿠가와 이에사토(德川家達)

조선은행법 중 다음과 같이 개정한다.

제2조, 제9조, 제10조, 제17조, 제18조, 제20조에서 제22, 제25조 및 제29조에서 제33조 중 「조선총독」을 「대장대신」으로 바꾼다.

제34조 중 「조선총독」을 「정부」로 바꾼다.

제37조의 2 본 법 중 대장대신의 직무에 속하는 사항은 칙령이 정하는 바에 따라서 조선총독으로 하여 시행하도록 할 수 있다.

부 칙

본 법 시행 시기는 칙령으로 정한다.

〈국무대신 하마구치 오사치(濱口雄幸)가 연단에 올랐다.〉

○국무대신, 하마구치 오사치(濱口雄幸)

조선은행은 원래 조선의 중앙은행으로 특별히 설립된 것입니다. 이 은행의 업무는 거래관계 또는 국운의 진전과 함께 점차 조선총독의 관할 지역 이외로 발전했습니다. 현재 이들 지역의 점포 수와 거래량은 조선 내지의 것을 능가하고 있습니다. 그리고 조선은행권은 관동주와 남만주 철도 부속지에 강제 통용되고 있습니다.

또한 조선은행은 만주와 시베리아 지역에서 사실상 거액이 융통하고 있으며 내지에서 행하는 것도 날로 증가하고 있습니다. 또한 조선은행은 태환발행은행이기 때문에 일반 금융상 중추적인 지위를 점하고 있습니다. 이러한 점에서 보면 현행 감독제도는 그 마땅함을 얻지 못하고 있다고 생각됩니다. 여기에 더해 은행의 업무 및 재산 현황은 크게 개선되지 않으면 안 되는 상황에 있습니다. 그와 아울러 이 은행의 일반 감독을 대장대신의 권한에 속하도록 하는 것이 타당하고 필요하다는 생각을 갖고 있습니다.

현재 조선은행의 감독을 중앙으로 옮겨야 한다는 논의가 의회에서도 누차 문제가 되어 왔었는데 지금이 적당한 시기라고 생각합니다. 대만은행에 대한 취급에 비추어 보더라도 개정하는 것이 적당하다고 생각했기 때문에 조선은행법을 개정해서 감독을 대장대신의 관할로 이속시키는 법안을 제출하게 된 것입니다. 부디 심의를 하여 조속히 협조와 찬성을 해주시기를 바랍니다.

○ **의장, 공작 도쿠가와 이에사토(德川家達)**
본 안 특별위원의 성명을 서기관이 낭독하도록 하겠습니다.

〈고바야시(小林)서기관 낭독〉

조선은행법 중 개정법률안 특별위원
후작 호소카와 모리타쓰(細川護立)[67]
자작 마쓰다이라 나오히라(松平直平)[68]
자작 와타나베 치후유(渡邊千冬)[69]
오카노 게이지로(岡野敬次郎)[70]
남작 히라노 나가요시(平野長祥)[71]
남작 다카사키 유미히코(高崎弓彦)
미야케 히즈(三宅秀)[72]
니오 고레시게(仁尾惟茂)[73]
니카이도 사부로사에몬(二階堂三郎左衛門)

---

67) 호소카와 모리타쓰(細川護立, 1883~1970) : 궁내부관료, 정치가. 귀족원 의원, 재단법인 일본미술도검보존협회 회장, 재단법인 동양문고 이사장 등을 지냈다. 구마모토(熊本) 번의 16대 당주였으며, 작위는 남작이었다가 후작으로 승격되었다.

68) 마쓰다이라 나오히라(松平直平, 1869~1939) : 1884년 자작의 작위를 수여받고, 1897년부터 1925년까지 귀족원 의원을 지냈다.

69) 와타나베 치후유(渡邊千冬, 1876~1940) : 메이지시기 정치가, 실업가. 제국대학 법학대학을 졸업했다. 일본 흥업은행을 거쳐 일본제강소 두취를 지냈다. 1908년 중의원에 당선되었고, 귀족원 의원으로 연구회 소속이다. 오사카 마이니치신문사 사장을 지냈다.

70) 오카노 게이지로(岡野敬次郎, 1865~1925) : 메이지에서 다이쇼 시기 대표적인 상법학자. 동경제국대학 법학과를 졸업하였다. 독일법에 기초하여 일본상법학의 기초를 확립했다.

71) 히라노 나가요시(平野長祥, 1870~1934) : 화족. 1884년 남작의 작위를 받았다. 도쿄해상보험, 가시마(加島)은행을 거쳐 유린(有隣)생명 중역을 지냈다. 1897년 귀족원 의원이 되었고, 1919년 공정회 설립 당시 간사장 9명 중 한 명이었다.

72) 미야케 히즈(三宅秀, 1848~1938) : 의사, 양학자, 의학자, 귀족원 의원.

73) 니오 고레시게(仁尾惟茂) : 1898년부터 1907년까지 대장성 전매국장을 지냈다.

15. 1924년 7월 17일 귀족원 의사속기록 제9호 조선은행법 중 개정법률안 제1독회

○ 의장, 공작 도쿠가와 이에사토(德川家達)

일정 제24, 조선은행법 중 개정법률안, 정부제출, 중의원 송부 제1독회 속, 위원장보고, 니오(仁尾) 위원.

조선은행법 중 개정법률안

위 안이 가결하는 것으로 의결함에 따라 보고 드립니다.

1924년 1월 14일

위 특별위원장 니오 고레시게(仁尾惟茂)

귀족원 원장 공작 도쿠가와 이에사토(德川家達)

〈니오 고레시게(仁尾惟茂) 의원이 연단에 올랐다.〉

○ 니오 고레시게(仁尾惟茂) 의원

지금 의제가 된 조선은행법 중 개정법률안의 위원회 결과를 보고 드리겠습니다. 특별위원회는 지난 14일 열렸습니다. 정부의 설명과 함께 질문과 응답을 마치고 계속해서 토의로 옮겨졌습니다. 본 개정안은 감독제도 개혁입니다. 지금까지 조선은행은 조선총독의 감독에 속해 있었는데 그것을 대장대신의 권한으로 이속한다는 개정입니다.

그 이유는 조선은행이 설립 이래 현저히 발전 했고, 조선 내지 뿐만 아니라 조선 이외의 지역에서 매우 현저하게 발전 하고 있습니다. 그 예를 들자면 지점과 출장소 같은 것도 조선 안에는 10개에 불과하지만 조선 이외의 지역 즉 관동주, 만주와 몽고, 시베리아 등지에는 20여 개가 있습니다. 또 업무 상태 즉 예금, 차입금 또는 대출금 등의 취급액에서 조선 내지는 2억 원 정도에 불과하지만, 조선 이외의 지역에는 12억 3천만 원 즉 5배나 많습니다.

이러한 상황은, 조선은행은 조선 하나의 지방 은행이 아니라 일반적으로 취급을 하지 않으면 안 되는 상태로 발전했습니다. 또 이 은행은 태환권 발행을 취급하여 일반 금융에서 중추적인 지위에 있습니다. 이것 또한 고려하지 않으면 안 됩니다. 또 제국의 중국, 만주, 조선 등에 대한 정책에 대해서도 동 은행이 기여하는 바가 적지 않습니다. 더욱 중요한 점은 조선은행의 업무 상태가 조속한 개정정리가 필요한 상태라는 것입니다. 이러한 것들을 아울러 이 은행 대한 일반 감독권을 대장대신에게 옮기는 것이 매우 타당하고 필요합니다. 이 점은 충분합니다. 그래서 이 개정안은 적당한 법안이라고 생각하고 있습니다. 때문에 전원 일치로서 가결했습니다. 이상 보고 드립니다.

○ 의장, 공작 도쿠가와 이에사토(德川家達)

본 안의 제2독회를 개최합니다. 이견이 없으십니까?

("이의 없습니다"라고 외치는 자가 있었다.)

○ 의장, 공작 도쿠가와 이에사토(德川家達)

이의가 없다고 인정됩니다.

○ 자작 니시오지게 요시미쓰(西大路吉光)

곧바로 제2독회를 개최할 것을 희망합니다.

○ 오야마 쓰나마사(大山綱昌)

찬성.

○ 의장, 공작 도쿠가와 이에사토(德川家達)

곧바로 본 안의 제2독회를 개최하자는 것에 이의가 있습니까?

("이의 없습니다"라고 외치는 자가 있었다.)

○ 의장, 공작 도쿠가와 이에사토(德川家達)

이의가 없다고 인정됩니다.

○ 의장, 공작 도쿠가와 이에사토(德川家達)

본 안 전부를 문제로 합니다. 원안 전부에 이의가 없습니까?

("이의 없습니다"라고 외치는 자가 있었다.)

○ 의장, 공작 도쿠가와 이에사토(德川家達)

이의가 없다고 인정됩니다.

○ 자작 니시오지게 요시미쓰(西大路吉光)

곧바로 제3독회를 개최할 것을 희망합니다.

○ **오야마 쓰나마사(大山綱昌)**

찬성.

○ **의장, 공작 도쿠가와 이에사토(德川家達)**

곧바로 본안의 제3독회를 개최하자는 것에 이의가 있습니까?

("이의 없습니다"라고 외치는 자가 있었다.)

○ **의장, 공작 도쿠가와 이에사토(德川家達)**

이의가 없다고 인정됩니다.

○ **의장, 공작 도쿠가와 이에사토(德川家達)**

제2독회의 결의대로 이의가 없으십니까?

("이의 없습니다"라고 외치는 자가 있었다.)

○ **의장, 공작 도쿠가와 이에사토(德川家達)**

이의가 없다고 인정됩니다.

Ⅳ. 제67회 제국의회

16. 1935년 2월 9일 중의원 의사속기록 12호 조선은행법 중 개정법률안 외 1건

○ **의장, 하마다 구니마쓰(濱田國松)**[74]

이의 없음을 인정합니다. 이어 일정 제1, 조선은행법 중 개정법률안, 일정 제2 대만은행법 중 개정법률안, 위 양안을 일괄하여 제1독회를 개최합니다. 대장 정무차관 야부키 쇼조(矢吹省三)[75] 위원.

제1 조선은행법 중 개정법률안(정부제출) 제1독회

제2 대만은행법 중 개정법률안(정부제출) 제1독회

조선은행법 중 개정법률안

조선은행법 중 다음과 같이 개정한다.

---

74) 하마다 구니마쓰(濱田國松, 1868~1939) : 메이지에서 쇼와전기 정치가. 변호사로 1904년 중의원 의원이 된 후 12회 당선되었다. 정우회 소속으로 1934년 중의원 의장이 되었다. 1937년 군부의 정치개입을 비판했다.

75) 야부키 쇼조(矢吹省三, 1883~1950) : 다이쇼에서 쇼와전기의 실업가, 정치가. 요코하마 쇼킨은행을 거쳐 후지생명보험 중역, 도쿄무역사장을 지냈다.

제22조 제3항 중 「5%」를 「3%」로 개정한다.

부　칙

본 법의 시행일은 칙령으로 정한다.

대만은행법 중 개정법률안

대만은행법 중 다음과 같이 개정한다.

제9조 3항 중 「5%」를 「3%」로 개정한다.

부　칙

본 법의 시행일은 칙령으로 정한다.

〈정부위원 남작 야부키 쇼조(矢吹省三) 위원이 등단했다〉

○ **정부위원, 남작 야부키 쇼조(矢吹省三)**

지금 의제가 된 조선은행법 중 개정법률안과 대만은행법 중 개정법률에 대해 설명을 드리겠습니다.

현행 조선은행법과 대만은행법에 의하면 두 은행의 은행권의 제한 외 발행에 대해서는 매년 5% 이상의 세율로 발행세를 부과하고 있습니다. 최근 조선과 대만에서도 금리를 하락시켜야 하는 상황이 발생하고 있습니다. 그런데 현재의 세율로 인해 양 은행의 은행권 발행을 억제하는 결과가 발생했고, 또 앞으로 두 지역에서 금리를 하락시키는데 장애를 가져올 수도 있기에 이 세율을 인하하여 매년 3%를 넘지 않도록 하는 것이 적당하다고 생각합니다. 이것이 본 개정안을 제출한 이유입니다. 심의하여 협조와 찬성을 해주시길 바랍니다.

(박수)

○ 의장, 하마다 구니마쓰(濱田國松)

각 안의 심사를 부탁해야 하는 위원의 선거에 대해서 자문을 해주십시오.

17. 1935년 2월 22일 중의원 1934년도 일반회계 세출재원에 충당하기 위한 공채발행 관련 법률안 외 1건 위원회 第15호

회의

1935년 2월 22일(금요일) 오후 1시 40분 개회

출석위원은 다음과 같다.

위원장대리 이사 마쓰무라 미쓰조(松村光三)

이사 우에다 고키치(上田孝吉)

이사 오카다 기쿠지(岡田喜久治)

이사 나카무라 쓰구오(中村繼男)

다나베 시치로쿠(田邊七六)[76]

히로세 다메히사(廣瀨爲久)

야마다 마타지(山田又司)[77]

오가사와라 산쿠로(小笠原三九郎)[78]

오구치 기로쿠(大口喜六)[79]

오타 마사타카(太田正孝)[80]

---

76) 다나베 시치로쿠(田邊七六, 1879~1952) : 야마나시(山梨)현 출신 정치가, 실업가. 1924년 입헌정우회 소속으로 출마하여 당선되었다.

77) 야마다 마타지(山田又司) : 야마다 마타시치(山田又七)의 장남. 게이오기주쿠(慶應義塾)를 졸업한 후 동산경영에 종사했다. 1924년부터 중의원을 5회 지냈다.

78) 오가사와라 산쿠로(小笠原三九郎, 1885~1967) : 쇼와시대 정치가. 대만은행 지점 지배인을 거쳐 1932년 이후 중의원에 6회 당선. 제4, 5차 요시다(吉田) 내각 농상 대신을 지냈다.

79) 오구치 기로쿠(大口喜六, 1870~1957) : 일본 정치가, 1912년에서 1942년까지 중의원 의원을 10회 지냈다. 1930년 하마구치(浜口) 내각의 금 해금에 반대했다.

80) 오타 마사타카(太田正孝, 1886~1928) : 시즈오카(静岡) 출신. 대장관료, 정치가. 중의원 의원에 7회 당선되었으며, 참의원 이원 선거로 1회 당선되었다.

다마키 요시노조(玉置吉之亟)

요야마 히사마로(大山斐瑳磨)

가네미쓰 쓰네오(金光庸夫)[81]

다나카 미쓰구(田中貢)

마쓰다 마사카즈(松田正一)

오가와 고타로(小川鄉太郎)[82]

나카지마 야단지(中島彌團次)

가메이 간이치로(龜井貫一郎)

출석국무대신은 다음과 같다.

대장대신 다카하시 고레키요(高橋是淸)[83]

해군대신 오스미 미네오(大角岑生)[84]

출석정부위원은 다음과 같다.

내각서기관장 요시다 시게루(吉田茂)[85]

---

81) 가네미쓰 쓰네오(金光庸夫, 1877~1955) : 오이타(大分) 출신. 정치가, 실업가. 척무대신, 후생대신을 지냈다. 1908년 스즈키(鈴木)상점에 입사했고, 1913년 다이쇼생명보험을 창설, 사장을 지냈다. 1920년 입헌정우회 소속으로 중의원 의원에 당선된 후 10회 당선되었다. 1937년 중의원 부의장을 지냈고, 1939년 척무대신을 지냈다.

82) 오가와 고타로(小川鄕太郎, 1876~1945) : 다이쇼에서 쇼와전기 일본 재정학자, 정치가. 도쿄제국대학 교수, 척식대학 학감, 중의원 의원, 상공대신, 철도대신을 역임했다.

83) 다카하시 고레키요(高橋是淸, 1854~1936) : 일본의 관료, 정치가. 입헌정우회 제4대 총재. 러일전쟁 시기 일본은행 부총재를 지냈다. 헌정회, 혁신구락부와 호헌3파를 결성하여 제2차 호헌운동을 폈고, 기요우라(清浦) 내각을 무너뜨리는 데 성공했다. 1931년 대장대신에 취임하여 금 수출 재금지, 일본은행 인수를 위한 정부지출 증액 등 인플레이션 정책을 실시했다.

84) 오스미 미네오(大角岑生, 1876~1941) : 아이치(愛知) 출신. 다이쇼에서 쇼와전기 해군, 정치가, 화족.

85) 요시다 시게루(吉田茂, 1878~1967) : 외교관, 정치가. 외무대신, 중의원 칙선의원, 내각총리대신 등을 지냈다.

대장성 주세국장 이시와타 소타로(石渡荘太郎)[86]

대장성 이재국장 아오키 가즈오(靑木一男)[87]

대장성 은행국장 아라이 세이치로(荒井誠一郎)

해군 정무차관 남작 홋타 마사쓰네(堀田正恒)

해군 참여관 구보이 요시미치(窪井義道)

해군 주계중장 무라카미 하루이치(村上春一)

해군 주계대좌 이시구로 리키치(石黑利吉)

문부 참여관 야마마스 노리시게(山枡儀重)[88]

문부성 실업학무국장 기쿠치 도요사부로(菊池豊三郎)[89]

위원장의 허가를 얻어 출석한 사람은 다음과 같다.

의원 나카무라 요시히사(中村嘉壽)

오늘 회의에 올라온 의안은 다음과 같다.

임시이득세법안(정부제출)

국제문화사업에 관한 경비지출에 관한 법률안(정부제출)

조폐국 청사, 공사비 기타 용도를 제공하는 건축 및 그 부속 설비 신영비에 관한 법률안(정부제출)

도쿄고등농림학교 및 하코다테(函館)고등수산학교 창설에 따른 제국대학특별회계 및 학교도서관 특별회계의 관섭에 관한 법률안(정부제출)

86) 이시와타 소타로(石渡荘太郎, 1891~1950) : 도쿄(東京) 출신. 정치가. 대장대신, 내각서기관장, 궁내대신을 지냈다. 세무, 경제 전문가로 각 정권에서 중용했다.

87) 아오키 가즈오(靑木一男, 1889~1892) : 정치가, 관료. 참의원 의원, 대장대신, 대동아대신 등을 지냈다.

88) 야마마스 노리시게(山枡儀重, 1889~1937) : 아이치(愛知) 출신. 다이쇼에서 쇼와 전기 정치가. 1924년 중의원 의원에 당선 이후 5회 당선되었다. 수상비서관을 지냈다.

89) 기쿠치 도요사부로(菊池豊三郎, 1892~1971) : 다이쇼에서 쇼와 전기 관료. 문부성 실업학무국장, 교학국장관 등을 거쳐 1935년 문부차관을 지냈다.

일본은행금매입법 중 개정법률안(정부제출)
조선은행법 중 개정법률안(정부제출)
대만은행법 중 개정법률안(정부제출)

○ 위원장 대리, 마쓰무라 미쓰조(松村光三)

지금부터 개회합니다. 오늘은 일본은행금매입법 중 개정법률안, 조선은행법 중 개정법률안, 대만은행법 중 개정법률안 3건에 대해서 처음 질문을 진행할 생각입니다. ― 오가사와라(小笠原) 의원.

○ 오가사와라 산쿠로(小笠原三九郎) 위원

저는 지금 문제가 되고 있는 것 중에 조선은행법 중 개정법률안과 대만은행법 중 개정법률안에 대해서 몇 가지 말씀드리겠습니다. 식민지 중앙은행이고 발권은행이며 특수은행인 은행의 사명이 무엇입니까? 영업상태란 점에서 보면 거의 동일하다고 생각되어서 한 가지 질문을 드리면 자연히 다른 부분에 대해서도 답변이 따라올 것이라고 생각됩니다. 때문에 편의상 대만은행을 중심으로 질문을 드립니다.

첫 번째 질문을 드립니다. 이 개정안은 단순히 제한 외 발행세 「5%를 내린다」라는 것을 3%로 하여 이율을 내린다고 하는 문제가 있습니다. 정부에서는 대만은행의 개정으로 만족할 만하다고 생각하고 있는지, 어떤지를 질문 드립니다. 말할 것도 없이 대만은행은 1927년 4월에 소위 금융공황 속에서, 평소 특수은행으로 국가의 후한 은전을 받았으면서 또한 직접 대장성이 감리관을 설치해서 지도감독을 했음에도 불구하고 서의 공전의 허술함을 연출하여 국가에 많은 손해를 입혔습니다. 이것은 지금까지 우리의 기억에도 새로운 것입니다.

또 근래에 채무변제 때문에 거둬들인 제국인의 주식이 있는지? 혹 고베제강의 주식인지? 기타 문제에 대해서 천하의 이목을 끌만한 여러 가지 사건을 야기하고 있습니다. 우리는 그 제도와 조직에 결함이 있는 것이 아닌지? 라고 생각되는 것이 있습니다.

대만은행의 제도와 조직에는 결함이 없어서 이 정도의 법률개정만으로도 좋다는 생각에 이 법안을 제출할 것입니까? 이 점을 먼저 질문 드립니다.

○ **국무대신, 다카하시 고레키요(高橋是清)**

지금 질문은 정말 훌륭하신 질문입니다. 이번에 이자율을 낮추겠다는 것은 마땅히 필요해서 제기된 개정안입니다. 대만은행과 조선은행, 두 개에 대해서 저는 깊게 생각하고 있습니다. 대장대신으로서 세상에 공공연하게 공언하는 것이 아무래도 아직은 어떠할지? 라는 생각 때문에 일단 속기를 중지시키고…

(속기 중지)

○ **위원장 대리, 마쓰무라 미쓰조(松村光三)**

그러면 속기를 개시하도록…

○ **오가사와라 산쿠로(小笠原三九郎) 위원**

대만은행과 조선은행, 기타 특수은행은 제도상 특별한 결함이 있을 것이라는 생각이 있습니다. 첫째는 정부총재(正副總裁)인지, 정부두취(正副頭取)인지 하는 것은 정부가 임명에 관여합니다. 또 그 중역인 이사도 정부가 임명에 관여합니다. 요코하마쇼킨(橫濱正金)은행을 제외하면 정부총재는 아무래도 독재전결 기관으로 되어 있습니다. 그 밖에 이사인지 중역인지 하는 것은 이른바 그 보조기관이라고 하는 것이 법문에 있습니다. 아무래도 영업상태가 좋지 않은 것은 이러한 독재기관이라는 점 때문이 아닙니까?

요코하마쇼킨은행의 정관은, 이것은 대신이 더 잘 알고 계시듯이, 결정된 것을 정부두취가 집행한다는 집행기관으로 되어 있습니다. 한 가지 예를 들면 대출을 하더라도 중역회의에서 동의를 얻지 못하면, 대출을 거절할 수 있는 것은 아무래도 이들의 전결이 나와야 한다고 되어 있기 때문에 정부두취가 거절할 수 없습니다. 어쩔 수 없이 대출을 하게 됩니다.

이러한 점에서 이것은 그 사람이 할 수 없다고 하는 점도 많이 있기는 하지만, 제도상으로 보더라도 요코하마쇼킨은행과 같이 되는 것이 좋지 않겠습니까? 저는 이렇게 생각하고 있습니다.

점차 특수은행을 요코하마쇼킨은행과 같은 상태로 가져가야 한다는 생각을 갖고 있으십니까? 어떻습니까? 잠시 질문을 드립니다.

○ 국무대신, 다카하시 고레키요(高橋是清)

저도 마찬가지로 쇼킨은행과 같은 상태를 바라고 있습니다. 쇼킨은행도 상당히 여러 가지 사건이 있었습니다만, 현재로서는 쇼킨은행과 같은 방법이 좋다고 생각합니다. 그래서 쇼킨은행의 정관을 개정한 것입니다. 알고 계신 대로 일찍이 쇼킨은행은 신구(新舊) 두취 사이에 주야로 권리 다툼이 있어서 정말 추했습니다. 그래서 징계를 한 것입니다. 당시 대장성에서 파견했던 소마 나가타네(相馬永胤)[90]란 감리관이, 후에 쇼킨은행의 두취가 된 사람입니다만, 영국에서 영국 보통은행제도, 취급 방법 등을 연구한 결과 정말 새롭고 다른 정관을 만들었습니다. 이렇게 해서 지금 말씀하신 조직이 되었습니다. 그러나 그럼에도 불구하고 이것은 사람에 따라서 또는 정부의 시행방법에 따라서 위험한 때도 있습니다. 그래서 사람에게

---

90) 소마 나가타네(相馬永胤, 1850~1924) : 메이지에서 다이쇼 시기 정치가, 경제학자, 법학자, 변호사. 요코하마쇼킨은행 두취를 지냈으며, 센슈(専修)대학의 창립 초대 교장을 지냈다.

시키면 법규상으로 거의 정부의 명령도 듣지 않겠다고 분명히 말할 수 있습니다. 그것을 무기로 갖고 있기 때문에 사람에 따라서 그것을 말할 수 없는 것입니다. 많은 것이 사람에게 있는 것입니다. 그러나 그렇다고 하더라도 모든 특수은행에 대해서 대장성이 무리한 것을 주문했다는 것은 옳지 않습니다.

현재 이러한 것을 시행해서 감독관을 두고 중역회의, 중역상담은 물론 평일의 업무에 대해서도 감독하는 것이 소홀해진다면, 대장성이 알지 못하는 사이에 은행이 부당하게 처리할 수 있는 일이 발생할 수 있습니다. 이것은 정부의 감독이 충분히 개선되어야 하는 점입니다. 또한 특수은행의 정관에 대해서도 개정을 필요로 하는 점이라고 생각합니다.

○ 오가사와라 산쿠로(小笠原三九郎) 위원

지금 말씀에도 있었듯이, 우리의 감독에 대해서도 진실로 유감스러운 점이 많다고 생각합니다. 예를 들면 감독관이란 것도 이 은행의 업무를 충분히 알지 못하는 감독관도 있을 수 있습니다. 혹은 근래 감독의 한 가지 방법으로 상임감사역이란 것을 들이는 경우도 많습니다. 특히 상임감사역은 단지 대장성의 퇴임관리로 고려장이라고 말하고 있습니다. 어떠한 역할도 하지 못하는 사람이 상임감사역으로 있으면서 봉급을 받고 그 사이에 퇴직위로금도 받고 노후가 편안하면 좋다는 생각으로 있는 것은 아닌지? 라고 생각하는 경향도 많습니다.

대신이 지금 말씀하셨듯이 감리관을 좀 더 진작하고 감리관으로서 조금 책임을 갖고 자신이 감리하는 은행에서 일이 생긴다면 감리관도 동일한 죄로써 책임을 지도록 하는 것이 필요하지 않겠습니까?

또한 고려장식의 생각을 버린다면, 감독하는 곳의 사람이 감독을 받는 곳에 사람을 들이는 것은 적당하지 않다고 생각합니다. 이 문제를 제기하게 된 시마다(島田) 전 두취 등이 그 실례를 한번 보여준 것이 아닌가? 라고 생각합니다. 이것은 지금 대신도 말씀하셨습니다만, 앞으로 한층 주의를 기울여주시기를 바랍니다.

그 다음으로 저는 이 제도상 아직 재미없다고 생각하는 것이 있습니다. 예를 들면 대만은행은 대만에서, 조선은행도 조선에서 부동산이나 공장재산에 대출을 하고 있습니다. 그러나 권업은행, 농공은행의 입장에서 말한다면, 그 평가는 2/3라고 하는 경우에, 법률상 정관상 정해져 있지만 조선은행에서도 대만은행에서도 하지 않는 것이기에, 경우에 따라서는 빠듯하게 대출이 가능한 것입니다.

어떤 한 회사, 한 상점 ― 그 중에는 동일한 계통인 것을 포함한 의미입니다만, 전년도에 스즈키(鈴木)상점에 한 경우, 대만은행 자본금의 5배 이상 3억 4천만 원을 한 곳에 대출했습니다. 이것을 특수은행의 기능을 발휘했다라고 하는 것은 있을 수 없다고 생각합니다.

물론 그렇게 된 사정은 그 당시 사정을 살펴보면 양해해야 하는 점이 있겠지만, 앞으로는 잘못을 거듭하지 않도록 제도 상 무엇인가를 결정해야 하는 것은 아닌지? 이런 생각을 갖고 있습니다.

권업은행, 농공은행 등은 아무래도 담보물에 대해서 엄중한 규정이 있기 때문에 초과되는 것이 적은 것이 아닐까? 라고 생각합니다. 식민지 중앙은행으로서 역할을 하게 하려면 여기에 대해서도 고려를 해야 한다고 생각합니다. 어떠한 생각을 갖고 있습니까? 어떻습니까?

○ 국무대신, 다카하시 고레키요(高橋是清)

지금 의견은 뛰어난 의견입니다. 앞으로 대만은행, 조선은행을 개선할 때 유익한 참고자료로 삼아 연구를 하겠습니다.

○ 오가사와라 산쿠로(小笠原三九郎) 위원

다음으로 사무 당국에 질문이 있습니다. 1927년 7월에 있었던 대만은행

조사회에서의 결정은 현재 실행되고 있는 것입니까? 그 일을 알고 싶습니다. 먼저 대만은행의 자산 중에서 내부에 갖고 있는 결손은 전부 보전되었습니까? 어떻게 되었습니까? 만약 보전시키고 있다면 어떤 이유로 지금 정리은행의 동일 배당을 3%로 하려는 것인지를 질문 드립니다.

○ 정부위원, 아라이 세이치로(荒井誠一郎)

알고 계신 대로 대만은행은 1927년 7월 대만은행조사회의 결의에 따라서 그 자산상 존재하는 결함을 보전하도록 되어 있습니다. 당시 감사도 했고, 적립금도 소멸시켰습니다. 그리고 진재어음(震災手形)의 대부금 면제 또 대만 금융기관의 융자에 관한 법률의 결과, 융통받았던 금액에 대해서도 면제를 받았습니다. 이러한 금액으로 결손 보전을 대체적으로 했습니다. 또한 당시에 결함이라고 하는 것은 거의 사라졌습니다.

그 후 금융상황이 개선됨에 따라서 특히 최근에는 은행의 영업상태도 매우 양호해졌습니다. 매 분기 결산에서도 상당한 이익이 나오고 있습니다. 전부 이익이라고 말씀드리는 것이 좋다고 생각합니다만 이것은 보전을 한 것입니다. 그 자산상 결합에 대해 배려한 것이 적지 않았다고 생각합니다. 그렇다면 배당을 그에 상응해서 증가하는 것이 옳지 않은지? 이것은 주주들도 매우 열렬히 바라는 것입니다.

그러나 우리가 생각하고 있는 것은, 어쨌든 대만은행이 중앙은행으로 존재하고 있는 것에 대해서, 현재 자본금이 천5백만 원이고 충분한 자본금이라고 말할 수는 없습니다만, 보통은행의 자본금과 동액정도의 적립금을 갖고 있는 것이 이상적이라고 봅니다. 앞으로 이익이 있다면 내부가 충실하도록 노력하는 것입니다. 적립금도 상당히 이루고 배당도 증가시키는 것이 온당한 것인지? 특히 앞서 말씀드린 대로, 대만은행은 국고로부터 상당한 보급을 받고 있어서 그 결과로 건전하게 된 것입니다. 배당에 대해서는 이러한 점도 고려할 필요가 있다는 생각을 갖고 있습니다.

○ 오가사와라 산쿠로(小笠原三九郎) 위원

은행에는 지금 말씀하신 이유도 있습니다만, 3%는 아무래도 너무 낮습니다. 오히려 은행의 신용에 영향이 있지 않을지? 오히려 자산 중에 결손을 포함하고 있다고 세간에서 보지 않을지? 만약 말씀하신 것과 같이 정리가 마무리된다면 물론 고율의 배당을 한다는 것은 적당하지 않습니다. 그러나 5, 6% 정도의 배당을 해서 세간에서 신용을 유지하는 것이 필요하지 않을지? 또 자본 천5백만 원은 아무래도 지나치게 적기 때문에 증가를 할 필요가 있고, 증가할 경우에도 상당한 배당을 하는 것이 좋지 않을지? 자금을 충실히 하는 데에도 그 방법이 좋지 않을지? 이런 생각을 갖고 있습니다. 이 점은 정부에서 특히 고려해주시기 바랍니다.

다음 질문을 드리겠습니다. 그 조사회가 경영개선안을 제시했습니다. 예를 들면 내지의 지점에서는 업무를 행하지 않고 또 콜머니를 흡수하지 않는다는 하나의 규정이 결정되었습니다. 현재 이것이 실행되고 있습니까? 어떻습니까? 이 점을 듣고 싶습니다.

○ 정부위원, 아라이 세이치로(荒井誠一郎)

당시의 의결에 따르면, 대만은행이 내지에서 영업한 것은 그 직무를 일탈한 것이었기 때문에 가능한 대만 내에서 대출에 노력하라는 것이었습니다. 이것은 지금도 실행하고 있습니다. 또 그 여력으로 남중국, 남양에서 환거래 업무를 하도록 했습니다. 그것은 결의대로 실행되고 있습니다. 또한 내지에서 콜머니를 흡수하는 것에 대한 것도 있었습니다. 지금 내지에서는 지극히 삼가고 있다고 생각합니다. 대체적으로 콜머니를 흡수하지 않습니다. 또한 점포의 개수 혹은 축소 등의 결의도 있었습니다. 이 점은 충분히 실행하고 있다고 생각합니다.

○ **오가사와라 산쿠로(小笠原三九郎) 위원**

콜머니에 대해서는, 근래에는 모두 담보부로 하고 있기 때문에 현재 정도면 어떠한 폐해도 없을 것이라고 생각합니다. 내지에 대한 대출은 지금은 오히려 때때로 — 지금은 묘한 대출이 없습니다만, 시마다(島田) 두취 시절에는 그러한 소문을 들었고 또 우리가 실례(實例)를 들었는데 그 실례를 듣더라도 적당한 정도의 부당한 대출이 있었다는 것이었습니다. 이 점은 감리관도 대장성에서도 엄중하게 취지를 이행해서 거듭 잘못이 없게 하기를 특별히 바랍니다.

계속해서 남중국과 남양 방면에는 근래 무엇인가 조금은 힘을 뻗칠 것이란 뜻을 듣고 있습니다. 그쪽 방면의 금융기관이 결여되고 있다는 것을 대장성에서 충분히 알고 있습니다. 대만은행이 다행히 지금 그 곳에 은 자산 등을 갖고 상당한 방면으로 활동을 할 수 있는 입장에 놓여 있습니다. 설립 당초의 사명도 이러한 것이었습니다. 때문에 이러한 방면에서 앞으로 진력을 다해 줄 것을 바라고 있습니다.

다음 질문을 드립니다. 이때 분명히 금융제도조사회의 조사에 따르며 대만은행의 제도를 개정하도록 되어 있었습니다. 금융제도조사회에서 어떠한 조사를 해주었습니까? 그것을 듣고 싶습니다.

○ **정부위원, 아라이 세이치로(荒井誠一郎)**

당시 대만은행조사회가 결의한 마지막 항목이 있었습니까? 금융제도조사회는 제도상의 개정에 대해서 연구하는 쪽이 좋겠다고 하는 것이 부가되어 있었습니다. 당시 사정을 살펴보면, 어쨌든 대만은행에서 기괴한 사건이 발생했기 때문에 그것의 전말을 조사하지 않으면 안 되었고, 그때 여러 가지 논의가 제기되었습니다.

태환은행권발행권의 통일, 또는 제도상 다시 내부에 대해 개정해야 할 점이 있는 것인지? 이러한 논의가 있었습니다. 그러나 대만은행조사회에서 한 것은 현재 급한 상황을 구제하기 위해 먼저 시급하게 결정해야 하는 것이었습니다. 때문에 그것을 하지 않으면 안 되었습니다. 그 후에 당시 금융제도조사회는 영구적인 제도는 다른 위원회에서 결정을 하는 것이 타당하다는 취지의 의결을 했다고 생각합니다.

그 후에 금융제도조사회에서도 여러 가지 연구를 했습니다. 물론 대만은행, 조선은행 등 특수은행에 대해서도 연구를 했습니다. 그러나 당시 개정은 주로 보통은행제도를 개정하는 것이었습니다. 특수은행에 대해서도 조사를 계속했고, 일본은행의 태환권 보증준비 확장 등도 그것에 따라서 실행했습니다.

대만은행, 조선은행 등에 대해서도 계속 조사를 하고 있습니다만 지금까지 결론에 이르지 못했습니다. 현재 이후에도 조사를 계속할 생각을 갖고 있습니다.

○ 오가사와라 산쿠로(小笠原三九郎) 위원

1927년 7월에 결정된 것이 8년을 거쳐 계속 연구 중이라고 한다면, 우리의 말이 좋지 않을지도 모르겠습니다만, 이러한 사건에 대한 선후책에 대해서 당국이 태만한 것이 아닌가라는 생각을 합니다. 그 후로 8년이나 지났습니다. 방금 전 대신도 말씀하셨듯이 제도상 여러 가지 결함이 적지 않은 것이기 때문에 조속히 그것을 결정해서 실행해주시기를 바랍니다.

대신에게 다음 질문을 드립니다. 대만은행과 조선은행은 현재 보증준비가 2천만 원, 5천만 원으로 되어 있습니다. 이것은 상당히 오래된 규정으로 현재 발행권 상태로 보자면 보증준비를 확대하는 것이 필요하다고 생각됩니다.

제62회 회의에서 다카하시(高橋) 대장대신의 영단 아래 1억 2천만 원이던 일본은행의 보증준비를 10억 원으로 확대했고 이 정신 아래 저금리 정책을 시행했습니다. 이로 인해 대만, 조선의 금리가 내지보다 높았던 것은 과거의 숫자가 보여주는 대로입니다. 식민지 금리를 낮게 하려면, 식민지와 내지 사이에 금리의 평준화를 도모하려면, 근본적인 문제가 해결 되어야 하지만, 당분간이라도 보증준비를 확대하는 것이 필요하지 않을지?

어제 제가 들은 바, 현재 대만은행도 2천2백만 원 이상 제한 외 발행을 하고 있다고 했습니다. 이번에 이자율을 내리더라도 여기에 대해 3% 이상의 세금을 부과하게 됩니다. 식민지 금융의 관계와 내지 관계에서 볼 때 단기간이 되더라도 이것은 상당한 고려를 해야 하는 것입니다. 이것은 대신이 원대한 생각으로써 저금리 정책으로 보증준비를 확대하여 이자를 낮추는 취지에도 부합한다고 생각합니다. 이 점에 대해서 대신의 의견을 듣고 싶습니다.

○ 국무대신, 다카하시 고레키요(高橋是淸)

제한 외 발행세를 낮춘다고 하는 문제에서 지금 말씀하신 저금리 쪽으로 확장한다는 문제까지 나왔습니다. 그러나 앞서 속기를 중지하고 말씀드린 대로의 생각을 저는 갖고 있습니다. 보증준비 확장은 보류해두고 제한 외 세율을 낮춰서 처리해가고 싶습니다. 그래서 앞서 속기를 중시시켰을 때 말씀드린 것과 같은 생각을 실행하더라도 장기적으로 이러한 생각을 버려둔 것은 아닙니다. 그렇기에 보증준비 확장은 보류한 것입니다.

○ 오가사와라 산쿠로(小笠原三九郎) 위원

충분히 알겠습니다. 다음 질문을 드립니다. 대만은행의 담보에서 인수한 것의 처분에 대해 질문을 드립니다. 제가 말씀드릴 것까지는 없지만, 대만은행법 제5조, 제6조에 의해 영업상 제한을 받고 있습니다. 이것은 조선은행도 마찬가지입니다. 동법 제11조, 정관 제41조를 보면 채무변제를 위해 인수한 동산은 6개월 이내에 처분하고, 부동산도 1년 이내에 매각을 하도록 되어 있으며, 어쩔 수 없는 사정이 있는 경우 연기를 할 수 있도록 되어 있습니다. 그러나 채무변제로 1927년 이전에 인수했던 담보물, 법의 정신으로 말씀드리면, 6개월 이내에 처분해야 하는 동산과 주식을 계속 갖고 있는 것이 많습니다. 이로 인해 중역이 있는 것인지? 행원이 있는 은행이지? 사업회사인지? 알 수 없다는 말이 세간에서 나오고 있습니다. 저는 또한 1년 이내에 처분하는 것도 간단하게 되지 않는다고 생각하고 있습니다.

그러나 그 정신으로 말한다면 1년 이내에 처분해야 하는 부동산이 있다면 — 부동산회사를 설립한 것은 당시의 사정으로 볼 때 좋은 것이었습니다. 그러나 그렇다하더라도 지금 부동산회사는 거의 처분하지 않았습니다. 언제까지 이 부동산회사가 계속될지 알 수 없는 것이 되었는데 이것은 정관에 있는 법의 정신으로 보더라도 정말 맞지 않다고 생각합니다. 여기에 대해서 대장성에서는 생각을 하고 계시는 것입니까? 어떻습니까?

○ 국무대신, 다카하시 고레키요(高橋是清)

그 사실에 대해서도 정말 고려를 하고 있습니다. 이미 지금과 같은 문제가 제기되고 있고 그 결과를 알 수는 없지만, 인견(人絹)문제가 제기되었을 때 동산처분을 하는 것에 대해서도 상당하게 고려하지 않으면 안 됩니다. 실제로 현재 은행의 중역에게 일임을 했지만, 어쩔 수 없이 현재의 상태에서 하기 때문에 여러 가지 말들이 많은 것에 대해 걱정하고 있습니다. 그래서 대장성 내부에서도 세간에서 조금도 의심을 받지 않는 위원으로 조직을 하는 것이 어떨지 하는 정도의 고려를 하고 있습니다.

○ 오가사와라 산쿠로(小笠原三九郎) 위원

그런 생각으로 시급히 실행하여 주십시오. 그렇게 해서 지금 제국인의 주식입니까? 고베제강소의 주식입니까? 대일본염업의 주식입니까? 상당히 많은 유가증권이 있습니다. 또 부동산도 매우 거액을 가지고 있습니다. 때문에 도가 넘지 않도록 함과 동시에 입었던 손해를 얼마간이라도 줄여 나가기를 바라고 있습니다.

마지막으로 질문을 드립니다. 대만은행은 두취가 결원된 상태로 있습니다. 아무래도 국제적으로 보더라도 해외에 점포가 여러 군데 있기에 신용을 높인다는 의미에 부합하기 위해 두취가 결원 상태인 것은 좋지 않습니다. 모두 그렇게 말을 합니다. 대신이 특별히 고려하고 있으리라고 생각합니다. 만약 대답하시는 데 지장이 없다면 이 점에 대해서 충분히 고려해주시기를 바랍니다.

○ 국무대신, 다카하시 고레키요(高橋是淸)

이 점은 충분하게 고려하고 있습니다. 이미 여러 가지 생각한 것이 있지만, 시기가 늦어지고 있는 것입니다.

○ 오가사와라 산쿠로(小笠原三九郞) 위원

제 질문은 이정도로 마치겠습니다.

○ 다마키 요시노조(玉置吉之亟) 위원

저는 금매입법 개정에 대해서 대장대신에게 질문을 드립니다.

(중략)

○ 위원장 대리, 마쓰무라 미쓰조(松村光三)

지금 3개의 안건에 대해서 다른 질문이 있습니까? ― 대체적으로 없다고 생각됩니다. 여기서 일본은행금매입법 중 개정법률안, 조선은행법 중 개정법률안, 대만은행법 중 개정법률의 3건은 질문을 종료하는 것으로 합니다.

(“이의 없습니다”라고 외치는 자 있었다.)

18. 1935년 3월 1일 귀족원 의사속기록 제12호 일본은행금매입법 중 개정법률안 외 2건 제1독회

○ **부의장, 마쓰다이라 요리나가(松平頼壽)**[91]

일정 제5, 일본은행금매입법 중 개정법률안, 일정 제6, 조선은행법 중 개정법률안, 일정 제7, 대만은행법 중 개정법률안, 정부제출 중의원 송부 제1독회. 이 3안을 일괄 의제로 하는 것에 대해 이의가 있으십니까?

("이의 없습니다"라고 외치는 자가 있었다.)

○ **부의장, 마쓰다이라 요리나가(松平頼壽)**

이의가 없다고 인정됩니다.

일본은행금매입법 중 개정법률안

위 정부제출 본 안을 본 원에서 사결하였기에 의원법 제54조에 의해 송부합니다.

중의원 의장 하마다 구니마쓰(濱田國松)

귀족원 의장 공작 고노에 후미마로(近衛文磨)[92] 殿

---

91) 마쓰다이라 요리나가(松平頼壽, 1874~1944) : 메이지에서 쇼와전기 화족. 1903년 가독을 계승하여 백작이 되었다. 1908년 귀족원 의원이 되었고, 연구회 소속이다.

92) 고노에 후미마로(近衛文磨, 1891~1945) : 고노에 아쓰마로(近衛篤麿)의 아들. 정치가. 귀족원 의원, 귀족원 부의장(10대), 귀족원 의장(9대), 내각총리대신(제34, 38, 39대), 외무대신(제59대), 척무대신(제13대), 사법대신(제43대), 국무대신 등을 지냈다.

일본은행금매입법 중 개정법률안

일본은행금매입법 중 다음과 같이 개정한다.

제4조 제2장 중 「1억 원」을 「2억 원」으로 개정한다.

조선은행법 중 개정법률안

위 정부제출 본 안을 본 원에서 사결하였기에 의원법 제54조에 의해 송부합니다.

중의원 의장 하마다 구니마쓰(濱田國松)

귀족원 의장 공작 고노에 후미마로(近衛文磨) 殿

조선은행법 중 개정법률안

조선은행법 중 다음과 같이 개정한다.

제22조 제3항 중 「5%」를 「3%」로 개정한다.

부 칙

본 법의 시행일은 칙령으로 정한다.

대만은행법 중 개정법률안

위 정부제출 본 안을 본 원에서 사결하였기에 의원법 제54조에 의해 송부합니다.

중의원 의장 하마다 구니마쓰(濱田國松)
귀족원 의장 공작 고노에 후미마로(近衛文磨) 殿

대만은행법 중 개정법률안

대만은행법 중 다음과 같이 개정한다.
제9조 3항 중 「5%」를 「3%」로 개정한다.

부 칙

본 법의 시행일은 칙령으로 정한다.

○ **부의장, 마쓰다이라 요리나가(松平賴壽)**
다카하시(高橋) 대장대신

〈국무대신 다카하시 고레키요(高橋是淸)가 연단에 올랐다〉

○ **국무대신, 다카하시 고레키요(高橋是淸)**
일정 제5, 일본은행금매입법 중 개정법률안의 제안 이유를 설명하겠습니다. 작년 4월부터 시행된 일본은행금매입법에 따라서 일본은행은 금을 매입하고 있습니다. 그러나 동행의 금 매입액의 증가에 수반하여 동은행에 대해 정부가 부담하는 책임도 또한 증가했습니다. 종래 법률상의 여력이 현저하게 감소하고 있습니다. 따라서 이후 일본은행이 금 매입을 계속하기 위해서는 정부의 책임부담 한도를 1억 원 증가시켜 2억 원으로 개정하는 것이 타당하다고 생각하여 본 법을 제출하게 되었습니다.

일정 제6, 조선은행법 중 개정법률안과 일정 제7, 대만은행법 중 개정법률안에 대해서 설명을 드립니다. 현행 조선은행법과 대만은행법에 따르면 양 은행권 제한 외 발행에 대해 5% 이상의 세율로서 발행세를 부과하도록 되어 있습니다. 그런데 최근 조선과 대만에서 금리를 낮추라는 움직임이 현저하게 일어나고 있습니다. 현행 세율로 인해 양 은행의 은행권 발행을 과도하게 억제한 결과가 되었기에 또 앞으로 양 지역에서 금리를 낮추는데 장애가 될 우려가 있기 때문에 이 세율을 인하하여 3% 이상으로 하는 것이 타당하다고 생각합니다. 이에 본 개정안을 제출하게 되었습니다. 이상 3개의 안에 대해 심의하여 협조와 찬성을 해주시기를 바랍니다.

○**부의장, 마쓰다이라 요리나가(松平賴壽)**

특별한 질의가 없다면 이 3개의 안은 일정 제3 법률안 외 1건의 특별위원에 부탁하겠습니다.

Ⅴ. 제71회 제국의회

19. 1937년 7월 31일 중의원 의사속기록 제6호 산금법안 외 6건 제1독회

○ **의장, 고야마 쇼쥬(小山松壽)**[93]

지금부터 의회를 개최합니다. 일정 제1에서 제7은 편의상 일괄 의제로 하겠습니다. 이의가 없으십니까?

(“이의 없습니다”라고 외치는 자 있었다.)

○ **의장, 고야마 쇼쥬(小山松壽)**

이의가 없다고 인정됩니다. 이내 일정 제1 산금법안, 일정 제2 금준비평가법안, 일정 제3 금자금특별회계법안, 일정 제4 일본은행금매입법폐지에 관한 법률안, 일정 제5 조선은행법 중 개정법률안, 일정 제6 대만은행법 중 개정법률안, 일정 제7 외국환관리법 중 개정법률안, 위 5개 안을 일괄하여 제1독회를 개최합니다. — 대장대신 가야 오키노리(賀屋興宣)[94] 위원

(중략)

93) 고야마 쇼쥬(小山松壽, 1876~1959) : 다이쇼에서 쇼와 전기 정치가. 오사카아사히신문기자를 거쳐 1906년 나고야신문을 창간, 사장이 되었다. 1915년 중의원 의원에 당선된 후 10회 당선되었다.

94) 가야 오키노리(賀屋興宣, 1889~1977) : 쇼와 전기 관료, 정치가. 히로시마 출신 대장관료. 1937년 제1차 고노에(近衛) 내각 내장대신으로 취임하여 전쟁재정을 담당했다. 다음해 귀족원 의원이 되었다. 전후 A급 전범으로 종신형을 받았다.

조선은행법 중 개정법률안

조선은행법 중 다음과 같이 개정한다.

제22조 제2항 중 「5천만 원」을 「1억 원」으로 개정한다.

부 칙

본 법의 시행일은 칙령으로 정한다.

(중략)

〈국무대신 가야 오키노리(賀屋興宣)가 등단했다.〉

○ **국무대신, 가야 오키노리(賀屋興宣)**

(중략)

다음으로 조선은행법 중 개정법률안에 대해서 말씀드리겠습니다. 조선은행권의 보증발행 한도는 현재 5천만 원입니다. 이 한도는 1918년에 정해진 것입니다. 조선의 경제와 동은행권 발행의 현황 등을 보면 소액에 불과하다고 생각합니다. 이에 이것을 1억 원으로 확장하는 것이 타당하다고 생각해서 본 법 개정법률안을 제출하게 된 것입니다.

20. 1937년 8월 2일 중의원 산금법안 외 6건 위원회의록 (속기) 제2회

회의 1937년 8월 2일(월요일) 오전 10시 23분에 개의

출석위원은 다음과 같다.

위원장 다케다 도쿠사부로(武田德三郎)
이사 하라 다마시게(原玉重)
이사 호리우치 료헤이(堀內良平)
이사 아야베 겐타로(綾部健太郎)[95]
이사 이시자가 유헤이(石坂養平)
가쓰 마사노리(勝正憲)[96]
오야마 구라노스케(小山倉之助)
야마다 쥰사쿠(山田順策)[97]
이노케 도시에(猪野毛利榮)[98]
오가사와라 산쿠로(小笠原三九郎)
히쓰타 에이키치(匹田鋭吉)
이치노세 도시타미(一ノ瀨俊民)

---

95) 아야베 겐타로(綾部健太郎, 1890~1972) : 정치가. 제53대 중의원 의장을 지냈다. 전쟁 전에는 입헌정우회 소속이었다. 1939년 정우회가 분열할 때 정통파에 참여했다. 정당해소 후에는 익찬의원동맹, 익찬정치회, 대일본정치회에 소속되었다.

96) 가쓰 마사노리(勝正憲, 1879~1957) : 대장관료, 정치가. 중의원 의원을 지냈으며 체신대신을 지냈다.

97) 야마다 쥰사쿠(山田順策, 1887~1961) : 정치가, 실업가, 치과의사. 중의원 의원을 지냈다.

98) 이노케 도시에(猪野毛利榮, 1886~1952) : 언론인, 정치가. 중의원 의원을 지냈다.

마쓰야마 쓰네지로(松山常次郎)
도요다 오사무(豊田收)[99]
구보이 요시미치(窪井義道)
다만 기요미(田万淸臣)
도미요시 에이지(富吉榮二)[100]
다가와 다이키치로(田川大吉郎)[101]
아오키 사쿠오(靑木作雄)
노다 분이치로(野田文一郎)
이시이 도쿠사지(石井德久次)

오늘 의원 마쓰무라 미쓰조(松村光三)와 야마모토 고조(山本厚三) 의원의 사임으로 그 보궐로 이시이 도쿠사지(石井德久次)와 노다 분이치로(野田文一郎) 의원을 의장이 선정했다.

출석정부위원은 다음과 같다.
대장정무차관 오타 마사타카(太田正孝)
대장성 이재국장 세키하라 다다미쓰(關原忠三)
대장성 은행국장 이루마노 다케오(入間野武雄)[102]
대장성 위체국장 우에야마 에이조(上山英三)
대장서기관 사코미즈 히사쓰네(迫木久常)[103]

---

99) 도요다 오사무(豊田收, 1882~1969) : 교육자, 정치가, 중의원 의원을 지냈다.
100) 도미요시 에이지(富吉榮二, 1899~1954) : 정치가, 중의원 의원. 체신대신을 역임했다.
101) 다가와 다이키치로(田川大吉郎, 1869~1947) : 메이지에서 쇼와 전기 언론인, 정치가. 1908년 중의원에 당선된 후 9회 당선되었다. 국민당, 헌정회에 소속되었다.
102) 이루마노 다케오(入間野武雄, 1890~1958) : 1916년 대장성에 들어가서 조폐국장, 은행국장을 역임했고, 1941년 15은행 두취, 1945년 제국은행 두취를 지냈다.
103) 사코미즈 히사쓰네(迫木久常, 1902~1977) : 대장관료, 정치가.

상공참여관 사토 겐노스케(佐藤謙之輔)[104]
농공성 광산국장 아즈마 에이지(東榮二)
척무성식산국장 우에바 데쓰조(植場鐵三)
조선총독부 재무국장 하야시 시게조(林繁藏)

위원장의 허가를 얻어 출석한 사람은 다음과 같다.

상공서기관 야마모토 시게루(山本茂)
상공기사 마쓰모토 아키라(松本彬)

오늘 회의에 올라온 의안은 다음과 같다.
산금법안(정부제출)
금준비평가법안(정부제출)
금자금특별회계법안(정부제출)
일본은행금매입법 폐지에 관한 법률안(정부제출)
조선은행법 중 개정법률안(정부제출)
대만은행법 중 개정법률안(정부제출)
외국환관리법중 개정법률안(정부제출)
요코하마쇼킨은행조례 중 개정법률안(정부제출)
주조조합법 중 개정법률안(정부제출)

(중략)

104) 사토 겐노스케(佐藤謙之輔, 1886~1957) : 1938년『돈의 전쟁(金の戰爭)』을 저술하였다.

○ **국무대신, 가야(賀屋)**[105]

본 위원회에 부탁된 금준비평가법안, 금자금특별회계법안, 일본은행금매입법폐지에 관한 법률안, 조선은행법 중 개정법률안, 대만은행법 중 개정법률안 및 외국환관리법 중 개정법률안에 대해 설명을 드립니다.

(중략)

다음으로 조선은행법 중 개정법률안에 대해서 설명을 드립니다. 동 은행권의 보증발행한도는 현재 5천만 원입니다. 이 한도는 1918년에 정해진 것입니다. 그 후 조선경제의 발전, 특히 근래에는 동 은행권 발행액이 급격하게 증가하는 상황에 비추어 보면 이것은 소액에 불과합니다. 통화의 원활한 공급을 도모하기에는 불충분하다고 생각합니다. 앞으로 발행액 증가를 참작해서 그 한도를 1억 원으로 확장하는 것이 타당하다고 생각하여 본 개정법률안을 제출하게 되었습니다. (하략)

105) 가야 오키노리(賀屋 興宣) 대장대신.

21. 1937년 8월 3일 중의원 산금법안 외 6건 위원회의록 (속기) 제3회

회의 1937년 8월 3일(화요일) 오전 10시 10분 개의.

출석위원은 다음과 같다.

위원장 다케다 도쿠사부로(武田德三郎)
이사 하라 다마시게(原玉重)
이사 호리우치 료헤이(堀內良平)
이사 아야베 겐타로(綾部健太郎)
이사 이시자가 유헤이(石坂養平)
가쓰 마사노리(勝正憲)
오야마 구라노스케(小山倉之助)
야마다 쥰사쿠(山田順策)
오가사와라 산쿠로(小笠原三九郎)
이노케 도시에(猪野毛利榮)
히쓰타 에이키치(匹田鋭吉)
이치노세 도시타미(一ノ瀨俊民)
마쓰야마 쓰네지로(松山常次郎)
도요다 오사무(豊田收)
구보이 요시미치(窪井義道)
다만 기요미(田万淸臣)
도미요시 에이지(富吉榮二)
다가와 다이키치로(田川大吉郞)

아오키 사쿠오(靑木作雄)
노다 분이치로(野田文一郎)
이시이 도쿠사지(石井德久次)
다나카 겐사부로(田中源三郎)

동일 위원 이쿠타 와헤이(生田和平) 의원의 사임으로 그 보궐로 다나카 겐사부로(田中源三郎) 의원을 의장이 선정했다.

출석정부위원은 다음과 같다.
대장정무차관 오타 마사타카(太田正孝)
대장성 이재국장 세키하라 다다미쓰(關原忠三)
대장성 은행국장 이루마노 다케오(入間野武雄)
대장성 위체국장 우에야마 에이조(上山英三)
대장서기관 사코미즈 히사쓰네(迫水久常)
상공참여관 사토 겐노스케(佐藤謙之輔)
상공성 광산국장 아즈마 에이지(東榮二)

오늘 회의에 올라온 의안은 다음과 같다.
산금법안(정부제출)
금준비평가법안(정부제출)
금자금특별회계법안(정부제출)
일본은행금매입법 폐지에 관한 법률안(정부제출)
조선은행법 중 개정법률안(정부제출)
대만은행법 중 개정법률안(정부제출)
외국환관리법 중 개정법률안(정부제출)

○ 위원장, 다케다 도쿠사부로(武田徳三郎)

지금부터 회의를 개최합니다. 전회에 이어서 질문을 허락합니다. 오가사와라 산쿠로(小笠原三九郎) 위원

○ 오가사와라 산쿠로(小笠原三九郎) 위원

저는 먼저 조선은행법 개정법률안에 대해서 질문을 드립니다. 처음 조선은행권의 보증발행한도를 5천만 원에서 1억 원으로 확장하려는 이유, 여기에 쓰여 있는 것이 간단한 이유는 아닙니다. 조금 더 근거 있는 이유, 원래의 목적이 어디에 있는지 듣고 싶습니다.

○ 정부위원, 이루마노 다케오(入間野武雄)

조선은행의 보증준비를 5천만 원에서 1억 원으로 개정하려고 합니다. 조선에서 이루어진 발행액만 대체적으로 1억 5, 6천만 원입니다. 앞으로 증가율을 보면 대략 2억 원 정도 될 것으로 생각됩니다. 그런데 조선은행의 지불준비는 근래 3년간 평균으로만 보더라도 약 1억 원 정도입니다. 그 부족액을 보증준비 1억 원으로 해야 한다고 생각합니다.

○ 오가사와라 산쿠로(小笠原三九郎) 위원

지나(支那)사변 때에 중국에 있던 군대가 조선은행권을 사용한 것이 사실입니까?

○ 정부위원, 이루마노 다케오(入間野武雄)

당분간 북중국에서 조선은행권을 사용하려고 합니다.

○ 오가사와라 산쿠로(小笠原三九郎) 위원

만약 그렇다면 상당히 거액의 발행액이 된다고 생각합니다. 거기에 현

재 조선의 상태로 5천만 원에서 1억 원으로 보증준비를 확장시킨다면 곧 바로 제한 외 발행을 해야 하는 일이 발생하게 되고, 식민지 금융이 원활함을 결여하게 되는 것이 아닙니까? 이렇게 생각하고 있습니다만, 북중국에서 발행액 증가가 예상되는 데로 이 안을 세운 것입니까? 어떻습니까? 듣고 싶습니다.

○ **정부위원, 이루마노 다케오(入間野武雄)**

사변 전에 북중국에 유통되고 있었던 조선은행권의 정확한 액수는 알지 못합니다. 대체적으로 3백만 원 정도라고 생각하고 있습니다. 그런데 이번에 지나사변이 발발해서 그 결과 당분간 조선은행권을 북중국에서 사용하도록 결정을 하게 되었습니다. 그러나 그러하더라도 무조건 실시하는 것은 아니라고 생각합니다. 특히 사변일지라도 영구히 해야 하는 것이 있다면 언제까지 조선은행권을 유통시키는 것은 불가능하다고 생각합니다. 이때에는 특별한 방법을 생각하고 있습니다.

○ **오가사와라 산쿠로(小笠原三九郎) 위원**

조선은행의 그것에 대해서 좀 더 질문을 드리겠습니다. 현재를 대신한다는 것에 대해서 지장이 없는 범위 안에서 말씀해주시기 바랍니다.

○ **정부위원, 이루마노 다케오(入間野武雄)**

지금 어떤 것으로 해야 하는지를 연구하고 있습니다. 이 정도로 이해해주시기 바랍니다.

○ **오가사와라 산쿠로(小笠原三九郎) 위원**

일부에서 이번에 조선은행권 보증준비를 확장하는 표면적인 이유는 이유서에 쓰여 있는 대로 조선은행권의 발행 상황에 비추어 조선에서 금융을 원활하게 하고 금리를 하락시키려는 의도라고 되어 있지만, 사실은 북중국의 우리 군대를 위해 사용하기 위한 것이라고 말합니다. 즉 당분간 내지 일본은행권의 증발 또는 대외 지불 증가 등을 억제함으로서 조선은행이 7월 7일에 현재 갖고 있는 59만 8천 원의 금을 끌어다가 해외에 보내거나 또는 금자금특별회계의 보유금에 편입해서, 우선 금준비평가법에 따라 4백53만 7천 원으로 평가차익을 얻고, 그것을 금자금특별회계에 편입시키려는 것이 준비확장의 목적이라고 말들 합니다. 여러 가지를 보면 이렇게 생각됩니다. 이렇게 걱정할 것이 없다는 점을 보여주시기 바랍니다.

○ **정부위원, 이루마노 다케오(入間野武雄)**

조선은행에 대해서는 특별히 다른 의도가 있지 않습니다. 단순히 조선은행의 현재 발행 상태 그리고 앞으로 예상되는 발행을 짐작해서 증액을 하려는 것입니다.

○ **오가사와라 산쿠로(小笠原三九郎) 위원**

그렇다면 다음과 같은 점을 질문 드립니다. 먼저 처음 조선은행의 소유금에서 발생한 평가차익 4백53만 7천 원을 정부가 모두 몰수할 생각이 있습니까? 어떻습니까? 만약 정부가 이것을 모두 거둬들인다고 하면, 오늘 이러한 논의도 나왔지만 일본헌법에 일본신민은 그 소유권을 침해받지 않는다고 되어 있는데, 그렇다면 그 소유권을 침해하는 것이 아닙니까? 보기에 따라서 조선은행의 금을 정부가 시가로 매입한다면 좋지만, 그렇지 않고 조선은행이 그 금을 싼 가격에 내놓아서 매입하게 되면 이것은 소유권의 부당한 침해라고 말하더라도 어쩔 수 없는 것 아닙니까? 이렇게 생각하고 있습니다.

만약 평가법에 따라서 그것을 특별회계로 납부하지 않고 조선은행이 그것을 금준비로 가지고 있다고 생각합니다. 그러나 조선은행이 스스로 갖고 있는 금에 대해서 4백53만 7천 원을 특별히 납입하지 않는다면 지금까지 갖고 있던 금을 보유하지 않겠다는 것이 됩니다. 그래서 세간에서는 이 법률이 조금 터무니없다고도 말들 합니다. 지금 현재 자기가 금을 갖고 있었는데 돌연 이러한 법률이 나와서 그것을 조금도 불리지 못하고, 단지 갖고만 있으려면 4백53만 7천 원을 내지 않으면 안 됩니다. 이것은 조금 잔인한 방법이 아닙니까? 여기에 대한 의견을 듣고 싶습니다.

○ 정부위원, 세키하라 다다미쓰(關原忠三)

일본은행, 조선은행, 대만은행이 갖고 있는 정화금을 평가하여 바꾼다면 여기서 이익이 발생하고, 그 이익에 상응하는 금액을 조선은행이 정부에 납부합니다. 이러한 방침의 법률이 되는 것입니다. 즉 1돈 5원의 가격인 것을 재평가하여 그 금액이 불어나기 때문에 그 이익에 상응하는 금액을 정부에 납부해야 한다고 생각합니다.

이 점은 헌법상 차질이 없다고 생각합니다. 그리고 다른 한편 조선은행이 갖고 있는 금을 일본은행에 집중시키는 것이 적당하다고 생각합니다. 평가하여 환산한 가격으로 일본은행이 인수하게 됩니다.

○ 오가사와라 산쿠로(小笠原三九郎) 위원

이것은 대만은행도 같습니다. 특수은행이 조선은행, 대만은행의 문제이기 때문에 지금처럼 말씀하시는 것도 가능하다고 생각합니다. 개인을 예로 들면, 자신이 1만 원 하는 200평의 집을 갖고 있는데 현재 그 평가 가격이 올라서 2만 원을 내지 않으면 그 집을 갖지 못한다고 하는 사실과 같은 것입니다. 정부가 매입하면 좋지만, 매입하지 않으면 지금까지 집을 갖고 있는 사람이 1만 원을 내게 됩니다. 이렇게 된다면 분명히 소유권을 부당하게 침해받는다고 생각합니다.

조선은행, 대만은행은 특수은행이므로 나머지 문구는 말하지는 않겠습니다. 또 금매입법 실시 이후에 이루어진 금의 매입에 대한 것이라면 저는 더 이상 논의하지 않겠습니다. 그러나 그렇더라도 금매입법 이전에 갖고 있던 금을 지금의 시세 그대로 소유하려면 그만큼의 돈을 일본은행에 납부하지 않으면 안 된다는 법률은 상당히 터무니없는 법률이 아닌가라고 생각합니다. 이것이 지장이 없다고 예상하십니까? 다만 지장이 있는 것을 답하지 않은 것일 것입니다. 그러나 그렇다고 하더라도 어느 정도는 보충을 하도록 해야 한다는 것이 아니라면 상당히 터무니없는 법률이라고 생각합니다.

종래 자신이 갖고 있었던 것을 그대로 갖고 있으려면 돈을 내야 한다는 법률이 나온다는 것은 매우 타당하지 않다고 생각합니다. 그러나 저는 이 법률에 대해 어떠하다는 말을 할 수 없습니다만, 누가 생각을 하더라도 타당하지 않다고 생각합니다. 어쨌든 어느 정도 보충시키는 방법이 없으면 안 된다고 생각합니다. 여기에 대해서 당국에서는 어떻게 생각하고 있습니까? 이 점을 듣고 싶습니다.

○ **정부위원, 세키하라 다다미쓰(關原忠三)**

일본은행에 대해서, 일본은행금매입법의 규정에 따라 매입한 것에 대해서도 물론, 그 매입법 이전에 갖고 있던 금에 대해서도 법률상 의견은 동일한 것이 아닌가라고 생각합니다. 즉 일본은행금매입법에서는, 알고 계신 대로, 1돈 5원 이상의 시가로 매입을 합니다. 1돈 5원으로 평가되기 때문에 그 차액만큼 정부가 채무증서를 줍니다. 그러나 이후 평가된 것 이상으로 이익이 발생할 경우에는 그것을 정부에 납부하도록 되어 있습니다. 일본은행금매입법 제6조에도 이미 규정되어 있습니다. 이것과 동일하게 한다는 생각입니다. 이전부터 갖고 있었던 것이 있더라도 이번 평가 환산가격에 의해 이익이 발생되는 것은 정부에 납부해야 하는 것입니다. 그것은 소유권의 침해라고 할 만한 일로 다루어야 하는 것이 아닙니다. 오히려 그것은 조세라든지 아니면 특권료(特權料)라고 하는 관념으로 봐야하는 것이 타당한 것이 아닌가라고 생각합니다.

즉 어제 대장대신도 이곳에서 설명을 하셨듯이, 태환준비로 정화를 갖고 있는 것은 그 금에 의해 영업상 이익이 발생한다는 생각으로 갖고 있는 것이 아닙니다. 한 나라의 화폐제도 변경 혹은 임시적으로 이와 같이 평가 환산의 방법에 의해 그 은행에서 이익이 발생할 경우에는 그것을 정부에 납부하도록 하는 것이 지극히 자연스러운 것이라고 생각합니다. 각국 모두 이와 동일하게 또는 유사한 관념으로 처리를 하고 있습니다.

○ 오가사와라 산쿠로(小笠原三九郎) 위원

나머지 논의를 거듭할 의사는 없습니다. 그러나 금매입법에 근거한 이익의 정도는 법률에 명문이 있기 때문에 조금도 지장이 없다고 저는 생각합니다. 그러나 그 이전에 가지고 있던 것. 가령 은행이 그때 청산을 했다고 한다면 어떨지를 생각해 보면, 주주는 모두 그 금을 시가에 따라서 매각한 것을 받게 됩니다. 그런데 이런 한 조각의 법률에 의거하여 모두 몰수를 하게 됩니다. 만약 금을 준비로 가지고 있다면, 1/3 정도가 돼서 거의 갖고 있지 않다고 할 정도가 됩니다. 이는 태환권의 기초에도 영향이 있다고 저는 생각합니다. 특히 대만은행의 경우에 ― 조선은행도 마찬가지입니다만, 정리를 수행하는 은행은 신용문제에 대해 상당한 고려를 하지 않으면 안 된다고 생각합니다. 여기에 대해서 정부가 단지 매입하면 좋다는 생각을 갖고 있는 것은 조금도 이해하기 어렵습니다. 무엇인가 보전해줄 방법을 가지고 해야 하다는 것이 당연히 필요하다고 생각합니다.

이 점에 대해서 무엇인가 고려를 하고 있다면 훌륭한 일입니다만, 만약 그렇지 않다면 이 점에 대해서 상당한 고려를 해야 하는 것이 당연하다고 생각합니다.

다음 질문을 드립니다. 조선은행권을 북중국에 유통시키는 것은 조금도 나쁘지 않습니다. 매우 훌륭하다고 생각합니다. 현재 들은 바에 따르면 조선은행당국자는 북중국이 점차 자신의 경제활동 무대로 더해졌다고 하면서 기뻐하고 있다고 합니다. 그러나 여기에 대해서 지금부터 미리 충분한 준비를 하지 않으면 훗날 배꼽을 갉아먹더라도 어쩔 수 없는 상태가 발생할 수 있다고 생각합니다.

만약 조선은행이 정도를 넘어서 조선은행권을—북중국의 사태에 따라서는 그렇게 증가시켜갈지도 모릅니다. 만약 엄청난 거액이 나오게 되면, 북중국의 사태가 진정되고 정세가 변할 경우, 조선은행권이 내지 또는 조선으로 환류 되어 옵니다. 여기에 대응해서 조선은행의 환거래를 조직해서 송금해 오는 것은 막는 방법이 되지 못합니다. 만약 막는다면 엔의 붕괴를 초래하게 되기 때문에 막을 수도 없습니다. 그렇게 되면 내지의 자금이 유출되는 것과 마찬가지가 돼서 환거래에도 상당히 큰 영향을 초래합니다.

그렇기 때문에 우리는 지금 조선은행권을 사용하는 것에 대해서 훗날을 생각해서 은행권사용의 금액과 정도 등에 대해서 당국이 미리 생각하지 않으면 후일에 매우 곤란한 문제가 발생할 것이라고 봅니다. 여기에 대해서 어떤 생각을 갖고 나오셨습니까? 질문을 드립니다.

○ 정부위원, 이루마노 다케오(入間野武雄)

지금 질문은 뛰어난 염려라고 생각합니다. 당국에서 현지의 과도한 조선은행권 유통을 살피는 것은 설명하신 대로 앞으로 상당한 걱정거리가 될 수도 있다는 우려가 있기 때문입니다. 만약 사변이 지속될 경우에는 군표 등 기타 적당한 방법으로 현지 유통의 절차를 정해야 한다고 생각합니다.

○ 오가사와라 산쿠로(小笠原三九郎) 위원

그렇다면 앞으로 조선은행의 보증준비로, 대체적으로 일본은행권, 상업어음, 정부의 채무증서 등이 있지만, 금을 갖도록 할 생각이 있습니까? 아니면 전혀 갖지 못하도록 할 생각입니까? 이 점을 질문 드립니다.

○ **정부위원, 세키하라 다다미쓰(關原忠三)**

금준비평가법을 시행한다면, 외지의 금은 모두 일본은행으로 옮겨진다고 생각합니다. 그러나 앞으로 경우에 따라서는 금도 가질 수 있는 길을 열어두지 않으면 안 된다고 생각하고 있습니다. 이 정도입니다.

○ **오가사와라 산쿠로(小笠原三九郎) 위원**

조선은행법 중 개정법률안은 이 정도로 마치겠습니다. 다음으로 대만은행법 중 개정법률안에 대해서 질문 드립니다.

(하략)

22. 1937년 8월 4일 중의원 산금법안 외 6건 위원회의록 (속기) 제4회

회의 1937년 8월 4일(수요일) 오전 10시 30분 개의.

출석위원은 다음과 같다.

위원장 다케다 도쿠사부로(武田德三郎)
이사 하라 다마시게(原玉重)
이사 호리우치 료헤이(堀内良平)
이사 이시자가 유헤이(石坂養平)
고야마 타니조(小山谷藏)[106)]
오야마 구라노스케(小山倉之助)
야마다 쥰사쿠(山田順策)
이노케 도시에(猪野毛利榮)
오가사와라 산쿠로(小笠原三九郎)
히쓰타 에이키치(匹田鋭吉)
마쓰야마 쓰네지로(松山常次郎)
도요다 오사무(豊田收)
구보이 요시미치(窪井義道)
도미요시 에이지(富吉榮二)
다가와 다이키치로(田川大吉郎)

---

106) 고야마 타니조(小山谷藏, 1876~1951) : 미국 콜롬비아 대학을 졸업하였다. 대만총독부 사무관을 거쳐 1912년 중의원에 당선된 후 8회 당선되었다. 정우회, 민정당, 일본진보당에 소속되었다.

아오키 사쿠오(青木作雄)

이시이 도쿠사지(石井德久次)

다나카 겐사부로(田中源三郎)

출석국무대신은 다음과 같다.

상공대신 요시노 신지(吉野信次)[107]

출석정부위원은 다음과 같다.

대장정무차관 오타 마사타카(太田正孝)

대장성 주세국장 오오야 한지로(大矢半次郎)[108]

대장성 은행국장 이루마노 다케오(入間野武雄)

대장성 위체국장 우에야마 에이조(上山英三)

상공참여관 사토 겐노스케(佐藤謙之輔)

상공성 광산국장 아즈마 에이지(東榮二)

대장서기관 야마기와 마사미치(山際正道)[109]

대장서기관 사코미즈 히사쓰네(迫木久常)

오늘 회의에 올라온 의안은 다음과 같다.

산금법안(정부제출)

금준비평가법안(정부제출)

금자금특별회계법안(정부제출)

일본은행금매입법 폐지에 관한 법률안(정부제출)

107) 요시노 신지(吉野信次, 1888~1971) : 상공차관을 거쳐 1937년 고노에 내각에서 상공대신이 되었다. 귀족원 의원을 지냈고, 1952년에는 참의원 의원을 지냈다.

108) 오오야 한지로(大矢半次郎, 1892~1977) : 관료, 정치가.

109) 야마기와 마사미치(山際正道, 1901~1972) : 도쿄(東京)출신으로 제20대 일본은행 총재, 대장차관을 지냈다.

조선은행법 중 개정법률안(정부제출)
대만은행법 중 개정법률안(정부제출)
외국환관리법 중 개정법률안(정부제출)
요코하마쇼킨은행조례 중 개정법률안(정부제출)

○ **위원장, 다케다 도쿠사부로(武田德三郎)**

지금부터 개회합니다. 요코하마쇼킨은행 중 개정법률안을 의제로 합니다. 통고 순서에 따라서 질문을 허가합니다.

(중략)

○ **위원장, 다케다 도쿠사부로(武田德三郎)**

이의가 없음을 인정합니다. 이로써 일본은행금매입법 폐지에 관한 법률안은 원안대로 결정되었습니다. ― 다음으로 조선은행법 중 개정법률안을 표결합니다. 본 안도 원안대로 결정하는 것에 대해 이의가 없으십니까?

("이의 없습니다"라고 외치는 자가 있었다.)

○ **위원장, 다케다 도쿠사부로(武田德三郎)**

이의가 없음을 확인합니다. 이로써 조선은행법 중 개정법률안은 원안대로 결정되었습니다. 다음으로 대만은행법 중 개정법률안을 표결합니다. 본 안도 원안대로 결정하는 것에 이의가 없으십니까?

("이의 없습니다"라고 외치는 자가 있었다.)

(중략)

○ **위원장, 다케다 도쿠사부로(武田德三郎)**

지금 의제로 된 각 안의 심의를 종료합니다. 이것으로 산회합니다.

오후 2시 10분 산회

23. 1937년 8월 5일 귀족원 의사속기록 제9호

1937년 8월 5일(목요일) 오전 10시 11분 개회

(중략)

조선은행법 중 개정법률안

위 정부 제출안을 본 원에서 가결하였기에 의원법 제54조에 의해 송부합니다.

1937년 8월 4일

중의원 의장 고야마 쇼쥬(小山松壽)

귀족원 의장 백작 마쓰다이라 요리나가(松平頼壽)

조선은행법 중 개정법률안

조선은행법 중 다음과 같이 개정합니다.

제22조 제2항 중 「5천만 원」을 「1억 원」으로 개정한다.

부 칙

본 법의 시행일은 칙령으로 정한다.

(중략)

〈정부위원 오타 마사타카(太田正孝)가 연단에 올랐다.〉

○ 정부위원, 오타 마사타카(太田正孝)

지금 의제인 산금법안 외 7건에 대해서 설명을 드립니다.

(중략) 다음으로 조선은행법 중 개정법률안에 대해서 말씀드리겠습니다. 조선은행권 보증발행한도는 현대 5천만 원입니다. 이 한도는 1918년에 정해진 것입니다. 조선의 경제와 조선은행 발행의 현황 등에 비추어보면 소액에 불과하다고 생각합니다. 따라서 지금 그것을 1억 원으로 확장하는 것이 타당하다고 생각하여 본 개정법률안을 제출하게 되었습니다.

(중략)

○ 자작 도자와 마사미(戸澤 正己)

지금 의제인 산금법안 외 7건은 중요한 법안입니다. 때문에 특별위원을 18명으로 하고, 의장이 지명하는 의견을 제출합니다.

○ 자작 아키타 시게토시(秋田重壽)

찬성.

○ 의장, 백작 마쓰다이라 요리나가(松平賴壽)

오타(太田) 자작의 의견에 이의가 없으십니까?

("이의가 없습니다"라고 외치는 자가 있었다.)

○ 의장, 백작 마쓰다이라 요리나가(松平賴壽)

이의가 없음을 인정합니다. 특별위원회의 성명을 낭독합니다.

〈스미쿠라(角倉) 서기관낭독〉

산금법외 7건 특별위원

후작 사타케 요시하루(佐竹義春)

후작 고무라 소지(小村捷治)

백작 고다마 히데오(兒玉秀雄)

자작 마에다 도시사다(前田利定)[110)]

자작 오코치 기코(大河內輝耕)

자작 오카베 나가카게(岡部長景)[111)]

쇼다 가즈에(勝田主計)

남작 야부키 쇼조(矢吹省三)

남작 이토 분기치(伊藤文吉)

남작 죠 가쓰쓰라(長基連)

미우라 신시치(三浦新七)[112)]

니시노 겐(西野元)[113)]

고쿠보 기시치(小久保喜七)[114)]

히지카타 히사키라(土方久徵)[115)]

---

110) 마에다 도시사다(前田利定, 1874~1944) : 도쿄출신. 도쿄제국대학을 졸업하였다. 정치가, 체신대신, 농상대신을 지냈다.

111) 오카베 나가카게(岡部長景, 1884~1970) : 외교관, 정치가. 1930년에 귀족원 의원을 지냈다. 궁내성 식부차장, 육군정무차관, 대정익찬회 총무를 역임하였으며, 1943년 문부대신을 지냈다.

112) 미우라 신시치(三浦新七, 1877~1947) : 일본 경제학자, 실업가. 독일의 라이프치 대학 등에서 유학하였다. 다액납세자로 1931년 귀족원 의원이 되었다.

113) 니시노 겐(西野元, 1875~1950) : 대장관료, 정치가, 은행가. 대장대신, 추밀고문관을 지냈다. 15은행 두취, 일본권업은행 총재를 역임했다.

114) 고쿠보 기시치(小久保喜七, 1865~1939) : 메이지에서 쇼와전기 자유민권운동가, 정치가.

115) 히지카타 히사키라(土方久徵, 1870~1942) : 메이지에서 쇼와전기 은행가. 영국과 벨기에에서 유학했다. 1918년 일본흥업은행총재, 1926년 일본은행 부총재, 1928

고로 세이스케(上郎清助)

아게마쓰 다이조(上松泰造)

가나오카 마다자에몬(金岡又左衛門)

오니시 도라노스케(大西虎之介)[116]

년 총재를 지냈다.

116) 오니시 도라노스케(大西虎之介, 1890~1945) : 다이쇼에서 쇼와전기 실업가. 다카마쓰고토히라(高松琴平)철도, 시오노에온센(塩江温泉)철도, 야시마도산(屋島登山)철도 사장을 지냈다. 귀족원 의원을 지냈다.

24. 1937년 8월 5일 귀족원 산금법안특별위원회의사 속기록 제1호

부탁의안
산금법안
금준비평가법안
금자금특별회계법안
일본은행금매입법 폐지에 관한 법률안
조선은행법 중개정법률안
대만은행법 중개정법률안
외국환거래관리법 중개정법률안
요코하마쇼킨은행조례 중개정법률안

위원성명
위원장 백작 고다마 히데오(兒玉秀雄)
부위원장 남작 야부키 쇼조(矢吹省三)
후작 사타케 요시하루(佐竹義春)
후작 고무라 소지(小村捷治)
자작 마에다 도시사다(前田利定)
자작 오코치 기코(大河內輝耕)
자작 오카베 나가카게(岡部長景)
쇼다 가즈에(勝田主計)
남작 이토 분기치(伊藤文吉)
남작 쵸 가쓰쓰라(長基連)

미우라 신시치(三浦新七)

니시노 겐(西野元)

고쿠보 기시치(小久保喜七)

히지카타 히사키라(土方久徵)

고로 세이스케(上郎清助)

아게마쓰 다이조(上松泰造)

가나오카 마다자에몬(金岡又左衛門)

오니시 도라노스케(大西虎之介)

1937년 8월 5일(목요일) 오후 2시 8분 개회

○ **위원장, 백작 고다마 히데오(兒玉秀雄)**

지금부터 개회합니다. 정부위원에게 설명을 부탁드립니다.

○ **정부위원, 오타 마사타카(太田正孝)**

본 위원회에 부탁한 산금법안, 금준비평가법안, 금자금특별회계법안, 일본은행금매입법 폐지에 관한 법률안, 조선은행법 중 개정법률안, 대만은행법 중 개정법률안, 외국환거래관리법 중 개정법률안, 요코하마쇼킨은행조례 중 개정법률안에 대해서 설명을 드리겠습니다.

(중략)

다음으로 조선은행법 중 개정법률안에 대해서 말씀드리겠습니다. 조선은행권 보증발행한도는 알고 계신 대로 현재 5천만 원입니다. 이 한도는 1918년, 지금부터 19년 전에 정해진 것입니다. 그 후 조선의 경제 특히 근래에 조선은행권 발행액이 매우 증가한 점 등에 비추어보면 아무래도 소액에 불과해서 통화의 원활한 공급을 도모하기에는 불충분합니다. 이처럼 확인된 상황에서 앞으로 발행액 증가를 생각했고, 보증준비발행의 한도를

1억 원으로 확장하는 것이 타당하다고 생각하여 본 개정법률안을 제출하게 되었습니다.

(중략)

○ 위원장, 백작 고다마 히데오(兒玉秀雄)

지금 무엇인가 자료를 요구한다면 제출을 부탁…특별한 요구가 없다면 질문으로 넘어가겠습니다. 질문이 있으신 분은 순서대로 질문을 해주십시오.

(중략)

○ 자작 오코치 기코(大河內輝耕)

그렇다면 그 문제는 잠시 그만두고, 각 은행에서 태환권을 발행할 힘이 강해졌다는 생각이 듭니다. 일본은행에 대해서는 8억입니까? 어떻습니까? 후에 10억, 18억을 한도로 하는데 조선은행과 대만은행은 한도가 얼마입니까? 숫자만 말씀해주십시오.

○ 정부위원, 이루마노 다케오(入間野武雄)

조선은행과 대만은행의 지불준비는 일본은행의 태환권으로 충당하고 있습니다. 그 액수는 때에 따라서 움직입니다. 다만 보증발행 한도는 이번에 개정되면 대만은행은 5천만 원, 조선은행은 1억 원이 됩니다.

○ 자작 오코치 기코(大河內輝耕)

지금 숫자를 말씀하셨습니다. 단지 지금 그렇게 했다면 얼마가 되는 것입니까?

○ **정부위원, 이루마노 다케오(入間野武雄)**

8월 4일 두 은행 발행고를 보면, 대만은행은 8천백여만 원, 조선은행은 1억 5천2백여만 원입니다. 그런데 지금 대만은행은 지불준비로 1천180여만 원을 갖고 있습니다. 보증준비, 보증발행한도를 다시 5천만 원으로 하더라도 1천600만 원 정도 부족하다고 조사되었습니다.

그리고 조선은행은 지금 지불준비로 7천500여만 원, 보증발행액이 7천600만 원으로 단지 지금은 한도 외로 발행된 것은 아닙니다. 다만 대만은행은 지불준비가 금은화 및 금은지금으로 되어 있기 때문에 매우 궁핍하게 되어서 지불준비를 늘리지 못합니다. 태환권을 더 늘리려면 제한 외 발행액이 있더라도 이 개정에 의해서 없어질 것이라고 생각합니다.

○ **자작 오코치 기코(大河內輝耕)**

저는 그 계획을 듣고 싶습니다. 지금 대만은행은 금을 얼마나 갖고 있습니까?

○ **정부위원, 이루마노 다케오(入間野武雄)**

1천580만 5천 원입니다.

○ **자작 오코치 기코(大河內輝耕)**

그것을 이번 평가 가치로 하면 얼마입니까?

○ **정부위원, 이루마노 다케오(入間野武雄)**

약 4천 5, 6백만 원 정도라고 생각합니다.

○ **자작 오코치 기코(大河內輝耕)**

그러면 지금 보증준비는 얼마입니까?

○ **정부위원, 이루마노 다케오(入間野武雄)**

이번에 개정하게 되면 5천만 원에 상당하게 됩니다.

○ **자작 오코치 기코(大河內輝耕)**

4천5백만 원에 대해서 3천만 원은 아닙니까?

○ **정부위원, 이루마노 다케오(入間野武雄)**

지금 4천5백만 원이라고 말씀드렸지만, 정산한 것이 4천백만 원으로 차이가 있습니다. 정정합니다.

○ **자작 오코치 기코(大河內輝耕)**

4천백만 원 태환권을 받아서 기타의 보증준비는 어느 정도입니까? 5천만 원입니까?

○ **정부위원, 이루마노 다케오(入間野武雄)**

보증준비는 5천만 원입니다. 그러나 대만은행은 금을 평가했을 발생한 차익을 국고에 귀속시키도록 되어 있습니다. 그래서 지불준비로 남긴 것이 1천5백80만 원입니다.

○ **자작 오코치 기코(大河內輝耕)**

그렇다면 1천5백80만 원과 5천만 원을 합해서 6천5백만 원이 되는데 이렇게 알고 있으면 됩니까?

○ **정부위원, 이루마노 다케오(入間野武雄)**

당분간의 문제라고 알아주셨으면 합니다.

○ **자작 오코치 기코(大河內輝耕)**

그렇게 이했습니다. 현재의 것에 질문을 드립니다. 어떻게 질문을 해야 좋을지 모르겠습니다만, 일본은행은 8억을 유지한다는 말이 있었습니다. 이것이 8억을 유지한다는 것인지? 아닌지? 우리는 상당히 의심하고 있습니다.

지나사변까지 말할 정도로 특별한 변동이 있었습니다. 그 후 여러 가지 예산이 얼마나 팽창하는지도, 물가 등귀가 어느 정도까지 갈지도 모릅니다. 생산력 확충이라 말하면서 수입이 어느 정도까지 늘어났는지도 알 수 없습니다. 지금까지도 1억 5천만 원이라고 말하는데, 그렇게 하는 것으로는 좀처럼 때울 수 없습니다. 이곳까지 하지 않으면 안 되게 되었습니다.

더욱이 1942년까지 금생산액을 130돈까지 확장하는 것으로 알고 있습니다. 만약 그것이 이루어지게 되면 그때 가서 그만두는 것인지? 도무지 알 수 없습니다.

어떻습니까? 8억 원을 밑돌지 않도록 하겠다고 하는 방침이 타당한 것이지만, 실행은 곤란하다고 생각합니다.

○ **정부위원, 세키하라 다다미쓰(關原忠三)**

태환권 발행액을 어떻게 예상하는가에 따라서 질문 속의 염려가 해결될 수 있을 것이라고 생각합니다. 현재 일본은행, 조선은행, 대만은행 3은행이 갖고 있는 금을, 새로이 2백90원에 대해 1원으로 한다는 것에 따라서 평가가격을 환산한다면, 12억 정도 됩니다. 지금까지 일본은행태환권이 어느 정도 발행되었는지, 또 과거의 실적과 앞으로의 예상을 세워서 수년간 어느 정도 발행될지를 고찰해보면, 태환준비와 보증준비의 비율, 또 알고 계시듯이 발행액이 연말 또는 분기 말에는 증가하기 때문에 그 경우 제한 외 발행이 어느 정도 될 것이라는 점, 즉 보증준비와 제한발행의 관계를 고려해 보면, 대체적으로 8억 정도를 보유하고 있다면 18억까지 발행할 수 있습니다. 그리고 가령 금이 1/3이라고 한다면, 24억 정도까지는 발행할 수 있습니다. 이 경우가 되면 제한 외 발행은 적게 됩니다. 이러한 점을 고려해서 대체적으로 8억 정도의 금을 일본은행이 보유하고 증감을 하게 둔다면 앞으로 수년 동안은 대개 적당한 금 준비액이 될 것이라고 보고 있습니다. 그래서 8억 정도를 일본은행이 보유할 계획을 세운 것입니다.

(중략)

Ⅵ. 제74회 제국의회

25. 1939년 3월 9일 중의원 의사속기록 제23호

○ 의장, 고무라 마쓰히사시(小村松壽)

이의가 없음을 인정합니다. 이어서 의사일정 제3, 조선은행권 및 대만은행권의 보증발행한도의 임시 확장에 관한 법률안입니다. 이상의 안을 일괄해서 제1독회를 개최합니다. 마쓰무라(松村) 대장정부차관.

제3. 1938년 법률 제64호 중 개정법률안(태환은행권의 보증발행한도를 임시 확장하는 것에 관한 건)(정부제출) 제1독회

제4. 조선은행권 및 대만은행권의 보증발행한도를 임시 확장하는 것에 관한 법률안(정부제출) 제1독회

1938년 법률 제64호 중 개정법률안

1938년 법률 제64호 중 다음과 같이 개정한다.

「17억 원」을 「22억 원」으로 개정한다.

부　칙

본 법은 공포일로부터 시행한다.

조선은행권 및 대만은행권의 보증발행을 임시 확장하는 것에 대한 법률안

조선은행법 제22조 제2항 중 1억 원을 당분간 1억 6천만 원으로 한다.

대만은행법 제9조 제2항 중 5천만 원을 당분간 8천만 원으로 한다.

부 칙

본 법 시행기일은 칙령으로 정한다.

본 법은 지나사변 종료 후 1년 안에 폐지하도록 한다.

〈정부위원 마쓰무라 미쓰조(松村光三)가 등단했다.〉

○ **정부위원, 마쓰무라 미쓰조(松村光三)**

지금 의제로 된 1938년 법률 제64호 중 개정법률안과 조선은행권 및 대만은행권의 보증발행한도를 임시 확장하는 것에 관한 법률안에 대해서 설명 드리겠습니다.

먼저 태환은행권의 보증발행한도를 임시 확장하는 것에 대해 설명 드리겠습니다. 본 법률안은 지나사변의 전개에 수반해서 태환은행발행액이 계속 증가하는 추세에 대처하기 위해 지난번 임시로 확장했던 태환은행권의 보증발행한도를 다시 5억 원을 확장해서 22억 원으로 하려는 것입니다. 작년 4월 태환은행권의 보증발행한도를 임시 확장하는 것에 관한 법률이 시행되고 있습니다. 그러나 그 후의 경과를 보면 전쟁이 진전됨과 동시에 일반경제의 거래가 팽창하기 때문에 태환은행권의 발행액도 더욱 증가되고 있습니다. 작년 7월 일본은행 정화준비에서 3억 원을 떼어서 새롭게 외국환거래기금으로 설정했던 결과로 인해 이 임시 확장의 효과가 동 금액만

큼 줄어들어 소멸된 상황으로 인해 작년 11월 이래 누차 제한 외 발행을 하고 있습니다. 사변에 관련된 제반 경제활동이 의연히 계속 신장하고 있어서 오늘 이후에도 그에 수반해서 태환은행권의 발행액도 다시 증가할 것이라고 생각합니다. 이에 보증발행한도를 임시로 확장하는 것이 타당하다고 생각해서 이 안을 제출했습니다.

다음으로 조선은행권 및 대만은행권의 보증발행한도를 임시 확장하는 것에 관한 법률안에 대해서 설명 드리겠습니다.

조선은행권 및 대만은행권의 보증발행한도는 지난 1937년 9월 1억 원 및 5천만 원으로 확장했습니다. 그러나 그 후 지나사변의 진전으로 인해 조선 및 대만에서 일반경제의 거래가 급격하게 증대되었고, 이에 수반해서 조선은행권 및 대만은행권의 발행고는 현저하게 증가되고 있습니다. 그리고 이후에도 지나사변과 관련해서 조선 및 대만의 통화 수요량이 다시 증대하여 조선은행권 및 대만은행권의 발행액도 한층 증가될 것이라고 생각합니다.

두 은행권의 보증발행한도를 현재 그대로 둔다면 조선 및 대만에서 경제거래 상 필요한 통화를 원활하게 공급하기에 지장이 발생할 수 있습니다. 이러한 상황이기에 이번에 지나사변에 관련된 임시적 조치로서 조선은행권 및 대만은행권의 보증발행한도를 각각 6천만 원 및 3천만 원 씩 확대하는 것이 타당하다고 생각해서 본 법률안을 제출했습니다. 이상 두 건에 대해서 조속히 심의하여 협조와 찬성을 해 주시길 바랍니다. (박수)

○ 의장, 고무라 마쓰히사시(小村松壽)

각 안의 심사를 부탁할 위원 선거에 대해서 자문해주십시오.

○ **홋토리 사키치(服部崎市)**

일정 제3과 제4, 양안을 일괄해서 의장이 위원 18명을 지명하여 부탁할 것을 희망합니다.

○ **의장, 고무라 마쓰히사시(小村松壽)**

홋토리 의원의 동의에 이의가 없으십니까?

("이의 없습니다"라고 외치는 자가 있었다.)

○ **의장, 고무라 마쓰히사시(小村松壽)**

이의가 없다고 인정됩니다. 이어 동의하신 것과 같이 결정합니다.

26. 1939년 3월 15일 중의원 1938년 법률 제64호 중 개정법률안(태환은행권이 보증발행한도를 임시 확장하는 것에 관한 것) 외 1건 위원회의록(속기) 제2회

회의

1939년 3월 15일(수요일) 오전 10시 39분 개회

출석위원은 다음과 같다.

위원장 오카자키 규지로(岡崎久次郎)[117]

이사 기타하라 아치노스케(北原阿智之助)

이사 사카타 미치오(坂田道男)[118]

이사 오노 이치조(大野一造)[119]

이사 세코 고이치(世耕弘一)[120]

마쓰오 시로(松尾四朗)

세이 히로시(清寬)

미야자와 다네오(宮澤胤勇)[121]

오가사와라 산쿠로(小笠原三九郎)

---

117) 오카자키 규지로(岡崎久次郎, 1874~1942) : 1895년 도쿄고등상업학교 졸업하여 미국잡화수입 판매업으로 시작하였다. 1916년 일본자운차회사를 창설하였다. 일본공업구락부 회원이었으며, 1911년 중의원 의원으로 당선된 후 총 6회 당선되었다. 헌정회 창립자 중 한 명이다.

118) 사카타 미치오(坂田道男 1887~1973) : 구마모토(熊本) 출신 정치가. 교육가.

119) 오노 이치조(大野一造, 1885~1967) : 실업가, 정치가. 1937년 중의원 의원에 당선되었다. 일본 진보당에 소속되었다.

120) 세코 고이치(世耕弘一 1893~1965) : 정치가, 교육가. 1932년 중의원 의원에 당선된 후 8회 당선되었다. 자민당 소속이었다.

121) 미야자와 다네오(宮澤胤勇, 1887~1966) : 정치가, 실업가. 와세다대학을 졸업하였다. 메이지 제혁 중역을 지냈으며, 1930년 중의원에 당선된 후 6회 당선되었다.

미나미 데이조(南鼎三)
다만 기요미(田万淸臣)

동월 11일 위원 다나카 기죠(田中儀直)와 이마이 신조(今井新造)의 사임으로 그 자리에 오가사와라 산쿠로(小笠原 三九郎)와 다가와 다이키치로(田川大吉郎)를 의장이 선정했다.

동월 1938년 법률 제23호 중 개정법률안(관동국, 조선총독, 대만총독부 및 사할린청의 각 특별회계에서 조세수입 일부의 금액을 임시군사비특별회계로 편입하는 것에 관한 건)(정부제출), 1937년 법률 제84호 중 개정 법률안(지나사변에 관한 임시군사비 지불을 위한 공채발행에 관한 건)(정부제출), 1939년도 일반회계세출의 재원에 충당하기 위한 공채 추가 발행에 관한 법률안(정부제출), 1932년 법률 제1호 중 개정법률안(만주사건 경비 지급을 위한 공채발행 건)(정부제출), 지나사변에 관한 특별하사금 교부를 위한 공채발행 법률안(정부제출), 화재피해자에 대한 조세감면, 징세유예 등에 관한 법률안(정부제출), 등록세법 중 개정법률안(정부제출) 및 유가증권이전세법 중 개정법률안(정부제출)의 심사를 본 위원에 부탁하도록 한다.

동월 14일 1938년 법률 제87호 중 개정법률안(본방 내에서 모집하는 외국채 대우에 관한 건)(정부제출)의 심사를 본 위원에 부탁하도록 한다.

출석국무대신은 다음과 같다.
대장대신 이시와타 소타로(石渡莊太郎)

출석정부위원은 다음과 같다.
대만사무국차장 하라 구니미치(原邦道)[122)]
대만사무국사무관 다케우치 도쿠지(竹內德治)

대장정부차관 마쓰무라 미쓰조(松村光三)

대장참여관 야노 쇼타로(矢野庄太郎)

대장성 주계국장 다니구치 쓰네지(谷口恒二)[123]

대장성 주세국장 오오야 한지로(大矢半次郎)

대장성 은행국장 이루마노 다케오(入間野武雄)

대장서기관 마쓰쿠마 히데오(松隈秀雄)[124]

대장서기관 다나카 유타카(田中豊)

본 일 회의에 올라온 안건은 다음과 같다.

1938년 법률 제64호 중 개정법률안(태환은행권의 보증발행한도를 임시 확장하는 것에 관한 건(정부제출)

조선은행권 및 대만은행권의 보증발행한도를 임시 확장하는 것에 관한 건(정부제출)

1938년 법률 제23호 중 개정법률안(관동국, 조선총독, 대만총독부 및 사할린청의 각 특별회계에서 조세수입 일부의 금액을 임시군사비특별회계로 편입하는 것에 관한 건)(정부제출)

1937년 법률 제84호 중 개정법률안(지나사변에 관한 임시군사비 지불을 위한 공채발행에 관한 건)(정부제출)

1939년도 일반회계세출의 재원에 충당하기 위한 공채 추가 발행에 관한 법률안(정부제출)

122) 하라 구니미치(原邦道, 1890~1976) : 경영가. 일본제철부사장, 일본증권거래소 부총재 등을 지냈다.

123) 다네구치 쓰네지(谷口恒二, 1894~1945) : 대장관료, 대장차관, 일본은행부총재 등을 지냈다.

124) 마쓰쿠마 히데오(松隈秀雄, 1896~1989) : 대장성 주세국장을 거쳐 사무차관을 지냈다.

1932년 법률 제1호 중 개정법률안(만주사건 경비지급을 위한 공채발행 건)(정부제출)
지나사변에 관한 특별하사금 교부를 위한 공채발행 법률안(정부제출)
화재피해자에 대한 조세감면, 징세유예 등에 관한 법률안(정부제출)
등록세법 중 개정법률안(정부제출)
유가증권이전세법 중 개정법률안(정부제출)
1938년 법률 제87호중 개정법률안(본방 내에서 모집하는 외국채 대우에 관한 건)(정부제출)

○ **위원장, 오카자키 규지로(岡崎久次郎)**

지금부터 1938년 법률 제64호 중 개정법률안 외 1건의 위원회를 개최합니다. 야노(矢野) 정부위원.

○ **정부위원, 야노 쇼타로(矢野庄太郎)**

지금 의제인 1938년 법률 제64호 중 개정법률안 외 10건의 법률안 제출 이유는 본 회의에서 설명 드렸던 대로입니다. 이에 다시 설명을 드립니다.

먼저 1938년 법률 제64호 중 개정법률안 제출 이유를 설명 드리겠습니다. 지나사변 발발 이래 군수의 급격한 증가로 인해 일본 경제활동은 급격히 팽창을 했습니다. 이에 수반해서 태환은행권의 발행액도 증가했고, 여러 번 제한 외 발행을 해왔습니다. 작년 4월 정부는 태환은행권의 보증발행한도를 임시 확장할 것에 관한 법률을 시행했습니다. 태환권의 보증발행한도를 당분간 17억 원으로 했던 것입니다. 그러나 그 후의 진행상황을 보면 사변의 전개와 함께 일반경제의 거래가 팽창했고, 그로 인해 태환은행권 발행고는 의연히 등자 해 가고 있습니다. 평균 발행액도 전년에 비해 1938년에는 3억 8천4백만 원이 증가해서 19억 1천9백만 원에 육박합니다.

또 작년 7월에 일본은행의 정화준비에서 3억 원을 떼서 새롭게 외국환거래기금을 설정했기에 위 임시 확장의 효과는 동일 금액만큼 상쇄되었던 상황도 있었습니다. 작년 11월 이래 여러 번 제한 외 발행을 하고 있는데 앞으로 금 태환은행권 발행액을 추측한다면 사변과 관련해서 제반 경제활동이 계속 신장하고 이에 수반해서 통화 수요량도 증대하여 태환은행권의 발행액도 증가될 것으로 생각합니다. 이러한 이유 때문에 지난번 임시로 확장했던 태환은행권의 보증발행한도를 다시 5억 원을 증가시켜 22억 원으로 하여 통화 공급을 원활하게 하여 금융유통과 재정운영에 지장이 없게 하기 위해서는 제한 외 발행의 빈발로 인해 파생되는 쓸데없는 자극을 제거할 필요가 있다고 생각합니다. 이에 본 법률안을 제출하게 되었습니다.

다음으로 조선은행권 및 대만은행권의 보증발행한도를 임시 확장하는 것에 관한 법률안에 대해서 설명 드리겠습니다. 조선은행권 및 대만은행권의 보증발행한도는 지난 1937년 9월 각각 1억 원과 5천만 원으로 확장했습니다. 그러나 그 이후 지나사변의 전개에 따라서 조선과 대만에서 일반경제의 거래가 급격하게 증가했고, 그로 인해 조선은행권 및 대만은행권의 발행액은 현저하게 증가했습니다. 즉 1938년 양 은행권의 평균 발행액은 각각 2억 6천4백여만 원과 1억 1천여만 원입니다. 이것을 지나사변 발발 직전의 1년간 평균발행액과 비교해 보면 각각 9천8백여만 원과 4천여만 원으로 현저하게 증가했습니다. 양 은행 모두 작년 말 이래로 매월 제한 외 발행을 하고 있습니다. 그리고 앞으로 지나사변과 관련하여 조선과 대만의 제반 경제적 거래가 날로 증대하고, 그에 수반해서 양 지역에서 통화의 수요량도 증대해서 조선은행권과 대만은행권의 발행액도 한층 더 증가할 것으로 보입니다. 이처럼 양 은행권의 발행액 증가 추세와 양 은행권의 지불준비의 충실에 대해서 어느 정도까지는 대처를 할 수 있겠지만, 이후 계속해서 보증발행고가 현저하게 증가될 것이기 때문에 양 은행권의 보증준비한도를 현재 그대로 둔다면 앞으로 제한 외 발행이 빈발하게 될 것이라고 생각합니다. 이렇게 되면 조선과 대만에서 경제거래상 필요한 통화를 원활하게 공급하는 데 지장이 초래될 경우 지탱하기가 어렵게 됩니다. 이러한 이유로 조선 및 대만의 경제계의 추이와 조선은행권 및 대만은행권의 발행 상황 등을 고려하고, 지나사변과 관련한 임시적 조치로서 양 은행권의 보증발행한도를 각각 6천만 원과 3천만 원을 증가시켜 각각 1억 6천만 원과 8천만 원으로 하는 것이 타당하다고 생각합니다. 이에 본 법률안을 제출하게 되었습니다.

(중략)

○ 다만 기요미(田万淸臣) 위원

저는 대장대신에게 한 가지 질문을 드립니다. 지극히 간단하게 말씀하셨다고 생각합니다. 제 질문은 현재와 장래 추세를 살펴서 일본은행, 조선은행, 대만은행을 통일하여 중앙은행을 설립할 생각이 있는지? 하는 것입니다.

이미 사변이 일어난 지 3년이 경과했습니다. 그 사이에 일본 경제계 전반에 매우 큰 변화가 일어났습니다. 특히 이 사변으로 인해 정부의 정책이 계획적으로 통제를 강화하는 것이 사실입니다. 총동원법의 발동도 전면적으로 되었습니다. 이러한 제반의 사항을 고려할 경우 아무래도 현재의 행정기구를 그대로 두는 것으로 대응을 하는 것은 지극히 적당하지 않다고 하는 점을 경험하게 되었다고 생각합니다. 그 예를 말할 것까지는 없다고 생각합니다만, 대장성과 상공성 사이에 여러 가지 의견이 맞지 않기 때문에 국민들도 혼동을 느끼고 있는 점이 많다고 생각합니다. 그런 상황으로 인해 유독 행정기구 뿐만 아니라 금융기구도 조선, 일본, 만주, 중국을 하나의 범주로 해야 한다는 것이 현재 제기되어 있습니다. 종래 그대로 한편에는 일본은행, 한편에는 조선은행, 한편에는 대만은행으로 하는 것은 일본, 만주, 중국을 하나의 범주로 하여 국가적인 계획경제를 수립하는 데에는 적합하지 못한 것은 아닌가라고 생각합니다. 다른 한편 논자들이 말하길 조선에는 조선의 사정이 있고, 대만에는 대만의 사정이 있기 때문에 현 상태를 유지해야 한다는 생각을 갖고 있는 경우도 있다고 생각합니다. 그러나 현재 조선의 통치, 대만의 통치를 생각해보더라도 상당한 시간이 흘렀기 때문에 대만의 특수성을 주장하고 혹은 조선의 특수성을 주장하게 되면 내지, 대만, 조선의 일치융합이라는 것이 불가능하다고 생각합니다. 이것은 조선은 조선, 대만은 대만이라는 이러한 생각을 가지고 왔던 결과에 빠진 것이라고 생각합니다. 특히 이 지역의 산업경제에서 중추를 이루는 금융기관이 특수성을 갖는 것이라고 한다면, 이러한 관념은 한층 더 깊어져서 앞으로 우려할 만한 사태가 발생하는 것이 아닌지 라는 생각이 듭니다. 이러한 여러 가지 점을 고려해 보면, 지금 즉시 하자는 것은 아닙니다만 각자 준비도 필요하다고 생각합니다. 가까운 장래에 대만은행, 조선은행, 일본은행을 하나로 하여 일본의 중앙은행을 만들어서 통제계획경제에 대응하는 금융의 토대를 구축하려는 생각은 없는지 질문을 드립니다.

거듭 말씀드립니다만, 지금 즉시 이러한 것을 행할 생각이 있는지를 질문 드리는 것은 아닙니다. 가까운 장래에 이러한 것을 할 의사가 있는지 어떤지를 질문 드립니다.

○국무위원, 이시와타 소타로(石渡莊太郎)

조선은행, 대만은행, 일본은행을 하나로 묶어서 어떻다고 하는 말은 비교적 오래된 말입니다. 전부터 그렇게 한다는 것을 생각하고 있었던 것은 아닙니다. 그러나 지금 여러 가지 말이 되고 있는 점 등에 대해 실제로 고려할 점이 있다고 생각합니다. 장래의 문제로 연구할 가치가 있는 문제라고 생각하고 있습니다.

현재 이 3개를 합병해서 하나로 묶을 의사가 있는지를 물으신다면 현재에 그렇게 할 의사는 갖고 있지 않습니다. 연구할 의사가 있는지를 질문하신다면 연구할 의사는 갖고 있습니다.

○ 다만 기요미(田万淸臣) 위원

그래서 제가 장래에 대해서 말씀을 드린 것입니다. 다시 동일한 것을 질문드릴 수 있습니까? 일본, 만주, 중국의 계획경제를 원만히 수행하기 위해서 일본의 금융 상태는 현재의 방침으로 매우 부적합하다고 생각합니다. 아무래도 조선은행, 대만은행, 일본은행을 하나로 묶어서 장래 금융기구의 토대를 일원화하지 않는다면 매우 부적합하다는 생각을 갖고 있습니다. 이 점으로 인해 반드시 부적합한 것이 제기될 것이라고 생각하기 때문에 충분히 연구를 해주시기를 바랍니다. 이 점에 대해서 현재에도 적합하지 않은 것이 있다고 생각하는데 부적합한 것이 하나도 없다고 생각하십니까?

만약 부적합한 것이 있다면, 지금 말씀하셨듯이 연구를 하지 않으면 안 될 문제라고 생각합니다. 따라서 중앙은행을 설립하는 쪽으로 계속 생각을 하지 않으면 안 된다고 생각합니다. 현재 곧바로 지금 곧바로 어떻게 해야 하는 문제는 아니지만, 가까운 장래에 일본, 만주, 중국의 경제를 수행하는 데 지장이 있다면 그 지장을 제거하기 위해서 노력을 하고, 연구를 해가고, 중앙은행 설립이라는 것도 장차 해야 한다는 구체적인 생각을 앞으로 계속 갖고 있는지? 어떤지를 다시 거듭 질문을 드립니다.

○ 국무위원, 이시와타 소타로(石渡莊太郎)

일본, 만주, 중국 경제건설을 위해서 조선은행, 대만은행을 그대로 두는 것이 매우 부적합하다고 느끼는지의 여부를 질문하셨습니다. 그러나 특별히 이것이 부적합하고 불편하다고 느끼고 있지 않습니다. 대장성은 대만은행도 조선은행도 대만에서 임무를 방기하고, 조선에서 임무를 방기한다고 보고 있지 않습니다. 대만의 대만은행, 조선의 조선은행이라고 하는 것에 대해 우려를 하고 있지만, 조선은행도 대만은행도 조선총독부의 의견도 듣고, 대만총독부의 의견도 듣고 있지만, 대체적으로는 한 나라의 금융기관으로 대장성에서 모두 감독하고, 그 임무를 부여하고 있습니다. 이 금융기관을 통제하는 것에 대해서 현재 어떠한 지장도 있지 않습니다.

다만 형식적으로 그것을 하나로 하는 것이 좋을지? 형식적으로 하나로 할 경우에 어떠한 이해가 있을지? 하는 것에 대해서는 검토를 해볼 필요가 당연히 있을 것입니다. 그렇지만 현재 그 실제 문제에서 어떠한 불편이 있을 것인지를 말하라고 한다면 특별히 불편함도 부적절함도 느끼지 않고 있습니다. 앞으로 일본, 만주, 중국의 경제를 고려하더라도 만주에서는 만주중앙은행이 있고, 북중국에는 북중국의 준비은행이 있습니다. 이들이 그 지역에서 중앙은행의 역할을 하고 있습니다. 이들도 같이 하지 않으면 일본, 만주, 중국의 경제 발달이 불가능하다고 할 근거는 없습니다. 이들도 결국 만주는 만주의 중앙은행을 갖고, 북중국은 북중국의 중앙은행을 갖고 있어서, 이들 중앙은행이라고 하는 것이 서로 연결되어 일치 협력하는 것이 묘미가 있는 것이 아닐까라고 생각하고 있습니다. 조금 전에 행정기구에 대한 말도 있었습니다만, 행정기구를 모두 일원화하지 않는 것은 사람마다 의견이 있기 때문에 각 성이 의견을 다투는 것으로 인해 일이 진보하기도 하고 신장하기도 한다고 생각하기 때문입니다. 한 사람이 이야기해서 곧바로 모두 그대로 한다면 이러한 것으로 인해 폐해가 있을 것이라고 생각합니다. 지금 우려하는 대장성과 상공성이 다투는 것은 처음부터 있지 않았습니다. 친밀하게 하고 있습니다.

○다만 기요미(田万淸臣) 위원

특별히 싸움이 있었다고 말씀을 드린 것이 아닙니다. 종래 대장성과 현재는 매우 달라졌습니다. 그것을 인정하지 않으면 안 된다고 생각합니다.

종래 대장성은 말씀드릴 것도 없이 세입관계에 대해 지출관계를 짐작하여 맞추는 것이라고 생각한다면, 그것만으로 거의 역할을 충분히 하고 있다고 생각했습니다. 지금은 그렇지 않습니다. 역시 예산을 결정할 경우 짐작하여 맞추지 않으면 안 되는데 현재는 매우 달라졌습니다. 대장성 내부에서 짐작하여 맞추어야 하는 기구가 지극히 충분하지 않습니다. 이 때문에 상공성 혹은 기획원과의 사이에 여러 가지 이견을 다투게 되어 — 이것은 앞서 좋은 다툼이라고 말씀하셨습니다만, 우리의 귀에는 서로 대립하고 마찰을 빚고 있는 것으로 들립니다.

그것을 말씀드린 것입니다. 결코 으르렁대면서 싸우고 있다는 의미로 말씀드린 것이 아닙니다. 지금까지의 대장성과는 매우 달라졌고, 그 달라진 부분에 대해서 다소 의견이 어긋나고 있기 때문에 여기에 대해서 차라리 행정기구를 통합해서 변화에 수반되는 합리적인 방침을 취해가는 것이 당연한 것이 아닌가라고 생각하고 있습니다. 모든 행정기구를 하나로 하자는 폭력적인 논의를 내뱉은 것이 아닙니다. 이 점 오해가 없으셨으면 합니다.

○ **위원장, 오카자키 규지로(岡崎久次郎)**

대장대신이 출석해 있으니 다른 질문은 없으십니까?

(중략)

오후 0시 10분 휴식

오후 1시 30분 개회

○ 위원장, 오카자키 규지로(岡崎久次郎)

지금부터 위원회를 개최합니다. 마쓰오 시로(松尾四朗) 위원.

○ 마쓰오 시로(松尾四朗) 위원

태환권제도의 한도를 확장하는 것에 대해서, 만주의 태환권제도의 현황이 듣고 싶습니다. 만주국은 역시 중앙은행으로 하여금 태환권을 발행시키고 있습니다. 그런데 최근 증발의 필요가 제기된 상태에 있는 것입니까? 이 점을 질문 드립니다.

○ 정부위원, 다케우치 도쿠지(竹内德治)

지금 자료를 갖고 있지 않아서 확실한 것을 말씀드릴 수 없습니다. 그러나 대체인 것을 말씀드리겠습니다. 만주국에서도 알고 계신 대로 만주중앙은행이 창설된 이래 대체적으로 매우 견실하게 중앙은행으로서의 직책을 수행해오고 있다고 생각합니다. 알고 계신 대로, 준비라는 것은 외국환거래로서 하나의 준비 — 바꾸어 말하면 일본은행권을 정화준비로 해서 발행할 수 있도록 방침을 세웠습니다. 그 외에 물론 정화준비도 있습니다. 최근 만주의 경제 발전에 수반해서 중앙은행의 태환권 발행도 매우 증가하고 있습니다. 작년 말에는 거의 4억이라는 숫자에 달했습니다. 다른 한편 그에 수반해서 만주 전체의 금융기관 예금이 현저하게 증가했습니다. 기타 전반적으로 경제와 재정발전의 상황과 조응해서 태환권도 팽창하고 있습니다. 특히 연말과 1, 2월이 되면, 알고 계신 대로, 특산물이 출하되는 시기이기 때문에 이 대부 관계로 인해 매년 계절적으로 태환권도 팽창하고 있는 상황입니다.

○ 마쓰오 시로(松尾四朗) 위원

만주중앙은행의 지폐 발행은 내지의 지폐를 보증으로 하여 발행하고 있는데, 조선은행, 대만은행도 같은 상태입니까?

○ 정부위원, 다케우치 도쿠지(竹內德治)

원칙적으로 일본도 동일합니다. 금 혹은 은으로 정화준비를 하고, 그 외에 보증발행으로서 외국환거래, 바꾸어 말하면, 일본의 환거래 즉 일본은행권을 준비로 발행을 할 수 있도록 하고 있습니다.

○ 마쓰오 시로(松尾四朗) 위원

일본은행권을 보증으로 해서 발행하고 있는 것이 어느 정도입니까? 그리고 원칙적으로 정화준비에 의해 발행하고 있는 것은 어느 정도입니까? 그 구분은 알 수 없습니까? 그 숫자를 알 수 있다면 듣고 싶습니다.

○ 정부위원, 다케우치 도쿠지(竹內德治)

현재 정화준비 상황은 발표하지 못하게 되어 있습니다. 이 점 이해해 주시기 바랍니다. 별도의 자료를 정리해서 설명하도록 허락하신다면 설명을 드리겠습니다.

○ 마쓰오 시로(松尾四朗) 위원

이번에 조선은행 및 대만은행의 발행한도 확장도 이 안에 나와 있습니다. 이 경우에 일본은행의 지폐가 보증으로 되어 있습니까? 아니면 이러한 것은 법률이 성립되어야 발행되는 것입니까?

○ 정부위원, 이루마노 다케오(入間野武雄)

조선은행 및 대만은행의 지불준비는 금, 은, 지금 및 일본은행 태환은행권으로 충당하고 있습니다. 그 외에 보증발행을 인정하고 있습니다. 이번에는 그 지불준비 이외의 발행 즉 보증발행한도를 확장하려고 생각하고 있습니다. 숫자에 대해서 말씀드리면, 조선은행권은 작년에 지불준비 평균액이 1억 6천4백45만여 원이었고, 이에 대응하여 작년 평균발행액은 2억 6천4백48만 9천 원이었습니다. 준비 비율은 62%를 초과했습니다.

대만은행권은 작년에 지불준비 평균액이 6천32만 7천여 원이었고, 여기에 대응해서 작년 평균발행액이 1억 1천85만 2천여 원이었습니다. 그 준비 비율은 54%를 초과했습니다. 이러한 발행액에 대해서 상당한 액수를 지불준비로 갖고 있습니다. 마찬가지로 일본은행권과 같은 보증발행액도 있습니다. 이 지불준비 발행 이외 발행이 즉 보증발행액에 해당합니다.

○ 마쓰오 시로(松尾四朗) 위원

그러면 다음으로 한 가지 여기에 대해 질문을 드립니다. 이번 점령지구 즉 남중국의 광둥 혹은 하이난도 지역에 대만은행권을 임시통화로 유통시키고 있다고 들었습니다. 이것은 어떻게 된 것입니까? 아니면 특히 남중국만 어떤 독립적인 통화를 유통시키고 있는 것입니까?

○ 정부위원, 이루마노 다케오(入間野武雄)

남중국 지역의 통화로 지금 군표를 주로 사용하고 있습니다. 이 외에 소액의 대만은행권이 유통되고 있기는 하지만, 그 액수는 현재 분명하지 않습니다. 남중국 점령지구에서 새로운 통화를 발행하는 것에 대해서는 지금 고려하고 있지 않습니다.

○ 마쓰오 시로(松尾四朗) 위원

남중국에서 통화로 군표를 주로 사용하고 있고, 아직 군표 이외의 통화라는 것을 고려하지 않고 있다고 말씀하셨습니다. 그러면 이 지역 여행자는 군표와 통화를 어디에서 교환해 가고 있습니까? 앞으로 일본이 있는 지역에서 여러 가지 사업을 개발하려고 할 때 자본을 어떻게 운반해 갑니까?

또 어떤 지폐로 해야 한다고 생각하십니까? 질문을 드립니다.

○ 정부위원, 이루마노 다케오(入間野武雄)

알고 계신 대로, 남중국 점령지구는 아직 치안이 안정되어 있지 않습니다. 또한 그 지역도 매우 협소해서 본격적인 경제 사업을 시작할 만한 시기는 아니라고 생각합니다. 따라서 앞서 말씀드렸듯이, 남중국은 종래에도 극히 소량의 대만은행권이 사용되고 있어서 그 외에는 군포로 조달하고 있는 상태입니다. 그리고 이 지역에 가는 여행자도 현재는 극히 소수라고 생각합니다. 만약에 그 필요가 생긴다면 혹 광둥표로 바꾸거나 또는 군표로 바꾸는 방법도 강구할 수 있기 때문에 이렇게 해서 통화를 바꾸어 지불하는 것도 가능하다고 생각하고 있습니다.

○ 마쓰오 시로(松尾四朗) 위원

앞으로 점령지구의 통화관계는 상당히 중대하다고 생각합니다. 처음 중앙과 북중국으로 통제되지 않은 채 들어간 내지의 지폐가 현재는 재앙이 되었고, 상하이에 있는 저들의 법화와 사이가 크게 벌어졌습니다. 이로 인해 무역에 심각한 손실을 초래하고 있습니다. 대장성 당국에서 점령을 한다고 하면 아무래도 이러한 것은 곧바로 고려할 필요가 있지 않을까 라고 생각합니다. 지금까지 방침이 결정되지 않았다면, 대장성 당국이 이러한 것에 대해서 충고를 올리는 것이 어떨지 라고 생각합니다. 빨리 결정하지 않는다면, 그것이 통제 없이 들어갔기 때문에 현재 상하이와 같은 상태가 제기되고, 일본 내지 지폐를 거두어들일 때 매우 곤란한 일이 발생할 것이라고 생각합니다. 얼마 되지 않는 지폐 때문에 큰 재앙을 입게 됩니다. 빨리 결정할 생각이 없는지 질문을 드립니다.

○ 정부위원, 이루마노 다케오(入間野武雄)

남중국 점령지구에 지금 통제되지 않은 통화가 들어갔다는 것은 사실이 아닙니다. 대체적으로 군표 한 가지가 진출했다고 생각하고 있습니다. 남중국에서 경제 사업을 하는 것에 대해서도 아직 치안상태가 결정되지 않았고, 남중국의 정권도 확정되지 않았기 때문에 과연 어떤 지역에서 어떻게 할지도 알 수 없습니다. 아직은 여기까지 고려할 시기가 아니라고 생각합니다.

○ 마쓰오 시로(松尾四朗) 위원

저는 지금 곧바로 이 화폐 사용의 문제를 생각하자는 것이 아닙니다. 지금부터 장래를 미리 생각해둘 필요가 있다고 생각합니다. 그러나 이 이상은 토론이 되기 때문에 더 이상 말씀드리지 않겠습니다.

다음으로 유가증권이전세(有價證劵移轉稅)가 있습니다. 이 개정의 취지는 어떤 것입니까? 이 의안만으로는 이해할 수 없습니다. 이 기회에 설명을 부탁드립니다.

○ 정부위원, 이루마노 다케오(入間野武雄)

남중국의 통화문제에 대해서 의견도 있었습니다. 현재 군부 기관과 함께 대장성에서도 사람이 나가 있습니다. 또 쇼킨은행, 대만은행 등의 지점도 있어서 그 사이에 충분하게 연구를 해서 중앙의 지휘를 받아 훗날 필요할 경우에는 곧바로 타당한 대처를 취할 수 있을 것으로 생각합니다.

다음으로 유가증권이전세에 대해서는 주세국 관련 정부위원이 참석하지 않아서 편의상 설명직원이 말씀드리겠습니다.

○ 정부위원, 다케우치 도쿠지(竹內德治)

앞서 질문의 답변 중에 한 가지 정정하고 싶은 것이 있습니다. 만주의 발권제도는 그 발행 준비로 정화준비와 보증준비가 있는데 이것은 일본은행도 동일한 것으로 알고 있습니다. 정화준비는 금은화 혹은 외국환거래 바꾸어 말하면, 일본은행권으로 정화준비를 충당하고 있습니다. 그 외에는 보증준비로서 국채와 기타 유가증권, 확실한 증권을 보증으로 하여 발행하는 것이 방침입니다. 정화준비에 요구되는 비율은 발행액에 대해 40%입니다.

(중략)

○ 오가사와라 산쿠로(小笠原三九郎) 위원

이번 지나사변으로 보증준비의 확장 안이 제출된 조선은행, 대만철도 등은 이 안에 나와 있지 않습니다. 요코하마쇼킨은행 등이 북중국, 중앙중국, 남중국 방면에 출장원을 파견하거나 점포를 개설하여 상당한 활동을 하고 있습니다. 이 상황에 대해서 약간의 설명을 부탁드립니다.

○ 정부위원, 이루마노 다케오(入間野武雄)

사변 발생 이후 쇼킨은행, 조선은행, 대만은행은 군대와 함께 중국까지 들어가서 헌신적으로 국가를 위해 노력하고 있습니다. 그것은 보시는 바대로입니다. 이로 인해 이들 행원은 실로 어려움을 감당하면서 황군과 함께 행동하고 있습니다. 여기에 대해 우리는 늘 뛰어나다고 생각하고 있습니다. 북중국에는 주로 조선은행이 그 임무를 하고 있는데 북중국 오지에서 국고사무 등을 취급하기 위해서 늘 군대의 후방을 따라서 나아가고 있습니다. 중앙중국에서는 대만은행이 국고사무 등을 하며 활동을 하고 있습니다. 또 샤먼(廈門)과 광둥 등에서도 대만은행이 활동을 하고 있습니다. 또한 쇼킨은행은 조선과 대만 양 은행 사이에서 북중국과 중앙중국 및 남중국 등지의 은행의 손이 미치지 않는 곳에서 활동을 하며 국고사무도 취급하고 있습니다. 대만은행 및 쇼킨은행은 근래 하이난도에도 그 지점을 만들어서 그 곳에 가 있는 군대의 지불과 해관수입금의 징수 등에 지장이 없도록 노력하고 있습니다.

또 알고 계신 대로 북중국에 있는 중국연합준비은행이 작년 3월에 설립되어 단기간에 상당한 성적을 거두고 있습니다. 이 은행에 대해서는 조선의 은행이 거의 새로운 은행과 같이 늘 보살피고 있으며, 새로운 은행의 건전한 발달을 위해 노력을 하고 있습니다. 이것은 간과하지 말아야할 하나의 사실이라고 생각합니다.

이와 같이 3개의 은행은 사변의 목적을 달성하기 위해 황군과 함께 전지에서 뛰어난 활동을 하고 있음을 보고드릴 수 있어서 저는 영광이라고 생각합니다.

○ 오가사와라 산쿠로(小笠原三九郎) 위원

지금 말씀하신대로 이들 행원이 정말 고군분투를 하고 있는 것에 대해 우리 국민도 감사해 마지않고 있습니다. 그래서 제가 질문을 드립니다. 이들 행원은 어떠한 대우를 받고 있습니까? 군대로부터 어떠한 대우를 받고 있습니까? 혹 단순히 행원이 군에 수반하여 가고 있는 것입니까?

○ 정부위원, 이루마노 다케오(入間野武雄)

대부분은 군의 촉탁으로 가 있습니다. 그러나 그 비용 등은 특수은행의 몫으로 은행에서 각기 부담을 하고 있습니다.

○ 오가사와라 산쿠로(小笠原三九郎) 위원

만약 지장이 없다면, 어느 곳인지, 은행 이름과 그 지점을 말씀해 주신다면 매우 좋겠습니다.

○ **정부위원, 이루마노 다케오(入間野武雄)**

사변 발발 이후 조선은행이 새롭게 나간 곳은, 출장소로는 스자좡(石家莊), 타이위안(太原), 지난(濟南)이고, 파출소 및 파견원 사무소로는 쉬저우(徐州), 장떠(彰德), 윈청(運城), 우시(無錫), 바오딩(保定), 신샹(新鄕), 린펀(臨汾) 등의 지역입니다. 그리고 상하이 중심구에도 있습니다. 대만은행이 파견원사무소를 두고 있는 곳은 장완(江灣), 쑤저우(蘇州), 우후(蕪湖), 주장(九江), 우창(武昌) 등의 지역입니다. 또 쇼킨은행은 지푸(芝罘), 항저우(杭州), 난징(南京)에 파출소를 두고 있습니다.

(중략)

○ **세코 고이치(世耕弘一) 위원**

충분히 알겠습니다. 한 가지 더 조선은행권 및 대만은행권의 보증발행 한도를 임시 확장하는 것에 관한 법률안에 대해서 질문을 드립니다. 부칙에 있는「본 법은 지나사변 종료 후 1년 안에 폐지한다.」라고 특별히 규정하고 있습니다. 이 점에 대해서 설명을 듣고 싶습니다.

○ **정부위원, 이루마노 다케오(入間野武雄)**

조선은행권 및 대만은행권은 사변 발생 이래 엄청나게 급증을 하고 있습니다. 즉 숫자에 대해서 말씀드리면, 1938년 중 평균발행액은 조선은행이 2억 6천4백여만 원, 대만은행이 1억 1천여만 원입니다. 사변 직전 1년, 즉 1937년 6월 이전 1년 평균발행액은 조선은행이 1억 6천5백여만 원, 대만은행이 7천여만 원이었습니다. 이것에 비교하면 각각 9천8백여만 원과 4천여만 원이 증가한 것으로 나타납니다. 그 비율은 조선은행권이 59%, 대만은행권이 58%에 이릅니다. 이와 같이 사변 발생 이후 팽창해 가고 있는 은행권의 발행액으로 인해 이번에 그 보증발행한도를 확장시키려는 것입니다. 지나사변에 관련되어 이러한 조치를 취하는 것이기에 지나사변 종료 후 1년 이내에 이 법률을 폐지해야 합니다. 이러한 입법 사례는 임시자금조정법, 그리고 지금 심의를 구하고 있는 1938년 법률 제64호, 기타 사법입법에도 그 예가 있습니다. 사변 종료 후 정세를 본 후에 처리하기 위해서 1년이라고 한 것입니다. 그 사이에 의회를 열어서 입법 수속을 한 후 결말을 내야하는 경우 또 미리 법률의 형태로 심의를 부탁해야 하기 때문에 이러한 의미에서 사변 종료 후 1년 이내에 폐지한다는 것을 둔 것입니다.

○ 세코 고이치(世耕弘一) 위원

앞서 다만(田万) 위원이 질문을 하셨다고 생각합니다만, 조선과 대만은행 아울러 일본은행과의 관계를 조사한다는 의미를 특별히 첨가할 생각은 없습니까?

○ 정부위원, 이루마노 다케오(入間野武雄)

이 부칙을 첨가한 이유는 앞서 말씀드린 대로 지나사변과 관련한 임시 조치이기 때문에 지나사변이 종료하게 되면 임시조치를 폐지해서 항구적으로 다시 하등(何等)의 고려를 할 필요가 없다고 생각해서 부칙에 첨가한 것입니다.

(중략)

○ 위원장, 오카자키 규지로(岡崎久次郎)

그러면 공채발행의 법안 6건, 태환발행 법안 2건에 대한 질문을 마치는 것으로 하겠습니다. 세법 3건은 다음으로 미루겠습니다. 그러면 산회합니다. 내일은 정오 후 1시 개최해서 토론을 하겠습니다.

오후 2시 13분 산회

27. 1939년 3월 16일 중의원 1938년 법률 제64호 중 개정법률안(태환은행권이 보증발행한도를 임시 확장하는 것에 관한 것)외 1건 위원회의록(속기) 제3회

회의

1939년 3월 16일(목요일) 오후 1시 50분 개회

출석위원은 다음과 같다.

위원장 오카자키 규지로(岡崎久次郎)

이사 기타하라 아치노스케(北原阿智之助)

이사 사카타 미치오(坂田道男)

이사 오노 이치조(大野一造)

이사 세코 고이치(世耕弘一)

마쓰오 시로(松尾四朗)

마쓰다 마사카즈(松田正一)

세이 히로시(清寬)

미야자와 다네오(宮澤胤勇)

노가타 지로(野方次郎)

오가사와라 산쿠로(小笠原三九郎)

다케다 도쿠사부로(武田德三郎)

미나미 데이조(南鼎三)

이레이 하지메(伊禮肇)

도요다 오사무(豊田收)

노미조 마사루(野溝勝)[125]

동일 다만 기요미(田万清臣) 위원의 사임으로 그 보궐로 노미조 마사루(野溝勝) 위원을 의정이 선정했다.

출석정부위원은 다음과 같다.
대장정부차관 마쓰무라 미쓰조(松村光三)
대장참여관 야노 쇼타로(矢野庄太郎)
대장성 은행국장 이루마노 다케오(入間野武雄)
대장서기관 다나카 유타카(田中豊)

본 일 회의에 올라온 안건은 다음과 같다.

1938년 법률 제64호 중 개정법률안(태환은행권의 보증발행한도를 임시 확장하는 것에 관한 건(정부제출)
조선은행권 및 대만은행권의 보증발행한도를 임시 확장하는 것에 관한 건(정부제출)
1938년 법률 제23호 중 개정법률안(관동국, 조선총독, 대만총독부 및 사할린청의 각 특별회계에서 조세수입 일부의 금액을 임시군사비특별회계로 편입하는 것에 관한 건)(정부제출)
1937년 법률 제84호 중 개정법률안(지나사변에 관한 임시군사비 지불을 위한 공채발행에 관한 건)(정부제출)
1939년도 일반회계세출의 재원에 충당하기 위한 공채 추가 발행에 관한 법률안(정부제출)
1932년 법률 제1호 중 개정법률안(만주사건 경비지급을 위한 공채발행 건)(정부제출)

125) 노미조 마사루(野溝勝, 1898~1978) : 정치가, 농민운동가. 중의원 의원, 참의원 의원을 지냈다.

지나사변에 관한 특별하사금 교부를 위한 공채발행 법률안(정부제출)
1938년 법률 제87호 중 개정법률안(본방 내에서 모집하는 외국채 대우에 관한 건)(정부제출)

○ 위원장, 오카자키 규지로(岡崎久次郎)

지금부터 위원회를 개회합니다. 질문응답도 종료되었기에 오늘은 토론과 표결에 들어가겠습니다. 1938년 법률 제64호 중 개정법률안, 조선은행권 및 대만은행권의 보증발행한도를 임시 확장하는 것에 관한 법률안, 이 두 개는 태환은행권 보증발행한도를 어떻게든 확장하는 법률안입니다. 이 두 개를 의제로 협의를 진행하겠습니다.

○ 오노 이치조(大野一造) 위원

지금 의제가 된 2개의 법률안에 대해서는 이미 본 회의에서 또 예산총회에서 결정한 법률안을 인정하는 안입니다. 그래서 어쩔 수 없는 것이라고 생각합니다. 그러나 일본은행 17억의 태환권 발행을 22억으로 늘리는 것은 매우 격증하는 것으로 이것이 작동된다면 악성 「인플레이션」이 발생할 수도 있습니다. 그러나 매우 중대한 시기이고, 더욱이 필요에 부족함이 없도록 해야 한다는 정부의 언명이 있었기 때문에 그것을 인정해야 한다고 생각합니다. 악성 「인플레이션」에 대해서 정부가 진실로 주의를 기울여서 그러한 결과가 파생하지 않도록 노력해 주시기 바랍니다. 이것을 말씀드리면서 본 안에 찬성을 합니다.

조선은행과 대만은행의 은행권 발행 건에 대해서도 동일한 생각을 갖고 있습니다. 여기에 대해 충분한 주의를 해서 앞으로 재정상, 경제상 악영향이 미치지 않도록 주의를 기울여주시기 바라면서 이 안에 찬성합니다.

○ 세코 고이치(世耕弘一) 위원

지금 상정된 두 안에 대해서 찬성의 뜻을 표합니다. 두 안은 시국 상 적절한 법률안이라고 생각합니다. 그러나 통화와 물가는 지극히 중대한 관계를 갖고 있기 때문에 앞으로 운용하는 데 늘 관심을 갖고 실수가 없기를 바라면서 본 안에 찬성의 뜻을 표합니다.

○ 노미조 마사루(野溝勝) 위원

사회대중당을 대표해서 지금 제안된 2개의 안에 대해서 찬성의 뜻을 표명합니다. 단 세코(世耕) 위원이 말씀하신 대로, 통화와 물과는 실로 미묘한 관계가 있습니다. 만약 통화정책을 하루아침에 잘못하게 되면 곧바로 물가에 혼란을 초래합니다. 그렇기 때문에 이 점에 대해서 정부 당국은 매우 충분히 유의해서 그 운용이 잘못되지 않도록 해야 합니다. 이 점을 당부 드리면서 본 안에 찬성을 합니다.

○ 위원장, 오카자키 규지로(岡崎久次郎)

각 파의 의사를 들었습니다. 원안을 찬성한다는 것이었습니다. 원안에 찬성하시는 분은 기립해 주십시오.

(모두 기립)

○ 위원장, 오카자키 규지로(岡崎久次郎)

모두 기립. 지금 가결을 확정합니다.

28. 1939년 3월 17일 귀족원 의사속기록 제24호

1939년 3월 17일(금요일) 오전 10시 10분 개의

(중략)

○ **의장, 마쓰다이라 요리나가(松平賴壽)**

일정 제5, 1938년 법률 제64호 중 개정법률안. 일정 제6, 조선은행권 및 대만은행권의 보증발행한도를 임시 확장하는 것에 관한 건. 일정 제7, 1938년 법률 제23호 중 개정법률안. 일정 제8, 1937년 법률 제84호 중 개정법률안. 일정 제9, 1939년도 일반회계세출의 재원에 충당하기 위한 공채추가 발행에 관한 법률안. 일정 제10, 1932년 법률 제1호 중 개정법률안. 일정 제11, 지나사변에 관한 특별하사금 교부를 위한 공채발행 법률안. 일정 제12, 1938년 법률 제87호 중 개정법률안. 이상 정부제출, 중의원송부, 제1독회. 이들 법률안을 일괄 의제로 하는 것에 대해서 이의가 없으십니까?

("이의가 없습니다"라고 외치는 자가 있었다.)

○ **의장, 마쓰다이라 요리나가(松平賴壽)**

이의가 없다고 인정됩니다. 이시와타 소타로(石渡莊太郎) 대장대신

(중략)

참조

1938년 법률 제64호 태환은행권의 보증발행한도를 임시 확장하는 것에

관한 법률입니다.

조선은행권 및 대만은행권의 보증발행을
임시 확장하는 것에 대한 법률안

위 정부 제출안을 본 원에서 가결하였기에 의원법 제54조에 의해 송부합니다.

1939년 3월 16일
중의원 의장 고야마 쇼쥬(小山松壽)
귀족원 의장 백작 마쓰다이라 요리나가(松平賴壽)

조선은행권 및 대만은행권의 보증발행을
임시 확장하는 것에 대한 법률안

조선은행법 제22조 제2항 중 1억 원을 당분간 1억 6천만 원으로 한다.
대만은행법 제9조 제2항 중 5천만 원을 당분간 8천만 원으로 한다.

부 칙

본 법 시행기일은 칙령으로 정한다.
본 법은 지나사변 종료 후 1년 안에 폐지하도록 한다.

(중략)

(국무대신 이시와타 소타로(石渡莊太郎)가 연단에 올랐다)

○국무대신, 이시와타 소타로(石渡莊太郎)

지금 의제가 된 1938년 법률안 64호 중 개정법률안 외 7건을 제출한 이유를 설명 드리겠습니다.

먼저 태환은행권의 보증한도를 임시 확장하는 것에 관한 법률 중 개정법률안에 대해서 설명을 드리겠습니다. 본 법률안은 지나사변의 전개에 수반해서 태환은행권의 발행액이 증가되고 있는 추세에 대처하기 위해 먼저 임시로 확장한 태환은행권의 보증발행한도를 다시 5억 원 증가시켜 22억 원으로 하는 것입니다. 작년 4월 태환은행권의 보증발행한도를 임시 확장하는 건에 관한 법률이 시행되고 있습니다. 그 후의 경과를 보면 사변의 진전과 함께 일반 경제의 거래가 팽창하고 있고, 따라서 태환은행권의 발행액도 증가되고 있습니다. 작년 7월 일본은행의 정화준비에서 3억 원을 떼어서 새롭게 외국환거래기금으로 설정한 결과 위의 임시 확장의 효과가 동 금액만큼 상쇄되어 작년 11월 이래 여러 번 제한 외 발행을 했습니다. 그리고 앞으로도 사변과 관련하여 제반 경제활동이 계속 신증하고 그에 수반해서 태환은행권의 발행액도 다시 증가될 것으로 생각합니다. 이에 보증발행한도를 임시로 확장하는 것이 타당하다고 생각해서 본 안을 제출하게 되었습니다.

다음으로 조선은행권 및 대만은행권의 보증발행한도를 임시로 확장하는 것에 관한 법률안에 대해 설명을 드리겠습니다. 조선은행권 및 대만은행권의 보증발행한도는 앞서 1937년 9월 1억 원과 5천만 원으로 확장했습니다. 그 후 지나사변의 진전에 따라 조선과 대만에서 일반 경제 거래가 급격하게 증대되었고, 그에 수반해서 조선은행권 및 대만은행권의 발행액도 현저하게 증가되고 있습니다. 그리고 앞으로도 지나사변과 관련해서 조선과 대만의 통화수요량이 다시 증대되고, 이로 인해 조선은행권 및 대만은행권의 발행액도 한층 더 증가될 것으로 생각됩니다. 두 은행권의 보증발행한도를 현재 그대로 둘 경우에는 조선과 대만의 경제적 거래에 필요한 통화를 원활하게 공급하는 데 지장이 발생하더라도 유지하기 어렵습니다. 이러한 상황이기에 이번 지나사변과 관련한 임시적 조치로서 조선은행권 및 대만은행권의 보증발행한도를 각각 6천만 원과 3천만 원 확장하는 것이 타당하다고 생각되어 본 법을 제출하게 되었습니다.

(중략)

29. 1939년 3월 17일 귀족원 1939년도 일반회계 세출의 재원에 충당하기 위해 공채를 발행하는 것에 관한 법률안 특별위원회 의사속기록 제15호

부탁의안(추가)

1938년 법률 제64호 중 개정법률안(태환은행권의 보증발행한도를 임시 확장하는 것에 관한 건)

조선은행권 및 대만은행권의 보증발행한도를 임시 확장하는 것에 관한 건

1938년 법률 제23호 중 개정법률안

1937년 법률 제84호 중 개정법률안

1939년도 일반회계세출의 재원에 충당하기 위한 공채 추가 발행에 관한 법률안

1932년 법률 제1호 중 개정법률안

지나사변에 관한 특별하사금 교부를 위한 공채발행 법률안

1938년 법률 제87호 중 개정법률안

1939년 3월 17일(금요일) 오전 11시 30분 개회

○ **위원장, 자작 다카하시 고레카타(高橋是賢)**[126]

회의를 개최합니다.

---

126) 다카하시 고레카타(高橋是賢, 1877~1949) : 1909년 벨기에, 프랏셀대학 정치경제과를 졸업하였다. 1899년 이후 요코하마쇼킨은행 런던 지점 행원을 거쳐 도쿄화재보험 감사역 등을 지냈다. 중앙임금위원회위원, 부흥금융금고설립위원 등을 지냈다.

(중략)

○ 자작 우라마쓰 도모미쓰(裏松友光)

조선은행권, 대만은행권에 관한 법률안 중, 부칙에 「본 법은 지나사변 종료 후 1년 안에 폐지하도록 한다.」라고 하는 것이 있습니다. 여기에 대해 설명을 듣고 싶습니다.

○ 정부위원, 이루마노 다케오(入間野武雄)

부칙에 대해 지금 우라마쓰(裏松) 자작이 질문을 하셨습니다. 사변 이래 태환은행권, 조선은행권 및 대만은행권 등이 팽창하고 있습니다. 이러한 사실에 대처해서 임시 입법을 한 것입니다. 따라서 사변에 관계되는 대부분의 법률안 중에, 비유해서 말씀드리면, 오늘 아침 심의를 요청한 임시자금조정법, 지금 심의를 요청한 1938년 법률 제64호 중 개정법률안 등도 이 부칙에 있는 지나사변 종료 이후 1년 안에 이것을 폐지한다고 규정되어 있습니다. 이 사례를 모방해서 조선은행권 및 대만은행권 보증발행한도를 임시로 관장하는 것에 관한 법률안에도 동일한 부칙을 붙인 것입니다.

그렇다면 지나사변이 종료된다면 이러한 필요가 없을지 어떤지 하는 문제입니다. 지나사변이 종료되고 나서 보지 않으면 그때 정세는 알 수 없다고 생각합니다. 실제 통화 등도 수축된다면 좋겠지만, 만약 통화가 수축되지 않고 현재 그대로라면 새롭게 태환은행권 조례를 개정해야 합니다. 조선은행법과 대만은행법 개정을 해야 합니다. 혹은 다시 이 법률을 잠시 연기하기를 바라고 적당한 방법을 강구해서 대처해야 한다고 생각하고 있습니다. 따라서 1년을 둔 것은 지나사변이 언제 종료될지도 모르는 상황에서 그 사이에 의회를 열 것이 예상되기 때문에 1년의 유예를 두면 충분할 것이라고 생각해서 이러한 부칙을 마련한 것입니다.

1932년부터 1947년 귀족원 제도가 폐지될 때까지 귀족원 의원을 지냈다.

○ 자작 우라마쓰 도모미쓰(裏松友光)

지금 정부위원의 설명으로 대체적으로 이해했습니다. 다른 문제에 대해서 질문을 드립니다.

(중략)

○ 정부위원, 이루마노 다케오(入間野武雄)

잠시 속기를 중지시켜 주십시오.

○ 위원장, 자작 다카하시 고레카타(高橋是賢)

속기를 중지하고…

오후 2시 31분 속기 중지

오후 3시 9분 속기 개시

○ 위원장, 자작 다카하시 고레카타(高橋是賢)

속기를 시작합니다. 오늘은 이것으로 마치고 내일 오전 10시부터 회의를 개최합니다. 오늘은 이것으로 산회합니다.

오후 3시 10분 산회.

30. 1939년 3월 20일 귀족원 의사속기록 제26호

1939년 3월 20일(월요일) 오후 2시 12분 개의

○ **의장, 마쓰다이라 요리나가(松平頼壽)**

일정 제5, 국채정리기금특별회계법 중 개정법률안. 일정 제6, 1906년 법률 제34호 중 개정법률안. 일정 제7, 1909년 법률 제9호 중 개정법률안, 일정 제8, 1938년 법률 제64호 중 개정법률안. 일정 제9, 조선은행권 및 대만은행권의 보증발행한도를 임시 확장하는 것에 관한 법률안. 일정 제10, 1938년 법률 제23호 중 개정법률안. 일정 제11, 1939년도 일반회계세출의 재원에 충당하기 위한 공채 추가 발행에 관한 법률안. 일정 제12, 1932년 법률 제1호 중 개정법률안. 일정 제13 지나사변에 관한 특별하사금 교부를 위한 공채발행 법률안. 정부제출, 중의원송부, 제1독회 속. 위원장보고. 이들 법률안을 일괄 의제로 하는 것에 대해서 이의가 없으십니까?

("이의가 없습니다"라고 외치는 자가 있었다.)

○ **의장, 마쓰다이라 요리나가(松平頼壽)**

이의가 없다고 인정됩니다. 위원장 다카하시 고레카타(高橋是賢) 자작.

(중략)

조선은행권 및 대만은행권의 보증발행을
임시 확장하는 것에 대한 법률안

이상 가결되었기에 의결에 따라서 보고 드립니다.

1939년 3월 19일
위원장 자작 다카하시 고레카타(高橋是賢)
귀족원 의장 백작 마쓰다이라 요리나가(松平頼壽)

(중략)

(자작 다카하시 고레카타(高橋是賢)가 연단에 올랐다.)

○ 위원장, 자작 다카하시 고레카타(高橋是賢)

(중략) 다음으로 조선은행 보증발행한도를 1억 6천만 원으로 확장하고, 대만은행 보증발행한도를 5천만 원에서 8천만 원으로 개정하는 법률안입니다. (중략) 이들 법안을 일괄해서 문제로 삼았는데 다양한 질의응답이 있었고, 상세한 것은 모두 속기록으로 대신하겠습니다. 질문이 가장 집중된 것은 태환권의 급격한 증발로 인한 물가 관계와 물자수급 동향 등에 대한 질의응답이 있었습니다. 또 조선은행권이 북중국 기타에서 유통되는 것, 중국연합준비은행권과의 관계, 지반에서 법화와의 관계 등에 대한 질의응답이 이루어졌습니다. 상세한 것은 전부 속기록으로 대신합니다. 이러한 질문이 끝나고 토론으로 들어갔는데 어떠한 이의도 없이 표결한 결과 전원 일치로 본 안이 가결되었습니다. 이상 보고를 드립니다.

○ 의장, 마쓰다이라 요리나가(松平賴壽)
특별한 발언이 없다면 각 안을 표결하겠습니다. 각 안의 제2독회를 개최하는데 이의가 없으십니까?

(“이의가 없습니다”라고 외치는 자가 있었다.)

○ 의장, 마쓰다이라 요리나가(松平賴壽)
이의가 없다고 인정됩니다.

○ 자작 니시오지게 요시미쓰(西大路吉光)
곧바로 각 안의 제2독회를 개최하길 희망합니다.

○ 자작 우레무라 이에히로(植村家治)
찬성

○ 의장, 마쓰다이라 요리나가(松平賴壽)
니시오지게(西大路) 자작의 동의에 이의가 없으십니까?

(“이의가 없습니다”라고 외치는 자가 있었다.)

○ 의장, 마쓰다이라 요리나가(松平賴壽)
이의가 없다고 인정됩니다.

○ **의장, 마쓰다이라 요리나가(松平賴壽)**
그럼 각 안의 제2독회를 개최합니다. 이의가 없다면 전부를 문제로 제공합니다. 각 안 전부, 위원장의 보고대로 이의가 없습니까?

("이의가 없습니다"라고 외치는 자가 있었다.)

○ **의장, 마쓰다이라 요리나가(松平賴壽)**
이의가 없다고 인정됩니다.

○ **자작 니시오지게 요시미쓰(西大路吉光)**
곧바로 각 안의 제3독회를 개최하길 희망합니다.

○ **자작 우레무라 이에히로(植村家治)**
찬성

○ **의장, 마쓰다이라 요리나가(松平賴壽)**
니시오지게(西大路) 자작의 동의에 이의가 없으십니까?

("이의가 없습니다"라고 외치는 자가 있었다.)

○ **의장, 마쓰다이라 요리나가(松平賴壽)**
이의가 없다고 인정됩니다.

○ 의장, 마쓰다이라 요리나가(松平賴壽)

그럼 각 안의 제3독회를 개최합니다. 각 안 전부, 제2독회의 결의대로 이의가 없습니까?

("이의가 없습니다"라고 외치는 자가 있었다.)

○ 의장, 마쓰다이라 요리나가(松平賴壽)

이의가 없다고 인정됩니다. 의사 진행 상황에 의해 오후 6시까지 휴식합니다.

오후 3시 40분 휴식

Ⅶ. 제76회 제국의회

31. 1941년 2월 8일 중의원 의사속기록 제12호

1941년 2월 8일(토요일) 오후 1시 17분 개의

○ **부의장, 다코이 이치민(田子一民)**[127]

이의가 없음을 인정합니다. 이어서 일정 제7, 태환은행권조례의 임시특례에 관한 법률안. 일정 제8, 조선은행 및 대만은행법의 임시특례에 관한 법률안. 일정 제9, 조선은행법 중 개정법률안. 일정 제10, 대만은행법 중 개정법률안. 위 4개의 안을 일괄해서 제1독회를 개최합니다. 히로세(廣瀨) 대장차관.

제7, 태환은행권조례의 임시특례에 관한 법률안(정부제출) 제1독회.

제8, 조선은행 및 대만은행법의 임시특례에 관한 법률안(정부제출) 제1독회.

제9, 조선은행법 중 개정법률안(정부제출) 제1독회.

제10, 대만은행법 중 개정법률안(정부제출) 제1독회.

태환은행권조례의 임시특례에 관한 법률안

제1조 일본은행은 대장대신이 정하는 금액에 한해 태환은행권을 발행할

127) 다코이 이치민(田子一民, 1881~1963) : 일본 관료, 정치가. 제34대 중의원 의장, 제27대 중의원 부의장, 농림대신 등을 지냈다.

수 있다.

일본은행은 필요하다고 인정될 때 대장대신의 인가를 받아 전항의 금액을 초과해서 태환은행권을 발행할 수 있다. 이 경우 일본은행은 전항의 금액을 초과한 발행액에 대해 대장대신이 정한 비율로 발행세를 납부해야 한다. 단, 그 비율은 1년에 3% 이하로 할 수 없다.

대장대신은 제1항의 금액을 정해서 그것을 공시해야 한다.

제2조 일본은행은 태환은행권 발행액에 대해 보증으로서 동액의 금은화, 지금은, 정부발행 공채증서, 대장성증권 기타 확실한 증권 또는 상업어음을 보유해야 한다.

제3조 태환은행권의 종류는 태환은행권조례 제3조에 규정된 것 이외에 대장대신이 정한다.

제4조 일본은행은 대장대신이 정하는 바에 따라서 태환은행권 발행액을 관보에 광고해야 한다.

부　칙

본 법 시행일은 칙령으로 정한다.

1938년 법률 제64호는 폐지한다.

본 법은 지나사변 종류 후 1년 이내에 폐지한다.

태환은행권조례 제2조, 제8조의 규정은 당분간 적용하지 않는다.

조선은행 및 대만은행법 임시특례에 관한 법률안

제1조 조선은행 및 대만은행은 대장대신이 정하는 금액에 한해서 은행권을 발행할 수 있다.

조선은행 및 대만은행은 필요하다고 인정될 때 대장대신의 인가를 받아 전항의 금액을 초과해서 태환은행권을 발행 할 수 있다. 이 경우 일본은행은 전항의 금액을 초과한 발행액에 대해 대장대신이 정한 비율로 발행세를 납부해야 한다. 단, 그 비율은 1년에 3% 이하로 할 수 없다.

대장대신은 제1항의 금액을 정해서 그것을 공시해야 한다.

제2조 조선은행 및 대만은행은 은행권 발행액에 대한 보증으로 동액의 금화, 지금은, 태환은행권, 일본은행에 대한 예금, 국채증권, 기타 확실한 증권 또는 상업어음을 보유해야 한다.

대장대신이 필요하다고 인정하는 경우 조선은행 및 대만은행은 전항의 규정에 의해 보유한 금은, 지금은, 태환은행권 및 일본은행에 대한 당좌예금의 총액에 대해 은행권 발행액의 비율에 대한 필요한 명령을 할 수 있다.

제3조 조선은행 및 대만은행은 대장대신이 정하는 바에 따라서 은행권 발행액을 관보에 공고해야 한다.

부 칙

본 법 시행일은 칙령으로 정한다.

1939년 법률 제59호는 폐지한다.

본 법은 지나사변 종료 후 1년 이내에 폐지한다.

조선은행법 제22조 및 제24조와 대만은행법 제9조와 25조 2항의 규정은 당분간 적용하지 않는다.

조선은행법 중 개정법률안

조선은행법 중 다음과 같이 개정한다.

第27조 조선은행은 매 영업 연도에 이익금에서 다음에 게재된 금액을 공제한 잔액의 1/4을 정부에 납부해야 한다.

1. 불입자본금액에 대해 매년 6%에 상당하는 금액
2. 전 조의 규정에 따라 적립해야 하는 금액의 최소액에 상당한 금액

이익금에서 전 항 제1호와 제2호의 금액과 전 항의 규정에 의한 납부금액을 공제한 잔액이 이익금의 1/10을 초과할 경우 그 초과액의 1/3을 다시 정부에 납부한다.

부　칙

본 법은 1941년 7월 1일부터 시행한다. 단, 동일 전에 종료된 영업 연도의 납부금에 대해서는 종전의 규정에 따른다.

대만은행법 중 개정법률안

대만은행법 중 다음과 같이 개정한다.

第20조 중 「매년」을 「매 영업 연도에서」로 개정한다.

第20조 2 대만은행의 매 영업 연도에서 이익금은 다음에 게재한 금액을 공제한 잔액의 1/4을 정부에 납부해야 한다.

1. 불입자본금액에 대해 년 6%에 상당하는 금액

2. 전 조의 규정에 의해 적립되어야할 금액의 최소액에 상당한 금액 이익금에서 전항 제1호와 제2호의 금액과 전항의 규정에 의한 납부금액을 공제한 잔액이 이익금의 1/10을 초과할 경우 그 초과액의 1/3을 다시 정부에 납부한다.

부 칙

본 법은 공포일로부터 시행한다. 단, 제22조의 2의 개정규정은 1941년 7월 1일부터 시행한다.

〈정부위원 히로세 도요사쿠(廣瀨豊作)[128]〉

○ 정부위원, 히로세 도요사쿠(廣瀨豊作)

지금 의제가 된 태환은행권조례의 임시특례에 관한 법률안 외 3건에 대해 설명 드리겠습니다.

먼저 태환은행권조례의 임시특례에 관한 법률안에 대해 설명 드리겠습니다. 현행 태환은행권 발행제도에 의하면. 태환은행권의 발행은 정화준비에 의한 발행과 보증에 의한 발행으로 구분하는 것이 원칙입니다. 그러나 이러한 발행제도는 현재 이미 그 의미를 상실해서 이것을 그대로 방치한다는 것은 태환은행권 발행 실정에 부합하지 않을 뿐만 아니라 앞으로 통화정책을 수행하는데 장애가 될 수도 있다고 생각합니다. 그래서 정화준비발행과 보증발행의 구분을 정교하고 치밀하게 하려고 합니다. 아울러

128) 히로세 도요사쿠(廣瀨豊作, 1891~1964) : 다이쇼와 쇼와전기 대장관료. 스즈키 내각에서 대장대신을 지냈다. 쇼다 가즈에(勝田主計)의 사위로 그에 의해 천거되었다. 1936년 주계국장을 거쳐 1937년 예금부 자금국장을 지냈고, 1940년 고노에 내각에서 대장차관을 지냈다.

태환은행권의 발행한도는 정부 제반의 경제금융정책과 서로 비교하여 생각해서 대장대신이 그것을 결정하도록 하면 사태의 추이에 대응할 수 있어서 탄력적인 제도로 하는 것이 타당하다고 생각합니다.

다음으로 태환은행권의 종류 및 발행액에 관한 공고 방법은 앞으로 사태의 추이를 봐서 적절하게 변경할 수 있도록 할 필요가 있습니다. 대장대신이 필요에 대응하여 종류를 추가하고, 또 그 공고 방법을 정하도록 하는 것이 타당하다고 생각합니다. 그러나 이상의 것에 대한 개정을 항구적 입법에 의해 행한다는 것은 아직 시기가 무르익지 않았다고 생각합니다. 그래서 본 안과 같이 임시적 조치로서 행하려는 것입니다.

다음으로 조선은행법 및 대만은행법의 임시특례에 관한 법률안에 대해서 설명을 드리겠습니다. 현행 조선은행권 및 대만은행의 발행제도는 현행 태환은행권발행제도와 대체로 같습니다. 은행권의 발행은 지불준비에 의한 발행과 보증에 의한 발행으로 구분하는 것이 원칙입니다. 그러나 앞서 말한 것과 같이 태환은행권발행제도를 개정하는 것에 수반해서 이것도 같은 이유입니다. 양 은행권의 지불준비발행과 보증발행의 구분을 정교하고 치밀하게 하고 아울러 양 은행권의 발행한도 내에서 그 발행액에 관한 공고 방법을 대장대신이 결정하도록 하는 것이 타당하다고 생각하고 있습니다.

단, 현재 양 은행권은 태환은행권에 대해 특수한 의존관계가 있기 때문에 양 은행권의 태환은행권에 대한 태환성을 확보하기 위해 필요에 따라 양 은행이 은행권 발행액에 대해 일정 비율을 태환은행권 또는 경제적으로 그와 동일시되는 물건을 보유하도록 대장대신이 명령할 수 있도록 하는 것이 필요하다고 생각합니다.

그리고 일본은행에 대한 예금은, 경제적으로 본다면, 태환은행권과 실질적으로 다르지 않기 때문에 그것을 양 은행권의 보증물건 중에 첨가했습니다. 그래서 이상의 것에 대한 개정도, 태환은행권발행제도의 개정과 같이 임시적 조치로서 시행하는 것이 타당하고 생각합니다.

다음으로 조선은행법 중 개정법률안 및 대만은행법 중 개정법률안에 대해서 일괄해서 설명을 드리겠습니다. 조선은행의 현행 납부금제도는 조선은행 창립 당시에 마련된 것으로 현재 상황에 맞지 않습니다. 특히 동행의 은행권 발행한도가 여러 번 확장되었고, 이번 또한 동 은행권 발행제도를 임시로 개정할 필요가 제기된 상황입니다. 동 은행이 은행권 발행의 특권에 기초해서 얻는 이익은 날로 증대될 것이라고 생각합니다. 이러한 사태에 대응하는 현행의 납부금제도는 맞지 않아서 동 은행의 부담이 그 특권에 기초한 이익과 조화되지 못하고 있습니다.

다음으로 대만은행에 대해서도 그 은행권 발행의 특권에 기초해서 동 은행이 얻는 이익은 적지 않습니다. 특히 동 은행이 이러한 특권에 기초해서 얻는 이익은 조선은행과 같은 이유로 날로 증대되고 있습니다. 이에 특권에 대한 보상으로 대만은행의 이익의 일정부분을 정부에 납부하도록 하는 것이 필요하다고 생각합니다. 그리고 조선은행 및 대만은행은 모두 다이쇼(大正) 말기 이래 영업의 부진에 빠졌고, 오랫동안 내용 정리에 전념해 왔습니다. 근래 양 은행의 영업상황이 좋아져서 매 분기 상당히 많은 이익을 거두고 있습니다. 이에 조선은행 납부금제도를 정비하고 아울러 대만은행도 이와 동일하게 납부금제도를 신설하는 것이 타당하다고 생각합니다.

이상 설명을 드린 각 법률안에 대해서 부디 심의하여 조속히 협조와 찬성을 해주시기를 바랍니다.(박수)

○**부의장, 다코이 이치민(田子一民)**

각 안의 심의를 부탁할 위원 선거에 대해서 자문해주십시오.

---

32. 1941년 2월 17일 중의원 외국환거래관리법 개정법률안 위원회의록(속기) 제6호

1941년 2월 17일(월요일) 오후 1시 17분 개의

출석위원은 다음과 같다.

위원장 니시무라 긴사부로(西村金三郎)

이사 이나타 나오미치(稲田直道)

이사 기쿠치 료이치(菊池良一)

이사 나가타(中田儀値)

오가사와라 산쿠로(小笠原三九郎)

가사이 쥬지(笠井重治)[129]

기무라 마사요시(木村正義)[130]

오타 리이치(太田理一)

사쿠타 고타로(作田高太郎)

이토 이와오(伊東岩男)

다나카 구니하루(田中邦治)

고노 미쓰(河野密)[131]

---

129) 가사이 쥬지(笠井重治, 1886~1986) : 다이쇼 쇼와시기 미일친선활동가, 정치가. 시카고대학과 하버드대학원을 졸업한 후 1918년에 귀국했다. 미국의 배일운동을 완화하고 미일전쟁을 피하기 위해 미국에서 강연을 했다.

130) 기무라 마사요시(木村正義, 1890~1952) : 문부관료, 정치가, 중의원 의원. 도쿄출신. 동경제국대 법대법률학을 전공했다. 1932년 제18회 중의원에 입헌정우회 소속으로 당선된 후 연속 4회 당선되었다.

131) 고노 미쓰(河野密 1897~1981) : 정치가. 도쿄제국대학 법학부를 졸업했다. 일본노농당에 참가했다가 다시 사회대중당으로 옮겼다. 1936년 제19회 중의원에 당선된 후 12회 당선되었고, 전후 일본사회당 결성에 참가하였다.

다케다 도쿠사부로(武田德三郎)

나카지마 야단지(中島彌團次)

모미야마 히로시(粟山博)[132]

모리타 후쿠이치(森田福市)[133]

출석정부위원은 다음과 같다.

대장차관 히로세 도요사쿠(廣瀨豊作)

대장성 이재국장 다케우치 신페이(竹內新平)[134]

대장성 은행국장 아이다 이아오(相田岩夫)[135]

대장성 환거래국장 하라구치 다케오(原口武夫)

예금부 자금국장 나카무라 고지로(中村孝次郎)

농림성 총무국장 스토 히데오(周東英雄)[136]

오늘의 회의에 올라온 안건은 다음과 같다.

외국환거래관리법 중 개정법률안(정부제출)

부동산융자 및 손실보상법 중 개정법률안(정부제출)

---

132) 모리야마 히로시(粟山博, 1884~1959) : 정치가, 중의원 의원. 후쿠시마출신. 1911년 제10회 중의원에 당선된 후 10회 당선되었다.

133) 모리타 후쿠이치(森田福市, 1890~1945) : 피폭 중의원 의원으로 그의 생애가 『森田福市の生涯』(2011)로 출판되었다.

134) 다케우치 신페이(竹內新平, 1894~1945) : 다이쇼와 쇼와전기 대장관료. 주세국장, 이재국장을 거쳐 대만사무국장 대동아성 총무국장을 지냈고, 1944년 대동아차관을 지냈다.

135) 아이다 이아오(相田岩夫, 1894~1982) : 쇼와전기 대장관료. 대장성은행국장, 일본은행 감사, 일본출판매매주식회사 사장 등을 지냈다.

136) 스토 히데오(周東英雄, 1898~1981) : 정치가, 관료. 1921년 도쿄제국대학 법학부 독법과 전공하였다. 농상공무성에 들어가 농림성 미곡국장, 농무국장, 총무국장을 요직을 지냈다. 1942년 제국유량통제회사 초대 사장을 지냈다.

임시자금조정법 중 개정법률안(정부제출)

태환은행권조례 임시특례에 관한 법률안(정부제출)

조선은행법 및 대만은행법의 임시특례에 관한 법률안(정부제출)

조선은행법 중 개정법률안(정부제출)

대만은행법 중 개정법률안(정부제출)

산업조합중앙금고 특별융통 및 손실보상법 중 개정법률안(정부제출)

○ 위원장, 니시무라 긴사부로(西村金三郎)

지금 회의를 개최합니다. 외국환거래관리법 중 개정법률안을 의제로 삼겠습니다. 본 법률안은 전회에 질문을 완료했습니다. 오늘은 토론으로 들어가겠습니다.

(중략)

○ 위원장, 니시무라 긴사부로(西村金三郎)

이것과 다른 7개의 안 즉 부동산융자 및 손실보상법 중 개정법률안 외 6건을 의제로 삼겠습니다. 대체적으로 전회에 질문이 다 이루어졌습니다. 그러나 계속 2, 3개의 질문을 하겠다고 알려왔습니다. 그래서 이것을 허락합니다. 오가사와라(小笠原) 의원.

○ 오가사와라 산쿠로(小笠原三九郎) 위원

지극히 간단한 질문입니다. 태환권발행제도의 개정에 대해서는 이전부터 제가 예산총회와 그 외 등등에서도 누차 질문을 드렸고, 또 의미를 말씀드렸습니다. 현재 거의 유명무실화된 현행제도를 이렇게 개정한다는 것은 정말 좋은 것으로 시의적절한 새로운 제도라고 생각합니다. 그러나 이 개정이 세간에 주는 영향을 조금 생각해보면, 무엇인가 일본은행의 신용팽창이 초래되지 않을까 하는 걱정을 사람들이 갖고 있습니다. 방법이 어떠한 가에 따라서 다음과 같은 우려도 있습니다. 그 점에 대해서 한두 가지 질문을 드립니다.

속기록을 읽지는 않았기 때문에 어떠한 답변이 있었는지 알 수 없습니다만, 제가 지난 신문을 보았는데, 발행제도를 최고로 시행하면 대장대신이 결정하는 금액의 표준이 매우 클 것으로 예상하고 그 숫자가 나와 있었습니다. 45, 6억이라고 했는데 그 숫자가 ― 대부분 대장성의 답변에 기초해서 나왔다고 생각합니다. 45, 6억 원이라면 상당히 큰 숫자이기에 아무래도 세간에서는 염려를 하고 있으며 신용팽창에 대해 우려하는 생각을 갖고 있습니다.

그리고 소위 제한 외 제도를 인정하는 취지를 우리가 생각해보면 어떤 것을 표준으로 삼을지도 알 수 없을 뿐만 아니라 장래를 내다보고 표준을 삼는다면 세간에서 신용팽창에 대해 걱정이 많지 않을지? 과거를 일례하면, 전년도 3, 4 분기라고 할지 아니면 4분기 혹은 4분기 반이라고 하더라도 좋습니다만, 그것을 평균정도로 두고 그 외에 상황을 조금 포함시키는 정도로 발행을 해가는 방법으로 하면 세간에서 신용팽창에 대해 위기를 느끼지 않도록 하는 데는 적당한 것이 아닐지 라고 생각합니다. 이 점에 대해서는 어떻습니까?

○ 정부위원, 아이다 이아오(相田岩夫)

제가 답변을 드리겠습니다. 금액에 대해서 신문에 어떻게 나왔는지 알 수 없습니다만, 여기에 대해서 대장당국은 어떠한 것도 말하지 않았습니다. 이 위원회에서도 어떤 것도 말씀드리지 않았습니다. 지금 말씀에 신용팽창의 느낌을 준다는 것은, 물론 이것은 피하지 않으면 안 되는 것입니다. 최고한도를 정해야 한다는 취지는 대체적으로 저번 위원회에서도 말씀드렸습니다. 물론 매년 1회 정도를 기준으로 해서 발행액을 결정하겠다는 것입니다. 연말 등 금융수요가 증가할 때 통화를 공급하려면 제한 외 발행 제도에 의해 할 수 있다고 생각합니다. 이 점에 대해서는 오가사와라(小笠原) 의원의 의견과 완전히 같습니다. 대체적으로 연초에 정하고 있다고 생각합니다. 이때 제반 정세를 판단하고 앞서 위원회에서 말씀드린 요소를 감안해서 결정한다고 생각합니다.

○오가사와라 산쿠로(小笠原三九郎) 위원

어쨌든 세간에 이러한 인상을 주지 않으려면—이 발행권제도가 이러한 인상을 준다는 것이 제일 먼저 걱정스러운 것입니다. 이 점에 대해서 충분히 유의해 주시기를 바랍니다.

물가 등의 관점에서 보더라도 현재 비율에서 통화의 수량이 과다한 것이 아닙니까? 자금 심사 등도 조금은 일찍 하는 것이 좋지 않겠는가라는 말도 있습니다. 물가대책 등에서 본다면 태환권의 증발 추세가 과다하다고 생각합니다. 여기에 만약 세간에서 이러한 느낌을 갖게 되면 이로 말미암아 매우 중대한 문제가 발생할 수 있다고 생각합니다. 이러한 점에서 장래를 예측해서 이 정도는 발행할 수 있다고 하는 것을 결정하는 것은 어떻습니까? 신문에서는 이러한 의미에서 한 마디 글을 쓴 것입니다. 물론 대장당국이 말한 것인지?—이렇게 45억인지를 알려주는 것이 적혀 있었기 때문에, 그것을 귀납해서 취하는 것도 곤란하지만, 사실상 이 점을 질문드리는 것입니다.

다음으로 지난 날 히로세(廣瀨) 차관의 말씀도 있었고, 우리가 정말 그대로 생각하고 있습니다. 조선은행권과 대만은행권을 통일할 만한 시기는 아직 오지 않았습니다. 현재의 정세에서 보면 통일되지 않는 쪽이 좋다고 생각합니다. 이번 일본은행 예금제도를 채택한 하나의 이유가 발행권 통일을 전제하고 있는 의미란 말을 들었는데 ― 우리가 잘못 들은 것인지도 모르겠습니다만, 듣기에는 이러한 생각인지 아닌지 확실하게 해두고 싶습니다.

○ **정부위원, 히로세 도요사쿠(廣瀨豊作)**

지금 오가사와라(小笠原) 위원의 질문이 있었습니다. 일본은행에 대한 조선은행 및 대만은행의 예금을 은행권 발행 준비에 충당하는 취지는 오가사와라 위원이 질문하신 바, 앞으로 조선은행권, 대만은행권을 일본은행권으로 통일시키기 위한 전제라는 것을 고려한 것이 아닙니다. 알고 계신 대로 현재 조선은행도 대만은행도 법률 제도상으로 일본은행권을 창고에 보관하고 그것을 준비로 발행을 하고 있습니다. 이 때문에 실제 시중에 유통되지 않는 일본은행권이 발행액 중에 포함되어 감정되고 있습니다. 그래서 자연스럽게 세간에서는 초과 발행이라는 느낌을 갖게 됩니다. 그러므로 이것은 쓸데없는 것이 아닌가라는 생각이 들기에 그 정도 분량만은 제외시키는 것이 좋다고 생각해서 이번 법률개정을 제안한 것입니다.

○ **오가사와라 산쿠로(小笠原三九郎) 위원**

히로세(廣瀨) 차관의 답변대로라면 정말 좋은 것인데 실제로는 작년에 특히 이것을 제안 드렸고, 대장당국의 고려를 요구했던 것입니다. 정말 이것은 채용되어야 한다고 생각하고 있습니다. 제가 밖에서 잠깐 들은 바로는 이번에 이러한 전제가 있다고 하는 말이었습니다. 이것은 우리가 작년 의회에서 말씀드린 의미와도 다르고 또 실정에도 부합하지 않는다고 생각하기에 질문을 드린 것입니다.

계속해서 한 가지 더 질문을 드리겠습니다. 이번에 태환권의 종류를 대장대신이 결정한다는 것으로 되어 있는데 여기에 대해 상당한 고려를 하지 않으면, 그 사이에 예산총회에서도 사람들이 질문했습니다만, 5백 원 권이 나오고 1천 원 권이 나오고, 5천 원 권이 나오고 1만 원 권이 나와서 상당한 통화 팽창을 자극하게 될 수도 있습니다. 이러한 권한을 갖게 하는 것은 정말 좋은 것이지만, 실제 문제에서는 상당하게 고려하지 않으면 좋지 않는 일이 생길 수 있다고 생각합니다. 여기에 대해서 지난 예산총회 때에 1천 원 권과 같은 것을 발행하자는 의미는 갖고 있지 않다고 대장대신이 언명하셨습니다. 그 후 또 어떤 곳에서는 반드시 그렇다는 것은 아니라는 말씀을 하셨는데 — 제가 직접 들은 것은 아닙니다. 신문기사에서 본 것입니다. 대장대신이 언명한 것 과 같이 지금으로서는 이러한 생각을 해서는 안 된다고 생각합니다. 차관의 생각은 어떻습니까?

○ 정부위원, 히로세 도요사쿠(廣瀨豊作)

일본은행권의 종류에 대해서는 이번에 대장대신이 정할 수 있도록 권한을 준 것입니다. 그러나 당분간 정부에서도 고려하고 있는 바는 지금 오가사와라(小笠原) 위원이 말씀하신 대로 현재 이외의 종류를 발행할 생각은 없습니다. 이렇게 이해해 주시기 바랍니다.

○ 오가사와라 산쿠로(小笠原三九郎) 위원

한 가지 더 질문을 드립니다. 종류별로 어떤 비율로 보증준비에 들어가야 한다고 생각하고 있습니까? 예를 들어 금은은 어떻게 할지? 공채증권은 어떤 비율로 할지? 또는 예금부자금은 어떤 비유로 할지? 그리고 특히 외지은행의 경우가 하나입니다만, 고려하고 있는지 어떤지? 어떤 내규로서 결정되는 것인지 어떤지? 정세의 변화를 고려하는지? 여기에 대해서 지장이 없다면 알고 싶습니다.

○ **정부위원, 히로세 도요사쿠(廣瀨豊作)**

일본은행의 준비 내용에 대해서 각 종류 사이의 비율은 고려하고 있지 않습니다. 조선은행, 대만은행에 대해서도 대체적으로 같습니다. 단 일본은행권을 준비로 하는 액에 대해서는 비율이라고 할 만한 것은 없습니다. 지난번 제출 이유에 대해서 설명을 드렸던 이유 때문에 어느 정도 정부에서는 관심을 갖고 지도를 해갈 생각을 갖고 있습니다.

○ **위원장, 니시무라 긴사부로(西村金三郎)**

그러면 알려 오신 것에 따라서 고노(河野) 의원에게 질문을 허락합니다.

○ **고노 미쓰(河野密) 위원**

저는 특별히 질문을 드릴 필요는 없습니다. 그러나 아직 속기록이 나오지 않아서 혹은 중복된 질문이라면 위원장께서 주의를 주시기 바랍니다.

지금 오가사와라(小笠原) 위원의 질문에서 대장대신이 연초에 결정할 발행액, 그 기준이라는 것은 대체적으로 이해가 됩니다. 그러나 만약 이렇게 된다면 대장대신이 결정한 발행액에 의해서 1년간의 재정경제의 근본이 좌우된다고 하더라도 과언이 아니라고 생각합니다. 이러한 경우처럼 대장대신이 결정을 하도록 하는 것은 조금은 옳지 않다고 생각합니다. 그래서 저는 진실로 심의회 또는 경제회의와 같은 자문기관, 혹은 협의기관을 만들 필요가 있다고 생각합니다. 이 점에 대한 생각을 알고 싶습니다.

○ **정부위원, 히로세 도요사쿠(廣瀨豊作)원**

대장대신이 연초에 태환권 발행최고액을 결정할 때에는 지금 질문을 하신 것과 같은 심의회 등의 기관에 자문을 해서 결정해야 한다는 생각을 현재로서는 갖고 있지 않습니다. 그러나 말할 필요도 없이, 대장대신이 한다는 것은, 그것을 결정하기 위해서는 각 방면에 대해서 심의회나 위원회 등의 형식으로 의견을 구하게 됩니다. 특히 알고 계시듯이, 일본은행의 의견등도 참작해야 합니다. 일본은행에서는 그 쪽 방면으로 상당한 권위자도 있어서, 참여, 이사 등 민간의 각 방면 대표자를 망라한 기관도 있기 때문에 일본은행의 의견도 참작하고 또 재정예산 기타 사정도 고려해서 결정을 합니다. 대체적으로 지장이 없다고 생각하고 있습니다.

○ 고노 미쓰(河野密) 위원

2, 3년 전에 일본은행의 이사제도를 개정했을 때에도 저는 의회에서 그 이사의 범주를 확대해야 한다는 의견을 진술 했었습니다. 대장대신이 거의 재정경제 전반을 움직일 수 있는 힘을 갖게 된다는 전제에 대해서 저는 아무래도 심의회와 같은 것을 고려하는 것이 타당하다고 생각합니다. 이 점을 거듭 고려하실지 어떠하신지 질문을 드립니다.

○ 정부위원, 히로세 도요사쿠(廣瀨豊作)

지금 것에 대해서, 지금 질문하신 심의회라는 것은 설립하지 않을 생각입니다. 다만 설명 드린 대로 이 결정은 중대한 것이기 때문에 심의회라는 형식은 아니지만, 각 방면의 의견을 참작해서 신중하게 연구하고 고려하여 결정할 생각입니다. 이 점에 대해서 양해를 부탁드립니다.

(중략)

○ 위원장, 니시무라 긴사부로(西村金三郎)

그러면 질문이 전부 종료된 것으로 간주합니다. 이의가 없으십니까?

(“이의 없습니다”라고 외치는 자가 있었다.)

○ **위원장, 니시무라 긴사부로(西村金三郎)**

이의가 없다고 인정됩니다. 이어서 오늘은 이것으로 산회합니다. 내일 오후 1시 본 위원회 상정 7개안에 대해서 토론을 하고 표결에 들어가도록 하겠습니다. 부디 이 점을 알아주시기 바랍니다. 본 일은 여기서 산회합니다.

오후 2시 10분 산회

33. 1941년 2월 18일 중의원 외국환거래관리법 개정법률안 위원회의록(속기) 제7호

1941년 2월 18일(화요일) 오후 1시 18분 개의

출석위원은 다음과 같다.

위원장 니시무라 긴사부로(西村金三郎)

이사 이나타 나오미치(稲田直道)

이사 기무라 아사시치(木村淺七)

이사 기쿠치 료이치(菊池良一)

이사 나가타(中田儀値)

오가사와라 산쿠로(小笠原三九郎)

가사이 쥬지(笠井重治)

기무라 마사요시(木村正義)

오타 리이치(太田理一)

사쿠타 고타로(作田高太郎)

이토 이와오(伊東岩男)

다나카 구니하루(田中邦治)

고노 미쓰(河野密)

다케다 도쿠사부로(武田德三郎)

나카지마 야단지(中島彌團次)

모미야마 히로시(粟山博)

모리타 후쿠이치(森田福市)

출석정부위원은 다음과 같다.
대장차관 히로세 도요사쿠(廣瀨豊作)
대장성 은행국장 아이다 이아오(相田岩夫)
농림성 총무국장 스토 히데오(周東英雄)

오늘의 회의에 올라온 안건은 다음과 같다.

부동산융자 및 손실보상법 중 개정법률안(정부제출)
임시자금조정법 중 개정법률안(정부제출)
태환은행권조례 임시특례에 관한 법률안(정부제출)
조선은행법 및 대만은행법의 임시특례에 관한 법률안(정부제출)
조선은행법 중 개정법률안(정부제출)
대만은행법 중 개정법률안(정부제출)
산업조합중앙금고 특별융통 및 손실보상법 중 개정법률안(정부제출)

○ 위원장, 니시무라 긴사부로(西村金三郎)

지금부터 개회합니다. 부동산융자 및 손실보상법 중 개정법률안, 임시자금조정법 중 개정법률안, 태환은행권조례 임시특례에 관한 법률안, 조선은행법 및 대만은행법의 임시특례에 관한 법률안, 조선은행법 중 개정법률안, 대만은행법 중 개정법률안, 산업조합중앙금고 특별융통 및 손실보상법 중 개정법률안, 위 각 안을 의제로서 회의를 진행합니다. 전회에서 질문이 종료되었습니다. 따라서 오늘은 토론으로 들어가겠습니다.

○ 오가사와라 산쿠로(小笠原三九郎) 위원

지금 의제가 된 부동산융자 및 손실보상법 중 개정법률안, 임시자금조정법 중 개정법률안, 태환은행권조례 임시특례에 관한 법률안, 조선은행법 및 대만은행법의 임시특례에 관한 법률안, 조선은행법 중 개정법률안, 대만은행법 중 개정법률안, 산업조합중앙금고 특별융통 및 손실보상법 중 개정법률안에 대해서 토론을 하지 않고 곧바로 표결할 것을 바랍니다.

○ **위원장, 니시무라 긴사부로(西村金三郎)**

지금 오가사와라(小笠原) 위원으로부터 본 안에 대해서 각 안에 토론을 하지 않고 표결을 하자는 발의가 제출되었습니다. 의견이 없다면 그대로 채택하려고 합니다. 이의가 없으십니까?

("이의 없습니다"라고 외치는 자가 있었다.)

○ **위원장, 니시무라 긴사부로(西村金三郎)**

이의가 없다고 인정되어서 표결을 하겠습니다. 원안에 대해서 찬성하시는 분은 일어서 주십시오.

(전원 기립)

○ **위원장, 니시무라 긴사부로(西村金三郎)**

전원 기립. 본 안의 각 안은 정부의 원안 그대로 결정되었습니다. 이로써 산회합니다.

오후 1시 21분 산회

34. 1941년 2월 19일 귀족원 의사속기록 제16호

1941년 2월 19일(수요일) 오전 10시 19분 개의

(중략)

○ 의장, 마쓰다이라 요리나가(松平賴壽)

일정 제1, 외국환거래관리법 중 개정법률안. 일정 제2, 부동산융자 및 손실보상법 중 개정법률안. 일정 제3, 임시자금조정법 중 개정법률안. 일정 제4, 태환은행권조례 임시특례에 관한 법률안, 일정 제5, 조선은행법 및 대만은행법의 임시특례에 관한 법률안. 일정 제6, 조선은행법 중 개정법률안. 일정 제7, 대만은행법 중 개정법률안. 일정 제8, 산업조합중앙금고 특별융통 및 손실보상법 중 개정법률안. 일정 제9, 수출보상법 중 개정법률안. 정부제출. 중의원송부. 제1독회. 이들 9개안을 일괄해서 의제로 삼는 것에 대해 이의가 없으십니까?

("이의 없습니다"라고 외치는 자가 있었다.)

○ 위원장, 니시무라 긴사부로(西村金三郎)

이의가 없다고 인정됩니다. 가와다(河田) 대장대신.

태환은행권조례의 임시특례에 관한 법률안

위 정부 제출안을 본 원에서 가결하였기에 의원법 제54조에 의해 송부

합니다.

1941년 2월 18일

중의원 의장 고야마 쇼쥬(小山松壽)

귀족원 의장 백작 마쓰다이라 요리나가(松平賴壽)

태환은행권조례의 임시특례에 관한 법률안

제1조 일본은행은 대장대신이 정하는 금액에 한해 태환은행권을 발행할 수 있다.

일본은행은 필요하다고 인정될 때 대장대신의 인가를 받아 전항의 금액을 초과해서 태환은행권을 발행 할 수 있다. 이 경우 일본은행은 전항의 금액을 초과한 발행액에 대해 대장대신이 정한 비율로 발행세를 납부해야 한다. 단, 그 비율은 1년에 3% 이하로 할 수 없다.

대장대신은 제1항의 금액을 정해서 그것을 공시해야 한다.

제2조 일본은행은 태환은행권 발행액에 대해 보증으로서 동액의 금은화, 지금은, 정부발행 공채증서, 대장성증권 기타 확실한 증권 또는 상업어음을 보유해야 한다.

제3조 태환은행권의 종류는 태환은행권조례 제3조에 규정된 것 이외에 대장대신이 정한다.

제4조 일본은행은 대장대신이 정하는 바에 따라서 태환은행권 발행액을 관보에 광고해야 한다.

부 칙

본 법 시행일은 칙령으로 정한다.

1938년 법률 제64호는 폐지한다.

본 법은 지나사변 종료 후 1년 이내에 폐지한다.

태환은행권조례 제2조, 제8조의 규정은 당분간 적용하지 않는다.

조선은행 및 대만은행법 임시특례에 관한 법률안

위 정부 제출안을 본 원에서 가결하였기에 의원법 제54조에 의해 송부합니다.

1941년 2월 18일

중의원 의장 고야마 쇼쥬(小山松壽)

귀족원 의장 백작 마쓰다이라 요리나가(松平賴壽)

조선은행 및 대만은행법 임시특례에 관한 법률안

제1조 조선은행 및 대만은행은 대장대신이 정하는 금액에 한해서 은행권을 발행할 수 있다.

조선은행 및 대만은행은 필요하다고 인정될 때 대장대신의 인가를 받아 전항의 금액을 초과해서 태환은행권을 발행 할 수 있다. 이 경우 일본은행은 전항의 금액을 초과한 발행액에 대해 대장대신이 정한 비율로 발행세를 납부해야 한다. 단, 그 비율은 1년에 3% 이하로 할 수 없다.

대장대신은 제1항의 금액을 정해서 그것을 공시해야 한다.

제2조 조선은행 및 대만은행은 은행권 발행액에 대한 보증으로 동액의 금화, 지금은, 태환은행권, 일본은행에 대한 예금, 국채증권, 기타 확실한 증권 또는 상업어음을 보유해야 한다.

대장대신이 필요하다고 인정하는 경우 조선은행 및 대만은행은 전항의 규정에 의해 보유한 금은, 지금은, 태환은행권 및 일본은행에 대한 당좌예금의 총액에 대해 은행권발행액의 비율에 대한 필요한 명령을 할 수 있다.

제3조 조선은행 및 대만은행은 대장대신이 정하는 바에 따라서 은행권 발행액을 관보에 공고해야 한다.

부 칙

본 법 시행일은 칙령으로 정한다.

1939년 법률 제59호는 폐지한다.

본 법은 지나사변 종료 후 1년 이내에 폐지한다.

조선은행법 제22조 및 제24조와 대만은행법 제9조와 25조 2항의 규정은 당분간 적용하지 않는다.

조선은행법 중 개정법률안

위 정부 제출안을 본 원에서 가결하였기에 의원법 제54조에 의해 송부합니다.

1941년 2월 18일

중의원 의장 고야마 쇼쥬(小山松壽)

귀족원 의장 백작 마쓰다이라 요리나가(松平賴壽)

조선은행법 중 개정법률안

조선은행법 중 다음과 같이 개정한다.

제27조 조선은행은 매 영업 연도에 이익금에서 다음에 게재된 금액을 공제한 잔액의 1/4을 정부에 납부해야 한다.

1. 불입자본금액에 대해 매년 6%에 상당하는 금액
2. 전 조의 규정에 따라 적립해야 하는 금액의 최소액에 상당한 금액

이익금에서 전 항 제1호와 제2호의 금액과 전항의 규정에 의한 납부금액을 공제한 잔액이 이익금의 1/10을 초과할 경우 그 초과액의 1/3을 다시 정부에 납부한다.

부 칙

본 법은 1941년 7월 1일부터 시행한다. 단, 동일 전에 종료된 영업 연도의 납부금에 대해서는 종전의 규정에 따른다.

대만은행법 중 개정법률안

위 정부 제출안을 본 원에서 가결하였기에 의원법 제54조에 의해 송부합니다.

1941년 2월 18일

중의원 의장 고야마 쇼쥬(小山松壽)

귀족원 의장 백작 마쓰다이라 요리나가(松平賴壽)

대만은행법 중 개정법률안

대만은행법 중 다음과 같이 개정한다.

제20조 중 「매년」을 매 영업 연도에서」로 개정한다.

제20조 2 대만은행의 매 영업 연도에서 이익금은 다음에 게재한 금액을 공제한 잔액의 1/4을 정부에 납부해야 한다.

1. 불입자본금액에 대해 년 6%에 상당하는 금액

2. 전조의 규정에 의해 적립되어야 할 금액의 최소액에 상당한 금액

이익금에서 전항 제1호와 제2호의 금액과 전항의 규정에 의한 납부금액을 공제한 잔액이 이익금의 1/10을 초과할 경우 그 초과액의 1/3을 다시 정부에 납부한다.

부 칙

본 법은 공포일로부터 시행한다. 단, 제22조의 2의 개정규정은 1941년 7월 1일부터 시행한다.

○ **가와다 이사오(河田烈)**[137)]

지금 상정된 의안 중 일정 제1에서 제7까지 일괄해서 설명을 드리겠습니다. (중략) 다음으로 태환은행권조례의 임시특례에 관한 법률안에 대해 설명을 드리겠습니다. 현행 태환은행권 발행제도에 의하면, 태환은행권의 발행은 정화준비에 의한 발행과 보증에 의한 발행으로 구분하는 것이 원칙입니다. 그러나 이러한 발행제도는 현재 이미 그 의미를 상실해서 이것을 그대로 방치한다는 것은 태환은행권발행의 실정에 부합하지 않을 뿐만 아니라 앞으로 통화정책을 수행하는데 장애가 될 수도 있다고 생각합니

137) 가와다 이사오(河田烈, 1883~1963) : 대장관료, 대장대신. 도쿄출신. 도쿄제국대학 법과대학 정치학을 전공하였다. 은행국보통은행과정, 주계국 예산과장들을 거쳐서 1929년 대장차관, 1930년 척무차관 등을 지냈다. 1930년 귀족원칙선의원으로 임명되었고, 1940년 제2차 고노에 내각에서 대장대신을 지냈다.

다. 그래서 정화준비발행과 보증발행의 구분을 정지하려고 합니다. 아울러 태환은행권의 발행한도는 정부 제반의 경제금융정책과 서로 비교하여 생각해서 대장대신이 그것을 결정하도록 하면 사태의 추이에 대응할 수 있어서 탄력적인 제도로 하는 것이 타당하다고 생각합니다.

다음으로 태환은행권의 종류 및 발행액에 관한 공고 방법은 앞으로 사태의 추이를 봐서 적절하게 변경할 수 있도록 할 필요가 있습니다. 대장대신이 이 종류를 필요에 대응하여 추가하고, 또 그 공고 방법을 정하도록 하는 것이 타당하다고 생각합니다. 그러나 이상의 것에 대한 개정을 항구적 입법에 의해 행한다는 것은 아직 시기가 무르익지 않았다고 생각합니다. 그래서 본 안과 같이 임시적 조치로서 행하려는 것입니다.

다음으로 조선은행법 및 대만은행법의 임시특례에 관한 법률안에 대해서 설명을 드리겠습니다. 현행 조선은행권 및 대만은행의 발행제도는 현행 태환은행권발행제도와 대체로 같습니다. 은행권의 발행을 지불준비에 의한 발행과 보증에 의한 발행으로 구분하는 것이 원칙입니다. 그러나 앞서 말한 것과 같이 태환은행권발행제도를 개정하는 것에 수반해서 이것도 같은 이유입니다. 양 은행권의 지불준비발행과 보증발행의 구분을 정교하고 치밀하게 하고 아울러 양 은행권의 발행한도 내에서 그 발행액에 관한 공고 방법을 대장대신이 결정하도록 하는 것이 타당하다고 생각하고 있습니다.

단, 현재 양 은행권은 태환은행권에 대해 특수한 의존관계가 있기 때문에 양 은행권의 태환은행권에 대한 태환성을 확보하기 위해 필요에 따라 양 은행이 은행권 발행액에 대해 일정 비율을 태환은행권 또는 경제적으로 그와 동일시되는 물건을 보유하도록 대장대신이 명령할 수 있도록 하는 것이 필요하다고 생각합니다.

그리고 일본은행에 대한 예금은, 경제적으로 본다면, 태환은행권과 실질적으로 다르지 않기 때문에 그것을 양 은행권의 보증물건 중에 첨가했습니다. 그래서 이상의 것에 대한 개정도, 태환은행권발행제도의 개정과 같이 임시적 조치로서 시행하는 것이 타당하고 생각합니다.

다음으로 조선은행법 중 개정법률안 및 대만은행법 중 개정법률안에 대해서 일괄해서 설명을 드리겠습니다. 조선은행의 현행 납부금제도는 조선은행 창립 당시에 마련된 것으로 현재 상황에 맞지 않습니다. 특히 동행의 은행권 발행한도가 여러 번 확장되었고, 이번 또한 동은행권 발행제도를 임시로 개정할 필요가 제기된 상황입니다. 동행이 은행권발행의 특권에 기초해서 얻는 이익은 날로 증대될 것이라고 생각합니다. 이러한 사태에 대응해서 현행의 납부금제도는 맞지 않아서 동행의 부담이 그 특권에 기초한 이익과 조화되지 못하고 있습니다.

다음으로 대만은행에 대해서도 그 은행권 발행의 특권에 기초해서 동행이 얻는 이익은 적지 않습니다. 특히 동행이 이러한 특권에 기초해서 얻는 이익은 조선은행과 같은 이유로 날로 증대되고 있습니다. 이에 특권에 대한 보상으로 대만은행의 이익 일정부분을 정부에 납부하도록 하는 것이 필요하다고 생각합니다. 그리고 조선은행 및 대만은행은 모두 다이쇼(大正) 말기 이래 영업의 부진에 빠졌고, 오랫동안 내용 정리에 전념해 왔습니다. 근래 양 은행의 영업상황이 좋아져서 매기 상당히 많은 이익을 거두고 있습니다. 이에 조선은행 납부금제도를 정비하고 아울러 대만은행도 이와 동일하게 납부금제도를 신설하는 것이 타당하다고 생각합니다. 이상 7건에 대해서 부디 심의하여 협조와 찬성을 해주시기를 바랍니다.

(중략)

○자작 도자와 마사미(戸澤正己)

지금 상정된 외국환거래관리법 개정법률안 외 8건은 특별위원 수를 18명으로 하고, 그 위원의 지명을 의장에게 일임하자는 의견을 제출합니다.

○ 자작 아키타 시게스에(秋田重季)[138]

찬성.

○ 의장, 마쓰다이라 요리나가(松平頼壽)

도자와(戸澤) 자작의 동의에 이의가 없으십니까?

("이의 없습니다"라고 외치는 자가 있었다.)

○ 위원장, 니시무라 긴사부로(西村金三郎)

이의가 없다고 인정됩니다. 특별위원의 성명을 낭독하겠습니다.

〈시라키(白木) 서기관 낭독〉

외국환거래관리법 개정법률안 외 8건 특별위원(2월 19일 의장 선정)

후작 호소카와 모리타쓰(細川護立)

백작 오키 노부토미(大木喜福)[139]

자작 이마키 사다마사(今城定政)[140]

자작 우라마쓰 도모미쓰(裏松友光)

자작 우레하라 시치노스케(上原七之助)

---

138) 아키타 시게스에(秋田重季, 1886~1958) : 정치가, 귀족원 의원. 1910년 도쿄제국대학 공과대학을 졸업했다. 철도원 기사로 근무했다. 1919년 귀족원자작의원으로 선출되어 연구회에 소속되었다. 귀족원이 폐지된 1947년까지 귀족원 의원으로 재임했다.

139) 오키 노부토미(大木喜福, 1898~1972) : 교육가. 미쓰이은행에서 근무하였다. 1917년 도쿄 공업학교 창립했다. 1926년 귀족원 의원을 지냈다.

140) 이마키 사다마사(今城定政, 1878~1958) : 정치가. 화족, 귀족원 의원. 연구회 소속. 1901년 게이오기주쿠대학 정치학과를 졸업하였다. 1902년 영국 국왕 에드워드 7세 대관식에 천황을 대신하여 파견되었다. 1911년 귀족원자작의원으로 선출되어 1974년까지 재임하였다.

이시와타 소타로(石渡莊太郎)

남작 다카사키 유미히코(高崎弓彦)

남작 후카오 류타로(深尾隆太郎)

남작 아카시 모토나가(明石元長)

아루가 미쓰토요(有賀光豊)[141)]

다케시타 도요지(竹下豊次)

고다마 겐지(兒玉謙次)[142)]

이소노 쓰네유키(磯野庸幸)[143)]

히라누마 료조(平沼亮三)[144)]

나카지마 도쿠타로(中島德太郎)

나카야마 다이치(中山太一)[145)]

후작 아사노 나가타케(淺野長武)[146)]

---

141) 아루가 미쓰토요(有賀光豊, 1873~1949) : 메이지에서 쇼와전기 관료. 대장성 세무서장, 조선총독부참사관 등을 지냈다. 조선식산은행 두취를 역임하였다. 1934년 귀족원 의원이 되었다.

142) 고다마 겐지(兒玉謙次, 1871~1954) : 일본의 실업가. 1893년 요코하마쇼킨은행에 입사하였으며, 1922년 두취가 되었다. 대장성 고문, 귀족원 의원 등을 역임했다.

143) 이소노 쓰네유키(磯野庸幸, 1878~1961) : 정치가. 경영자. 요코하마쇼킨은행에서 근무했다. 1928년 중의원 의원, 1938년 귀족원 의원을 지냈다.

144) 히라누마 료조(平沼亮三, 1879~1959) : 일본의 실업가. 정치가. 귀족원 의원. 아마추어 스포츠 선수로 시민 스포츠의 아버지라 불린다. 1924년 중의원 의원에 당선, 1932년 귀족원 의원으로 당선되어 귀족원 폐지까지 역임했다.

145) 나카야마 다이치(中山太一, 1881~1956) : 일본 실업가, 정치가. 나카야마(中山)태양당을 창업했다.

146) 아사노 나가타케(淺野長武, 1895~1969) : 쇼와시기 미술사가. 1940년 귀족원 의원이 되었다. 문부성중요미술품조사위원회 회장을 지냈고, 1951년 도쿄국립박물관장을 지냈다.

35. 1941년 2월 20일 귀족원 외국환거래관리법 개정법률안 특별위원회 의사속기록 제1호

부탁의안

○ 외국환거래관리법 중 개정법률안(政)

○ 부동산융자 및 손실보상법 중 개정법률안(政)

○ 임시자금조정법 중 개정법률안(政)

○ 태환은행권조례 임시특례에 관한 법률안(政)

○ 조선은행법 및 대만은행법의 임시특례에 관한 법률안(政)

○ 조선은행법 중 개정법률안(政)

○ 대만은행법 중 개정법률안(政)

○ 산업조합중앙금고 특별융통 및 손실보상법 중 개정법률안(政)

○ 수출보상법 중 개정법률안(政)

위원성명

위원장 남작 후카오 류타로(深尾隆太郎)

부위원장 아루가 미쓰토요(有賀光豊)

후작 호소카와 모리타쓰(細川護立)

백작 오키 노부토미(大木喜福)

자작 이마키 사다마사(今城定政)

자작 우라마쓰 도모미쓰(裏松友光)

자작 우에하라 시치노스케(上原七之助)

이시와타 소타로(石渡荘太郎)

남작 다카사키 유미히코(高崎弓彦)

남작 아카시 모토나가(明石元長)
다케시타 도요지(竹下豊次)
히지카타 히사키라(土方久徵)
고다마 겐지(兒玉謙次)
이소노 쓰네유키(磯野庸幸)
히라누마 료조(平沼亮三)
나카지마 도쿠타로(中島德太郎)
나카야마 다이치(中山太一)
후작 아사노 나가타케(淺野長武)

○ **위원장, 남작 후카오 류타로(深尾隆太郎)**

지금부터 개의합니다. 먼저 대장성관계 외국환거래관리법 개정법률안과 기타 6건에 대해서 대장대신에게 제안 이유에 대해 설명 부탁드립니다.

○ **국무대신, 가와다 이사오(河田烈)**

(중략) 다음으로 태환권은행조례의 임시특례에 관한 법률안에 대해 설명을 드리겠습니다. 현행 태환은행권의 발행제도에 따르면 태환은행권의 발행은 정화준비에 의한 발행과 보증에 의한 발행으로 구분하는 것이 원칙입니다. 1932년 금의 자유태환 및 자유수출을 정지시켰고, 이후 외국환거래 관리를 순차적으로 강화해 왔습니다. 특히 1937년 일본은행금매입법을 폐지하고, 금자금특별회계를 설치하여 금을 일본은행에 집중시키는 종래의 정책을 바꾸어 그것을 나라에 집중시키도록 했습니다. 그 결과 현재 우리나라 법화의 가치는 일본은행이 보유한 정화와 직접 관련을 갖지 않고 정부의 환거래 정책에 의해서 결정되고 있습니다.

또한 국내 통화량의 조절, 그에 따른 통화가치의 유지도 정부의 금융정책에 맡겨져 있습니다. 현재 통화는 사실상 관리통화의 모습을 갖추고 있습니다. 이러한 상황 아래에서 현행 태환은행권발행제도를 여전히 존속시키는 것은, 단순히 태환은행권 발행의 실정에 부합하지 않을 뿐만 아니라 사람들에게 현재의 관리통화체제가 임시적인 것으로 불합리하거나 또는 불건전한 조치라는 인식을 갖게 합니다. 혹은 태환은행권의 건전성을 단순히 정화준비의 증감에 따라 판단하는 등의 착각에 빠지게 할 위험이 남아 있습니다. 앞으로 우리나라의 통화정책 수행 상 오히려 장애가 된다고 생각합니다. 이에 발행제도를 개정해서 정화준비발행과 보증발행의 구분을 정지시키는 것이 타당하다고 생각합니다.

다음으로 위와 같이 관리통화를 전제로 하는 태환은행권발행제도를 채택하더라도 어떠한 방법에 따라서 기준을 세워 발행 한도를 설정하는 것이 타당하다고 생각합니다. 근년과 같이 우리나라의 경제계가 비약적으로 발전하고 있고, 그 소요 통화량도 단기간에 현저한 변화를 나타내고 있는 시기에 빈번하게 그것을 변경할 필요가 발생하고 있습니다. 현재 1938년 이래 두 번에 걸쳐 계속해서 보증발행한도 확정 때문에 법률 제정이 필요했던 사실이 이것을 명확하게 증명하고 있습니다. 따라서 발행한도액을 법률상 규정해 둔다면, 번거로운 수속을 되풀이 하는 필요가 발생할 뿐만 아니라 사태에 대응해서 시의적 조치를 취하지 못할 우려도 있습니다. 그래서 발행한도액을 법률로 정하지 않고 정부에서 제반 경제금융정책을 면밀히 살펴서 맞추도록 대장대신이 결정하는 것이 시의 적절하다고 생각합니다. 그래서 이와 같이 태환은행권발행한도에 대해서 탄력적인 제도를 채택한 때에 이에 대응해서 그 제한 외 발행에 대해서 엄격히 취급하는 것이 타당하다고 생각합니다. 15일을 초과해서 제한 외 발행을 계속할 경우에, 대장대신의 허가를 받게 하고, 또 발행세를 부과하는 현행제도를 개정하는 것이 타당하다고 생각하고 있습니다.

다음으로 태환은행권의 종류는 현재 법률로 열거되어 있습니다. 앞으로 경제적 거래의 추이에 대응해서 수시로 그것을 추가할 수 있도록 할 필요가 있습니다. 태환은행권의 종류는, 태환은행권조례 제3제에 규정되어 있는 것 이외로 대장대신이 정할 수 있도록 하는 것이 타당하다고 생각합니다.

다음으로 태환은행권 발행액에 관한 공고는 앞으로 사태의 추이에 대응해서 정밀함과 거침의 정도를 안배하는 등 그 방법을 변경하는 것이 필요합니다. 대장대신이 정하는 바에 따라서 공고할 필요가 있다고 생각합니다. 그러나 이상의 점을 개정하는 것, 태환은행권조례개정의 절차에 의해 항구적으로 입법하여 행하는 것은 현재 제반 사정을 볼 때 아직 시기가 아니라고 생각합니다. 이에 본 안과 같이 임시적 조치로서 이를 행하려는 것입니다.

다음으로 조선은행법 및 대만은행법의 임시특례에 관한 법률안에 대해 설명 드리겠습니다. 현행 조선은행권 및 대만은행권 발행제도는 현행 태환은행권발행제도와 대체적으로 동일합니다. 은행권의 발행은 지불준비에 의한 발행과 보증에 의한 발행으로 구분하는 것이 원칙입니다. 태환은행권발행제도를 전술과 같이 개정하는 것에 수반해서 동일한 이유로서 두 은행권발행제도도 개정하고, 종래의 의미에서 지불준비발행과 보증발행의 구분을 정지시키고 이와 함께 두 은행권 발행한도와 그 발행액에 관한 공고 방법은 대장대신이 정하도록 하는 것이 타당하다고 생각합니다. 다만, 현재 내지와 조선 · 대만 사이의 자금 이동은 자유롭고 환거래 등의 제한도 없습니다. 이들 각 기간의 환거래 결제는 결국 두 은행권의 태환은행권이 자유태환으로 그 기초를 두고 있다고 할 만한 상태입니다. 따라서 이러한 의미에서 두 은행권의 가치 유지 및 그 발행액의 조절은 태환은행권에 대한 태환성에 달려있습니다. 이와 같이 종래의 의미에서 지불준비제도의 정지에 수반해서 두 은행권의 태환성을 확보하기 위해 대장대신이 필요에 따라 조선은행 및 대만은행의 은행권 발행액에 대해 일정 비율의 태환은행권 또는 그와 경제적으로 동일시되는 물건을 보유할 것을 명령할 수 있도록 할 필요가 있다고 생각합니다.

다음으로 일본은행에 대한 예금은 경제적으로 본다면 태환은행권과 실질적으로 하등의 차이가 없는 것입니다. 그래서 그것을 두 은행권 보증물건 중에 포함을 시키고, 그것으로 두 은행이 현재 발행준비로 보유하고 있는 다액의 태환은행권을 불필요한 축장에서 해방시켜서 태환은행권 발행액을 그 실제 유통량에 상응하도록 하는 것이 적당하다고 생각합니다. 그러나 이러한 점에 대한 개정은, 태환은행권발행제도 개정의 경우와 동일한 이유로 임시적 조치로서 시행하는 것이 적당하다고 생각합니다.

마지막으로 조선은행법 중 개정법률안 및 대만은행법 중 개정법률안에 대해서 설명을 드리겠습니다. 조선은행에는 현재 납부금제도가 설치되어 있습니다. 이 제도는 예전 조선은행 창립초기에 마련된 것 그대로 현재에 이르고 있습니다. 이후에 동행의 영업 추이를 돌아보면, 현행제도는 현재 상태와 맞지 않습니다. 특히 동행의 은행권 발행한도는 여러 번 확장되었고, 그 중 지나사변 발발 이래 이미 두 번 계속해서 보증발행한도 확정이 이루어졌습니다. 이번에도 동 은행 발행한도의 임시개정이 필요한 상황입니다. 동 은행이 발행권 발행 특권에 기초해서 얻는 이익은 날로 증대되고 있고 있습니다. 이러한 사태를 돌아보면 현행 납부금제도는 맞지 않아서 동 은행의 부담이 그 특권에 기초한 이익과 조화를 얻을 수 없다고 생각합니다.

다음으로 대만은행에는 현재 납부금제도가 없습니다. 동 은행은 대만에서 발권은행으로 특별법에 의해 설립된 국가적 기관입니다. 그 은행권발행의 특권에 기초하여 얻는 이익이 적지 않을 뿐만 아니라 조선은행의 경우와 동일한 이유로 인해 그 후 날로 증대되고 있습니다. 이러한 상황이기 때문에 대만은행의 이익을 그 주주에게만 귀속시키는 것은 형평을 잃은 것이라고 생각합니다. 향유하는 특권에 대한 보상으로 동 은행 이익의 일정부분을 정부에 납부하도록 하는 것이 동 은행의 이익 처분에 대해 형평의 원칙을 적용하는 것이며, 뿐만 아니라 조선은행에 대해서 이미 납부금제도를 설치했다는 점에서 보더라도 타당한 조치라고 생각합니다.

그리고 조선은행 및 대만은행은 모두 다이쇼 말기 이래 영업상황이 부진해서 그 후 오랫동안 내용 정리에 전념해 왔습니다. 그래서 그 간에는 두 은행의 납부금에 대해서는 실제로 문제 삼을 필요가 없었던 상황이었습니다. 그러나 근래 두 은행의 영업이 크게 좋아졌고, 내용의 정리도 대체로 완료되었습니다. 이익 상황에서도 또한 매분기 상당한 다액의 이익을 거두고 있습니다. 이에 조선은행납부금제도에 적당한 개정을 가하고 동시에 대만은행에도 그와 같은 납부금제도를 설치할 필요가 있다고 생각하게 되었습니다. 이상 말씀드린 각 안에 대해서 부디 심의하여 조속히 찬성과 협조를 해주시기 바랍니다.

○ 위원장, 남작 후카오 류타로(深尾隆太郎)

그러면 농림대신이 나와 있기 때문에 산업조합 중앙금고 특별융통 및 손실보상법 중 개정법률안에 대해서 설명을 부탁드립니다.

(중략)

○ 위원장, 남작 후카오 류타로(深尾隆太郎)

그러면 지금부터 외국환거래 관계에 대해 대장대신이 설명을 했는데 비밀회의를 요청하셨기 때문에 지금부터 비밀회의로 넘어갑니다. 의원, 국무대신, 의사에 관계있는 정부위원 및 사무를 집행하는 사람 이외의 분은 퇴장해 주시기 바랍니다.

오전 10시 40분 비밀회의로 옮김

오후 0시 5분 비밀회의를 마침

○ **위원장, 남작 후카오 류타로(深尾隆太郎)**

지금 비밀회의가 종료되었습니다. 오늘은 여기서 산회합니다. 내일은 오전 10시부터 개의합니다.

오후 0시 6분 산회.

출석자는 다음과 같다.

위원장 남작 후카오 류타로(深尾隆太郎)
부위원장 아루가 미쓰토요(有賀光豊)
위원
후작 호소카와 모리타쓰(細川護立)
백작 오키 노부토미(大木喜福)
자작 이마키 사다마사(今城定政)
자작 우라마쓰 도모미쓰(裏松友光)
자작 우레하라 시치노스케(上原七之助)
이시와타 소타로(石渡荘太郎)
남작 다카사키 유미히코(高崎弓彦)
남작 아카시 모토나가(明石元長)
다케시타 도요지(竹下豊次)
히지카타 히사키라(土方久徵)
고다마 겐지(兒玉謙次)
나카지마 도쿠타로(中島德太郎)
나카야마 다이치(中山太一)

후작 아사노 나가타케(淺野長武)

국무대신

국무대신 가와다 이사오(河田烈)

농림대신 이시구로 다다아쓰(石黑忠篤)[147]

정부위원

대장차관 히로세 도요사쿠(廣瀨豊作)

대장성 주계국장 다니구치 쓰네지(谷口恒二)

대장성 주세국장 마쓰쿠마 히데오(松隈秀雄)

대장성 이재국장 다케우치 신페이(竹內新平)

대장성 은행국장 아이다 이아오(相田岩夫)

대장성 환거래국장 하라구치 다케오(原口武夫)

농림성 총무국장 스토 히데오(周東英雄)

무역국장관 이시구로 다케시게(石黑武重)[148]

---

147) 이시구로 다다아쓰(石黑忠篤, 1884~1960) : 도쿄출신. 쇼와시대 농림관료. 정치가.

148) 이시구로 다케시게(石黑武重, 1897~1995) : 다이쇼에서 쇼와시기 관료, 정치가. 농상무성에서 농림, 농상 차관을 지냈고, 추밀원서기관장을 지냈다.

36. 1941년 2월 24일 귀족원 의사속기록 第18호

1941년 2월 24일(월요일) 오전 10시 10분 개의

(중략)

○ **의장, 백작 마쓰다이라 요리나가(松平賴壽)**
이의가 없다고 인정됩니다. 위원장 후카오 류타로(深尾隆太郎) 남작

(중략)

태환은행권조례의 임시특례에 관한 법률안

위 안을 가결하였기에 의결에 따라 보고를 드립니다.

1941년 2월 21일

위원장 남작 후카오 류타로(深尾隆太郎)

귀족원 의장 백작 마쓰다이라 요리나가(松平賴壽)

조선은행 및 대만은행법 임시특례에 관한 법률안

위 안을 가결하였기에 의결에 따라 보고를 드립니다.

1941년 2월 21일

위원장 남작 후카오 류타로(深尾隆太郎)

귀족원 의장 백작 마쓰다이라 요리나가(松平頼壽)

조선은행법 중 개정법률안

위 안을 가결하였기에 의결에 따라 보고를 드립니다.

1941년 2월 21일

위원장 남작 후카오 류타로(深尾隆太郎)

귀족원 의장 백작 마쓰다이라 요리나가(松平頼壽)

대만은행법 중 개정법률안

위 안을 가결하였기에 의결에 따라 보고를 드립니다.

1941년 2월 21일

위원장 남작 후카오 류타로(深尾隆太郎)

귀족원 의장 백작 마쓰다이라 요리나가(松平頼壽)

(중략)

○ **위원장, 남작 후카오 류타로(深尾隆太郎)**

지금 상정된 외국환거래관리법 중 개정법률안 외 8건에 대해서 위원회에서 들은 정부의 설명과 여기에 대한 질의응답, 그리고 심의결과를 대략적으로 보고 드리겠습니다. (중략)

제4, 태환은행권조례의 임시특례에 관한 법률안. 본 법은 현재 태환권 발행 상황의 추이를 비춰보아 임시적으로 태환권의 정화준비발행과 보증발행의 구분을 정지하고 태환권의 발행한도를 대장대신이 정할 수 있도록 하며, 태환은행권조례 제3조에 규정된 것 외의 태환은행권의 종류를 대장대신이 정할 수 있도록 하는 것입니다.

현행법에서는 금은화 및 금은지금을 준비하는 준비발행과 그 외에 10억원 한도에서 정부발행의 공채증서, 대장증권, 기타 확실한 증권 또는 상업어음을 보증하는 보증발행과 구분되어 있습니다. 오늘날 우리나라의 통화는 실제로 소위 관리통화가 되었기에 일본은행이 보유한 금은이 통화가치를 유지하는 데 관계가 지극히 적습니다. 때문에 이 구분을 폐지해서 관리통화의 실질로 정비하는 것이 타당하다는 것입니다. 그리고 본 법은 지나사변 종료 후 1년 안에 폐지하도록 되어 있습니다. 여기에 대한 질의응답이 있었습니다.

질문, 본 법안에서 준비발행과 보증발해의 구분을 폐지하면 일본은행이 정화를 보유하더라도 반드시 태환권 가치가 유지되는 것이 아니기 때문에 지금까지 준비된 정화는 금자금특별회계에 편입시켜 환거래자금으로 충당하는 것이 자연스러운 것이 아닌가?

답, 본 법이 직접적으로 일본은행보유금의 처분과 관련이 있는 것은 아니지만, 이후 사태의 추이에 따라서 설명하신 것과 같이 그것을 활용할 방법을 고려해야 한다고 생각합니다.

질문, 발행한도를 대장대신이 정하도록 했는데 그 목표는 어디에 두고 있는가?

답, 통화건전성을 유지하는 한도와 경제거래를 원활하게 해야 하는 필요정도 사이의 경계를 고려해서, 그것을 살펴 맞추기 위해 진중하게 고려하고, 일본은행 및 민간의 의견도 참작하여 정하려고 합니다.

질문, 대장대신이 태환권의 종류를 정하도록 하는 것입니다. 현행 1원 권에서 2백 원 권까지 7종의 태환권이 제정되고 있는데 이 외에 어떤 권을 고려하고 있습니까?

답, 지금 고려하고 있지 않습니다. 앞으로 사태의 추이에 따라서 여지가 있다고 생각하고 있습니다.

질문, 지금 우리나라의 통화가 정부가 설명한 대로 관리통화의 실체를 갖추고 있다면, 유명무실한 태환권의 칭호를 폐지하고 근본적으로 태환은행권제도를 개정하는 것이 타당하다고 생각됩니다. 어떻습니까?

답, 뛰어난 설명입니다. 태환은행권제도에 대해서는 현재 진중하게 고려하고 있는 중입니다. 그 전에는 임시적 조치로서 고려된 것입니다.

제5, 조선은행법 및 대만은행법의 임시특례에 관한 법률안. 이것은 전에 말씀드린 일본은행의 태환권조례의 특례와 동일한 것입니다. 발권은행인 조선, 대만은행의 은행권 발행에 대해서 지불준비발행과 보증발행의 구분을 정치하고, 그 발행한도를 대장대신이 정하도록 하는 것이며, 또 발행에 대한 보증물 중에 일본은행에 대한 예금을 더하여 태환권이 발행보증으로 쓸데없이 축장되는 것에서 해방시키려는 것입니다. 본 법도 지나사변 종료 후 1년 안에 폐지하도록 되어 있습니다.

질문, 조선은행권, 대만은행권도 일본은행 태환권으로 통일하자는 논의가 오래전부터 일부에서 제기되어 왔습니다만, 앞서 답변에 따르면 태환은행권제도를 근본적으로 연구 중에 있다고 하는데 그러면 통일안도 연구 중에 있습니까?

답, 이 논의는 이론적으로 생각하는 것입니다. 현재 정부가 보고 있는 바에 따르면, 두 은행권은 모두 그 유통지역에서 각각의 특색을 가지고 유통되고 있기 때문에 일본은행권에 대해 연구를 하더라도 조선, 대만 두 은행권은 현재 그대로가 적당하다고 생각하고 있습니다.

제6 조선은행법 중 개정법률안, 제7 대만은행법 중 개정법률안, 편의상 일괄해서 말씀드리겠습니다. 두 은행 모두 사업의 발전에 수반해서 이익금도 증가하고 있는 추세이기 때문에 조선은행에 대한 이익금납부제도를 개정해서 납부금을 증가시키고, 대만은행에 대해서는 그 제도를 신설해서 납부하도록 하는 것입니다.

질문, 본 법에 제정된 두 은행의 이익금 납부율과 현행 일본은행 납부율 사이에 차이가 있는 것은 어떤 이유입니까? 또 대만은행은 지난해 정부로부터 많은 원조를 받고 있기 때문에 이번 송부금 제도에 이러한 부분을 참작하는 것이 당연하다고 생각하는데 어떻습니까?

답, 납부금제도는 발행권에 대한 이익을 납부하는 것이 주안점입니다. 일본은행의 이익은 대부분 그에 의한 것이고, 조선과 대만 두 은행은 보통은행 업무를 통해 발생하는 이익도 있습니다. 또 그 기초에서 차이가 있기 때문에 차등을 두는 현재의 안이 타당하다고 생각합니다. 또한 대만은행 원조에 대해서는 정부 원조의 결과 앞으로 이익이 증대할 것으로 예상되기 때문에 원조에 대한 보상을 납부금을 증가시키는 형태로 하는 것이 좋다고 생각하고 있습니다.

(중략)

각 안을 일괄해서 토론에 들어갔고, 한 위원이 여기서 심의했던 외국환거래관리법 개정법률안 외 8안은 현재의 정세에서 긴요한 법안이기 때문에 각 안을 함께 가결해야 하다는 의견을 제출했습니다. 표결 결과 전원일치로 각 안을 모두 정부 원안대로 가결하여 의결을 했습니다. 이상입니다.

○ 의장, 백작 마쓰다이라 요리나가(松平頼壽)

특별히 발언이 없다면 9개 안의 표결을 하겠습니다. 9안의 제2독회를 개최하는데 이의가 없으십니까?

("이의가 없습니다"라고 외치는 자 있었다.)

○ 의장, 백작 마쓰다이라 요리나가(松平頼壽)

이의가 없는 것으로 인정됩니다.

○ 자작 니시오지게 요시미쓰(西大路吉光)

곧바로 각 안의 제2독회를 개최할 것을 희망합니다.

○ 자작 우레무라 이에히로(植村家治)

찬성.

○ **의장, 백작 마쓰다이라 요리나가(松平賴壽)**

니시오지게(西大路) 자작의 의견에 이의가 없으십니까?

("이의가 없습니다"라고 외치는 자 있었다.)

○ **의장, 백작 마쓰다이라 요리나가(松平賴壽)**

이의가 없는 것으로 인정됩니다.

○ **의장, 백작 마쓰다이라 요리나가(松平賴壽)**

9개 안의 제2독회를 개최합니다. 이의가 없다면 전부를 문제로 올립니다. 9개 안 전부 위원장의 보고 그대로 이의가 없습니까?

("이의가 없습니다"라고 외치는 자 있었다.)

○ **의장, 백작 마쓰다이라 요리나가(松平賴壽)**

이의가 없는 것으로 인정됩니다.

○ **자작 니시오지게 요시미쓰(西大路吉光)**

곧바로 각 안의 제3독회를 개최할 것을 희망합니다.

○ **자작 우레무라 이에히로(植村家治)**

찬성.

○ **의장, 백작 마쓰다이라 요리나가(松平賴壽)**
니시오지게(西大路) 자작의 의견에 이의가 없으십니까?

("이의가 없습니다"라고 외치는 자 있었다.)

○ **의장, 백작 마쓰다이라 요리나가(松平賴壽)**
이의가 없는 것으로 인정됩니다.

○ **의장, 백작 마쓰다이라 요리나가(松平賴壽)**
9개 안의 제3독회를 개최합니다. 9개 안 전부 제2독회 결의대로 하는데 이의가 없으십니까?

("이의가 없습니다"라고 외치는 자 있었다.)

○ **의장, 백작 마쓰다이라 요리나가(松平賴壽)**
이의가 없는 것으로 인정됩니다.

(중략)

Ⅷ. 제89회 제국의회

37. 1945년 12월 5일 귀족원 1945년 칙령 제542호 (승낙을 요구하는 건) 특별위원회 의사속기록 제6호

부탁의안

1945년 칙령 제542호 (승낙을 요구하는 건)

1945년 12월 5일 (수요일) 오전 10시 15분 개의

○ **위원장, 자작 하치조 다카마사(八條隆正)**

지금부터 특별위원회를 개회합니다. 오늘은 대장성 소관 명령 등의 건에 대해서 정부위원의 설명을 부탁드립니다.

○ **정부위원, 노다 우이치(野田卯一)**[149]

1945년 칙령 제542호에 기초했던 발포된 대장성 관계 칙령과 성의 명령 수는 모두 15건입니다. 그 중 칙령이 5건, 성 명령이 10건입니다. 이 15건을 크게 구별해보면 대외금융관계와 내외 금융관계 두 개로 나눌 수 있습니다. 저는 대외 금융관계에 대해서 설명을 드리고, 대내 금융관계 문제는 후에 금융국장이 말씀드리겠습니다.

첫 번째로 말씀드리는 것은 대장성 명령 제79호라는 것이 있습니다. 날짜는 9월 24일부 대장성 명령 제79호, 이름은 연합국점령군이 발행한 '페니(penny)화'[150] 보조통화의 건인데 조금 중요한 성의 명령입니다. 내용이 간

149) 노다 우이치(野田卯一, 1903~1997) : 일본의 정치가. "대장성의 3다(田)"라고 불린다. 1927년 도쿄제국대학 법학부 법률학과 졸업 후 대장성에 입성했다. 대장성 금융국차장, 외자국장, 주계국장, 전매국장 등을 지냈다. 전후 대장성 사무차관, 일본전매공사 부총재를 지냈고, 1950년 자유당 소속으로 제2회 참의원 의원에 당선되었다.

단하기 때문에 읽어드리겠습니다. 「연합국점령군의 발행 '페니(penny)화' 보조통화는 법화로서 공사 모든 거래에 무제한으로 통용되고, 일본은행권, 화폐, 정부 발행 소액지폐 및 임시보조화폐와 등가로서 상호 교환될 수 있다. 전 항의 '페니(penny)화' 보조통화의 수수를 거부하는 자는 3년 이하 징역 혹은 금고 또는 5천만 원 이하의 벌금에 처한다.」라고 하는 성의 명령이 있습니다. 이것은 진주군이 본방 내에서 사용하는 '페니(penny)화' 보조통화라고 하는 것입니다. 여기에 대해서 일본 통화와 완전하게 등가로 무제한으로 거래에 사용할 수 있게 하라는 상대편의 희망이 있어서 이에 기초해서 성의 명령을 제정하게 되었습니다. 이것은 9월 24일에 공포되었지만, 이에 앞서 정부가 연합국점령군이 사용하는 「penny」화, 원(圓)표시 보조통화에 대해서 성명을 내었습니다. 이 성명은 9월 16일에 대장성 성명으로 나왔습니다. 그런데 그 중에 '페니(penny)화' 보조통화 이외의 것도 포함되어 있습니다.

중요한 문제이기에 그 내용을 소개해 드립니다. 9월 16일자 대장성 성명의 내용은 5개로 나뉘어져 있습니다. 첫째는 연합국점령군은 '페니(penny)화' 보조통화와 일본은행이 발행한 통상의 원 통화, 정부지폐와 경화를 사용한다. 요컨대 연합국점령군이 사용하는 통화의 종류를 명시한 것이 첫 번째였습니다. 둘째는 위 원 표시보조통화는 일본 원 통화와 상호 등가로 「파아(パー)」[151]한다는 것입니다. 등가로 또 무제한으로 교환할 수 있으며, 나아가 일본 국민이 그것을 수령해야 한다는 것을 널리 알렸습니다. 셋째는 모든 은행 및 기타 금융기관, 우편국, 기타 모든 정부기관은 위 통화를 요구에 따라 교환해야 한다는 것입니다. 요컨대 상대가 발행한 「penny」화, 원(圓)표시 보조통화와 일본 측 통화를 요구에 의해 교환해야 한다는 것입

150) 당시 연합군이 사용한 페니화는 삐(ピー)라고 했고, 페니화에 일본 엔화 표시가 함께 있었던 것으로 추측된다.

151) par value의 일본식 표현으로 외국환의 평가를 액면가격으로 한다는 의미이다.

니다. 넷째는 일본 정부 및 육해군이 발행한 모든 군표 및 점령지 통화는 무효로 무가치한 것으로 모든 거래에서 그것의 수수를 금지한다는 규정입니다. 다섯째는 미국 통화, 각 연합국 통화 또는 기타 모든 외국 통화의 유통은 모든 거래에서 그 수수를 금지한다는 것입니다. 금지된 미국 통화, 기타 소위 영국 통화, 호주 통화, 여러 가지가 있습니다만, 이러한 외국 통화의 유통을 금지한다는 것이 다섯 번째입니다.

대장성의 성명은 9월 16일 발표되었습니다만, 이것은 법률적으로 말씀드린다면 단순히 정부 성명이라고 할 수 있어서 그것 그대로는 법화효력을 유지하지 못한다고 할 수 있습니다. 때문에 그것을 뒷받침하는 방법으로 지금 말씀드렸던 대장성 명령 제79호를 9월 24일에 공포했습니다. 이와 관련해서 진주군, 연합국점령군이 사용하는 통화의 경위에 관해서 간단하게 말씀드렸다고 생각합니다.

처음 연합국점령군이 본방에 들어왔을 때에 점령지에 군표를 사용한다는 정보가 들어 왔고, 정부에서는 내지에 군표를 사용하는 것을 어떻게든지 가능한 회피하겠다는 생각을 갖고 있었습니다. 그 이유 중 하나는 본토는 전장도 아니었으며 전투행위가 일어나지 않았고, 대체적으로 말씀드리면 평화적으로 들어와서 전쟁터가 된 곳이 아니기에 이러한 군표를 사용한다면 어떻게 될까라는 생각도 있었던 것이었습니다. 그리고 한 가지 더 내지에 가령 점령군이 군표를 사용하게 되면 내지의 현재 통화와 함께 복본위(複本位) 통화가 되기에 통화정책상 좋지 않은 현상을 발생시킬 수 있다는 점 때문이었습니다. 그래서 가능하다면 일본 측 통화 하나를 본위로 하고 싶다는 희망을 상대방에게 표명했습니다.

상대방도 이쪽의 희망을 충분히 이해했지만, 연합군 자신만의 통화 수단이 없기에 일본 측 통화에 의뢰한다면 일본에서 어떠한 지불 수단도 갖지 못하게 되고, 이는 좋지 않은 상황이었던 것입니다. 그들이 언제고 통화를 발행할 수 있는 권한을 가질 때까지 유보하도록 한다는 생각을 갖고 있었습니다. 그 결과 실질적으로 가능한 일본 통화를 사용했고, 점령군이 갖고 오는 군표는 사용하지 않았습니다. 그러나 원칙적으로 끝까지 점령군은 통화를 발행할 수 있는 권한을 갖게 될 것이었습니다. 실정을 말씀드리면 점령군이 일본에 주둔해 올 때 그들로부터 얻은 정보에 의하면 연합군이 약 3억 원의 군표를 갖고 와서 각 부대에 넘겨주고 각 부대가 각기 장병에게 넘긴다고 했습니다. 그 3억 원이란 것이 '페니(penny)화' 군표인지를 우리 쪽에서는 아직 실정을 잘 몰랐습니다.

그러나 상당한 정도로 민간에 흘러들어온 것이 시중에 나온 것은 사실입니다. 극히 최근에 이 '페니(penny)화' 군표가 시장에 나왔다가 은행 등에 들어와서 그것을 회수한 숫자를 알게 되었습니다. 그에 다르면 약 2천5백만 원 정도의 지폐가 회수되었습니다. 아직 회수되지 않는 것도 있다고 생각합니다. 상당한 액수가 나온 것이 목격되었습니다. 처음 3억 원을 갖고 와서 그 중 부대에 넘겨 사용된 것 이외에는 사용하고 있지 않다고 생각합니다. 오히려 유통된 만큼 일본 측의 통화를 사용한다는 원칙을 고집하여 우리 쪽에서도 연합군이 본방 내에 사용한 통화에 대해서 유통된 만큼을 원활하게 공급하는 방법을 강구했습니다. 현재는 일본은행이 일시에 교환해서 가령 계정을 통해 정리해서 일본의 통화를 연합국점령군에 양도했습니다. 이것이 어떻게 되고 있는지 말씀드리겠습니다.

상대방으로부터 어느 만큼의 돈이 필요하다고 하는 제의를 받게 되면, 대장성은 일본은행에 연합군 쪽에서 돈이 필요하다고 하면 어느 만큼의 돈을 그 계정에 입금하라는 지령을 내립니다. 현재 연합군은 도쿄의 일본은행에 계정을 갖고 있기 때문에 그 필요액을 우리가 지령하면 일본은행은 불입하고 연합군은 이렇게 불입된 돈을 도쿄, 홋카이도, 규슈 등 각지에서 사용합니다. 이것은 일본은행이 불입했던 계정에서 각 지역에 지출하여 소비되고 있습니다.

그렇다 하더라도 한 가지 조금 거리가 있는 것이 있습니다. 연합군이 여러 가지 물적 시설의 제공을 명령하는 것이 있습니다. 물적 시설의 제공에 관련되어 각종 비용도 현재 여러 가지 의미로 연합군이 지출하고 있습니다. 그 방법은, 연합국점령군 쪽에서 각 지의 종전연락사무담당관 쪽에 이러한 것을 지출하도록 하거나 혹 이러한 것을 설립해야 한다고 하는 제의를 합니다. 거기에 대해 어느 정도의 돈이 필요하다는 것을 알게 되면 그 돈을 종전연락부 쪽에서 대장성에 통지하고 대장성에서는 일본은행에 이 돈을, 이러저러한 종전연락사무담당관의 계정에 불입하라는 지령을 내려서 돈을 지출하는 방법을 쓰고 있습니다. 이러한 방법으로 사용되는 그쪽의 돈도 점차 증가되고 있습니다. 최근 제가 기억하는 것은, 12월 3일의 집계입니다만, 1억 7천6백만 원 정도입니다. 현재는 이러한 상황입니다. 첫 번째 성의 명령 79호에 대한 설명은 이 정도로 해두겠습니다.

다음으로 대장성 명령 제80호, 이것은 9월 26일자로 공포된 것입니다. 건명은 연합국 재산의 보전에 관한 건이라고 하는 것입니다. 그 내용은 연합국 또는 연합국인이 그 전부 또는 일부를 소유하거나 또는 지배하는 모든 재산에 관한 장부, 기타 서류에 대해 대장대신의 허가를 받지 않으면 본방 내에서 연합국 재산의 득실, 멸실, 훼손, 변경 혹은 이동을 발생시키는 거래 또는 행위를 금지하고 그것을 위반하는 거래는 무효라는 것입니다. 다음으로 연합국 재산을 소유하고, 보유하고, 관리하거나 또는 지배하는 자는 해당 재산을 선량한 관리자의 주의로서 보전을 해야 할 필요가 있다는 것입니다. 마지막으로 연합국의 재산을 소유, 보유, 관리하고 있는 자는 본 명령 시행 후 1주일 이내에 그것을 대장대신에게 보고할 필요가 있다는 것입니다. 이상으로 주요 내용을 말씀드렸습니다.

연합국은 미국, 영국, 그 외의 나라를 포함해서 전부 15개국입니다. 이러한 연합국 및 그 나라 사람의 재산을 지금 말씀드린 대로 보전해야 한다는 것입니다. 모두 보전해서 그 결과 이후에 어떻게 할지에 대해서는 아직 사령부에서 어떠한 지령도 없었습니다. 현재는 실상을 조사하고 앞으로 어떻게 처리할지를 검토하고 있는 상황입니다.

다음으로 칙령 577호, 10월 15일 자로 공표된 것입니다. 이름이 깁니다. 「1945년 칙령 542호 포츠담선언의 수락에 수반하여 발표된 명령에 관한 건에 기초한 금, 은 혹은 백금의 거래 등 단속에 관한 건」이라는 이름입니다. 이 칙령의 내용을 요약해서 말씀드리겠습니다.

금· 은 화폐 혹은 금·은·백금의 지금 및 합금을 본방 내에서 득실, 멸실, 현상의 변경, 또는 이동을 발생시키는 거래 혹은 행위는 대장대신의 허가를 받지 않는다면 그 것을 할 수 없고, 이것을 위반하여 이루어진 행위는 무효라는 것입니다. 국내에 있는 금, 은, 백금의 이동을 억제하고 단속해서 그대로 두도록 한다는 것으로 바꾸어 말하면 동결시킨다는 의미의 칙령입니다.

다음으로 성의 명령 제87호, 이것은 10월 15일에 나온 것입니다. 이것은 지금 말씀드렸던 칙령의 시행에 관한 성의 명령입니다. 매우 간단합니다. 지금 말씀드린 칙령의 규정에 기초해서 대장대신의 허가를 받기 위한 승인 신청서를 대장대신에게 제출한다는 것입니다.

다음으로 칙령 578호, 10월 15일자, 칙령 578호에 대해 설명 드리겠습니다. 칙령 제578호의 표제는 깁니다. 「1945년 칙령 제542호, 포츠담선언의 수락에 수반해서 발표된 명령에 관한 건에 기초하여 금, 은, 백금의 지금 또는 합금의 수입 제한 또는 금지 등에 관한 건」입니다. 요컨대 금, 은, 백금의 지금 또는 합금의 수입 제한 또는 금지 등에 관한 단속 규정입니다. 내용을 간단히 말씀드리겠습니다. 금지금 또는 합금의 수입, 은·백금의 지금 또는 합금의 수출 또는 수입에 대해 대장대신은 명령으로 금지 또는 제한할 수 있고, 위의 제한 또는 금지, 혹은 외국환거래관리법 제1조의 규정을 위반하여 이루어진 행위는 무효로 한다는 것입니다. 요컨대 외국환거래관리법의 제1조에는 금을 수출하는 쪽은 단속되지만, 금을 수입하는 쪽은 단속되지 않기 때문에 이 칙령으로 금의 수입을 단속하고 여기에 더해 특별히 은, 백금의 지금 또는 합금의 수입을 단속하려는 것입니다.

다음으로 성의 명령 제88호, 10월 15일자입니다. 이 명령 제88호의 내용을 간단하게 말씀드리겠습니다. 금화, 은화, 금은 혹은 백금의 지금 또는 이등의 합금, 통화, 유가증권, 어음, 송금어음 등 금융상의 각종 증서, 본방 내외에 있는 금융상, 재산상의 거래에 관한 권한을 부여하는 증서 혹은 지도서가 있습니다. 그 외에 모든 채무증서 또는 재산권을 발생시키는 증서는 대장대신의 허가를 받지 않으면 수출 또는 수입을 할 수 없다고 하는 것이 첫 번째입니다. 지금 말씀드린 금, 은, 화폐, 금·은·백금의 지금과 합금, 통화, 유가증권, 각종 금융상의 증서, 지도서 이러한 권한을 나타내는 증서, 기타 재산증서, 재산권을 증명하는 증서, 이러한 것 모두의 수출입은 대장대신의 허가를 필요로 하는 것이 첫 번째입니다. 둘째는 본방 내에 거주하고 있는 자가 소유 또는 관리하고 있는 외국 소재의 재산, 1941년 12월 7일 이후 외국에 거주하고 있는 자가 소유 또는 관리하고 있는 본방 내의 재산, 그리고 외국환거래는 대장대신의 허가를 받지 않으면 그것을 할 수 없도록 하는 것이 두 번째 내용입니다. 매우 광범위한 단속 규정입니다.

다음으로 말씀드릴 것은 10월 30일자 칙령 제615호입니다. 「외국환거래관리법의 벌칙의 특례에 관한 건」, 이 칙령 615호의 내용은 연합국의 최고사령관의 요구사항을 처리하기 위해 외국환거래관리법에 기초하여 발표된 명령이라든가 혹은 명령에 따라 정부 명령을 위반 한 자는 외국환거래관리법 제10조의 규정에 구애받지 않고 3년 이하의 징역 혹은 금고 또는 1만 원 이하의 벌금에 처하도록 하는 것입니다.

외국환거래관리법 제10조의 규정에 다르면 여러 가지 보고 사항을 위반한 경우에는 6개월 이하의 징역 혹은 금고 또는 5천만 원 이하의 벌금에 처하도록 되어 있어서 벌칙이 조금 가벼웠습니다. 그래서 그것을 무겁게 하여 「3년 이하의 징역 혹은 금고 또는 1만 원 이하의 벌금」이라고 한 것입니다. 환거래관리법 규정을 매우 무겁게 해서 보통의 허가사항을 허가받지 않고 한 경우에는 3년 이하의 징역 혹은 금고 또는 1만 원 이하의 벌금이라고 한 것입니다. 보고사항의 위반은 가벼운 벌칙이었는데 연합국 최고사령부의 생각은 보고사항의 위반에도 허가사항의 위반에도 같은 처벌을 해야 한다는 것이었습니다. 이러한 견해에 기초해서 벌칙을 무겁게 한 것이 이 내용입니다.

다음은 11월 24일자 칙령 제656호입니다. 이것의 건명은 「1945년 칙령 제542호 포츠담선언의 수락에 수반해서 발표된 명령에 관한 건에 기초하여 외국환거래자산 등의 분리 보관에 관한 건」이라는 것입니다. 내용을 말씀드리겠습니다. 이것은 비교적 간단한 것입니다. 은행이든지 신탁회사, 보험회사, 유가증권업자, 기타 금융 사업을 경영하는 자가 본방에서 소유한 외국환자산, 외국자산에 관한 증서, 이것과 관계된 장부, 기타 서류를 그 외의 것과 분리 보관할 필요가 있고, 그 보관 장소를 다른 곳으로 이전할 때에는 대장대신의 허가가 필요하다는 것입니다. 외국환자산에 관한 조사 등을 매우 간단하게 하기 위해서 그것을 다른 것과 구분해서 창고 등 별도의 장소에 분리 보관해 두려는 의미를 담고 있는 것으로 중대한 내용은 아닙니다.

그리고 같은 날짜 11월 24일자 대장성 명령 99호가 있습니다. 이것은 지금 말씀드린 분리 보관하는 것을 그 보관 장소에서 다른 곳으로 이전할 경우 대장대신의 허가를 받게 되어 있어서 그 허가를 받는 것에 관한 수속 규정입니다.

다음으로 11월 26일자 대장성 명령 101호입니다. 이것의 명칭은 「1945년 칙령 제542호 포츠담선언의 수락에 수반해서 발표된 명령에 관한 건에 기초하여 외화채처리법, 외국환거래관리법 중 개정의 건, 다음과 같이 정함」이라고 하는 것입니다. 내용을 요약해서 말씀을 드리겠습니다. 외국인에 대한 차별적 대우를 철폐하라는 연합국 최고사령관의 지시에 기초해서 외국인에 대한 차별적 대우를 포함하고 있는 외화채처리법 외 12건의 폐지, 그리고 외국환거래관리법 외 11건 중의 개정 등, 대장성 관련 법률, 법령 및 성의 명령에 대해서 필요한 개폐를 가한 것입니다. 간단히 말씀드리면 외화채처리법입니다. 외화채처리법은 1943년 3월에 제정된 법률로서 우리나라의 정부, 지방단체, 민간의 회사 등이 발행했던 영국화폐채권 미국화폐채권의 처리를 규정한 것입니다. 내용을 간단히 말씀드리겠습니다.

지금 말씀드렸던 영국화폐채권, 미국화폐채권은 일본인, 일본 우호국… 독일인 등이 있습니다만, 우호국 사람이 갖고 있던 것은 적정가격으로 본방화폐 채권으로 차환했습니다. 그리고 영국화폐채권, 미국화폐채권을 발행했던 지방단체 또는 회사가 본방화폐 채권을 차환할 때 손실을 입는 경우, 정부가 그것을 보상하고, 그 다음 영국화폐채권, 미국화폐채권으로 지방단체 및 회사가 발행했던 것에 대해 차환하지 않은 것, 즉 영국인과 미국인이 갖고 있어서 차환하지 않은 것에 대해서는 정부가 그 채무를 승계하고 지방단체와 회사는 여기에 대한 증권의 대가를 정부에 제공한다고 하는 것이 내용으로 규정되었던 것입니다. 미국인과 영국인이 갖고 있었던 영국화폐채권 미국화폐채권은 차환하지 않고, 일본인과 독일인 등이 갖고 있었던 것은 차환해야 한다는 것이 그 내용이었습니다. 그래서 차별대우를 하고 있다는 것이 분명하기에 이를 폐지한다는 것입니다.

다음으로 적산관리법입니다. 이것은 1941년 12월 대동아전쟁발발 직후에 제정된 것입니다. 미국, 영국, 네덜란드 등에 관계된 재산을 관리하기 위해 만들어진 규정으로 이것도 당연히 폐지해야 한다고 생각하고 있습니다. 그 외에 이와 관련된 문제가 많습니다. 기타로 외국환거래관리법 중 개정의 주요점은 외국환거래관리법의 제1조의 제9호, 제10호의 규정입니다. 이것은 조금 중요합니다. 설명을 드려야 한다고 생각합니다.

외국환거래관리법 제1조의 제9호에는 다음과 같은 규정이 있습니다. 「외국거주자, 본방 내에 거주하는 외국인 또는 명령이 정하는 본방 법인이 본방에서 재산의 취득 혹은 처분, 예금의 인출 혹은 대출금의 회수는 명령에 정한 바에 따라서 정부가 금지 또는 제한할 수 있다고 하는 것이 그 하나입니다. 지금 말씀드렸던 것을 설명 드리겠습니다.

외국거주자, 본방 내에 거주하는 외국인 또는 명령이 정한 본방 법인의 행위 또는 그를 상대로 하여 본방 내에서 이루어지는 거래, 이러한 것을 사실상 금지 혹은 제한할 수 있었습니다. 이것은 이해하기가 어렵다고 생각됩니다만, 요컨대 알고 계신 영국과 미국에 대한 자산 동결이 실행되었던 것입니다. 이것은 대동아전쟁에 앞서 1941년 7월 28일에 「아메리카」가 우리나라의 재외재산을 동결하여 여기에 대한 대항조치로서 우리나라에서도 영국인과 미국인 등의 재산을 동결시켰던 것입니다. 동결은 대장성 명령으로 시행된 것입니다. 그 근거가 된 것이 지금 말씀드렸던 조문입니다.

1941년 3월에 외국환거래관리법을 크게 전부 개정해서 만들었던 것입니다만, 그때에는 앞으로 이렇게 될 것이라 예상하여 규정했던 조문입니다. 여기에 기초해서 자산동결명령을 실시했습니다. 이것은 이러한 경위를 갖고 있는 규정입니다. 그래서 이번에 이 규정을 삭제하게 된 것입니다.

이것 외에, 일본은행법 중 개정, 기타 쇼킨은행조례 중 개정 등 여러 가지가 있습니다. 이것은 그 출자자와 주주가 외국인이 아니어야 한다고 되어 있는 것을 외국인도 주주가 될 수 있다고 하는 것입니다. 이상으로 대외관계에 대해 대략 설명을 드렸습니다.

○ 위원장, 자작 하치조 다카마사(八條隆正)

구보(久保) 금융국장.

○ 정부위원, 구보 분조(久保文藏)

포츠담긴급칙령에 기초해서 대장성에서 국내 관계에 대해 조치를 취했던 것에 대해 간단하게 설명을 드리겠습니다. 국내적으로 제일 먼저 조치를 취한 것은 본년 10월 26일 대장성, 외무성, 내무성, 사법성 명령 제1호, 외지은행, 외국은행 및 특별 전시기관의 폐쇄에 관한 건으로 이것은 성의 명령입니다. 여기에 대해서는 알고 계신 대로 본년 9월 30일, 외국계…어떻게 말씀드려야 할지? 국외에서 여러 가지 사업을 해왔던 금융기관, 예를 들면 조선은행이나 대만은행 혹은 남방 개발금고, 이러한 것으로 전시 금융금고와 같이 특별한 전시기관이라고 인정되는 것으로 29개의 은행 폐쇄를 명령했습니다. 여기에 대해서는 9월 30일 이 지령을 받음과 동시에 사실상 행정조치를 취해서 영업소, 대리점 등을 폐쇄했고 또 이들의 지점장, 중역 등을 파면했습니다. 동시에 10월 26일 이것에 관한 성의 명령을 공포했습니다. 이러한 조치를 통해 지금까지 폐쇄된 것은 전시 금융금고 이하 29개에 달합니다. 앞으로 연합군사령부의 요구가 있다면 그것을 받아서 다시 고시하여 필요한 기관을 첨가해서 이러한 원칙을 이루어나갈 생각입니다.

그리고 지금 말씀드린 외지은행 등의 폐쇄에 관한 성의 명령, 제1호와 관련해서 본년 11월 24일 대장, 외무, 내무, 사법의 성의 명령 제2호가 나왔습니다. 이것은 9월 30일에 폐쇄를 명령했던 외지은행, 외국은행 또는 전시특별기관에 대해서 그 자산과 부채를 정리하는 방침을 세운 것입니다. 그 정리 방침 등에 대해서는 연합군사령부와 절충 중에 있습니다만, 우선 조선은행, 대만은행, 조선식산은행, 일불은행, 독일동아은행 5개에 대해서는 특수한 정리인으로 일본은행을 지명했습니다. 이 지명에 따라서 정부는 일본은행을 지금 말씀드린 5개의 금융기관의 특수 정리인으로 임명하고 정부의 감독 하에 주요한 정리 사무를 수행할 수 있는 권한을 부여하였습니다.

세 번째는 본년 11월 26일, 칙령 제657호로 회사의 해방 제한 등에 관한 것이란 것을 공포했습니다. 이것은 소위 재벌 해체라고 하는 연합군 최고사령부측이 의도한 여러 조치에 수반한 것이라고 생각합니다. 재벌계 회사뿐만 아니라 그 외의 회사 등에 대해서도 다액의 자본금을 소유하고 있는 것을 해산 또는 사업전부를 양도시키려는 것인데 여기에 대해서는 연합군사령부의 사전 승인을 얻도록 하여 이러한 지령을 받아서 조치한 것입니다. 자본금 5백만 원 이상 회사에 대해서는 그 회사의 해산을 제한하기 위해 사업전부의 양도 또는 해산에 관한 주주총회 등의 결의를 대장대신의 인가사항으로 해두었습니다.

이와 동시에 미쓰이(三井), 미쓰비시(三菱), 스미토모(住友), 아스다(安田) 소위 4대 재벌에 대해서 각기 본사에서 또는 재벌 이족이 갖고 있는 재산의 처분을 제한하기 위해 그것도 대장대신의 허가사항으로 해 두었습니다.

그리고 지금 말씀드린 회사의 해산 제한 등에 관한 칙령 제657호와 관련해서 그 해산의 제한 등에 관한 절차를 결정하기 위해 11월 24일 같은 날 성의 명령 97호를 발표해서 인가신청 절차를 결정했습니다. 그리고 다시 본년 11월 25일자 성의 명령 제100호를 공표했습니다. 이것은 일본증권거래소의 개정에 관한 것입니다. 외국인에 대해 균등한 대위를 하라는 요구가 있어서 그에 대응하여 곧바로 11월 25일자 성의 명령 제100호를 발표했습니다. 거래소의 거래원은 외국계 법인은 될 수 없었고, 자본금의 반액이상 또는 의결권의 과반수가 제국신민 또는 제국법인에 속한 것이 아니면 안 되었습니다. 이러한 제한을 삭제하여 외국계, 외국법인도 거래소의 거래원이 될 수 있다고 하여 기회균등을 인정하는 취지입니다.

그리고 같은 날 성의 명령 제101호와 102호를 발표해서 지금 말씀드린 외국인에 대한 기회균등의 요청에 응하기 위해 내지관계에서 일본은행법 중의 개정, 요코하마쇼킨은행조례 중의 개정, 조선은행법 중의 개정, 조선식산은행령 중의 개정, 그리고 보험업법 등에 관한 개정 등을 시행했습니다. 아무래도 외국인에 대해서 내지인과 동등한 기회균등을 부여한다는 취지에서 나온 것입니다. 외국인이기 때문에, 외국계 법인이기 때문에 일본 법인보다 특수한 부담과 감독을 무겁게 받아왔던 것을 일본인과 같이 하겠다는 취지입니다.

대체적으로 내국관계에 대해서 지금까지 포츠담긴급칙령에 기초해서 조치된 칙령, 성의 명령 등에 대해서 이정도로 설명을 드립니다.

(중략)

○ 위원장, 자작 하치조 다카마사(八條隆正)

속기를 개시합니다.

○ 오노 로쿠이치로(大野綠一郎)[152] 의원

연합군 쪽의 말에 따르면 지금 외지에 있는 금융기관을 폐쇄하고, 이로 인해 예금된 것이나 거래를 하는 것이 동결될 수밖에 없는 것입니다. 조선은 예로 들면, 조선에서 내지로 돌아오는 사람이 국외에 나갈 때에 조선은행권인지 아니면 일본은행권인지 1천 원 금액을 제한해서 그 이상 가지고 나올 수 없습니다. 그래서 내지로 돌아오면 모든 것이 억류되기 때문에 생활이 매우 곤란하다는 말을 듣고 있습니다. 이러한 사람들에 대해서 구제 방법을 말씀하실지? 대장성이라기보다는 후생성 관계일지도 모릅니다만, 대장성과 관계된 것으로 예금 통장에 있는 금액에 따라서, 예를 들면 당장 그것이 유통될 수 있을지? 우선적으로 할 수 있는 구제 방법에 대해서 어떻게 생각하고 있습니까? 어느 은행은 그 행원에 대해서 한꺼번에 몇 개월분의 임금을 지불한다고 하는데, 급료를 지불한다는 것이 신문에 나왔습니다. 그러나 일반적으로 그쪽에서 급하게 돌아온 자에 대한 구제는 어디서도 듣지 못했습니다. 사실 매우 곤란한 상황인데 여기에 대해서 어떻게

152) 오노 로쿠이치로(大野綠一郎) : 1936년에서 1942년까지 총독부 정무총감을 지냈다.

생각하고 있습니까?

○ **정부위원, 노다 우이치(野田卯一)**

외국에서 인양되어 오는 사람의 원호 문제, 그리고 외지에서 내지로의 송금 관계입니다. 지금 말씀하셨듯이 외지에서 내지로 인양되어 오는데, 그쪽 항구에서 떠날 때 상당히 엄중한 단속을 받고 있어서 거의 모든 것이 금지되어 있는 상황입니다. 현재 그쪽에서 가지고 올 수 있는 것으로 허가된 것은 보통 사람 1인당 1천 원의 금액입니다. 그리고 극히 소량의 휴대품에 그치고 있습니다. 이후에는 그쪽에서 몰수를 하겠다고 하는 상황입니다. 그래서 매우 곤란한 상황이기에 구제 조치를 각 방면으로 강구하고 있습니다. 주로 후생성에서 강구하고 있습니다만, 우리 대장성과 관련된 금융부문에서도 어떻게든 이 곤란한 상황을 타개하려고 노력을 하고 있습니다.

그래서 종전 당시부터 일어나고 있었던 것을 지극히 간단히 말씀을 드리겠습니다. 종전이 되자마자 대만, 조선에서 일본으로 송금이 매우 많이 이루어졌습니다. 앞으로 대만, 조선의 지위(status)가 변해가고 있어서 지금 일본으로 돈을 옮겨놓은 것이 좋겠다하여 매우 많은 송금이 발생했습니다. 대만과 조선에서는 대체적으로 그쪽에서 가지고 오기를 희망하는 금액 전부를 내지로 보내도록 승인했습니다. 그러나 그 금액이 곧바로 내지에서 인출되어 사용된다면 내지 인플레이션에 영향이 생기기 때문에 가지고 온 것을 승인하더라도 그것을 은행에 예치하여 인출을 막았습니다. 그리고 이것을 매월 1천 원까지 생활비로 인출할 수 있도록 조치했습니다. 이것이 첫 번째 시기에 진행된 것입니다. 그러나 그 후 9월 9일 들어온 진주군이 단속을 해서 모든 돈을 가지고 가지 못하게 되었고, 조선에서 밖으로 송금하는 것뿐만 아니라 금융거래 전부를 금지시켰습니다. 이때부터 문제가 심각하게 된 것입니다.

상대방 쪽에서 돈을 가지고갈 수 없다고 하는 상태로 9월 23일이 되자, 이번에는 이쪽의 「맥아더(MacArthur)」사령부 쪽이 대외 환거래를 전면적으로 단속하는 지령을 발표했고, 이에 기초해서 앞서 설명 드렸던 성의 명령이 나오게 되었습니다. 그쪽의 조금 아까 말씀하신 인양민이 1인 당 1천 원만을 지게 되었고, 통장도 전부 예치된 상태가 되어버렸습니다. 그쪽에 대해 우리 쪽에서는 송금이 이루어지면 9월 23일까지 내지에 도착하는 송금에 대해서는 지불승인을 하도록 해주길 바라고 있었습니다. 또 우편저금은 각지에서 이루어졌습니다. 남양, 오키나와, 사할린, 조선, 대만, 관동주, 북중국 등 각지에서 일본의 우편저금을 하고 있습니다. 그 우편저금 통장을 갖고 와서 내지에서 지불할 수 있도록 한다는 등 여러 가지를 요청하고 있습니다. 지금까지 승인된 송금은 9월 23일까지 일본에 도착한 것입니다. 그런데 그것은 원입니다. 소위 연은권(聯銀券)[153]이나 저비권(儲備券)[154]은 안 됩니다. 원으로 송금해서 9월 23일까지 일본에 도착한 것에 대해서 1천 원 한도로 지불할 수 있다는 것을 승인받았습니다. 그래서 우편저금의 문제는, 그 비율에 대해서 상대가 알고 있는 것인데, 첫 번째로 사할린, 오키나와, 남양 우편저금 통장을 갖고 와서 내지에서 지불받는 것이 좋습니다. 최근 조선, 대만, 북중국, 관동주 이 지역의 우편저금 통장도 내지로 가져와서 지불받는 것이 좋습니다. 우편저금의 문제에 관한 전면적인 문제는 없습니다.

알고 계신다고 생각합니다만, 이 우편저금은 대개는 내지로 돌아와 있습니다. 조선에서도 만주에서도 우편저금에 예입된 것은 내지 예금부에 예치된 것으로 보는 경향이 있습니다. 그쪽에 예금된 돈은 실은 일본에 와 있다고 할 수 있기 때문에 자금의 급여에 곤란은 없습니다.

그러나 보통은행 송금은 그렇게 이루어지지 않습니다. 저쪽에서 송금환

---

153) 중국 연합준비은행에서 발행한 은행권.

154) 중국 중앙은행(신정부에서 세운 중앙저비은행)에서 발행한 은행권.

을 발행해서 내지에 갖고 오더라도, 그 송금환을 발행한 은행이 내지에 자금을 갖고 오면 좋겠지만, 갖고 오지 못해서 지불하지 못합니다. 그래서 오늘까지도 은행에서는 큰 문제가 되고 있습니다. 1천 원 정도 지불하면 좋겠지만, 그 돈을 지불해야 하는 원 금액이 외국에서 오지 못하기 때문에 지불 허가를 하더라도 은행은 지불하지 못합니다. 여기에 대해 어떻게든 진정을 하고 있습니다. 이 점에 대해서 「맥아더」사령부와 교섭을 할 생각입니다.

그리고 한 가지 더 첨가해서 말씀드릴 것이 있습니다. 지금 말씀드렸듯이, 이쪽으로 돌아오는 사람은 극히 소액으로 1천 원 이상 갖고 오지 못합니다. 돌아오는 사람은 1천 원이라도 갖고 돌아오지만, 대부분 빈 몸으로 돌아오는 경우에는 재외동포원호회가 나가있습니다. 이들이 각 항에 나가서 이러한 사람에 대해서 1백 원 정도 여비를 지급하고 있습니다.

이외에 현재 계획 중에 있는 것은 재외동포원호회에서 이러한 사람들에게 돈을 대출하고, 이것은 그냥 주지 않는 대출로서 외국에 재산을 갖고 있는 이들은 결국 변제 능력이 있기에 한 가족 당 매월 3백 원을 대출할 수 있다고 재외동포원호회에서는 말하고 있습니다.

대장성 주계국과 절충한 결과, 지금 인정되고 있는 것은 매월 1백 원까지 대출하는 것이 가능합니다. 그리고 여기에 대한 손실은 정부가 보상하도록 되어 있습니다.

현재 이 문제는 그 사이 「맥아더」사령부의 재정 감독에게 넘어가 있습니다. 정부가 보조하는 것에 대해서 또는 정부가 보상할 때까지는 그 돈을 어느 곳으로 부터 융통하지 않으면 안 됩니다. 융통은 예금부에서 가능합니다만, 이것은 국가의 손실이 되기 때문에 「맥아더」사령부의 이해를 얻어야만 하는 문제입니다. 아직 해결되지 않는 상태에 있습니다.

○ 오노 로쿠이치로(大野緑一郎) 의원

여러 가지 고심을 하고 있는 것을 알겠습니다. 어쨌든 귀환한 사람들이 매우 곤란합니다. 이 점에 대해서는 충분히 연합군의 이해를 얻어서 결국 외지에 있는 재산을 담보로 어느 정도 생활이 가능하도록, 지금 1백 원이라고 말씀하셨는데, 이것도 문제가 있기는 합니다. 한 달에 1백 원을 빌려주는 것도 현재 정세로는 좀처럼 생활할 수 없다고 생각됩니다. 계속 충분히 노력하기를 부탁드립니다.

(중략)

오후 0시 4분 휴식

---

38. 1945년 12월 10일 중의원 청원위원 회의록 제2회

1945년 12월 10일(월요일) 오전 10시 48분 개의

○ **하야시(林) 위원**155)

죄송합니다만, 문부성 관계 이외의 것이 있습니다. 외자국장이 나와 계시기 때문에 간단한 의견이 있어서 잠시 허락을 부탁드립니다. — 이것은 국민 일부에 한정된 문제입니다만, 그 범위는 넓다고 생각합니다. 그 범위에 속한 사람은 매우 절실하게 느끼고 있습니다. 단적으로 말씀드리겠습니다.

외지에서 송금된 자금, 이것에는 정기예금으로 된 것이 있습니다만, 본래 개인적으로 갖고 돌아올 수 있는 금액이 1인당 어느 정도입니까? 이것은 현금으로 가지고 올 수 있는 것인데 이것과 함께 현재 정기예금으로 된 금액의 개요, 그 구좌 수는 어느 정도 입니까? 이것을 먼저 알고 싶습니다.

○ **정부위원, 노다 우이치(野田卯一)**

답변 드리겠습니다. 먼저 외국에서 갖고 올 수 있는 자금의 한도가 있습니다. 지금 인정된 것은 보통 1인당 1천 원이고, 군인의 경우에 장교가 1인당 5백 원, 병졸이 2백 원으로 한정되어 있습니다. 현재 그 이상은 돌아올 때 소지하지 못합니다. 만약 그 이상의 돈을 갖고 올 경우 그쪽에서 승선하는 항구 혹은 이쪽에 상륙하는 항구에 맡겨야 하는 형식을 취하고 있습니다.

그리고 송금이 있습니다. 송금환은 현재 원칙적으로 내지에서 지불을

155) 청원위원회 이사 하야시 노부오(林信雄)

승인하지 않고 있습니다. 단 9월 23일 전에 내지에 도착한 송금환에 대해서는 1천 원까지 지불할 수 있습니다. 그렇다하더라도 이 1천 원은 일본 통화가 아니면 안 됩니다. 송금환이 일본의 원으로 표시된 경우 1천 원까지 지불할 수 있습니다.

다음으로 예금은 조금 복잡합니다. 종전 직후 대장성이 세웠던 방침은 종래 외지라고 불러왔던 대만, 조선 방면에서 온 송금은 금액 여하를 묻지 않고 전부 인정하고, 그래서 내지로 송금한 돈은 전부 내지로 갖고 오는 것으로 인정해서 전부 예치시켜 봉쇄하고 매달 1천 원까지 지불을 ― 생활비로서 고려한다는 방침이었습니다. 매월 1천 원까지 지불을 인정하고 이러한 조치를 세웠습니다. 그 후 조선에 그쪽의 진주군이 외국으로 ― 조선에서 밖으로 송금하는 것에 대한 단속령을 발표해서 그쪽에서 이쪽으로 돈을 자유롭게 송금하지 못하는 상황이 되었습니다. 또 내지에서도 9월 23일에 맥아더 사령부 쪽에서 외국환거래를 전반적으로 단속한다는 지령을 발표해서 지금은 종전 후 우리가 세웠던 송금 모두를 인정한다는 것이 불가능하게 되었습니다.

그 후 송금에 대해 말씀하셨는데, 예금의 지불은 거의 정지된 상태입니다. 그래서 종전 후 잠시 동안 조선, 대만에서 돈을 가져왔고, 그것을 매월 1천 원씩 지불을 한다는 것은 이미 들어와서 예금된 것입니다. 이것은 지금까지도 실행되고 있습니다. 그 후에 대해서는 대체로 정지된 상태입니다.

예금 자체를 갖고 오는 것은 불가능합니다. 따라서 내지에서 지불하는 것도 불가능한 상태입니다. 오히려 이것은 종전 이전으로 되돌아 간 것이 있습니다. 종전 이전에는 외지에서 내지로 갖고 왔습니다. 즉 조선, 대만에서 내지로 가지고 오는 것은 전부 자유였습니다. 중국 쪽에서 이쪽으로 가지고 오는 경우는 반드시 자유롭지는 않았고, 상당한 제한이 가해졌습니다. 그래서 이 경우, 예를 들어 말씀드리면, 중국에서 내지로 돈을 갖고 올 때에는 1만 원까지 갖고 왔습니다. 그 중에 1천 원까지는 보통 내지로 갖고 오는 것을 허락했고, 그 나머지는 현지에서 예금하거나 또는 내지에 갖고 오더라도 그것을 특별히 예금 시켜서 취급하도록 했습니다. 예금시킨 것은 블록(block)을 한다는 의미로서 그 처리에 대해서 아직 결정하지 않은 것이 많았습니다.

예금에 대해서는 여러 가지 질문이 있었지만, 취급이 매우 복잡하기 때문에 이해하기 어려운 점이 있습니다. 그래서 조금 구체적으로 예를 들어서 답변을 드리겠습니다.

'전체 구좌 수가 어느 정도인지? 금액이 어느 정도인지?' 하는 질문이 있었습니다. 지금 그 숫자를 서로 맞출 수는 없습니다. 종전 이전에 내지로 들어온 자금, 지금 봉쇄되어서 영업권으로 되어 있는 것이 약 3억 원 정도라고 기억합니다.

○ 하야시(林) 위원

이 위원회에서 밝히지 않더라도 괜찮습니다. 그 구좌 수는 개인적으로 알려주시기 바랍니다. 종전 무렵, 취급된 것들은 두 가지로 나누어졌습니다. 9월 23일이라는 날짜를 제시하셨습니다. 그 이전과 이후로 현금을 갖고 오는 사람의 처지와 취급이 변화된 것이 9월 23일입니까? 여기에 대해서도 한편으로 알고 싶습니다.

그리고 재래 송금되었던 것이 동결되었다고 느끼고 있습니다만, 국내에서 은행 예금은 지불 정지를 하지 않았고, 이로 인해 금융계가 안정될 수 있었다고 생각합니다. 그런데 대장성의 방침으로 외지에서 갖고 오는 사람의 돈에 인출 제한을 가한 것은 어떠한 이유입니까? 알려주시기 바랍니다.

○ 정부위원, 노다 우이치(野田卯一)

지금 말씀드린 1천 원까지 갖고 오는 것을 허락한다는 것과 관련한 단속이 9월 23일이라는 질문을 하셨습니다. 9월 23일이라고 말한 것은 맥아

더 사령부에서 일본의 대외 환거래를 전면적으로 금지하고 단속을 지시해 왔는데, 그것이 9월 23일이라는 것입니다. 이 지령에 기초해서 대장성이 성의 명령을 발포하던지 혹은 지령을 내는 수송이 늦어졌더라도 우선 지령을 내렸다면 그때부터 실제 효력이 발생합니다. 그 효력은 거슬러 올라가서 지령 발포 때부터 작동합니다.

맥아더 사령부가 지령을 낸 이상에는, 일반 관계자는 그것을 이해하고 그 후 행위에 대해서 성의 명령과 칙령 발포 전에라도 경우에 따라서 그것을 정지하거나 무효로 할 수 있습니다. 그리고 내지의 예금에 대해서 지불 제한을 하지 않은 것은 반복해서 정부가 성명한 것이었습니다. 외지에서 들어오는 것에 대해서 이것과 달리 취급하는 것이 아니라는 점이 있었습니다. 그러나 이것은 외지로부터 자금이 들어오는 경우에 여러 가지 어려운 점이 있습니다. 말씀 드리자면, 외부에서 자금을 송금해 올 때에는 결과적으로 환거래 돈이라고 말할 수 있습니다. 외지에서 내지로 어음을 발행하고, 이쪽 내지은행이 돈을 받아옵니다. 실제로 외지에 있는 은행에서 내지의 은행으로 돈을 송금해 오지 않으면 안 됩니다. 그렇지 않으면 지불의 근거가 없습니다.

이러한 문제가 있어서 실제 문제가 되는 자금의 지불이 가능할지에 대해 매우 의심스러운 것입니다. 한 가지 예를 들어 말씀드리면, 조선에서도 대만에서도 종전과 동시에 일본이 「포츠담」선언을 수락했고, 실제로 일본의 것이 아니고, 조선은 독립하고 대만은 중화민국의 영토가 되고, 외국에 있는 조선은행과 대만은행이 채무를 부담할 경우에 이쪽에서 거두어들일지 어떨지 라고 은행에서 매우 의문을 갖고 있습니다. 이러한 점과 이번 이쪽으로 수입된 경우에도 외지의 「인플레이션」을 억제한다는 의미 때문에, 외지 쪽의 물가도 높아지고 있어서 혹 한번에 돈이 많이 들어와서 사용되게 되면 어떻게 될지도 생각해야 하기 때문에 한차례 정리한다는 의미에서라도 얼마간은 품고 있었습니다. 특히 후자에 있어서 조선, 대만까지는 괜찮았습니다만, 만주, 중국 방면에서 온다면, 알고 계시듯이 이 지방은 인플레이션이 매우 높아지고 있어서 통화의 가격이 일본의 몇 백배 정도 하락했습니다. 그것을 내지에 갖고 오게 되면, 대륙의 인플레이션이 내지로 들어오는 결과를 초래합니다. 이 점 이해하시리라 생각합니다.

○ **하야시(林) 위원**

결론적인 질문을 드립니다. 이 문제에 대해서, 예금을 갖고 오는 사람의 고민은, 이렇게 지불이 제한되기 때문에 생활에도 곤란이 발생했다는 아우성이 있다고 생각합니다. 지금 외지의 인플레이션 상태에 대한 설명이 있었습니다. 이것은 외지에 그치는 것이 아니라 정도의 차이는 있지만, 내지의 인플레이션 상태도 제가 여기서 여러 말을 늘어놓을 필요도 없을 정도입니다. 신문을 보더라도 하루에 50원이 없으면 하루를 보낼 수 없는 암담한 생활을 하고 있다는 것도 게재되었습니다. 이러한 생활 상태를 본다면 가족 상황에 따라서는 1개월에 1천 원은 아무래도 생활이 어렵습니다. 단순하게 일상의 식생활만이라도 된다면 다행입니다. 외지에 있었다면 여러 가지 물건을 갖고 오는 것이 곤란하기 때문에 식생활 이외에 구입해야 할 물건이 많습니다. 생활이 안정되려면 이러한 물건도 갖춰야 하는 것이 당연합니다. 이러한 것이 돈 관계로 인해 거의 제약을 받고 있습니다. 이쪽도 한번 살펴서 조금 완화할 수 있는지? 이것이 하나입니다.

외지에서 돌아와서 언제까지 놀고먹을 수만은 없기 때문에 어떻게든 내지에서 생산사업도 하고 상업도 시작하고 싶다는 생각을 하는 경우도 많다고 생각합니다. 이러한 경우에 어떤 방침으로 허용할 할 수 있을지? 혹은 허락될 수 있는 것 있는지? 이 점에 대해서 듣고 싶습니다.

인플레이션 지역에서 내지로 송금되었기에 돈의 가치가 다르다는 의견도 있습니다만, 이러한 인플레이션 지역, 소위 물가고등 지역에서 그 상황을 극복해서 얻은 돈이라면 마찬가지로 그 마음은 변하지 않은 것이라고 생각합니다. 그러나 이것을 백보 양보해서 내지의 돈 가치와 가격 차이를 인정한다면, 구체적으로 대장성이 이 돈에 대해서 가격차를 비율로 정해서 얼마만큼의 비율을 정해서 지불할 수도 있다고 생각합니다. 그렇지 않다면 가치는 동일하게 인정하고 어쨌든 지금 지불을 하는 것이 어떨까라고 생각합니다. 그러나 어떤 때에는 지불하고 어떤 특별한 사정이 있는 자에게 지불을 하는데, 어떻게든 여기에 대해 고려를 하는 것이 당연하다고 생각합니다. 이 점에 대해 마지막으로 질문을 드립니다.

○ **정부위원, 노다 우이치(野田卯一)**

지금 매월 1천 원을 인정하는 것에 대해서 앞으로 변경하여 증가시킬 생각이 없는지? 어떻게 할지? 하는 점에 대해서 질문을 하셨습니다. 앞으로 물가, 생활비 등의 상황을 살펴보고 충분히 고려해 볼 생각입니다. 그래서 저쪽에서 갖고 온 돈을 다시 생활비 이외의 다른 것, 예를 들어보면, 사업 자금이든지 기타 다른 쪽에 사용하는 것에 대해서 마찬가지로 충분히 그 사정을 듣고 여기에 상응할 수 있는 방법을 세워 행할 생각입니다.

다음으로 물가 수준이 매우 달라서 저쪽 통화가치가 적기 때문에 일본 통화로 바꿀 경우 상당한 비율을 두는 것에 대한 문제입니다. 여기에 대해 대강을 말씀 드리겠습니다. 지금 송금은 매우 미묘한 상태에 있습니다. 중국의 예를 들어 말씀드리면, 중국 각지에서 갖고 있던 일본 측 자본은 전부 그쪽에 억류되어 있는 상태입니다. 그래서 그쪽에서 돈을 옮기는 것은 매우 어려워서 급하게 생각하지 않는 것이 아닌가라는 생각이 듭니다. 따라서 예금 문제에서 내지에 있는 예금이 주로 고려되고 있습니다. 특히 내지로 갖고 들어온 외국통화를 기준으로 하는 예금이 있습니다. 예를 들면, 중앙의 중국, 북중국에서 1만 원의 돈을 갖고 올 때 그 중 일본 통화로 바꿀 수 있는 것은 1천이고, 나머지 9천 원을 외국 통화로 합니다. 이것이 하나의 예입니다. 가령 이러한 예가 있는 경우, 그 외화로 된 예금을 앞으로 원으로 바꾸어 지불한다고 한다면, 어떤 수준으로 고려해야 하는 가의 문제가 있다고 생각합니다. 그 경우에는 마찬가지로 상당한 평가절하를 생각하지 않으면 안 될 것이라고 봅니다.

종전 이전부터 이미 북중국와 중앙중국에는 이러한 제도가 처음 있었습니다. 북중국에서 내지로 돈을 송금할 경우에는 자유 「레이트(rate)」라는 것이 있었습니다. ― 자유 「레이트」라든지 자유환거래라는 이름으로 불리고 있습니다만, 원한다면 무제한으로 내지에 대한 송금을 인정했기에 자유환거래라고 하는 것입니다. 이때에는 1원의 돈을 송금하기 위해서는 49원의 돈을 그쪽에 봉쇄예금하지 않으면 안 되게 되어 있었습니다. 그리고 중앙중국에서 1원을 송금할 경우에는 69원, 약 70배의 봉쇄예금을 하지 않으면 1원을 보내지 못하도록 취급되고 있었습니다. 실제로 그쪽의 통화 가치가 내지의 통화 가치에 대해 몇 십 분의 1이었기 때문에 만들어진 방법이었습니다. 이러한 것이 진행되고 있었던 관계도 있기에 외화를 그 금액 그대로 내지에 예금한 경우, 앞으로 원으로 바꿀 때에는 상당한 정도의 평가절하를 고려하지 안 된다고 생각합니다.

○ 하야시(林) 위원

말씀하신 의견에 대해서 저는 다른 의견도 있습니다. 그러나 그것은 지금 보류하겠습니다. 묶여 있는 것으로 구체적으로 말하면, 연은권(聯銀券)이나 저비권(儲備券), 제일은행권의 송금도 전부 들어온 것입니까? 들어온 정기예금은 6개월로, 거의 동일 기간으로 취급되어 왔는데, 그 기한이란 것이 전혀 의미가 없어진 것입니까? 아니면, 6개월로 전환해 두고 기간이 되면 그때 지불을 하는 형식으로 취급하려는 것입니까? 여기까지 질문을 드립니다.

○ **정부위원, 노다 우이치(野田卯一)**

평가절하 문제에 대해서 조선은행권 즉 조선, 대만에서 송금한 것에 대해서는 고려하고 있지 않습니다. 주로 중국에서 온 것입니다. 중국에서 송금된 중국 통화를 기준으로 하고 있는 것에 대해 고려하고 있습니다. 기한에 대해서는 6개월이라고 말한 것은 실제로 사정을 충분히 알지 못합니다.

○ **위원장, 나가타 료키치(永田良吉)**[156]

괜찮습니까? ― 다음의 일정 제15, 제7고등학교를 가노야(鹿屋)시로 이전하는 청원, 이것은 소개자의 사정으로 연기합니다.

---

156) 나가타 료키치(永田良吉, 1886~1971) : 정치가, 중의원 의원. 가고시마출신. 가고시마현 의회 의원을 거쳐 중의원 의원이 되었다. 가노야(鹿屋)시장을 지냈다. 비행기 변호사 또는 청원변호사로 불렸다. 재임 중 청원건수가 2천 개를 넘었다.

찾아보기

역자소개

편역 | 김윤희

전주대학교 한국고전학연구소 HK교수로 재직하고 있다.

고려대학교 사학과에서 「대한제국기 서울 지역 금융시장의 변동과 상업발전」으로 박사학위를 받았으며 친일반민족행위진상규명위원회, 한림대학교 한림과학원 HK교수, 가천대학교 아시아문화연구소 연구교수 등을 지냈다.

저서로는 『마주보는 한국사교술 7』, 『이완용평전』, 『근대 동아시아 한국자본주의』 등이 있다.